屈文军 著

# 元朝职官制度的形成

江苏人民出版社

**图书在版编目(CIP)数据**

元朝职官制度的形成 / 屈文军著. — 南京:江苏
人民出版社, 2025. 1. — ISBN 978 - 7 - 214 - 29668 - 9

Ⅰ. D691.42

中国国家版本馆 CIP 数据核字第 2024CN7812 号

| | | |
|---|---|---|
| 书　　　名 | 元朝职官制度的形成 | |
| 著　　　者 | 屈文军 | |
| 策　　　划 | 王保顶 | |
| 责 任 编 辑 | 康海源 | |
| 特 约 编 辑 | 吕延旭 | |
| 装 帧 设 计 | 观止堂_未氓 | |
| 责 任 监 制 | 王　娟 | |
| 出 版 发 行 | 江苏人民出版社 | |
| 地　　　址 | 南京市湖南路 1 号 A 楼,邮编:210009 | |
| 照　　　排 | 江苏凤凰制版有限公司 | |
| 印　　　刷 | 南京新洲印刷有限公司 | |
| 开　　　本 | 652 毫米×960 毫米　1/16 | |
| 印　　　张 | 21.25 | |
| 字　　　数 | 280 千字 | |
| 版　　　次 | 2025 年 1 月第 1 版 | |
| 印　　　次 | 2025 年 1 月第 1 次印刷 | |
| 标 准 书 号 | ISBN 978 - 7 - 214 - 29668 - 9 | |
| 定　　　价 | 88.00 元 | |

(江苏人民出版社图书凡印装错误可向承印厂调换)

本书为国家社科基金项目(项目号 15BZS031)结项成果。
本书出版获"广东省高水平大学建设经费"资助。

# 目　录

# 前　言

本书是 2015 年国家社科基金项目的最终成果。该项目原以"元朝官制研究"为题,笔者的打算,是对元朝职官制度的各个方面,包括制度形成、机构设置、人员任命、实际运作以及官吏管理等内容做些研究。官制研究一向是中国古代史研究中的重头戏,曾被誉为古代史研究的"四把钥匙"之一,历代官制研究的成果可说汗牛充栋,有关元朝的职官制度,中外学界前人的论著也相当丰富。笔者原先计划,对前人的研究做些"查漏补缺"工作:前人没涉及或没解决的问题,尽量解决;前人研究比较浅层次的,尽量深入;前人有不当和错误的,尽量订正。有关元朝官制的材料,主要是《元史·百官志》、《元史·选举志》和《元典章·吏部》,这些材料中的绝大多数内容都是世祖朝和世祖以后的,有关前四汗时期的史实只有寥寥数语,大意说几无官制或者不足称道。前人的研究也多着重于世祖继位以后的情况,涉及前四汗时期时,就采用基本史料中的说法,或谓统治者"不晓官称为何义"、政权简单到几乎无官制可言或说官员随个人爱好乱用中原王朝名号、官衔名称五花八门、授予和变动也紊乱得没有章法;前人因此多强调世祖的变革,认为元代官制实由世祖创建,世祖创建的制度又会多强调其中"采行汉法"的方面。鉴于世祖之前前四汗时期官制研究的薄弱状况,笔者进行本课题研究时,首先从这方面入手。

在对这薄弱之处深入研究的过程中,笔者惊奇地发现,世祖以后的官制中最重要的框架(如怯薛的核心地位、宰相官署为行政执行机构等)、最基本的内容(如地方行省制、汉地临民系统上的路府州县体制、达鲁花赤制度、草原行政的千户制、军事系统的万户千户制等)、最核心的原则(如主要官员出自怯薛、官员与君主间有主奴意识等),前四汗时期都已经形成,世祖继位后完全继承了它们。世祖在官制方面的革新主要有四点:一是把军政和监察事项从行政系统中分立了出来;二是在将宰相机构和其分支分片管辖地方的模式向全国推行的时候,在吐蕃这一独特文化区域内实行"帝师法旨与诏敕并行于西土"的宣政院直辖制度;三是增设了众多对政务没有多大影响的事务性机构;四是制定了细致的官吏管理规定。这些革新当然重要,但因此说元朝的官制到世祖继位后才创建、之前的制度建设无足轻重就很不妥当。笔者以元朝官制的形成为中心,先后撰写了十来篇文章,分别在《中国史研究》《文史》《元史及民族与边疆研究集刊》《暨南学报(哲学社会科学版)》《历史文献与传统文化》等书刊上正式发表。笔者认为,这些文章不仅改变了前四汗时期官制研究比较薄弱的情况,而且对前人的普遍看法做出了重大修正。笔者2020年将这些文章合在一起,以"元朝职官制度的形成"为题申请课题结项(有部分文章结项时尚未正式发表),获得通过(后因经费不足,成果未能及时出版)。如题所示,这些文章主要解决了元代官制的形成问题,牵涉到一些机构设置和人员任命,至于原先计划中的官制实际运行和官吏管理方面的内容,实在"体量巨大",只得留待日后继续研究,笔者希望在对它们细致深入的探讨过程中也能有新的发现。

笔者认为,元朝的官制主要形成于三个时期:一是太祖朝,二是太宗朝,三是世祖朝。世祖朝奠定的有元一代官制是在继承延续前四汗时期基本制度的基础上所进行的适当补充和更新,世祖的"采行汉法"其实也是前四汗时期政治实践的继续和自然演变,而不是另起炉灶;割裂世祖朝和前四汗时期的联系,将它们视为性质迥异的两个阶段,比如学界习惯的称前四汗时期为大蒙古国、称世祖继位后为元朝,认为前四汗时期实行蒙古制、世祖以后行汉制等,都是对元朝历史的误解。

笔者将该结项成果正式以专著形式出版。原成果为 11 篇文章的合集,改为专著时,做了一定的技术处理。原合集中,《元太祖时期汗廷和蒙古本土地区的官员除授》《元太祖朝的达鲁花赤》《元太祖时期蒙古政权对金地降人的官职官衔除授》三文,①分别考察了太祖时期大蒙古国在汗廷和蒙古本土地区、西域以及汉地的官员授予情况,本书中将其合在一起作为第一章《元太祖时期的官制雏形》,章下三节即原先的三文,标题略有改动。第一节《太祖时期汗廷和蒙古本土地区的官员除授》考察了作为元王朝两大政治支柱的草原千户制度和汗廷怯薛制度的由来以及最早的汗国官员名单,指出了太祖朝确立的官员任命原则和官员的奴婢意识。第二节《太祖朝的达鲁花赤》重点考察的是西域的官制情况,这一时期在西域的主要官员就是达鲁花赤(太祖朝汉地达鲁花赤设置不多),该节指出了太祖朝西域所设达鲁花赤的三种不同职能;在征服区临民层次设置监临职能的达鲁花赤制度后来则在汉地普及。第三节《太祖时期蒙古政权对金地降人的官职官衔除授》考察的是当时汉地的官员任命情况,指出太祖朝,特别是木华黎经略华北以后,大蒙古国对汉地降人的官职任命并不紊乱、官衔称号并不五花八门、官员职务变动也不是没有章法。

原结项成果合集中,《也论元代的探马赤军》《元太宗时期的军事职官制度》《元太宗时期的民政职官制度》涉及太宗时期的职官制度,②本书

---

① 《元太祖时期汗廷和蒙古本土地区的官员除授》,载刘迎胜主编《元史及民族与边疆研究集刊》第 34 辑,上海古籍出版社,2017 年。《元太祖朝的达鲁花赤》,载刘正刚主编《历史文献与传统文化》第 22 辑,暨南大学出版社,2017 年;该文原题《元太祖朝的达鲁花赤——附:元太宗定宗朝汉地达鲁花赤设置考》,其中"附"部分所考非太祖时期,且有些观点后来发现有误,这部分内容未收入本书。《元太祖时期蒙古政权对金地降人的官职官衔除授》中的一部分曾以《元太祖朝木华黎军政府对金地降人的官职官衔除授》为题,载刘正刚主编《历史文献与传统文化》第 21 辑,暨南大学出版社,2016 年。
② 《也论元代的探马赤军》,《文史》2020 年第 1 辑。《元太宗时期的军事职官制度》,载刘正刚主编《历史文献与传统文化》第 24 辑,安徽师范大学出版社,2020 年。

中将这一方面内容合在一起,作为第二章《元太宗"一新官制"》。"一新官制"为元文人胡祗遹对这位君主的评论。元太宗制度建设主要针对汉地,这一时期汗廷和蒙古本土地区继续太祖朝制度,西域也没有多少制度更新。笔者原先打算从军政、民政上各自写一篇文章研究太宗朝的官制。军政上,太宗即位后扩建了探马赤军,笔者就先研究这一军种中的官员除授。在研究过程中,笔者意外地发现,学界前人在探马赤军上一些争论不休的问题、一些觉得难以解释的问题,如探马赤军的人员组成、探马赤军组建的时间、探马赤军和蒙古军的关系等,其实是可以给出明确答案或合理解释的。笔者因此专门写了一篇《也论元代的探马赤军》,对这一元代特有军种的"真相"进行了构拟,包括官员任命和在官制建设上的意义。这篇文章篇幅较长,有关官制部分的内容不算多,但对探马赤军的认识很有意义,对在国内学界盛行的一些前辈观点提出了不同意见,也是笔者觉得比较得意的一篇文章。可惜的是,有些前辈已经去世,笔者不能听取他们的意见了,只能以文章向他们致敬。结项审核意见中,一位专家因为该文篇幅过长而直接涉及官制内容不算多,建议将其取出。笔者认为,该文主旨实是太宗朝在军政上的官制革新,所以决定予以保留,在本书中作为第二章的第一节。《元太宗时期的军事职官制度》详细考察了这一时期军政上的制度改革,重点分析了世袭制的取消和万户千户制向汉军中的推行这两个问题。笔者分析出,汗廷在将万户千户制向汉军推行的过程中,实际上在悄悄进行一项重大的变革,就是对汉地的地方首领逐步实行军职民职分开制度。该文作为第二章第二节收入本书,标题略有改动。原合集中,《元太宗时期的民政职官制度》重点分析太宗朝在汉地的民政制度,结项后笔者将该文主体分作两文分别刊出。一文《元太宗时期大蒙古国对汉地治理中的"画境"制度》,[①]一文《大

---

① 《元太宗时期大蒙古国对汉地治理中的"画境"制度》,《暨南学报(哲学社会科学版)》2021年第8期。

蒙古国和元朝路制的形成》，①本书中将它们分别作为第二章的第三、四两节（其中《"画境"制度》一文作为一节时标题略有改动）。《大蒙古国和元朝路制的形成》有少许内容涉及世祖朝，不过主体考察的仍是太宗时期情况。两文指出，太宗朝在汉地曾设过三种不同路制：一种沿袭金制（课税使路）；一种沿袭太祖时期传统（大达鲁花赤监临道）；一种根据形势需要而建（总管府路），其中根据形势需要而建的总管府路制是元朝最主要的路制，但它并不是金朝制度的恢复，也不创始于世祖朝。元朝总共则设有六种路制，另三种（宣抚司路、宣慰司道、廉访司道）在世祖时期设置，在《路制的形成》一节中对世祖时期三种路的形成、置废和性质也有与前人不一样的论述分析。

本书第三章《世祖时期的官制定型》包括三节。第一节《前四汗时期的官制演变和世祖朝的变革》部分内容在原结项成果合集中《元太宗时期的民政职官制度》里作为补遗，笔者后来做了补充并单独成文《元朝前四汗时期的官制演变》，②收入本书时改今题。该节重点有二：一是对前两章中未怎么涉及的有关前四汗时期官制中的其他重要内容做些补充考述，包括前四汗时期汗廷中必阇赤和札鲁忽赤的职能与任职人员、燕京行尚书省的设置与元朝行省制的滥觞、世祖即位前的"潜藩新政"等；二是揭示世祖即位初在中央—地方关系方面曾有过短暂突破昔日制度框架尝试，试图建立汉式王朝般的中央集权体系，但很快又回归原先体制的事实，从而揭示元王朝前四汗时期和世祖继位后两个阶段官制的内在关联。第二节《翰林机构的成立及元初中枢体制的变迁》曾以《元代翰林机构的成立——兼论元初中枢体制的变迁》为题刊出，③对一直被认为是忽必烈行汉法产物的翰林机构的形成做了深入探讨。笔者认为，元代

---

① 《大蒙古国和元朝路制的形成》，载刘迎胜主编《元史及民族与边疆研究集刊》第43辑，上海古籍出版社，2022年，刊出时第二作者为周云蕾。

② 《元朝前四汗时期的官制演变》，载陈广恩主编《历史文献与传统文化》第26辑，商务印书馆，2022年。

③ 《元代翰林机构的成立——兼论元初中枢体制的变迁》，《中国史研究》2018年第1期。

翰林机构的成立，与其说是模仿汉式制度而设，不如说是忽必烈对前四汗时期必阇赤体系一步步变革的结果，变革的原则是既吸收引进一些汉式王朝诏令事务上的制度因素，又保留原先必阇赤体系的大致形态；必阇赤体系的变更，往往伴随或跟随着元朝行政中枢中书省的类似变迁，后者由前四汗时期断事官机构演变而来。第三节《忽必烈时期元朝职官制度的定型》为原结项成果合集中《世祖继位后元朝职官制度概述》一文的修改定稿，曾以《论忽必烈时期元朝职官制度的定型》为题刊出。① 该节在概述世祖继位后官制特点的基础上，罗列了世祖时设立并在王朝长期存在的中央和地方各种官署，对部分官署的形成、职能、性质做了概括论述，有些认识和学界前人的观点不大一致。该节强调指出，世祖朝的官制，是在前四汗时期已经奠定的原则基础上和框架范围内的大幅调整和增补，但世祖朝只是元朝官制的定型时期，而不是创设阶段；从政治职能的角度分析，世祖朝采用汉式名称的官署，其职掌和运作也并不纯粹"汉制"或相当程度汉式化，而多少都与前四汗时期被今人习惯称为"蒙古旧制"的制度文化有些关联。

在结项成果合集材料中，另有三篇文章，本书未予收录。《论元代中书省的本质》从制度规定和实际运作等方面，论证世祖朝建立的中书省实是前四汗时期断事官体制的延续，而不是中原王朝传统宰相机构的自然发展。《元代怯薛新论》指出，世祖以后元代重要官员的怯薛职掌实比外廷官衔更为重要，至少不比它次要，怯薛预政是元代常态的政治制度；这两点与前四汗时期的职官制度一以贯之。这两篇文章和本书稿中各篇文章放在一起，更能彰显出笔者主张的"世祖以后的官制继承前四汗时期体制的一面不能忽视"这一观点，但由于它们已经收录进笔者之前的《元史研究：方法与专题》一书，② 本书中就不再收录。《元代翰林学士

---

① 《论忽必烈时期元朝职官制度的定型》，载陈广恩主编《历史文献与传统文化》第 28 辑，商务印书馆，2023 年，刊出时第二作者为周云蕾。
② 《元史研究：方法与专题》，中国社会科学出版社，2017 年。

承旨任职人员考》，①以翰林机构为个案，考订了世祖以后该机构中为首长官的人员名单，从中可见元代重要机构官员任命的大致情况，如长官员额、族群出身等。该文因与职官制度的形成这一主题关联不是太大，而且诸多篇幅是世祖以后的情况，笔者决定予以舍弃，不再收进本书。

各节内容原先多以单独论文形式发表，为论证需要，少许表述稍有些重复，改为专著形式出版，如果做格式技术之外的内容删减，势必会影响原貌，所以书中保留了这些重复的少许内容（它们的主旨思想全书均一致，没有前后矛盾之处），敬请读者谅解。由于原文发在不同书刊，格式体例不一致，本书尽量做了统一。原先各文二级标题（在本书中成为章、节下三级标题），或有文字内容或仅以数字表示，本书中统一改为以文字内容表示。因写作年份不一，有少数几种史料和参考文献，在原先不同文章中使用了不同版本（质量均可靠），改为专著时则维持原样，未做改动。书稿中提出的与前人不大一样的见解，非常希望得到学界同仁的批评和指正。衷心感谢国家社科基金的立项资助，感谢结项评审专家们的中肯意见，感谢暨南大学中国史学科规划小组将本书列入 2024 年度"广东省高水平大学建设经费"资助项目，感谢江苏人民出版社社长王保顶先生的鼎力帮助。在本课题研究和论文写作及书稿定稿过程中，我的研究生周云蕾也给予了我很多帮助，这里一并致谢。

附加说明：

（1）本书三章共十节内容，原先各自以单篇论文形式发表，为维持原貌，仍保留原文中"本文""本节"字样。在本书中，如出现"本文"字样，即指其所在的该章节全部内容；出现"本节"字样，乃指其所在的章、节之下三级标题所含内容，"上节""下节"字样所指依此类推。

例如：第一章第一节，引言末："本文研究的是太祖时期汗廷和蒙古

---

① 《元代翰林学士承旨任职人员考》，载刘正刚主编《历史文献与传统文化》第 23 辑，暨南大学出版社，2019 年。

本土地区的官员除授与职官制度。""本文"即指本书第一章第一节《太祖时期汗廷和蒙古本土地区的官员除授》。其下第一部分,对"博尔术"的注释中所说"本节",即指该第一部分"最早的设官分职";"下节"指该章节第二部分"草原千户制的形成"。

（2）引用文献,在每一节(章下节)中首次出现时标注版本信息,之后在该章下同节中再次出现时不再标注版本信息。常见常用文献,如《元史》《元朝秘史》《世界征服者史》《史集》等,再次出现时,作者有时亦省略。

# 第一章 太祖时期的官制雏形

## 第一节 太祖时期汗廷和蒙古本土地区的官员除授

### 引 言

  学界对蒙元王朝职官制度的研究,多着重于世祖即位以后,即该王朝的后一阶段,[①]而对前四汗时期的情况普遍忽视。究其原因,不外乎两点。其一,史料多少上两阶段间不成比例。前一阶段的史料零星、分散,后一阶段的史料则比较丰富,《元史·百官志》对前一阶段的官制只有寥

---

[①] 元朝明显可以分为前后两个阶段,前一阶段自 1206 年铁木真(元太祖、成吉思汗)建立大蒙古国开始至 1259 年蒙哥(元宪宗)去世为止,后一阶段自 1260 年忽必烈(元世祖)即位开始至 1368 年被明朝取代为止。前一阶段,以往学人习惯称之为大蒙古国时期,后一阶段则被习称为元朝时期,实际上这两种习惯称呼是不准确的。忽必烈即位后,1271 年方在汉地使用大元国号,而大蒙古国国号不仅在汉地以外地区继续使用,在颁发给汉地的自蒙古文文书按蒙古语语法硬译成汉文的文书(即元代独具特色的硬译公牍文体文书)中也时有出现。韩国学者金浩东更是认为,“大元”本身即是 Yeke Mongghol Ulus(大蒙古国)这一蒙古语国号的汉文意译,见其撰《蒙古帝国与“大元”》,(韩)崔允精译,载姚大力、刘迎胜主编《清华元史》第 2 辑,商务印书馆,2013 年。陈得芝师主张,前一阶段称为前四汗时期,后一阶段称为自世祖至顺帝时期,两阶段合称元朝时期,见其著《蒙元史研究导论》,第 176—177 页,南京大学出版社,2012 年,笔者赞同并践行陈师建议。

寥数语,其他全是后一阶段的内容。其二,学人大多认为,前一阶段的官制既有简单的一面,又有紊乱的一面,总体而言则不值得研究。说其简单,是说蒙古制度本身,如《元史》所云:"元太祖起自朔土,统有其众,部落野处,非有城郭之制,国俗淳厚,非有庶事之繁,惟以万户统军旅,以断事官治政刑,任用者不过一二亲贵重臣耳";"及取中原,太宗始立十路宣课司,选儒臣用之"。① 万户长、千户长、札鲁忽赤(汉译断事官),加上些必阇赤、达鲁花赤,学人普遍认为这就差不多是蒙古官制的全部了。说其紊乱,是说投附于蒙古政权的非蒙古族人,主要是"金人来归者",或"因其故官,若行省,若元帅,则以行省、元帅授之",②或由那些横据州县、父死子继的汉地军阀(习称世侯)随意授予,或任由这些降人窃号自娱,如《黑鞑事略》所说,"诸国亡俘或曰中书丞相,或将军,或侍郎,或宣抚运使,随所自欲而盗其名"。③ 前贤论著,多数认为,前四汗时期,降附蒙古政权的人,其官衔五花八门,其官职除授无一定之规;无论是简单的蒙古制度,还是紊乱的降人官职除授,都缘于"草创之初,固未暇为经久之规矣",④也就无法与世祖即位以后精致繁复而又相对齐整的职官制度相提并论。更有学者以《黑鞑事略》中"鞑主亦不知官称之义为何也"这句话为据,认为前四汗时期几无官制可言。

笔者以为,说前四汗时期几无官制或者说蒙古官制本身乏善可陈、降人官除授混乱无序,这些都是对前四汗时期职官制度的误解或偏见。"鞑主"不知官称何义,只是说他们不知道名目繁多的汉式官称的含义,但不能因此就说蒙古政治制度建设中根本没有官这个成分,千户那颜、札鲁忽赤、达鲁花赤当然是管人、管事务的官。蒙古制度中官的名目很少,但要具体分清每一种官究竟有哪些职掌实非易事,由什么样的人担

---

① (明)宋濂等:《元史》卷85《百官志一》,点校本,第2119页,中华书局,1976年。
② 《元史》卷85《百官志一》,第2119页。
③ (宋)彭大雅撰,(宋)徐霆疏:《黑鞑事略》,王国维笺证本,第14b叶,收入《王国维遗书》第13册,上海古籍书店,1983年。
④ 《元史》卷85《百官志一》,第2119页。

任这些官职一般也不是"鞑主"简单、随便地安排"一二亲贵重臣"就解决了的;对降人的官职除授更不是没有一点章法,对此深入研究以后,就会发现,恰恰相反,在这方面蒙古政权可以说是已经相当制度化了的。[①] 笔者还认为,对前四汗时期官制方面的这些误解和偏见,不仅使人们对这段时间的政治史只能获得一个模糊笼统甚至是不准确的印象,而且还会割裂蒙元王朝前后两阶段间的内在关联,以为世祖继位以后的制度建设很多是凭空创造或者是行汉法而向金、宋等中原王朝学来的,从而对成吉思汗开创并在前四汗时期(前后达半个世纪之久)不断发展演变的蒙古制度以及制度中蕴含的内在精神——它们很多在忽必烈即位后的官制建设中保留、延续了下来——在整个国家政治制度中的影响估计严重不足,进而会使人们对该王朝历史的整体认识产生不应有的较大偏差。

从时间纵向上看,前四汗时期的官制经历了太祖朝、太宗朝和宪宗朝三个阶段,三个阶段的官职面貌无论是宏观上还是细微处均有比较大的区别。定宗朝和其前后两女主摄政期间,制度建设总体而言没有多少动作,也就是说,从太宗去世的1241年到1251年宪宗即位前,这十年间的官制大体同于太宗朝时期。与每个王朝类似,前四汗时期的职官,也可以从横向上粗略地分为中央官制和地方官制两大块。中央官制,即蒙古汗廷官制;地方官制,则包括几个不同文化区域上的制度,如蒙古本土官制、汉地官制、西域地区官制等。

关于蒙古本土,有必要对此稍做些解释与引申。《元朝秘史》(以下简称《秘史》)202节记载,成吉思汗建国之际,"林的百姓行外,达达百姓的千户的官人每,太祖皇帝的提名来的九十五千的官人每做了"。[②] 这句引文的前面,是88位千户长(千户那颜)的名单。太祖建国时,对"那些

---

① 笔者对此撰有《元太祖朝木华黎军政府对金地降人的官职官衔除授》一文,载刘正刚主编《历史文献与传统文化》第21辑,暨南大学出版社,2016年。

②《元朝秘史》202节旁译(按:《秘史》节数为引者加),《四部丛刊三编》本,上海商务印书馆,1935年。

毡帐裙有的百姓"编组了 95 个千户,这个数目极有可能是比较确切的。①《秘史》编撰者撰写这部著名的蒙文史书时,千户那颜的名单,已经不能够全部准确无误地回忆起来,所以,《秘史》该节所列的 88 位千户那颜(其管领千户总数是 95 个)名字,有明显拼凑的痕迹。不过,非常值得注意的是,汪古部和斡亦剌部首领均在其中。漠南汪古部首领在成吉思汗建国前主动归附,漠北西北的斡亦剌部则在建国数年以后被征服。建国初 95 千户编组后,成吉思汗对这种新型的地方军事行政合一组织又有过调整,所以后来的斡亦剌部得以成为新的牧民千户。斡亦剌部归附前后,大蒙古国还相继征服、臣服了畏兀儿、哈剌鲁、西辽、花剌子模等地,但这些区域的首领和降附者均未纳入千户那颜名单中。另外,成吉思汗建国前后,还有不少回回人、西夏人、契丹人、汉人投附他,如 1203 年与他同饮班朱泥浑水的十几位人员中有回回人阿三、札八儿火者,有契丹人耶律阿海兄弟等。说这些人在建国初期均没有多大作为,这样的结论是难以服人的,耶律阿海建国前就"累有功",②但是在几次的千户编组中,确实没有证据说这些人中有人担任了千户组织的千户那颜。笔者理解,征服了斡亦剌,成吉思汗就基本确定了属于"达达百姓"的人员范围,包括汪古部、斡亦剌部所在的地区从此成为大蒙古国的蒙古本土,甚至西北"林的百姓"也属于"达达百姓"。蒙元时期的汉文文献中,经常将蒙古本土范围内的原有势力、政权称为"部""氏",而将本土以外的多称为"国"。说到这里,肯定会有人质疑:拉施特《史集》一书中,列出了成吉思汗西征前夕的一些千户长名氏(其千户总数是 129 个),其中既有汪古部、斡亦剌部的首领(《史集》说这两部均含有四个千户),也有唐兀人察罕、女真人耶律秃花和被拉施特误认为是喀剌契丹人的吾也儿(吾也儿实为尼鲁温蒙古珊竹氏),岂不是说,除了汪古、斡亦剌,还有一些被征服

---

① 姚大力:《草原蒙古国的千户百户制度》,收录于氏著《蒙元制度与政治文化》,北京大学出版社,2011 年。因为该文甚长,为方便读者核对,笔者下面提到该文时,另注相关观点及引文在该著中的页码。本处观点见该书第 11 页。
②《元史》卷 150《耶律阿海传》,第 3549 页。

之人也被纳入了"达达百姓"？笔者认为不可以这么理解。拉施特在写这部分内容时，标题非常明确："万夫长、千夫长与成吉思汗的军队简述。"[1]他说的是成吉思汗所拥有的军队，而不仅仅是说蒙古本土的百姓，他所拥有的军队中有很多非"达达百姓"者，拉施特就记载耶律秃花和吾也儿手下分别有十个千户的女真人部队和十个千户的喀剌契丹人部队（两人统率军队中实际上有女真军、契丹军，也有一些蒙古军）。也就是说，拉施特在该节中所说的千户长只能理解为成吉思汗军队的长官而不是指牧民千户组织的首领，不像《秘史》将汪古部的五个千户和斡亦剌部的一个千户明确说成了是"达达百姓"。日本学者本田实信有一个著名判断，拉施特所列的千户长名单中，"四杰"之外，凡是在怯薛里任指挥长官的都不拥有蒙古本土上的千户牧民。[2] 本田氏的这一判断大致无误，这也说明拉施特所列千户长只是军队将领，不能将其与蒙古本土上的千户那颜等同。当然，蒙古本土上的千户那颜自然都是成吉思汗的军队将领。

不过，让人有些费解的是，主要生活在元朝的元末文人陶宗仪在其撰写的著名笔记《南村辍耕录》中，将原先漠北的乃蛮部人和漠南的汪古部人均列为色目人。陶氏对元代四大族群人（习称元代四等人）各自所包含的小族群种类统计，错误甚多，黄时鉴曾有专文辨析过乃蛮是蒙古而非色目。[3] 主张汪古是蒙古的学人也有不少，但周清澍坚持蒙古与汪古有别、汪古属于色目。[4] 笔者这里就此提出两个看法：其一，乃蛮与汪古归属的争议表明，元代四大族群的名目尽管法定（史料有关这方面记载其实颇多），但其各自包括哪些小族群的人在当时并没有明确规定，不仅乃蛮、汪古人的归属让时人搞不大清，就是契丹人、女真人也不是在任

---

① （波斯）拉施特主编：《史集》第一卷第二分册，余大钧、周建奇译，第362页，商务印书馆，1983年。

② （日）本田实信：《成吉思汗的千户——〈元朝秘史〉与拉施特〈史集〉的比较》，《史学杂志》第62编第8号，1953年。

③ 黄时鉴：《元代乃蛮是蒙古而非色目考》，收录于氏著《黄时鉴文集1·大漠孤烟》，中西书局，2011年。

④ 周清澍：《汪古的族源——汪古部事辑之二》，收录于氏著《元蒙史札》，内蒙古大学出版社，2001年。

何场合下都被视作为汉人的,①高丽人也曾有过请求,希望将自己的族群明确纳为色目人,大概没能获得元廷批准;②其二,汪古即便如周先生所说不属于蒙古,但漠南汪古部人在元朝加速蒙古化则是确切无疑的。虽然也有一些汪古人在元朝已经汉化,不过,汪古部的基本领地,金界壕以北的地区在蒙元时期应该被视为蒙古本土范围,其制度建设也就与漠北基本相同,有千户组织、有封建王府等。

本文研究的是太祖时期汗廷和蒙古本土地区的官员除授与职官制度。

## 一、最早的设官分职

大约在 1180 年,尼鲁温蒙古乞颜氏贵族铁木真在尼鲁温蒙古札答兰氏首领札木合和漠北高原强部克烈部首领脱斡邻(即后来的王罕)帮助下,在不兀剌川(今恰克图南布拉河地)成功击溃高原另一强部篾儿乞部主力。这场源于篾儿乞人偷袭铁木真营地并掠走其新婚不久的妻子而引发的对篾儿乞人的复仇之战成为铁木真一生事业的转折点。不少篾儿乞人战后成了他的属民、奴婢,他的力量逐渐壮大起来。一两年后,铁木真选择和自幼就结为安答(意为契交兄弟)的札木合分道扬镳。此后数年内,铁木真以强大的克烈部为后盾,加上日益展露的个人魅力,又使得更多的草原游牧民前来归附,其中有大量本属于其父也速该拥有,但在也速该死后即离散的乞颜氏部众。在这个部众、属民日益增多的过程中,铁木真也招揽到了更多的在汉语中被意译为伴当的那可儿(nökör)。不兀剌川之战前,铁木真只有两名那可儿。一位是在铁木真婚前就主动投附他的尼鲁温蒙古阿鲁剌惕氏人博尔术(2),③一位是在铁

① 黄时鉴:《元代乃蛮是蒙古而非色目考》;(日)船田善之:《色目人与元代制度、社会》,《蒙古学信息》2003 年第 2 期。
② (高丽)安轴:《请同色目表》;(高丽)李齐贤:《乞比色目表》。两文俱收录于杜宏刚等辑《韩国文集中的蒙元史料》,分别见第 118、第 162—163 页,广西师范大学出版社,2004 年。
③ 博儿术,成吉思汗麾下著名"四杰"之一。本文本节和下节人名后括号内数字表示此人在 88 位千户那颜名单中的排位,另见下节的表格。

木真婚后不久来到他身边的迭列列斤蒙古兀良合氏人者勒篾(9)。①

《秘史》120 节集中记载了铁木真离开札木合、独立建营后，七八年内先后前来投附他的那可儿名单。有札刺亦儿部②合赤温、合儿孩、合刺勒歹兄弟③及阿儿孩·合撒儿、④巴刺(49)⑤兄弟；有尼鲁温蒙古八鲁剌思氏的忽必来(8)、⑥忽都思(42)兄弟和合刺察儿(29)；⑦有尼鲁温蒙古忙兀氏的者台(23)、⑧朵豁勒忽⑨兄弟；有尼鲁温蒙古阿鲁剌惕氏的斡歌连；⑩有尼鲁温蒙古别速惕氏的迭该(11)、⑪古出古儿(34)兄弟；有尼鲁温蒙古晃豁坛氏的雪亦客秃(31)；⑫有尼鲁温蒙古速客虔氏的速客该；有尼鲁温蒙古捏古思氏的察合安·兀洼(25)；⑬有尼鲁温蒙古那牙勤氏的

① 者勒篾，成吉思汗麾下著名"四狗"之一。

② 波斯史家拉施特主编《史集》目录中将札刺亦儿部列为与塔塔儿部、篾儿乞部、斡亦刺部一样的"现今称为蒙古的突厥诸部落"（见第一卷第一分册，余大钧、周建奇译，商务印书馆，1983年），但又在行文中数次称其为迭列列斤蒙古之一。本文将其单列，不归为迭列列斤蒙古。

③ 合赤温兄弟属札刺亦儿部脱忽刺温氏支族（札刺亦儿部有十个左右支系氏族），《秘史》下文124 节提到合儿孩、合刺勒歹时，原文即称他们为合儿孩·脱忽刺温和合刺勒歹·脱忽刺温。

④ 阿儿孩·合撒儿，《秘史》及《史集》中屡次提及，当为成吉思汗手下亲信。成吉思汗建国后为怯薛指挥官之一。1215 年，奉命与失吉·忽秃忽及汪古儿到蒙古军占领的金中都清点府库帑藏，与汪古儿同受金中都留守赠礼，被成吉思汗斥责。

⑤ 巴刺，成吉思汗建国后可能任过扯儿必（见下文）一职，《秘史》202 节称他为巴刺·扯儿必。1222 年，奉命率军渡印度河追击花刺子模算端札兰丁，不及而还。

⑥ 忽必来，成吉思汗麾下著名"四狗"之一。成吉思汗建国后分封诸王兀鲁思时，为其庶子阔列坚封地内千户那颜之一。

⑦ 合刺察儿，成吉思汗建国后分封诸王兀鲁思时，为其次子察合台封地内千户那颜之一。

⑧ 者台，又作哲台、哲歹，成吉思汗建国后分封诸王兀鲁思时，为其幼子拖雷封地内千户那颜之一。

⑨ 朵豁勒忽，成吉思汗建国前任六位扯儿必之一。太宗窝阔台时，为围蔡州城主将之一。后不知何故被窝阔台处死，对此窝阔台晚年甚为后悔，认为是自己即位以来所做四件错事之一，见《秘史》281 节。

⑩ 斡歌连，又作斡歌来、斡歌列、斡格列等，博儿术族弟，成吉思汗建国前六位扯儿必之一。

⑪ 迭该，成吉思汗建国后分封诸王兀鲁思时，为三子窝阔台封地内千户那颜之一。

⑫ 雪亦客秃，又作速亦客秃，成吉思汗养父蒙力克七子之一，成吉思汗建国前六位扯儿必之一。

⑬ 察合安·兀洼，尼鲁温蒙古捏古思氏首领。成吉思汗七世祖海都次子察剌孩·领忽之子坚都·赤那和兀鲁克臣·赤那及其后裔所形成的赤那思氏，后改用传说中的蒙古两祖先之一的捏古思（另一传说中的祖先为乞颜）为氏族名。察合安·兀洼和其捏古思氏族，在铁木真与泰赤乌氏的十三翼之战（见下文）中，单独组成一翼，兵败被札木合擒杀。蒙古建国后，成吉思汗追封他为千户那颜之一，由其子袭任。成吉思汗分封诸王兀鲁思时，为其庶子阔列坚封地内千户那颜之一。

种索(33);①有尼鲁温蒙古斡罗讷儿氏的只儿豁安;有尼鲁温蒙古巴阿邻氏的豁儿赤(4)、②兀孙(20)、③阔阔搠思(30);④有迭列列斤蒙古塔儿忽惕氏人合答安·答勒都儿罕(63)⑤兄弟;有迭列列斤蒙古兀良合氏的察兀儿罕(58)⑥及速不台(51);⑦有迭列列斤蒙古速勒都思氏的赤勒古台(14)、塔乞(24)、泰亦赤兀歹兄弟;有迭列列斤蒙古斡勒忽讷兀惕氏(铁木真夫人孛儿帖所出氏族)的轻吉牙歹(80);有迭列列斤蒙古豁罗剌思氏的薛赤兀儿(77);⑧有迭列列斤蒙古朵儿边氏的抹赤·别都温;有迭列列斤蒙古亦乞列思氏的不图(87)⑨等。

《秘史》122节开头又提到了另两位这一期间前来投附的那可儿。一是忽难(7),⑩尼鲁温蒙古格你格思氏人;一是木勒合勒忽,⑪尼鲁温蒙古

---

① 种索,又译作冢率、种簛等,成吉思汗建国后分封诸王兀鲁思时,为其母亲诃额仑及幼弟斡赤斤封地内千户那颜之一。

② 豁儿赤,萨满教巫师,成吉思汗建国前宣扬上天让铁木真当国主的神告。

③ 兀孙,亦为萨满教巫师。成吉思汗建国大会上,蒙力克七子之一的阔阔出(人称帖卜·腾格里·阔阔出,意为天使阔阔出,亦为一名萨满教巫师),向铁木真献上尊号成吉思汗,建国后因此受到宠遇,权势和地位甚高,"有九等言语的人,都聚在帖卜·腾格里处,多如太祖处聚的人",成吉思汗遂杀掉阔阔出,任命兀孙为萨满教首领别乞,见《秘史》216、244—246节。王国维认为《秘史》202节所列88千户那颜名单中的第20位许孙即兀孙一名的另一种译法,见其撰《蒙古札记》,收录于氏著《观堂集林》卷16,中华书局,2004年。史卫民等认为许孙是迭列列斤蒙古许兀慎氏某人,《秘史》以部落名误作人名,与兀孙无涉,见史卫民等《〈元朝秘史〉"九十五千户"考》,载南京大学元史研究室编《元史及北方民族史研究集刊》第9辑,1985年。本文从王国维说。

④ 阔阔搠思,成吉思汗建国后分封诸王兀鲁思时,为次子察合台封地内千户那颜之一。

⑤ 合答安·答勒都儿罕,即《史集》记载的成吉思汗右翼军千户长之一的合丹—客卜帖兀勒,拉施特说他出身尼鲁温蒙古雪泥惕氏。其族属,本文暂从《秘史》说。据《秘史》278节,太宗时其为四班宿卫之长。

⑥ 察兀儿罕,者勒篾弟,成吉思汗建国后分封诸王兀鲁思时,为其弟合赤温之子阿勒赤歹封地内千户那颜之一。

⑦ 速不台,成吉思汗麾下著名"四狗"之一。

⑧ 薛赤兀儿,又作失乞兀儿、薛潮兀儿,《元史》卷1《太祖纪》及《圣武亲征录》(本文《圣武亲征录》用王国维校注本,收入《王国维遗书》第13册)中作失丘儿。

⑨ 不图,又作不秃、孛徒、孛秃等。亦乞列思氏贵族,先娶铁木真妹帖木伦,继娶铁木真长女火臣·别吉。成吉思汗建国后管领亦乞列思二千户。

⑩ 忽难,成吉思汗建国后分封诸王兀鲁思时,为其长子术赤封地内千户那颜之一。

⑪ 木勒合勒忽,成吉思汗建国后受命与第34位千户那颜古出古儿(尼鲁温蒙古别速惕氏)同管领一个千户,见《秘史》223节。

札答兰氏人。《秘史》122节主要讲述前来靠拢铁木真的乞颜氏贵族,有该氏长支主儿勤氏(乞颜氏创立者、铁木真的曾祖父合不剌的长子形成的支系氏族)的薛扯·别乞和泰出(两人是铁木真的族兄),有忽图剌(合不剌子,曾任过蒙古部落联盟首领)子阿勒坛(铁木真族叔,史料中又写作按弹),有铁木真仲父捏坤之子忽察儿(铁木真堂兄)。据《史集》,另外还有忽图剌子拙赤等。①《秘史》该节开头提到忽难和木勒合勒忽的文字,应该是紧接着120节说的,只是因为120节讲到豁儿赤投附后,接着插叙了豁儿赤要求"在国土里美好的女子由我拣选三十个为妻"的事(121节)——这是后来引起漠北西北部秃麻部叛乱的一个缘由——有关忽难两人做那可儿的文字就和120节脱离了开来,明人将这些文字和薛扯·别乞等乞颜贵族投靠事放在了同一节中。122节开头讲忽难事的同时,还提到了铁木真的幼叔答里台。答里台的投靠,性质和那可儿们的归附不同,而和薛扯·别乞他们的投靠性质一样,"企图借助他(铁木真)的力量去掠夺更多的财富和奴隶";②答里台后来离开铁木真跟随王汗,铁木真灭克烈部后获之,建国后"欲要废他"(薛扯·别乞、泰出、阿勒坛、忽察儿、拙赤等人之前均已被铁木真杀掉),因博儿术等人求情而免。③其后,终元一朝,答里台及其后裔可能就和铁木真支系(铁木真和其兄弟及他们各自的后裔)一起形成了黄金家族。《秘史》这里是把答里台投靠事和那可儿们归附事放在一起叙述的。

《秘史》120节所列的众多那可儿名单当中,有一位汪古儿(13)值得注意。《秘史》该节总译相关文字为:"再乞颜种的人蒙格秃与他儿子瓮古儿(即汪古儿)等,又同敞失兀惕、巴牙兀的两个种姓的人也来了。"其蒙古语音译原文为:"巴撒蒙格秃乞牙讷可温瓮古儿坛敞失兀惕巴牙兀的牙阑阿亦孙古阿主兀",据音译汉字读音和汉文旁注释义,不难恢复其蒙文原文当为:basa Münggetü Qiyan-u kö'ün Önggür-ten Changshi'ut

①《史集》第一卷第二分册,第114页。
② 韩儒林主编:《元朝史》上册,第68页,人民出版社,1986年。
③《秘史》242节。

Ba-ya'ut-i yaran ayisun gü aju'u。其意思和总译基本一致，①即汪古儿是乞颜氏的蒙格秃的儿子，自然也是乞颜氏了。蒙格秃是铁木真的伯父，正如铁木真父亲也速该以乞颜—孛儿只斤氏命名自己这一氏族分支一样，蒙格秃的氏族分支为乞颜—敞失兀惕氏。

　　日本学者村上正二认为《秘史》这句蒙文应该解读为："再蒙格秃乞颜的儿子和汪古儿等敞失兀惕和巴牙兀两种姓部众也来了。"②村上氏认为蒙格秃的儿子和汪古儿是不同的两个人，他的解读与史料原文的意思有别，但笔者认为符合历史事实。其一，如下文所述，强势人物的那可儿与其主人（也称本主、正主、本使、使长等）的地位有很大差别，那可儿对主人有极强的附属性，汪古儿如果是帖木真的堂兄，在铁木真被立为乞颜氏的大汗之前，在该氏族内部，两人地位差别不大，一人做另一人的那可儿几无可能，汪古儿以外，铁木真就没有出自乞颜氏的那可儿。汪古儿若也是乞颜氏贵族，他的投靠性质就一如薛扯·别乞他们，按照《秘史》的结构，应当放在 122 节讲述。其二，《秘史》123 节、179 节提到了薛扯·别乞等人立铁木真为乞颜氏汗的事，当时只有该氏族的贵族才有资格参加推选大汗的会议，也只有这些贵族才有被推选为汗的资格，而这个推选乞颜氏大汗的过程中并未见有汪古儿的言行记录，这似乎告诉我们，他并没能有资格参加这场推选大会。其三，铁木真 1206 年建国后，封数十位千户那颜，能够确定的人员中，除了汪古儿，并没有出自乞颜氏贵族者，甚至连乞颜氏人都极可能没有。拉施特《史集》提到成吉思汗右翼军中有乞颜氏一个千户，其指挥长名古乞。③ 史卫民、姚大力师等人都将其与 88 千户那颜中的第 54 位苟吉等同。④ 姑且认为古乞即苟吉，但《秘史》和《史集》其实均没有明说此人出身就是乞颜氏。乞颜氏虽然是成吉思汗所出氏族（成吉思汗曾祖父合不剌开创），但该氏族的多数部众

---

① 姚大力：《草原蒙古国的千户百户制度》，第 32 页注①。
② （日）村上正二：《蒙古秘史译注》，卷 1，第 221、第 225—226 页，平凡社，1970 年。
③ 《史集》第一卷第二分册，第 369 页。
④ 史卫民等：《〈元朝秘史〉"九十五千户"考》；姚大力：《草原蒙古国的千户百户制度》，第 13 页。

很长时间并不属他所有，铁木真在统一漠北的过程中，与他同一祖先的该氏族各个分支的贵族首领多数被他先后除掉，剩下的就是自己支系及答里台了，建国后任命一个非乞颜氏的人来统领这些剩余部众很是自然。即便苟吉(古乞)是乞颜氏人，他肯定也不是贵族出身。余大钧没有说苟吉同于古乞，但他认为，苟吉即《秘史》277节及《元史》卷3《宪宗纪》中提到的掌吉，①此人在蒙哥即位之际卷入窝阔台后裔、察合台后裔反对蒙哥的斗争中，事败后被蒙哥处死。②《秘史》和《元史》均明确说掌吉是那颜，与宗王区别开。掌吉在《史集》中也被提到。③ 古乞在《史集》波斯文原本中拼作 Köki，掌吉则拼作 Jangi，古乞、苟吉、掌吉能否等同尚有疑问。即便这三者等同，我们依然可以肯定，成吉思汗建国后，他和他兄弟的后裔及幼叔答里台后裔列为诸王，但不出任千户那颜；而其他乞颜氏贵族，即使幸存，也不会被任命为千户组织的首领。《史集》叙述乞颜千户时，古乞之外还提到一位明确指出是乞颜氏出身的蒙格秃，汉译本注释其人即成吉思汗伯父蒙格秃，笔者认为错误，至少没有根据。史卫民、姚大力师均将这位蒙格秃乞颜与88位千户那颜中的第62位篾格秃等同。篾格秃，很可能就是《秘史》270节记载的太宗时受命增援西征主将绰儿马罕的蒙格秃，他后来率军攻掠了克什米尔、印度等地，但《秘史》并没有说其出身氏族。倘若《史集》所说古乞助手蒙格秃—乞颜就是这位将军，他既然与古乞两人共领一千户，按蒙古惯例，只有第一人才是千户那颜，第二人则不是，他就不应当被列入千户那颜名单中。④ 所以，88千户那颜名单中的篾格秃，要么与《史集》所说古乞助手不是同一人，其出身氏族不详；如果与古乞助手是同一人，那《秘史》就是误列了。总之，乞颜氏，尤其是乞颜氏贵族是不大可能被授予千户那颜的，而汪古儿则可以确认在千户那颜的名单中。其四，铁木真建国前，其宿卫、侍卫人员中

①《元史》卷3《宪宗纪》，第45页。
②余大钧译注：《蒙古秘史》，第339页，注56，河北人民出版社，2001年。
③（波斯）拉施特主编：《史集》第二卷，余大钧、周建奇译，第249页，商务印书馆，1985年。
④《秘史》记载有数个千户由两人共领，均只有第一人列为千户那颜名单。

尚有自己的宗亲成员,但建国后的怯薛人员中,就没有乞颜贵族人员了,而汪古儿则长期担任怯薛中司膳的博儿赤。根据这些迹象,应该有把握地断定这人不是乞颜氏,至少不是乞颜氏的贵族。

《史集》提到汪古儿时,明确说他是巴牙兀氏人。[①] 成吉思汗建国后,汪古儿请求收拾巴牙兀氏部众,这也能说明汪古儿当如拉施特所说,就是巴牙兀氏人。《秘史》15、16 节记载,铁木真十二世祖朵奔·篾儿干曾用一条鹿腿换回一个巴牙兀氏的穷孩子,这个穷孩子及其后代就世代成为朵奔·篾儿干和其后裔的奴婢。汪古儿应该是蒙格秃儿子的奴婢和那可儿,跟着自己的主子一起来投奔铁木真。铁木真的这位堂兄,很快地位不显——不排除被铁木真杀掉的可能——史料中连他的名字都没有留下,跟随他而来的汪古儿很快就变成了铁木真的那可儿,《秘史》遂把他来投事放在了专述那可儿归附事的第 120 节。

铁木真身边的这些那可儿,有两种不同的来源。一种是像者勒篾这样的,祖上就是铁木真家族的孛斡勒(bo'ol)。这个蒙古语词汇汉语意译成奴隶、奴婢,但与汉语中的奴隶、奴婢意思其实有较大区别。草原贵族的孛斡勒,绝大多数在主人家庭之外娶妻生子、成家立业并拥有自己的财产,但是他们需要依附在主人门下游牧,需要时常为主人家庭无偿服役,并有义务将自己的亲生儿子送到主人家里去侍候下一代主人,做下一代主人的那可儿,从而世世代代与主人家族保持着强制性的主奴关系。[②] 世代奴婢中有些人会成为主人的亲信,主人称他们为迭兀(弟),如果他们不辜负主人的期望,为主人立了大功,当主人有条件时就会给予他们丰厚的犒赏,给予他们骄人的地位。这些因功而特别蒙恩的奴婢又

---

① 《史集》第一卷第一分册,第 288 页;第一卷第二分册,第 113、第 372 页。
② 韩儒林主编:《元朝史》上册,第 52 页。关于成吉思汗建国前蒙古草原上游牧氏族的内部结构,参见姚大力《草原游牧国的千户百户制度》一文中的相关论述。大致说来,一个氏族往往由少数贵族和多数的普通氏族成员组成,贵族和普通氏族成员一般都会有或多或少的主要是出自其他氏族或部落的孛斡勒。孛斡勒的来源,有的是作为家产从祖上继承下来的,多数还是战争中掳掠过来。一个氏族整体地成为另一个氏族的附庸氏族,这种情况也是常见的,在这种情况下,附庸氏族全体就成了主子氏族人员、主要是其中的贵族成员的孛斡勒。

被称为斡脱古·孛斡勒(ötögü bo'ol)。《史集》对这个词的解释是:"他们都是成吉思汗祖先的奴隶和奴隶的后裔。其中有些人在成吉思汗时代立过值得嘉奖的功绩,从而确立了蒙恩的权利。"[①]元朝后期的蒙古文材料中,用这个词对译汉语中的"元勋世臣"。[②] 可以肯定,在铁木真建国前,情况也是这样的:草原贵族会特别信赖并重用一些跟随在自己身边的出自世袭奴婢者的那可儿。

《史集》讲述铁木真家族的斡脱古·孛斡勒人员所出氏族,主要是巴牙兀氏、兀良合氏(成吉思汗十一世祖孛端察儿时代被蒙古部掳掠)和札剌亦儿部(成吉思汗六世祖海都时期被蒙古部征服)。实际上,随着蒙古泰赤兀氏和乞颜氏这两个同源氏族的逐渐强盛(泰赤乌氏和乞颜氏均出自成吉思汗的六世祖海都,两氏族的强盛约始于铁木真的曾祖合不剌汗时期,大致相当于辽末金初),有越来越多的草原氏族和部落成了这两个氏族的孛斡勒氏族,如铁木真打垮篾儿乞主力后,就将他们的妇女、儿童"可以做妻的做了妻,做奴婢的做了奴婢";[③]借助时间的推移,自然从中会出现更多的新的斡脱古·孛斡勒人员。

前文所列的那可儿名单中,出自札剌亦儿部和诸种迭列列斤蒙古部的,多数本身应当就是铁木真家族的世袭奴婢;出自尼鲁温蒙古氏族的,也有不少同样是铁木真家族的世袭孛斡勒,如速客虔氏的速客该,其祖上就被铁木真四世祖屯必乃虏获为奴。[④] 这些世袭奴婢本来就有充当铁木真家族贵族人员之那可儿的义务,只是在不兀剌川战役以前,他们多数跟随着别的贵族,如薛扯·别乞、阿勒坦、泰赤乌氏贵族等,汪古儿原先就跟随着铁木真的堂兄。铁木真势力强大后,他们只要不做出严重的背叛原先主子的行为,如杀害或擒拿主子等,就可以改做铁木

---

[①]《史集》第一卷第二分册,第14页。
[②] 最早指出这一点的是美国学者柯立夫(F. W. Cleaves),参见韩儒林主编《元朝史》上册,第53—54页。
[③]《秘史》112节。
[④]《秘史》180节。另参见余大钧译注《蒙古秘史》,第143页,注12。

真的那可儿。①

铁木真那可儿的另一个来源,是像博尔术那样的,出自一些弱小的氏族,多数属于尼鲁温蒙古。他们自身形成不了单独的强大力量,就去投靠他们认为有希望给他们带来实际好处的草原枭雄。与前一类人相比,他们的投靠不是义务的、必须的,他们当中,有些人起初来投靠时还不是做铁木真的那可儿,他们带着自己的氏族游牧民来做铁木真的附属氏族,如前面提到的捏古思氏首领察合安·兀洼,后来的十三翼之战中,他统领的捏古思氏部众就单独组成了一翼。不过,这些自愿归附型的人,包括自愿归附的氏族头领,后来都成了铁木真的那可儿,察合安·兀洼在十三翼之战中被札木合擒杀,其子后来就正式做了铁木真的那可儿。这些自愿归附者一旦与主人结成那可儿,他们之间就形成了鲜明的等级差别。那可儿一词汉语意译成伴当,实际上,主人与那可儿之间并非平等或接近平等的"伴"的关系,近乎平等关系的是"安答"。那可儿需要为主人冲锋陷阵,是主人"前后的助手""能干的、尽心竭力的奴仆",是主人的"神箭手""快马",是主人"手上的伶俐的鸟儿",是主人"拴到马鞍上的猎狗";②主人则要不断给他们带来他们渴求的利益(主要是战争掳掠品,包括俘虏的奴婢)或获得这些利益的机会。这些主动投附的那可儿其实是不能轻易离开主子的,除非确实遇到了能给他们带来更多利益的更强的首领,但是在投附新首领之前,他们依然不能做出严重的背叛旧主的行为。

那可儿的来源虽有两种,但在动荡不安、厮杀不断的惊险的战争时代,两类那可儿必然会趋同一致,一起成为附属于主人的字斡勒,并都想

---

① 在混乱的战争年代,那可儿离开原先正主改为他人那可儿是无可谴责的,但如果他以杀害或擒拿住原先正主方式向新的正主投诚则往往不会被接受,《秘史》中有诸多这方面的例证。例如,札木合被其五位那可儿擒拿住,缚至铁木真前,铁木真就认为这五位那可儿不可靠而杀掉他们,见《秘史》200 节;反之,巴阿邻氏述律图(后来的平宋名将伯颜之曾祖父)父子捉住铁木真仇人泰赤乌氏贵族(巴阿邻氏对泰赤乌氏有隶属关系)后又将其放走,这种行为则受到铁木真激赏,见《秘史》149 节。

②《史集》第一卷第二分册,第 360 页。

成为骄人的斡脱古·孛斡勒。1189年,铁木真被立为乞颜氏的汗后,速不台向他宣誓:"我如老鼠般收拾,老鸦般聚集,盖马毡般盖护,遮风毡般遮挡。"①速不台出身于铁木真家族世袭奴婢,他本来就有这般义务,此刻的宣誓当是代表着所有的那可儿的。苏联学者弗拉基米尔佐夫说,那可儿只是首领的军事侍从而非主人的佣仆,他们可以自由离开主人;日本学者护雅夫说,那可儿是对主人隶属性很强的隶属民。② 两位学者都没有注意到那可儿的两种不同来源,但就这些人成为主人的那可儿后的情况而言,弗拉基米尔佐夫的观点肯定不对,而护雅夫的判断则是准确的。《秘史》说那可儿愿为铁木真"砍断逞气力者的颈项,劈开逞雄勇者的胸膛";③《秘史》又称铁木真"用人肉养"着,"教铁索拴着"忽必来等四位出色的那可儿("四狗")。④ 这些都说明,无论哪种来源的那可儿,他们与主人都形成了主奴关系。

　　1189年,铁木真被推举为乞颜氏的汗,《秘史》124节记录了他最早的设官分职:"成吉思做了皇帝,教孛斡儿出(即博儿术)弟斡歌来同合赤温、哲台、朵豁勒忽四人带了弓箭,汪古儿、雪亦客秃、合答安·答勒都儿罕三人管了饮膳,迭该管牧放羊只,古出沽儿管修造车辆,多歹总管家内人口。又教忽必来、赤勒古台、合儿孩·脱忽剌温三人同弟合撒儿一处带刀,弟别勒古台与合剌勒歹·脱忽剌温二人掌驭马,泰亦赤歹·忽图、抹里赤、木勒合勒忽三人管牧养马群。又吩咐阿儿该·合撒儿、塔孩、速客该、察兀儿罕四人如远箭、近箭般做者。"125节又有所补充:铁木真命博儿术、者勒篾"与这众人为长着"。多歹,史料中又写作朵台、朵歹,出身氏族不详;⑤泰亦赤歹·忽图,疑即前文提到的迭列列斤蒙古速勒都思氏的泰亦赤兀歹;抹里赤,疑为前文提到的迭列列斤蒙古朵儿边氏的抹

---

① 《秘史》124节。

② 参见韩儒林主编《元朝史》上册,第49页,注③。

③ 《秘史》124节。

④ 《秘史》195节。

⑤ 多歹,成吉思汗建国前被任命为六名扯儿必之一。蒙古部与乃蛮部决战前,向铁木真建议多燃火堆使乃蛮人惊疑,被铁木真采纳。

赤·别都温。合撒儿是铁木真的同母弟,别勒古台则是铁木真的异母弟。另据《秘史》130 节,前文提到的迭列列斤蒙古豁罗剌思氏的薛赤兀儿其时也是一名司膳者。"如远箭、近箭般做者",学界认为"与后日急递使臣差同"。①

铁木真的这次设官是极其简单质朴的,当时并不需要有多少职位、多少官员。不过,这里有一个现象特别值得注意:官员名单中除了自己的两个弟弟,全都是对他有主奴依附关系的那可儿,乞颜氏的其他贵族和普通成员都没有份。原因不外乎两点。其一,铁木真尚且不能驾驭、支使他们。推举铁木真为汗的忽里台上,乞颜氏其他贵族也向铁木真宣誓:"你若做皇帝呵,多敌行俺做前哨,但掳得美女、妇人并好马,都将来与你;野兽行打围呵,俺首先出去围将野兽来与你;如厮杀时违了你号令,并无事时坏了你事呵,将我离了妻子、家财,废撒在无人烟地面里者。"②但是,这种贵族与大汗的盟誓和那可儿对正主的宣誓大不一样。那可儿宣誓是要尽奴婢本分,贵族的盟誓则只是想和铁木真建立一个联盟,一起去获得战争掳掠品。铁木真虽然被推举为乞颜氏的汗,其实并不能插手多少他们各自氏族分支的内部事务。其后的十三翼之战中,他们就各自组翼。其二,也是更重要的原因,铁木真压根就不想用与自己同一氏族的人员。铁木真身边拥有奴婢性质的那可儿,这是草原社会的传统,而不是他的创举,但用这些完全听命于自己的奴婢性质的那可儿作为政权主要官员,这是他迥异于其他草原部落首领特别明显的一点,这一点也就奠定了此后蒙元王朝官制上的一个基本原则,至少在太祖朝时期如此。

---

① 参见余大钧译注《蒙古秘史》,第 153 页,注 5。此见解,之前俄国学者巴托尔德亦说过,参见其著《蒙古入侵时期的突厥斯坦》下册,张锡彤、张广达译,第 435—436 页,上海古籍出版社,2007 年。
② 《秘史》123 节。

## 二、草原千户制的形成

大约在 1191 年,难以容忍乞颜氏重兴的尼鲁温蒙古泰赤乌氏联合札木合进攻铁木真,双方兵马各自组成十三个古列延(圈子,汉语意译为"翼")在答兰版朱思之野(克鲁伦河上游支流臣赫尔河一带)交战,这就是著名的十三翼之战。《史集》比较详细地记载了铁木真军队的组成,[①]《圣武亲征录》与之略有差异。大致说来,第一翼为铁木真母亲统领的军队;第二翼是铁木真自己统领的诸子、诸那可儿军队;第三至第十一翼主要是乞颜氏各贵族率领的军队,汪古儿率领巴牙兀氏跟随蒙格秃儿子在第八翼;第十二、十三两翼是来附的旁支尼鲁温氏族,捏古思氏即为其中的第十三翼。从十三翼的组成,可以看出此时的乞颜氏还只能算是一个氏族联盟。

《史集》中说,铁木真把军队"集合起来后,按照万、千、百人点数","总共是十三个古列延"。[②] 这是铁木真最早的千户编组。姚大力师指出,"十进位的军事编制形式存在于漠北及其毗邻地区的草原游牧社会,在蒙古兴起以前,至少已经有一千年断断续续的历史传统了"。[③] 铁木真在十三翼之战中把自己的军队分成一个个千人队、百人队、十人队也只是一种沿袭草原传统的临时性军事策略。十三翼之战,乞颜氏联盟落败,但这场战争并不具有决定性。因泰赤乌氏内无统纪,一些附属的尼鲁温蒙古部众战后反而脱离了它而归附铁木真,铁木真的羽翼更加丰满起来。1196 年,利用金朝进攻草原东部强邻塔塔儿部的机会,铁木真联合克烈部在斡里札河(位于鄂嫩河和克鲁伦河两河之间)击溃塔塔儿部主力。这次战役,铁木真的军队主要就是他自己的那可儿兵力,薛扯·别乞等乞颜贵族不愿出兵协助。斡里札河战役大大提高了铁木真的声

---

①《史集》第一卷第二分册,第 112—114 页。
②《史集》第一卷第二分册,第 112 页。
③ 姚大力:《草原蒙古国的千户百户制度》,第 1 页。

望,其后不久,他以不肯出兵为祖上复仇为由进击乞颜氏长支主儿勤氏,后者失败,薛扯·别乞、泰出被捕获处死,昔日合不剌挑选出来授予长子的"有胆量、有气力"①的百姓全被铁木真兼并,本属主儿勤的札剌亦儿部人木华黎(3)、②迭列列斤蒙古许兀慎氏博尔忽(15)③等此后就成了铁木真的那可儿。消灭主儿勤部,处死薛扯·别乞兄弟,这大大震慑了乞颜氏的各支贵族,铁木真的汗权骤然提高。1200—1202 年,铁木真又与王罕军联手,相继击溃泰赤乌氏主力、臣服东部蒙古诸部,并最终完灭泰赤乌氏和塔塔儿部。

十三翼之战后,投附铁木真的那可儿有:《秘史》130 节提到的尼鲁温蒙古兀鲁兀氏首领主儿扯歹(6)、④尼鲁温蒙古忙兀氏畏答儿(21)、⑤尼鲁温蒙古晃豁坛氏蒙力克及其雪亦客秃以外的六个儿子;⑥137 节提到的札剌亦儿部人木华黎(3)及弟不合、⑦木华黎堂弟统格(10)、⑧合失、木

---

① 《秘史》139 节。

② 木华黎,成吉思汗麾下著名"四杰"之一。

③ 博儿忽,铁木真战败主儿勤氏后,部将在其营地所捡男孩,为铁木真母诃额仑四养子之一,后为成吉思汗麾下著名"四杰"之一。建国后,1217 年,奉命镇压贝加尔湖以西的秃麻部人起义,战死于军中。

④ 主儿扯歹(《元史》作术赤台)率领的兀鲁兀氏和畏答儿及其子率领的忙兀氏常为蒙古军作战时的先锋部队。成吉思汗建国后,主儿扯歹受封为四千户兀鲁兀氏之长。在《秘史》202 节所记 88 千户那颜名单中,主儿扯歹名列第 6,其子怯台为第 57 位千户那颜。第 38 位千户那颜不只儿,屠寄认为即《秘史》191 节中所说的六名扯必之一的不察阑,此人亦为术赤台子或其族人,《亲征录》中作薄刹,《元史》作薄利、八札。见屠寄《蒙兀儿史记》卷 3《成吉思汗纪》,第 42 页上,《元史二种》本,上海古籍出版社,2012 年,屠寄意见可从。又,88 位千户那颜中,名列第 41 位的字坚也是兀鲁兀氏人,见下文中的表格。

⑤ 畏答儿,铁木真与王罕战役中受伤而死,建国后追封为第 21 位千户那颜,由其子袭封。但《秘史》202 节,又记畏答儿子蒙可·合刺札为第 52 位千户那颜,不知这一支忙兀氏在建国后是否分成了两个千户(《史集·万夫长、千夫长与成吉思汗的军队简述》云一个千户)。另,前面提到的者台,建国后为第 23 位千户那颜,也是忙兀氏人。

⑥ 在 88 位千户那颜中,蒙力克为第 1 位,子脱仑为第 12 位,速亦客秃为第 31 位,又第 36 位答亦儿,当亦是蒙力克后裔,见下文表格。

⑦ 不合,成吉思汗建国后任怯薛指挥官。

⑧ 统格父亲、木华黎的叔父赤剌温为蒙哥朝著名大臣忙哥撒儿的曾祖父。

华黎叔父者卜客(44);①138 节提到的诃额仑四位养子,即篾儿乞营地捡到的古出(17)、②泰赤乌营地捡的阔阔出(18,其本人出身为尼鲁温蒙古别速惕氏)、③塔塔儿营地捡的失吉·忽秃忽(16)、④主儿勤营地捡的博尔忽(15,其本人出身为迭列列斤蒙古许兀慎氏);146 节提到的迭列列斤蒙古速勒都思氏锁儿罕·失剌(27)、⑤迭列列斤蒙古别速惕氏哲别(47);⑥149 节提到的尼鲁温蒙古巴阿邻氏述律图⑦及其子阿剌黑(26)、⑧纳牙阿(32)⑨等。

战争时将作战人员分成千人队、百人队不是铁木真的创举,这种临时性的编组并不打破原先的氏族外壳,与氏族外壳相比,这种编组明显处于附属地位。铁木真的创举在于,十三翼之战后,他将这种十进制编组作为日常游牧民的行政管理方式,从而极大程度地破坏了原先的氏族外壳。要明确说出铁木真何时开始在游牧民中实行行政上的千户编组不大容易,这应该是一个渐进的过程。1202 年完灭塔塔儿部前,铁木真宣布军令,"战胜时不许贪财,既定之后均分";"阿勒坦等犯军令,抢财物,成吉思使哲别、忽必来尽夺了他所得的财物"。⑩ 铁木真这一严肃军纪事件,一方面,进一步提高了自己的汗权,将那可儿地位置于乞颜氏不

---

① 者卜客,成吉思汗建国后分封诸王兀鲁思时,为其二弟合撒儿封地内千户那颜之一。后成吉思汗担心合撒儿谋夺汗位,暗中削减合撒儿大部分属民,者卜客惊慌逃走。

② 古出,成吉思汗建国后分封诸王兀鲁思时,为铁木真母诃额仑、幼弟斡赤斤封地内千户那颜之一。

③ 阔阔出,成吉思汗建国后分封诸王兀鲁思时,为铁木真母诃额仑、幼弟斡赤斤封地内千户那颜之一。

④ 失吉·忽秃忽,成吉思汗建国后任札鲁忽赤(见下文)。

⑤ 锁儿罕·失剌,成吉思麾下著名"四杰"之一的赤老温之父。铁木真少年时被泰赤乌氏抓获,蒙锁儿罕·失剌一家掩护脱逃。

⑥ 哲别,初为泰赤乌氏贵族属民,泰赤乌亡后归附铁木真,为成吉思汗麾下著名"四狗"之一。

⑦ 述律图,平宋名将伯颜曾祖父,原为泰赤乌氏贵族的伴当,捉住自己正主义放走后改投铁木真,被铁木真欣赏。述律图当是下文会提到的铁木真建国前六十五千户那颜之一,铁木真建国后其千户那颜职位由其子阿剌黑继承。

⑧ 阿剌黑,平宋名将伯颜祖父。

⑨ 纳牙阿,成吉思汗建国后任中军万户长。

⑩《秘史》153 节。

听命贵族之上;另一方面,也使得多数的蒙古人跟随阿勒坦、忽察儿等乞颜贵族离开铁木真,投靠了克烈部首领王罕。没有了这些乞颜氏贵族的牵制,铁木真对游牧民的千户编组此后应该是大幅度地进行了。1203年,铁木真消灭克烈部,阿勒坛等乞颜氏贵族随后被人身消灭,除了答里台,该氏族主要贵族剩下的就只是铁木真的诸弟和诸子了。史书上所说的65千户就在著名的与乃蛮人决战的纳乌昆山之战(发生于1204年,纳乌昆山位于鄂尔浑河之东)前夕大致定了下来。

　　65这个数字仅出现于《元史》卷120《术赤台(即主儿扯歹)传》:"朔方既定,举六十五人为千夫长。"①有足够的证据,说明65千户编组,发生于建国前的纳乌昆山之战前,而非等到"朔方既定"。作为事后的追记,《元史》所说的65这个数字未必准确,我们不妨说,当时大致编组了这么多个千户。千户那颜的名单更不容易确定,不过,他们中的绝大多数在后来的1206年被重新确认,有的可能被其子、弟承袭。1206年,成吉思汗建国,建国之初,他再次对游牧民进行了千户编组,这次编组,《秘史》202节记作为95个千户,95这个数字史料中也仅出现这一次。《秘史》该节又记录了88位千户那颜名单,其中有3位那颜所领千户不止1个,88位那颜统领千户总数则确是95个。姚大力师指出,88位那颜名单中,"既包括若干1206年时业已去世的人物,还有一些实际上是部名而不是人名,此外还可能有漏载、重复以及其他情况发生","体现在这份名单中的苦心拼凑的特点,殊为明显",这恰好说明,建国初"将全体蒙古部众总共编为九十五个千户一事","始终在蒙古人记忆里保持着鲜明的印象",只是在细节上,如那颜的具体人选,"或已难于毫无遗漏地凿凿确指"。②但是在同样据说是依据可靠材料而编写的《史集》中并未提到95这个数字。笔者认为,成吉思汗建国初编组的95个千户,数目也是大概的;到后来分封诸子诸弟兀鲁思时,数目有所增加,其总数可能就在《史

①《元史》卷120《术赤台传》,第2962页。
②姚大力:《草原蒙古国的千户百户制度》,第11页。

集》所说的 129 上下。①

　　65 千户变为 95 千户，原因在于两点：其一，消灭乃蛮部后，归附铁木真的游牧部众大有增加；其二，65 千户编组时，有些千户人数过多，建国后大致按照每一千户出军人数为一千的原则对原先的一些大千户进行拆分。95 千户变为 129 千户，原因类似，一是在 95 千户的基础上继续拆分一些人数仍然过多的大千户，二是因为斡亦剌等部的归附。

　　大蒙古国的游牧民千户，有的仍然由同族结合而成。这当中又分两种情况。一种情况是本来就是很大的氏族部落，如弘吉剌氏、亦乞列思氏、汪古部等，他们的首领（往往是黄金家族的驸马）仍旧"统其国族"，②但其下被分组为若干千户（《秘史》记弘吉剌氏分为三个千户，亦乞列思氏分为两个千户，汪古部分为五个千户），各部首领得以自任其亲族为各千户那颜，但需向大汗申报批准，后来的斡亦剌部情况也是如此，《史集》说其首领统本部四个千户，千户那颜也可以自置。另一种情况是一些率部投附的小的氏族首领，允许继续收集本部散亡人员，从而组成以本氏族人员为主的千户，如果人数过多，也需要继续分拆。如兀鲁兀惕氏（《秘史》记四个千户）、忙兀氏、巴阿邻氏等。汪古儿收拾巴牙兀氏人形成一个千户，情况也是如此（原先他跟随的蒙格秃子所统领的乞颜—敞失兀惕氏人此时极可能成为汪古儿统领下的千户牧民）。捏古思氏首领察合安·兀洼十三翼之战时兵败被札木合擒杀，成吉思汗建国后追封他

---

① 史卫民等认为，蒙古千户总数，无论《元史》中说的 65，《秘史》中说的 95，还是《史集》说的 129，都不是准确的数字，"蒙古千户实际上有多少，恐怕连蒙古人自己心中也没数"。见史卫民等《〈元朝秘史〉"九十五千户"考》。其说自然能成立，但该文又认为，成吉思汗建国初建立的蒙古牧民千户组织，其总数 65 近实，后来西征前夕则近 95，此说恐怕不能成立。姚大力师认为，"1206 年千户编制中，我们今天尚能确认的至少有 55 那颜、67 千户"，"1206 年的序列，显然不止 65 千户"，"只能是 95 千户"；"95 千户之说，要优于 65 千户之说"，见《草原蒙古国的千户百户制度》，第 18、第 22 页。笔者下文会统计，太祖朝任职的千户那颜能够确认或基本可确认的有 70 人左右，扣除少数父死子继而两列者以外（如博尔忽与脱欢），可确定的那颜人数应该还会在 60 以上，他们多数是建国初就被授职者。所以建国初组织的千户应该不止 65 个。
② 《元史》卷 118《特薛禅传》，第 2915 页。称弘吉剌氏为"国"，在汉文史料中是比较少见的。

为千户那颜,其千户长之职由其子纳邻·脱斡邻勒承袭。《秘史》218节,
成吉思汗许纳邻·脱斡邻勒收集"散在各部落内"的捏古思民众,"教他
子孙世袭管者"。成吉思汗还授予札剌亦儿人木华黎"全部札剌亦儿部
军队",木华黎将其分成三个千户,其千户那颜也由他自己任命并经成吉
思汗批准。① 这些基本上仍由同族牧民组成的千户,此时其血缘氏族的
外壳相对于千户、百户的行政体制而言已经处于附属地位。

由同族人员(当然包括了该部贵族原有的来自不同部族的属民)组
成的千户,在全体蒙古游牧部众(成吉思汗建国后,大漠南北的游牧部众
都开始蒙古化过程)中只占少数,《史集》在《万夫长、千夫长与成吉思汗
的军队简述》一节中对这些千户特别加以说明;多数千户是以不同部族
人员混合而成。篾儿乞、泰赤乌、塔塔儿、克烈、乃蛮等昔日蒙古高原强
部,被铁木真逐次灭亡后,其所属民众都被"分与了众伴当";很多伴当将
领战争中也收掳了不少游牧民众,建国后成吉思汗准许他们即以所得百
姓组成千户;针对一些未有捕获的那可儿,成吉思汗允许他们收集"无户
籍"的牧民组成千户,或者命令从别的那可儿所统领属民中征调一部分
民众合组成千户归他们管辖。② 在这些多数的千户当中,已经不存在氏
族外壳。

氏族变为千户,在这演变过程中,原先众多的孛斡勒得以转变成为
普通的千户牧民,但这并不意味着从此草原社会中孛斡勒会逐渐消失。
千户组织中,有千户那颜、百户那颜、十户那颜三级首领,他们和普通的
千户牧民都有或多或少的附属人口,这些附属人口的来源,有的就是原
先从祖上继承下来的孛斡勒,更多的则是在不断进行的战争中所得的获
利品。比较晚被铁木真征服的乃蛮部落,其中有些分支在纳乌昆山战役
前就主动投附了铁木真,这些分支的人员后来多数成了普通的千户牧
民,而在纳乌昆山战役中被征服的乃蛮主力战后应当难逃成为获胜者附

---

① 《史集》第一卷第二分册,第369—370页。
② 韩儒林主编:《元朝史》上册,第84—85页。

属人口的命运。千户组织中,各级那颜和普通牧民的附属人口,就是新的草原社会状态下的孛斡勒,他们与主子间的主奴依附关系与建国前并没有多大区别。

对本课题的研究来说,更重要的则是以下两点:

其一,尽管社会组织形态有所变化,但昔日的孛斡勒与昔日的主子,如果他们间地位差别依然维持的话,那么他们间的主奴意识,就会继续沿袭下来,尤其是黄金家族人员的孛斡勒,他们的奴婢意识不仅没有淡化,相反,随着其主人成为国家的主宰力量、随着本课题研究后面要提到的一些政权制度上的建设,这种主奴意识实际上是得到强化了。这些孛斡勒人员,有的不再需要跟随主人游牧,但不论身在何处,他们都会谨记自己家人是黄金家族的世袭奴婢。直到后来的元朝末年,像伯颜、马札儿台、脱脱等人,他们尽管在官僚体系中位极人臣,但依然时刻意识到自己是皇帝家族的世袭奴婢。身为太师、右丞相的伯颜,就是因为不愿意"犹有使长"而诬陷杀害自己作为孛斡勒所属的拖雷后裔郯王,时人遂有"奴婢杀使长之讥"。[1] 黄金家族成员与其孛斡勒之间的主奴意识终元一朝实际上不仅没有受到后来在国家事务中影响日增的汉地社会制度和文化的冲击,相反会对后者产生极其深远的影响。[2]

其二,无论是同族人员组成的千户,还是由不同部族人员混杂组成的千户,各千户的首领都是大蒙古国初期草原地区最重要的地方行政官员,这些地方行政官员绝大多数来自对铁木真有主奴依附关系的那可儿,他们的奴婢意识随之自然就会进入国家的官僚组织中。被成吉思汗任命为千户那颜的那可儿,有的历来就是铁木真家族的孛斡勒,有的是主动归附于他的那可儿;也有的出自在长期的漠北统一战争中相继被铁木真征服的部落,他们一旦被征服,自然就成了铁木真的奴婢,包括黄金家族的那些出自不同部落的驸马们。成吉思汗对千户那颜的除授其实

---

[1] 任崇岳:《庚申外史笺证》,第 17、第 28 页,中州古籍出版社,1991 年。

[2] 姚大力:《草原蒙古国的千户百户制度》,第 63 页;同氏:《论蒙元王朝的皇权》,收录于氏著《蒙元制度与政治文化》;另参见拙文《论元代君臣关系的主奴化》,《江海学刊》2004 年第 1 期。

是处心积虑的,与1189年初为乞颜氏大汗时设官分职相比,一个明显的变化是将黄金家族的成员排除在了一般的官职之外。黄金家族的成员此后的正式身份变成为坐拥、享受"忽必"的国家主人(元代汉文文献称"诸王"),忽必意思是国家家产的份子。巴托尔德对草原游牧民族政权有精辟的论述,他说,"一切游牧帝国",都"将族产观念从私法领域带入了公法领域","国家被看作是整个汗族的财产",①这一特点于成吉思汗建立的大蒙古国尤为显著。整个大蒙古国被成吉思汗视为了黄金家族的家产,其家族的每一个男性人员和其后裔都可以得到这份家产的一部分,"太祖皇帝初起北方时节,哥哥弟兄每商量定,取天下了呵,各分地土,共享富贵"。② 千户那颜是最早的一批替黄金家族管理家产的家臣,以后其他的各种中央、地方官员本质上也都是如此。③ 最早的这批家臣构成了该国家政权两大支柱的一支,另一大支柱是下文要分析的怯薛。对于这批家臣,成吉思汗安排主要由那可儿出任,相当于由家奴充当,家奴的奴婢意识自然会随之进入国家的官僚系统中。这批家奴,有的可能是刚成为孛斡勒者,有的则是年代较久的斡脱古·孛斡勒,按照前面所说奴婢的后代永远是奴婢、年代逾久的奴婢逾受主人信任的原则,新的孛斡勒自然会向斡脱古·孛斡勒迈进。以后,随着新的政府组织的不断设立,渗透在两大支柱中的君臣主奴意识(怯薛中同样有主奴意识而且比千户组织中更为浓厚)还会蔓延至别的各种组织中。即使是与黄金家族没有历史渊源者,一旦出仕,本质上就成为替黄金家族管理家产的家臣,家臣中出身家奴者所拥有的骄人地位,免不了会使奴婢意识在他们当中同样产生,从而使元代的君臣之间弥漫着浓郁的主奴关系。

另外,成吉思汗主要从自己的那可儿中确定千户那颜人选,原先众

---

① (俄)巴托尔德:《蒙古入侵时期的突厥斯坦》上册,第310页。
② 陈高华等点校:《元典章》卷9《吏部·官制三·投下官》"改正投下达鲁花赤"条,第296页,中华书局、天津古籍出版社,2011年。
③ 洪金富:《从"投下"分封制度看元朝政权的性质》,《中研院史语所集刊》第58本第4分,1987年。

多的氏族贵族,除了充任那可儿者,就都降为了普通的千户牧民,甚至有成为新的奴婢者,这无疑会大大加快之前具有血缘外壳的氏族的瓦解。前文提到,充任千户那颜的原先氏族首领,人数并不多,他们拥有的氏族多数本身也不大,更重要的,随着新型千户组织的设立,此时的首领身份主要是黄金家族的家臣,他们和他们拥有的氏族或千户牧民都已经完全成了黄金家族的家产,基于血缘上的氏族首领的身份已经没有什么意义。这些血缘氏族的瓦解,速度可能会稍微慢一些,但一定是不可逆地进行着的。而其他的原先血缘氏族,包括那些高原强部,则是迅速地瓦解了。成吉思汗的千户那颜中,有少数人出身篾儿乞、塔塔儿、克烈(乃蛮部人中是否有人充任千户那颜,尚待考证)等高原昔日强部,但多是在本部被吞灭之前主动投靠铁木真者,建国后他们虽为千户,但统率的或是自己原先的弱小氏族部落分支,或是收集来的各氏族百姓,而原先本部的主体则被瓜分或消灭了。与铁木真作对的强大的蒙古泰赤乌氏,估计没有出身其中的千户那颜,该氏族部众多数已被人身消灭,剩下的人员建国后也不可能再组成一个泰赤乌氏千户了。与孛儿只斤氏(成吉思汗的乞颜氏属孛儿只斤氏的一支)同源的尼鲁温蒙古合答斤氏和珊竹氏(它们分别出自阿兰·豁阿感天光而生的三个儿子之后),本也是蒙古部内强大氏族,人口众多,但长期不与乞颜氏在一起,一度也曾与乞颜氏为敌作战,他们被合并后就没有产生千户那颜。88千户那颜名单中的第39位蒙古兀儿,因为《史集》波斯文集校稿上的一处失校,而被很多学者误认为是珊竹氏(Salji'ut),实际上是出自尼鲁温蒙古的一个小分支昔只兀惕氏(Sijiut,其来源见《秘史》46节)。[①] 第70位合兀兰,作为氏族首领参加过十三翼之战,在第三翼,《史集》汉译本将其名译作木忽儿—忽兰,他的出身氏族则译成合答儿斤。[②] 实际上,合答斤氏的主体并没有参加

---

① 陈得芝:《蒙古哈答斤部撒勒只兀惕部史地札记》,收录于氏著《蒙元史研究丛稿》,人民出版社,2005年。
②《史集》第一卷第二分册,第112页。

这场著名的战争,①合兀兰如果真的出自合答斤氏,当也是作为乞颜氏某个贵族的附属人口参加的,《秘史》131 节就记有主儿勤氏贵族有一个附属的合答斤人,他因在乞颜氏宴会上偷窃铁木真一方的缰绳而引起主儿勤贵族不里·孛阔(铁木真族叔,后来被铁木真和别勒古台弄死)和铁木真弟别勒古台间的争执。这位合兀兰,在《史集》中也算得上是一个名人,拉施特专门说他"说话叫人讨厌",②但是在《史集·部族志》(即《史集》第一卷第一分册)"合答斤部"条中,拉施特说该氏族并没有什么荣显人物,合兀兰之名也没有出现于此。③ 笔者认为,《史集》述其出身时极有可能是把合答斤氏(Qatagin)和阿答儿斤氏(Hadargin)混淆了起来。④阿答儿斤氏亦是尼鲁温蒙古的一个分支,其来源亦见《秘史》第 46 节。蒙古语"阿答儿斤",本来意思就是喜欢拨弄是非,拉施特特别指出合兀兰"说话叫人讨厌",他的意思应该是说,这个合兀兰的性格真与其出身氏族名称相符。所以,笔者认为这个合兀兰非合答斤氏而是阿答儿斤氏,这两个名称很相像,但指的是两个不同氏族。合答斤在《圣武亲征录》和《元史·太祖纪》中均作哈塔斤,阿答儿斤在《亲征录》中也作阿答儿斤,在《元史·宗室世系表》中则作阿答里急。可见时人是将两者分得很清楚。合答斤、珊竹、孛儿只斤是尼鲁温蒙古的三大支系,前两者在蒙古建国后的迅速瓦解是很明显的了。成吉思汗后来从珊竹氏中挑选了一些人任军事将领,如三木合拔都、吾也儿等,但他们统率的军队中本氏族人的比例应该不会很高。元代合答斤、珊竹氏的势力已经大大不如依然保留着同源外壳的弘吉刺、亦乞列思、札刺亦儿、斡亦刺和汪古,甚至不如兀良合。兀良合人者勒蔑的千户因为驻地远离蒙古中心,后来得以有机会扩展力量。另外,前文已经指出,成吉思汗建国后如果真有乞

① 陈得芝:《蒙古哈答斤部撒勒只兀惕部史地札记》。
②《史集》第一卷第二分册,第 68 页。
③《史集》第一卷第一分册,第 292 页。
④ 韩儒林在《成吉思汗十三翼考》中说《史集》贝勒津本中,木忽儿—忽兰的氏族记作 Hidargin,韩先生据哀德蛮德译本校正为 Hadargin,即阿答儿斤。韩先生文收录于氏著《穹庐集》,上海人民出版社,1982 年。

颜氏这个千户的话,其首领那颜也不会由原先的氏族贵族担任,而只能由一般乞颜氏人员或非乞颜氏出身者充当,这个千户甚至会比巴牙兀、捏古思之类由同族人员组成的千户更加容易淡化内部成员间的血缘认同。总之,成吉思汗是热切盼望血缘氏族的迅速瓦解的,就是对自己出身的乞颜氏的瓦解、消失,他也不会有什么留恋之意。他需要保证的只是自己黄金家族成员的国家主子地位而已,至于原先跟随自己的乞颜氏部众,或交由出身普通的古乞(或苟吉)管理,或也被分割成数个千户,分别由不同的千户那颜统领。

在千户制度的建设上,成吉思汗还规定,千户那颜的地位世袭,他们的后裔也就继续是黄金家族的奴婢或那可儿,继续是黄金家族的家臣、家奴。将国家视为君主家族家产、将官员视为君主家族家臣,这样的政治意识以后终元一朝也一直延续了下去。千户那颜下面的百户那颜、十户那颜,则是草原地区级别低一二等的地方行政官员,他们应该一样对黄金家族有主奴依附关系。这些百户那颜、十户那颜有的由大汗任命,有的直接由千户那颜任命。

作为帝国基础之一的千户那颜,无疑是整个元代都相当重要的官员,以后随着漠北诸王的出镇、随着岭北行省的成立,他们的政治影响有所下降,但依然是蒙古本土上的基本地方要员,他们世代掌管着蒙古本土上一定地域范围(每一个千户都被指定了固定的驻牧范围,蒙古语称为"农土")内的军事行政事务。《秘史》所列的建国之初 88 位人员名单,尽管有不少错误,但大体还是反映出了他们的来源。既然他们的地位世袭,其后的蒙古本土地方要员就都出自他们的后裔。下面按照《秘史》中的排序,表列出这些官员的出身氏族和军队归属,并判断他们究竟是否是太祖朝的千户那颜。根据《秘史》202 节、243 节及《史集》中《万夫长、千夫长与成吉思汗的军队简述》[1]很容易就判断出出身氏族和军队归属及是否是千户那颜的,不注考订依据,需结合其他材料来判断的,则加以说明。

---

[1]《史集》第一卷第二分册,第 362—380 页。

| 序号 | 千户那颜名 | 出身氏族 | 能否确认或基本可确认是千户那颜 | 军队归属① | 备注 |
|---|---|---|---|---|---|
| 1 | 蒙力克 | 晃豁坛(尼)② | 是 | 右翼 | |
| 2 | 博尔术 | 阿鲁剌惕(尼) | 是 | 右翼 | |
| 3 | 木华黎 | 札剌亦儿 | 是 | 左翼 | |
| 4 | 豁儿赤 | 巴阿邻(尼) | 是 | 右翼 | |
| 5 | 亦鲁该 | 札剌亦儿 | 是 | 窝阔台 | |
| 6 | 主儿扯歹 | 兀鲁兀惕(尼) | 是 | 左翼 | |
| 7 | 忽难 | 格泥格思(尼) | 是 | 术赤 | |
| 8 | 忽必来 | 八鲁剌思(尼) | 是 | 阔列坚 | |
| 9 | 者勒蔑 | 兀良合(迭) | 是 | 左翼 | |
| 10 | 秃格 | 札剌亦儿 | 是 | 疑为左翼 | 可能是木华黎管下札剌亦儿部三千户那颜之一 |
| 11 | 迭该 | 别速惕(尼) | 是 | 窝阔台 | |
| 12 | 脱仑扯儿必 | 晃豁坛(尼) | 是 | 右翼 | 蒙力克子,六名扯儿必之一。亦为太祖博尔赤③ |
| 13 | 汪古儿 | 巴牙兀(迭) | 是 | 左翼 | 非乞颜氏,见前文说明。太祖博尔赤④ |

---

① 军队归属指属于成吉思汗的左翼军还是右翼军,或属于其诸子、诸弟。
② 出身氏族括号内的"尼"指尼鲁温蒙古,"迭"指迭列列斤蒙古。
③《秘史》213 节。
④《秘史》213 节;《史集》第一卷第一分册,第 288 页。

| 序号 | 千户那颜名 | 出身氏族 | 能否确认或基本可确认是千户那颜 | 军队归属 | 备注 |
|---|---|---|---|---|---|
| 14 | 赤勒格台 | 速勒都思(迭) | 疑是① | 不详 | |
| 15 | 博尔忽 | 许兀慎(迭) | 是 | 右翼 | 任过太祖博尔赤② |
| 16 | 失吉·忽秃忽 | 塔塔儿 | 是 | 右翼 | 建国后兼任札鲁忽赤③ |
| 17 | 古出 | 篾儿乞 | 是 | 诃额伦 | |
| 18 | 阔阔出 | 别速惕(尼) | 是 | 诃额伦 | |
| 19 | 豁儿豁孙④ | 不详 | 是 | 诃额伦 | |
| 20 | 许孙 | 巴阿邻(尼) | 是 | 右翼 | |
| 21 | 畏答儿 | 忙兀(尼) | 是 | 左翼 | 建国之际已卒,追封 |
| 22 | 失鲁孩⑤ | 照烈(尼) | 是 | 不详 | |
| 23 | 者台 | 忙兀(尼) | 是 | 拖雷 | |
| 24 | 塔孩 | 速勒都思(迭) | 是⑥ | 不详 | |
| 25 | 察合安·豁阿 | 捏古思(尼) | 是 | 阔列坚 | 建国之际已卒,追封 |

① 《秘史》120 节记赤勒格古台与其兄弟塔乞一起投附铁木真,塔乞即《元史》卷 129《阿塔海传》中所说的传主祖父塔海拔都儿,"尝从太祖同饮黑河水,以功为千户",见第 3149 页。塔乞事迹,《圣武亲征录》《史集》中均有记载,兄弟二人同为千户那颜颇有可能。

② 《秘史》213 节;《史集》第一卷第一分册,第 288 页。

③ 《秘史》203 节。

④ 余大钧认为,此人即《元史》卷 134《撒吉思传》中提到的辅佐太祖弟斡赤斤及其孙塔察儿的火鲁和孙和《史集》记载的拥戴蒙哥即位的豁儿豁孙,见其译注《蒙古秘史》,第 332 页,注 21,其说可从。

⑤ 即《元史》卷 132《麦里传》传主祖父雪里坚。《元史》记其为彻儿台(照烈)氏,"从太祖与王罕战,同饮真真河水,以功授千户,领彻里台部",见第 3210 页。

⑥ 见前第 14 位千户那颜赤勒格台条注。

| 序号 | 千户那颜名 | 出身氏族 | 能否确认或基本可确认是千户那颜 | 军队归属 | 备注 |
|---|---|---|---|---|---|
| 26 | 阿剌黑 | 巴阿邻(尼) | 是 | 左翼 | 名将伯颜祖父,纳牙阿兄 |
| 27 | 锁儿罕·失剌 | 速勒都思(迭) | 是 | 右翼 | |
| 28 | 不鲁罕① | 八鲁剌思(尼) | 是 | 右翼 | 同时为太祖宿卫② |
| 29 | 合剌察儿 | 八鲁剌思(尼) | 是 | 察合台 | |
| 30 | 阔可搠思 | 巴阿邻(尼) | 是 | 察合台 | |
| 31 | 雪亦客秃 | 晃豁坛(尼) | 是 | 右翼 | 蒙力克子,脱仑兄,亦为扯儿必之一 |
| 32 | 纳牙阿 | 巴阿邻(尼) | 是 | 左翼 | |
| 33 | 种索 | 那牙勤(尼) | 是 | 诃额伦 | |
| 34 | 古出古儿 | 别速惕(尼) | 是 | 疑为左翼③ | 任过太祖博尔赤④ |
| 35 | 巴剌·斡罗纳儿台 | 斡罗纳儿(尼) | 是⑤ | 疑属拖雷⑥ | |

---

① 即《元史》卷 135《忽林失传》传主之曾祖不鲁罕·罕札,"事太祖,从平诸国,充八鲁剌思千户"。第 3282 页。

②《元史》卷 135《忽林失传》,第 3282 页。

③《史集》述左翼军千户长汪古儿时提及古出古儿千户那颜,疑亦属左翼。另参见史卫民《蒙古汗国时期蒙古左、右翼军千户沿袭归属考》,《西北民族研究》1986 年第 1 期;同氏《元代军事史》,第 28 页,军事科学出版社,1998 年。

④《史集》第一卷第一分册,第 288 页。

⑤《元统元年进士录》载濮州蒙古军户斡罗纳儿台氏买闾,曾祖为八郎千户,钱大昕《元史氏族表》(第 12 页,《二十五史补编》本,中华书局,1955 年)认为此八郎千户即第 35 位千户那颜巴剌,其说确。

⑥《秘史》所录千户那颜中,有两位巴剌:一是第 35 位斡罗纳儿氏的巴剌,一为第 49 位札剌亦儿部的巴剌。《秘史》243 节,记分封给拖雷的千户那颜中一人名巴剌,不知是其中的哪一位。《史集》记成吉思汗的右翼军千户长中有札剌亦儿部巴剌,但未单独记分封给拖雷的军队,《秘史》记为分给拖雷的第 23 位千户那颜者台在《史集》中记作右翼军千户长。所以,属于拖雷的千户那颜巴剌究竟是哪一位不易判断,本表下面第 49 位巴剌直接写作属于右翼千户长。

续　表

| 序号 | 千户那颜名 | 出身氏族 | 能否确认或基本可确认是千户那颜 | 军队归属 | 备注 |
|---|---|---|---|---|---|
| 36 | 答亦儿① | 晃豁坛(尼) | 是 | 窝阔台 | 蒙力克后裔 |
| 37 | 木格② | 弘吉剌(迭)③ | 是 | 察合台 | |
| 38 | 不只儿 | 兀鲁兀(尼) | 是 | 左翼 | 术赤台子或族人,怯台弟或族弟,又译作不察阑、薄察、薄刹。六名扯儿必之一 |
| 39 | 蒙古兀儿 | 失主兀惕(尼) | 是 | 术赤 | 非珊竹氏,见前文 |
| 40 | 朵罗阿歹 | 札剌亦儿 | 疑是④ | 拖雷 | 亦鲁该弟;又任太祖博儿赤 |
| 41 | 孛坚 | 兀鲁兀(尼) | 存疑⑤ | 不详 | 太祖宿卫 |
| 42 | 忽都思 | 八鲁剌思(尼) | 疑非,真千户那颜为其兄长兀客儿⑥ | 左翼 | 忽必来弟 |

① 当为《史集》所记分给窝阔台的千户长之一,汉译本译作"带儿",见《史集》第一卷第二分册,第 377 页。
② 当为《史集》所记分给察合台的千户长之一,汉译本译作术哥,疑误。见《史集》第一卷第二分册,第 376 页。
③《史集》第一卷第二分册说此人是弘吉剌氏,见第 376 页;但在《史集》第二卷中则说他是札剌亦儿部人,见第 172 页。本表中仅列弘吉剌氏。
④ 余大钧认为,此人即《史集》第一卷第二分册中提到的被窝阔台从拖雷寡妻唆儿忽帖尼处夺来转给阔端的都剌带宝儿赤,见其译注《蒙古秘史》,第 337 页,注 42。
⑤ 余大钧认为,此人即《元史》卷 135《忽都虎》传主之父孛罕,《元史》说他"蒙古兀罗带氏"人,"事太祖,备宿卫"(《元史》第 3278 页)。见其译注《蒙古秘史》,第 337 页,注 43。此说可从。太祖时期一般怯薛之士是可以在外面领有千户,只是孛罕是否确是千户那颜,尚待考证。
⑥《秘史》191 节记,铁木真初建怯薛时,散班由首领斡格列扯儿必与忽都思"一同管了",这个忽都思应该就是八鲁剌思氏忽必来的弟弟忽都思。但《史集》记成吉思汗左翼军时,提到一个千户,由巴阿邻氏兀客儿和忽都思弟弟合掌,见第一卷第一分册,第 374 页。《史集》该卷前面提到此兄弟俩随失吉·忽秃忽与扎兰丁作战并败绩时,还是说他们出自巴阿邻氏,见第 304—306 页。拉施特记忽都思出身氏族疑有误,见(日)村上正二《蒙古秘史译注》,卷 2,第 374 页。蒙古惯例,两人共管一千户,排名第一者为千户那颜,排名第二者不是,如此,则忽都思恐非千户那颜。

| 序号 | 千户那颜名 | 出身氏族 | 能否确认或基本可确认是千户那颜 | 军队归属 | 备注 |
|---|---|---|---|---|---|
| 43 | 马剌勒 | 不详 | 不详 | 不详 | |
| 44 | 者卜客 | 札剌亦儿 | 是 | 合撒儿 | 木华黎叔 |
| 45 | 余鲁罕 | 疑为札剌亦儿 | 不详① | 不详 | |
| 46 | 阔阔② | 不详 | 不详 | 不详 | |
| 47 | 哲别 | 别速惕(尼) | 是 | 疑为左翼③ | |
| 48 | 兀都台 | 不详 | 不详 | 不详 | |
| 49 | 巴剌扯儿必 | 札剌亦儿 | 是 | 右翼 | 非最早的六名扯儿必之一。阿儿孩·合撒儿之弟 |
| 50 | 客帖④ | 许兀慎(迭) | 是 | 术赤 | |
| 51 | 速不台 | 兀良合(迭) | 是 | 左翼 | |
| 52 | 蒙可·合勒札 | 忙兀(尼) | 是 | 左翼 | 畏答儿子 |
| 53 | 忽儿察忽思 | 不详 | 不详 | 不详 | |
| 54 | 苟吉 | 乞颜(尼)(?)⑤ | 是 | 右翼 | |
| 55 | 巴歹 | 斡罗纳儿(尼)⑥ | 疑是⑦ | 不详 | |

----

① 余大钧认为,此人即《元史》卷 131《奥鲁赤传》所记传主祖父朔鲁罕,见其译注《蒙古秘史》,第 337—338 页,注 47。朔鲁罕,札剌亦儿部人,但《元史》未云他任千户。史卫民等怀疑,此人乃第 5 位那颜亦鲁该的同名异译,《秘史》重出,见史卫民等《〈元朝秘史〉"九十五千户"考》,此论似乎有些武断。

② 史卫民等认为,此阔阔即蒙力克子巫师阔阔出(帖卜腾格里),成吉思汗建国时宣扬长生天命铁木真作普天下之汗,建国后颇受成吉思汗重用,但因与成吉思汗家族争夺百姓而被处死。阔阔即阔阔出,此备一说。见史卫民等《〈元朝秘史〉"九十五千户"考》。

③ 参见史卫民《蒙古汗国时期蒙古左、右翼军千户沿袭归属考》;同氏《元代军事史》,第 28 页。

④ 此人当为《史集》所载分给术赤的千户长旭失台,见第一卷第二分册,第 376 页。

⑤ 见前文说明。

⑥《史集》第一卷第一分册,第 279 页。拉施特此处将斡罗纳儿氏列为迭列列斤蒙古,误。

⑦ 巴歹与乞失里黑同时被赐予答剌罕称号,《元史》卷 136《哈剌哈孙传》记传主曾祖乞失里黑明确被授予千户长,巴歹与他功劳不相上下,同时被授予千户那颜可能性极大。

续　表

| 序号 | 千户那颜名 | 出身氏族 | 能否确认或基本可确认是千户那颜 | 军队归属 | 备注 |
|---|---|---|---|---|---|
| 56 | 乞失里黑 | 斡罗纳儿(尼) | 是 | 不详① | |
| 57 | 怯台 | 兀鲁兀(尼) | 是 | 左翼 | 主儿扯歹子 |
| 58 | 察兀儿孩 | 兀良合(迭) | 是 | 合赤温(阿勒赤歹) | 者勒篾弟。建国时合赤温已卒,子阿勒赤歹承其忽必 |
| 59 | 翁吉阑 | 疑为弘吉剌(迭) | 不详 | 不详 | |
| 60 | 脱欢② | 许兀慎(迭) | 是 | 右翼 | 博尔忽子,博尔忽卒后袭职 |
| 61 | 帖木儿 | 雪尼惕(尼) | 是 | 左翼 | 成吉思汗怯薛中的箭筒士③ |
| 62 | 篾格秃 | 乞颜(尼)(?)④ | 疑非 | 右翼(?) | 见前文说明 |
| 63 | 合答安 | 塔儿忽惕(迭)⑤ | 是 | 右翼 | |
| 64 | 抹罗合 | 不详 | 不详 | 不详 | |
| 65 | 朵里不合 | 疑为朵儿边(迭) | 不详 | 不详 | |
| 66 | 亦都合歹 | 札剌亦儿⑥ | 是 | 察合台 | |

---

① 史卫民将乞失里黑所领千户列为成吉思汗左翼军,见氏著《元代军事史》,第 28 页。
② 此人当为"四杰"之一的博尔忽子。《元史》卷 119《博尔忽传》记,博尔忽"殁于敌","子脱欢袭职",第 2949 页。博尔忽阵没于 1217 年。
③ 《史集》第一卷第一分册,第 164 页;第一卷第二分册,第 374 页。
④ 见前文说明。
⑤ 《史集》作雪泥惕氏,见第一卷第二分册,第 369 页。从《秘史》。
⑥ 姚大力帅考证出此人即《史集》第一卷第一分册中提到的札剌儿办儿部人忽秃黑答儿(第 150—151 页),乃《秘史》128 节中记载的拙赤·答儿马剌次子。参见姚大力《草原蒙古国的千户百户制度》,第 16—17 页。

| 序号 | 千户那颜名 | 出身氏族 | 能否确认或基本可确认是千户那颜 | 军队归属 | 备注 |
|---|---|---|---|---|---|
| 67 | 失剌忽勒 | 克烈 | 疑是① | 不详 | 太祖时任必阇赤,后来的蒙哥亲信大臣孛鲁欢之父 |
| 68 | 倒温 | 不详 | 不详 | 不详 | |
| 69 | 塔马赤 | 不详 | 不详 | 不详 | |
| 70 | 合兀兰 | 阿答儿斤 | 是 | 右翼 | 非哈答斤氏,见前文说明 |
| 71 | 阿勒赤② | 不详 | 不详 | 不详 | |
| 72 | 脱卜撒合 | 朵儿边(迭) | 是 | 右翼 | |
| 73 | 统灰歹 | 克烈 | 是③ | 不详 | |
| 74 | 脱卜合④ | 克烈(?) | 不详 | 不详 | |
| 75 | 阿只乃 | 斡罗纳儿(尼)⑤ | 疑是 | 不详 | |

----

① 此人当为《元史》卷 134《也先不花传》传主祖父昔剌斡忽勒,出身克烈,太祖时为必阇赤长,"朝会燕飨,使居上列"。《元史》第 3266 页。必阇赤兼任千户那颜有可能。

② 日本学者那珂通世认为,即《元史》卷 121《速不台传》所记传主裨将阿里出(《元史》第 2976 页);亦即《元史》卷 3《宪宗纪》中记载的与畅吉(可能与第 54 位那颜苟吉有关)等人"务持两端,坐诱诸王为乱,并伏诛"者(《元史》第 45 页)。转引自余大钧译注《蒙古秘史》,第 341 页注 73。笔者认为,那珂通世观点证据不足,不取。

③ 姚大力师考证,此人即《元史》卷 124《速哥传》传主之父怀都,"事太祖,尝从饮班术尼河水"(《元史》第 3051 页);亦即《史集》第一卷第一分册第 220 页提到的克烈部人千户长辉都。见姚大力《草原蒙古国的千户百户制度》,第 17—18 页。

④ 余大钧认为,即第 67 位千户那颜失剌忽勒弟。《元史》卷 134《也先不花传》,传主祖父昔剌斡忽勒兄弟四人,"长曰脱不花"(《元史》第 3266 页)。见余大钧译注《蒙古秘史》,第 341 页,注 76。笔者认为此说证据不足。

⑤ 此人为《元史》卷 123《阿术鲁》传主的可能性甚大。《元史》本传云,"同饮班朱尼河之水,扈驾亲征有功",见《元史》第 3024 页。本传未云其出身氏族,其孙怀都,在《元史》中亦有传,见《元史》卷 131。《怀都传》云,传主为斡罗纳台氏,即斡罗纳儿氏,见《元史》第 3196 页。杨志玖认为,此阿术鲁即王恽《中堂事记》中所说的"为头探马赤官人"阿术鲁·拔都鲁,见杨志玖《元代的探马赤军》,收录于氏著《元史三论》,人民出版社,1985 年。探马赤首领中是否确有草原牧民千户那颜,很难说。那珂通世认为此千户那颜另一可能是《元史》卷 121《按竺迩传》传主,转引自余大钧译注《蒙古秘史》,第 341 页,注 77。笔者认为这种可能性不如前者。

续 表

| 序号 | 千户那颜名 | 出身氏族 | 能否确认或基本可确认是千户那颜 | 军队归属 | 备注 |
|---|---|---|---|---|---|
| 76 | 秃亦迭格儿 | 不详 | 不详 | 不详 | |
| 77 | 薛潮兀儿 | 豁罗剌思（迭）① | 疑是 | 不详 | 建国前为博儿赤；②太祖后期为必阇赤③ |
| 78 | 者迭儿④ | 不详 | 不详 | 不详 | |
| 79 | 斡剌儿驸马 | 斡勒忽讷兀惕（迭） | 是 | 右翼 | 《史集》云千户那颜为其子泰出驸马⑤ |
| 80 | 轻吉牙歹 | 斡勒忽讷兀惕（迭） | 是 | 右翼 | |
| 81 | 不合驸马 | 巴牙兀（迭）⑥ | 疑是 | 左翼 | |
| 82 | 忽邻勒⑦ | 不详 | 不详 | 不详 | |

---

① 《秘史》120 节。

② 《秘史》130 节。

③ 《元史》卷 120《曷思麦里传》，第 2970 页。

④ 屠寄认为，即《元史》卷 123《直脱儿传》传主，证据不足，不取，见屠寄《蒙兀儿史记》卷 3《成吉思汗纪》，第 42 页下。

⑤ 泰出驸马为斡剌儿驸马子，见《史集》第一卷第一分册，第 267—268 页。

⑥ 韩儒林认为，此人即《史集·部族志》"伯牙兀氏"条中提到的"左手千户名 Urqa Gūrgān 者出自 Jadi Bayaut 氏，汗以女妻之"（余大钧、周建奇汉译本相关文字译作"左翼异密中有一个名叫不花驸马的异密，有个姑娘嫁给了他，他出自者台—巴牙兀惕部"，见第一卷第一分册，第 288 页），亦即《元史·后妃表》所说成宗皇后卜鲁罕的曾祖父"勋臣普化"，见韩儒林《西北地理札记三——钦察、康里、蒙古之三种伯牙吾台氏》，收录于氏著《穹庐集》。但拉施特在《万夫长、千夫长与成吉思汗的军队简述》节中未提及此人，不知是否缘于疏漏。

⑦ 余大钧认为，此人恐是《元史》卷 3《宪宗纪》中所记"诱诸王为乱伏诛"之人中的曲怜，见其译注《蒙古秘史》，第 343 页注 84。

| 序号 | 千户那颜名 | 出身氏族 | 能否确认或基本可确认是千户那颜 | 军队归属 | 备注 |
|---|---|---|---|---|---|
| 83 | 阿失黑驸马 | 疑是速勒都思(迭)① | 是② | 不详 | |
| 84 | 合歹驸马 | 斡亦剌(迭) | 是 | 右翼 | 《史集》记千户长为忽都合·别乞,合歹为忽都合子 |
| 85 | 赤古驸马 | 弘吉剌(迭) | 是 | 左翼 | 《史集》汉译本作失窟驸马 |
| 86 | 阿勒赤驸马 | 弘吉剌(迭) | 是 | 左翼 | |
| 87 | 不秃驸马 | 亦乞列思(迭) | 是 | 左翼 | |
| 88 | 阿剌忽失驸马 | 汪古 | 是 | 右翼 | |
| 补充 | 也速儿③ | 札剌亦儿 | 是 | 左翼 | |

　　《秘史》所列88名千户那颜中,基本上可以断定是太祖时期千户那颜的将近70人(包括父死子继者)。88名那颜的出身,来自尼鲁温蒙古的大约有38人(人数较多的氏族有:巴阿邻氏5人、八鲁剌思氏5人、别速惕氏4人、斡罗纳儿氏4人、晃豁坛氏4人、兀鲁兀惕氏4人、忙兀氏3人),出自迭列列斤蒙古的大约有24人(人数较多的氏族有:弘吉剌氏4人、速勒都思氏4人、兀良合氏3人、许兀慎氏3人),出自札剌亦儿部8人(加上《秘

---

① 那珂通世认为,阿失黑与第24位千户那颜塔孩同为速勒都思氏,见其著《成吉思汗实录》卷8,转引自余大钧译注《蒙古秘史》,第343页注85。
② 《秘史》207节记成吉思汗对第4位千户那颜豁儿赤的一道命令:"再将三个巴阿里(即巴阿邻)种,又添塔该、阿失黑二人管的阿答儿乞(即阿答儿斤)种等百姓,凑成一万,你做万户管者。"姚大力师认为,建国初"辅佐豁儿赤的塔该、阿失黑,当时是否也有自己的千户,无从确考",见其文《草原蒙古国的千户百户制度》,第22页。塔该当为第24位千户那颜塔孩。阿失黑即使建国初未领千户,1208年蒙古人灭乃蛮残部后当是被授予千户那颜的。
③ 参见姚大力《草原蒙古国的千户百户制度》,第18页。

史》漏记的也速儿,共 9 人),克烈部 3 人,篾儿乞部、塔塔儿部、汪古部各 1 人,出身不详者 12 人。《秘史》列 88 名那颜名单错误是有不少,但分析这份不准确名单人员的出身还是能明显看出成吉思汗的任官用意的。

## 三、怯薛制的形成

《史集》将成吉思汗登临汗位时间记载为与乃蛮决战之前,虽然与史实不符,但这种记载也提醒我们注意决战前铁木真的一些重要建树。他除了确定游牧民众的千户编组,任命了大约 65 位千户那颜,还奠立了宿卫(怯薛)①制度的雏形。草原强势首领身边拥有一定数量的宿卫侍卫人员,这也是游牧社会的传统。② 铁木真此时"设八十个做宿卫的人,七十个做散班"(宿卫首领尚不能确知,散班首领则为斡歌列);这时的怯薛中也已经设有带弓箭的箭筒士,《秘史》225 节说有四百人,"教者勒篾、也孙·帖额与不吉歹一同管了",③只是 400 这个数字恐怕不见得准确。

铁木真的创举,一方面在于"选护卫时,于千百户并白身人内子弟,有技能身材好者充之"。④ 这是怯薛成立伊始就确定好的一条原则。建国后怯薛组织扩至 10000 人:夜里护卫的宿卫添至一千,"命也孙·捏兀邻做为头千户者";⑤箭筒士也"添作一千,教也孙·帖额为长者";⑥白天

---

① 元代史料中,宿卫一词,有时指夜间宿值人员,蒙语原文音译作"客卜帖兀勒",有时则与怯薛同义,即包括宿卫、散班(白天值班卫士,又译作侍卫,蒙语原文《秘史》音译作"土儿合兀惕",《元史》中作秃鲁花、秃鲁华)和箭筒士(亦白天值班,蒙语原文音译作"火儿赤")。有时还包括后来的侍卫亲军。

② 《史集》述十三翼之战时,说第二翼是"成吉思汗及其子女、那可儿、异密和异密后裔,以及对他具有特殊关系、侍奉他个人的护卫队","护卫队"波斯原文为 kaziktaan,即怯薛丹(怯薛人员)。此时的 kaziktaan,当只是一般的侍卫随从人员,还不能和后来怯薛组织中的怯薛丹相提并论。铁木真设官僚组织性质的怯薛,是在 1203—1204 年与乃蛮人决战前的事。

③ 也孙·帖额,者勒篾子,后因卷入蒙哥即位冲突而被处死,见《元史》卷 3《宪宗纪》,第 45 页;不吉歹,木华黎堂兄弟统格之子。

④ 《秘史》191 节。

⑤ 《秘史》225 节。也孙·捏兀邻,那珂通世认为可能是蒙力克的又一子,转引自余大钧译注《蒙古秘史》,第 374 页,注 1。

⑥ 《秘史》225 节。

工作的散班侍卫,增至八千,任命了斡歌列、不合、阿勒赤歹、朵歹、多豁勒忽、察乃、阿忽台和阿儿孩·合撒儿等八位千人指挥官。① 10000 名怯薛人员,都是"于各官并白身人儿子内,拣选有技能、身材壮的"的人充当,"若千、百户……有违者,加以罪责"。② 在外各千户、百户长,送儿子到大汗身边充当怯薛,他们就成了大汗身边的质子,散班的蒙古语原文"土儿合兀惕"(《元史》中作秃鲁花、秃鲁华)意思就是质子。宿卫、箭筒士、散班均分作四班轮流值班(也称四怯薛),每班三天,成吉思汗命"四杰"和其后裔世为四怯薛之长(后代略有变化)。

铁木真的第二创举,在于怯薛人员除了护卫大汗的安全,还要做大量汗廷内外的生活和政治事务,或者说,护卫大汗安全和承担国家诸多政治事务——草原政权君主家事和国家事务并不截然区分,都可以说是国家的政治事务——都是怯薛组织的本职职掌。怯薛的职掌事务,《元史》如此记载:"其怯薛执事之名:则主弓矢、鹰隼之事者,曰火儿赤、昔宝赤、怯怜赤。书写圣旨,曰扎里赤。为天子主文史者,曰必阇赤。亲烹饪以奉上饮食者,曰博尔赤。侍上带刀及弓矢者,曰云都赤、阔端赤。司阍者,曰八剌哈赤。掌酒者,曰答剌赤。典车马者,曰兀剌赤、莫伦赤。掌内府尚供衣服者,曰速古儿赤。牧骆驼者,曰帖麦赤。牧羊者,曰火你赤。捕盗者,曰忽剌罕赤。奏乐者,曰虎儿赤。……其名类盖不一,然皆天子左右服劳侍从执事之人,其分番更直,亦如四怯薛之制,而领于怯薛之长。"③1189 年,铁木真初为乞颜氏的汗时,曾设立了一些官员,他们的职掌以后实际上就多由怯薛担当了。《元史·百官志》中虽然没有将怯薛列为官署,但它显然是个不折不扣的官吏机构。

---

① 《秘史》226 节。斡歌列,六位扯儿必之一,博儿术族弟;不合,木华黎弟;阿勒赤歹,札剌亦儿部人,88 千户那颜中第 5 位亦鲁该的亲族;朵歹,六位扯儿必之一;多豁勒忽,六位扯儿必之一,第 23 位千户那颜者台弟,多豁勒忽后被窝阔台处死;察乃,兀鲁兀惕氏人,主儿扯歹亲族,太宗初年建议在各处设置驿站,又奉窝阔台令在各处掘井,见《秘史》279 节;阿忽台,弘吉剌氏驸马按陈亲族;阿儿孩·合撒儿,见前注。

② 《秘史》224 节。

③ 《元史》卷 99《兵志二》,第 2524—2525 页。

拥有 10000 名成员的怯薛组织,在国家政治事务中能发挥作用的自然是其中的少数人。《元史》将怯薛人员分为"预怯薛之职而居禁近者"(以下称"居近怯薛")和普通的"宿卫之士"两种,[1]姚大力师认为,在其后王朝的大多数时间,前一种人员有数百人至千人左右。[2] 建国初的居近怯薛,可以说就是中央的主要官员,他们多数应当就是在外千户、百户那颜的质子。白身人儿子和这些质子的伴当[3]多数属于普通的怯薛人员。当然,怯薛人员的远近流动肯定会有,一些本来只是普通的怯薛丹会因各种机缘而被置身于居近怯薛中。怯薛组织中,有各种级别的指挥官,如四班总长"四杰"和他们的后裔,起初的宿卫长官也孙·捏兀邻、箭筒士长官也孙·帖额和散班侍卫斡歌列、阿儿孩·合撒儿等八名指挥官,每一班的宿卫、箭筒士和散班也均有各自首领,如一千箭筒士"分作四班,一班教也孙·帖额为长,一班教不吉歹为长,一班教火儿忽答黑为长,一班教刺卜刺哈为长"。[4] 八千侍卫分作四班,各班长分别为不合、阿勒赤、朵歹和多豁勒忽。[5] 成吉思汗时期四班宿卫长名单,《秘史》未载,《秘史》278 节记载了窝阔台时期四班夜间宿卫长的八名指挥官名字,成吉思汗时期应当也是有四名或八名宿卫指挥官的。怯薛指挥官自然是居近怯薛,他们有的是在外千户那颜之子,有的则不是。本田实信认为,除了四班总长"四杰",成吉思汗建国之初在怯薛中任指挥官的要员就不在外面领有牧民千户。这一观点目前来说还没有把握说绝对正确或错误,不过大致是可以成立的。阿儿孩·合撒儿、斡歌列、多豁勒忽、也孙·帖额这些在《秘史》中屡屡提及的建国初的显赫人物,均不在 88 位

---

[1]《元史》卷 99《兵志二》,第 2524—2525 页。

[2] 姚大力:《论蒙元王朝的皇权》。

[3] 千户那颜之子入职怯薛时,可带弟 1 人,伴当 10 人;百户那颜之子可带弟 1 人,伴当 5 人;白身人子可带弟 1 人,伴当 3 人。见《秘史》224 节。弟多数时候可能是指这些质子家族内作为斡脱古·孛斡勒的附属人员,伴当可能由千户那颜从千户牧民中签取,也可能仍是由附属人员充当。

[4]《秘史》225 节。也孙·帖额,者勒篾子,亦为箭筒士之长;小吉歹,木华黎堂兄弟统格之子;火儿忽答黑和刺卜刺合,出身不详。

[5]《秘史》227 节。

千户那颜名单中,他们有些在《史集》所列的军队千户长名单中,但是身份是怯薛指挥官。怯薛组织中,那些非指挥官的人员,应该是有可能被授予千户那颜而在外领有千户牧民的,前文表中的汪古儿、帖木儿、不鲁罕、失剌忽勒等是明显的例子。这些在外领有千户的怯薛人员,显然不是普通的宿卫之士而只能是居近怯薛。可以肯定的是,非质子出身(非在外千户那颜之子)的怯薛指挥官和居近怯薛人员,不论自身是否在外面领有千户牧民,他们是铁木真的那可儿则是毋庸置疑的。

对于出自质子的怯薛来说,既然千户、百户那颜们的职掌世袭,他们对黄金家族的奴婢附属关系也一代代地继承,这些怯薛成员天生地就是黄金家族的孛斡勒。那可儿,前文已经指出,无论那可儿是何种来源,一入此行即成本主的孛斡勒,他们的奴婢意识同样会世代沿袭。也就是说,无论是由质子充当,还是由那可儿出任,视作草原政权建国初中央主要官员没有任何不妥的对国家政治事务起重大作用的怯薛中的居近者,他们毫无疑义地都是成吉思汗的奴婢。成吉思汗还有一项特殊的规定,怯薛人员(应当主要是居近怯薛)的地位要高于在外的千户那颜:"我的护卫散班,在在外千户的上。护卫散班的家人,在在外百户、牌子(相当于十户)的上。若在外千户,与护卫散班做同等相争斗呵,将在外的千户要罪过者。"①主人信任奴婢的儿子要超过信任他的父亲,这一方面是以近制远的策略,另一方面无疑会使得自己身边的那些家臣益发巩固强化他们的奴婢意识。

有两类事务好像一开始就不一定在怯薛的本职职掌范围内。《秘史》191 节叙述,与乃蛮人决战前,铁木真除了委任 65 千户(他们是初期的地方官员)和设立怯薛组织(他们可以看作是初期的中央官员),他还

---

① 《秘史》228 节。

委任了朵歹、多豁勒忽、斡格列、脱仑、不察阑、雪亦客秃①这六位那可儿为扯儿必。② 扯儿必的职掌是什么,史料中没有明文。《秘史》232 节:"内里的扯儿必官,并放头口的,宿卫的知料者。"233 节,成吉思汗命令,"我不出征,宿卫的亦不许出征;若有违者,起军的头目有罪";起军的头目,蒙文原文作"扯儿必";234 节,成吉思汗规定,下营时,"众护卫散班,并内里家人等,朵歹·扯儿必管着,常在帐殿跟前行者"。这些记载可说明,扯儿必近似君主的家内主管。《秘史》124 节记铁木真为乞颜氏大汗后最早的设官分职,其中多歹"总管家内人口",巴托尔德认为当时他的职务就是扯儿必,③这是完全有可能的,只是当时尚未对该职正式命名。除多歹,当时其他人,也多没有正式职名,如斡格列等四位"带了弓箭"者,后来建怯薛时正式命名为火儿赤;古出古儿"管修造车辆",此职后来被命名为禹儿赤。"管家内人口"者后来正式定名为扯儿必,该词的语源尚不清楚;任此职务达十年以上的多歹继续留任,另外增加了五位官员。《秘史》191 节总译,说这六名扯儿必是"六等扯儿必官",不过,据该节蒙古文音译原文,似乎只是六名而非六等。说扯儿必是君主家内主管,也只是说他们的大致所管,实际上,蒙元政权可以说相当多的官员职掌不是特别明晰的,任此职者做另一种职事屡见不鲜,对每一种官职的职掌,我们也只能说个大概、说个经常的情况。笔者认为,后来元朝的内八府宰相或许就是扯儿必这一官称的继续。《事林广记》所收《至元译语》里说:"宰相,阇里必。"④与扯儿必(阇里必)对应的宰相应该不是中书省、尚

---

① 朵歹(多歹)、多豁勒忽、斡格列、雪亦客秃,见前注。脱仑,蒙力克子,建国后为第 12 位千户那颜,参加后来的攻金和成吉思汗西征战争,1227 年奉成吉思汗遗嘱,杀死西夏末帝。不察阑,即第 38 位千户那颜不只儿。另外,1189 年铁木真初次设官分职时,雪亦客秃"管了饮膳",相当于后来的博儿赤;但铁木真确立怯薛后,雪亦客秃未见有继续任博儿赤的记载。

② 六位扯儿必中有三位是千户那颜,即脱仑、雪亦客秃和不只儿。《秘史》202 节所列 88 位千户那颜名单中,第 49 位巴剌·扯儿必,巴剌是其名,扯儿必则是其官称。巴剌任扯儿必可能是建国以后的事。太宗时期的名臣镇海在太祖建国后也任过扯儿必,《元史》卷 120《镇海传》云,1212 年,"佩金虎符,为阇里必",第 2964 页。阇里必即扯儿必。

③ (俄)巴托尔德:《蒙古入侵时期的突厥斯坦》下册,第 435 页。

④ 《新编群书类要事林广记》庚集卷 10,第 454 页上,中华书局影印元禄翻刻本,1999 年。

书省的主要官员,只可能是"掌诸王朝觐傧介之事"①的内八府宰相。当然,元朝内八府宰相所掌,并非仅是诸王朝觐傧介之事,但这一官职的名称来源很可能就是扯儿必一词的汉语意译,只是后来增加了一些新的管辖事务。

据《秘史》191节的叙述,铁木真与乃蛮决战前,先对游牧民千户编组,设置千户那颜、百户那颜,然后设置扯儿必,再设置怯薛组织。大概就是因为设置在怯薛成立之前,所以,扯儿必这一职务未列入怯薛职事中。不过,两者之间不是截然分开的:六位扯儿必中,至少有四人同时在怯薛中任职:朵歹、多豁勒忽、斡歌列为怯薛散班指挥官,脱仑则为"居近"的博儿赤。② 铁木真这里实际上又奠定了一个任官原则,怯薛职事之外的事务,可由怯薛兼任或者派遣怯薛去担当。这一原则以后终元一朝都延续了下来。

早先不在怯薛本职职掌范围内的另一职务是札鲁忽赤。这一职务的设置还早在灭克烈部之前。《秘史》154节记载,铁木真虏获塔塔儿部首领后,与亲族密议将该部"似车辖大的(男子)尽诛了",铁木真庶弟别勒古台将该消息泄露,引起塔塔儿部人反抗;事后,铁木真规定,"今后议大事,不许别勒古台入来,只教他在外整治斗殴、盗贼等事",别勒古台的职务,就是札鲁忽赤,《元史》本传中以汉语"国相"对应之。③ 建国后,该职务改由失吉·忽秃忽担任。札鲁忽赤事务此后不断有所增加,实际上成了国家的行政司法长官,汉文意译为断事官,失吉·忽秃忽也被汉人称为丞相。札鲁忽赤与扯儿必这两种职务,一重外廷,一重内务。失吉·忽突忽似乎未在怯薛内任职,不过他无疑是对铁木真有奴属关系的那可儿。

---

① 《元史》卷87《百官志三》,第2191页。
② 《秘史》231节。
③ 《元史》卷117《别里古台传》,第2905页。

结　语

至此,我们可以对元太祖时期汗廷和蒙古本土地区的职官制度加以总结了:

草原英雄身边拥有孛斡勒(奴婢)性质的那可儿,这不是铁木真的创举,但用这些对他有主奴依附关系的那可儿充当政权的主要官员,则是他的创造。铁木真被立为乞颜氏大汗后不久进行的第一次设官分职上,任职者多数是他的那可儿,铁木真这个时候就已经为自己的政权政制奠定了一个原则:主要任用自己家族的奴婢为国家的重要官员。这一原则至少在太祖朝时期是完全执行了的。

对游牧士兵进行十进制编组,这也不是铁木真的创造,但将所有的游牧民众分成一个个不再具有血缘氏族外壳,或血缘认同在其中已不再有多大意义的军事行政合一的千户组织,则是铁木真的创举,这些千户组织成了蒙元王朝蒙古本土上的基本行政单位,千户组织的首领,100 个左右的千户那颜成了蒙古本土地区主要的地方行政官员。最早的千户那颜全由铁木真的那可儿充任,他们的职位世袭。

建立护卫组织,更不是铁木真的首创,但以那可儿(有的兼任在外的千户那颜)及千户那颜送至身边的质子充当护卫组织中的骨干人员(即居近怯薛),并主要由这些"居近"怯薛处理国家的政治事务则是铁木真的发明:有些事务纳入到了怯薛本职职掌内,本职之外的重要事务也主要派遣怯薛或其他亲信那可儿去处理。

草原游牧社会中,一个特别值得注意的现象是:本主和奴婢间的主奴关系会一代代地继承,如果双方间的社会地位没有太大变化的话;无论是本主的后代,还是奴婢的后代,他们都会一直意识到彼此之间的主、奴身份差别。世代为奴的家族中,有一些人会被主子家族的人特别器重而给予骄人的地位,这些人被称为主子家族的斡脱古・孛斡勒。铁木真身边的那可儿,其来源,有的本身即是他家族的孛斡勒,有的是主动依附者或被征服者,后者一旦做了他的那可儿,也就都变成了他和他家族的奴婢。根据奴婢身份世袭、做奴婢年份逾久的家庭逾易产生地位骄人的斡脱古·孛斡勒这一草原社会规则,凡是入为奴婢者就普遍希望自己的家庭能成为主子家族的斡脱古·孛斡勒家庭。也就是说,无论那可儿的来源如何,他们和他们的后代都会意识到自己是成吉思汗家族的奴婢,也都希望能成为这一家族的斡脱古·孛斡勒。

千户组织和怯薛组织是成吉思汗为大蒙古国确立的两大政治支柱。作为大蒙古国本土地区地方要员的千户那颜,他们世代都是铁木真家族的奴婢。本土地区在蒙元王朝历代统治者心目中的地位是再怎么强调都不为过的,忽必烈为保有此土不惜以 75 岁的高龄御驾亲征北方"叛王",元代不断动用汉地的财赋接济草原牧民千户,都说明了这一地区的"腹心"地位。腹心地区的地方要员即使不到汗廷或别处任职,都依然会被认为是立国的基础:如果统治者不能保有被征服的其他地区,回到本土后需要依靠的主要力量便是他们。

怯薛组织中的居近怯薛是汗廷的主要官员,这一原则以后终元一朝都继承了下来,而且,不仅汗廷和中央的主要官员来自居近怯薛,在其他被征服地区,其最重要的地方行政、军事、监察等官员,如汉地的行省长官、行御史台长官等也大多来自居近怯薛。王朝后来政治中心南移,蒙古本土地区上成立了岭北行省,其行省的主要负责官员也一样多数来自居近怯薛。成吉思汗建立的怯薛,最早的居近怯薛都是他的奴婢(那可儿或千户那颜的质子)。尽管怯薛的职掌不一定世袭,但怯薛的身份则是世袭的,可以肯定的是,后来的怯薛组织中,居近怯薛中的多数仍然出身于成吉思汗家族的孛斡勒家庭。也就是说,成吉思汗以后帝国重要的中央官员和各个地区的地方大员,实际上依然有相当多来自黄金家族的孛斡勒。太祖以后的历朝,任官都重根脚,"四杰"家族是王朝地位最为显赫的大根脚,而他们都是黄金家族的斡脱古·孛斡勒家族。元代汉文文献记载王朝重要官员的事迹时,往往不大提及他们的孛斡勒出身,这乃出于对草原文化的不了解：对蒙古人而言，黄金家族的斡脱古·孛斡勒其实是一种荣称。①

太祖任用奴婢担任蒙古本土的千户那颜、以奴婢充当居近怯薛中的多数，自然会将黄金家族成员和这些奴婢间的主奴关系带入国家的官僚组织系统中。以后，虽然有大量的官员不是来自怯薛，不是来自黄金家族的奴婢，但是奴婢被普遍重用的客观事实无疑会对非奴婢出身的官员心理产生深刻影响，向皇帝自称奴婢后来事实上成为元代官场的一个较为流行的现象。②

太祖建国后，将整个国家视作以自己为首领的黄金家族的家产，黄金家族的成员就不再出任一般的官职，他们的身份是享受国家这份特殊家产利益的诸王。他们可以以王的身份坐镇军事要地，可以作为指挥一场战争的军队统率，但并不出任日常的官僚职务，如宰相、枢密长贰、地方首领等。而各种官员，无论是太祖朝怯薛中的居近怯薛、蒙古本土的千户那颜，还是后来王朝的各种中央、地方官员，本质上都是替黄金家族管理家产的家臣。这一发端于太祖朝的政治意识相伴蒙元王朝的始终。

太祖用奴婢为官，即用对黄金家族有强烈奴婢意识的家奴为家臣，这显然是维系国家家产的绝佳方式。奴婢身份和奴婢意识的世代传承、累世家奴的骄人地位、非奴婢来源官员的自比奴婢之风，都使得整个国家的官僚系统中君臣间弥漫着浓厚的主奴意识，这种主奴意识是国家乃君主家产的政治思想在整个蒙元王朝都能够维系不坠、在一些不大有开疆拓土之功的"庸主"执政时期，依然能够不受汉式制度文化影响而得以顽强保留的最根本原因。

元世祖忽必烈对蒙元王朝政治制度的建设，其规模是不言而喻的，但元太祖对王朝政治制度的创立，其意义同样是不能低估的。元世祖不仅保留了太祖开创的草原千户制度、保留了太祖创建的以怯薛为国家最

---

① 韩儒林主编：《元朝史》上册，第53页。
② 参见姚大力《论蒙元王朝的皇权》。

重要官僚机构的政治组织方式,比这些意义更加深远的是,如何保障太祖确立的国家为黄金家族家产这一目的的顺利实现,其实是他"立经陈纪""为一代之制"①时的头号考量因素。理解了这一点,我们不仅会对历来加在他身上的"行汉法""以夏变夷""信用儒术"等说法和评价有新的认识,而且能够对世祖即位前后王朝两阶段间的内在关联有深刻的把握,不至于像以往很多人那样把这两个阶段截然分开,以为前一阶段是蒙古制、后一阶段就是汉制。实际上,成吉思汗的制度遗产很多在后一阶段继续,而忽必烈的行汉法也是"前期演变的发展而非开端",②太祖朝在汉地对金朝降人的官员除授就已经显示了"行汉法"的迹象。

## 第二节　太祖朝的达鲁花赤

达鲁花赤(Darughachi)是蒙元王朝常见的一个官称,它始置于太祖成吉思汗时期。对该官职的研究,目前最重要的成果有二:一是蒙古族学者札奇斯钦先生的长文《说元史中的"达鲁花赤"》,③二是美国学者恩狄考特-韦斯特(Elizabeth Endicott-West)女士的专著《元代地方行政》。④ 后者并未如书名所示论述该王朝地方行政的各个方面,而是以达鲁花赤为重点,通过对这一官职本身的细致考订来分析蒙古统治者对地方——主要是汉地——进行治理的时代特征。两位学者的重点都放在了世祖忽必烈即位以后,对前四汗时期该官职设置情况着墨甚少;对创始人太祖时期的情形,不仅叙述极少,而且有疏误,如均谓畏兀儿人岳琳帖穆尔为太祖朝达鲁花赤,其任职实在太宗朝;更大的缺失是几乎没有交代这一时期蒙古人在西域、中亚地区设置该官职的情况。其他学者,如姚从吾、宫崎市定、柯立夫(F. W. Cleaves)、罗依果(Igor de Rachewiltz)等,也

---

① 《元史》卷17《世祖纪十四》,第377页。

② 陈得芝:《蒙元史研究导论》,第177页。

③ 收录于氏著《蒙古史论丛》上册,台湾学海出版社,1980年。

④ (美)恩狄考特-韦斯特:《元代地方行政》(Endicott-West, Elizabeth, *Mongolian Rule in China: Local Administration in the Yuan Dynasty*),哈佛大学出版社,1989年。

均有专文研究这一官职,①但对太祖朝该官职的设置情况和职掌,均语焉不详。笔者以为,出于两个原因,太祖朝蒙古政府设置达鲁花赤的情形值得深入研究:其一,这是此一时期蒙古政府在蒙古本土之外的地域内设置的重要甚至是最重要地方官员;其二,太祖朝以后蒙元王朝这一官职,设在不同的机构中,其名称虽然相同,但职掌、地位差别甚大,②其根源即在于太祖朝达鲁花赤就有不同的职掌。笔者因此不揣陋劣,拟对这一时期的达鲁花赤设置情形做些梳理,不当之处,敬请学界同仁批评指正。

## 一、达鲁花赤制度的起源

成吉思汗建国之初,"达达百姓"③中的有功勋臣被任命为怯薛指挥官和千户那颜、百户那颜,他们成为汗廷和蒙古本土地区的主要官员。投靠成吉思汗的其他族群人多被安置在怯薛内。根据现有史料,外族降人中最早授官的恐是西夏人察罕,1211 年,他被授予御帐前首千户。④这一年,蒙古军队发动侵金战争,金朝降人日益增多,成吉思汗不可能把他们都安置在怯薛中,蒙古政权也就逐渐有了对金地降人的官职官衔授予,其中最早的是对刘伯林的任命,1212 年,以其在金朝的原职都提控授之。⑤金朝降人多数仍然留在金地任职。成吉思汗对蒙古本土以外地区的官员设置,最早的还不是在金地任命官员,而是在西北地区设置达鲁花赤。大蒙古国建国前夕,漠南汪古部表示臣服;建国后数年内高原西北的斡亦剌部亦归附,这两部人均纳入了千户系列。1209 年,畏兀儿投

---

① 参见(美)恩狄考特-韦斯特《元代地方行政》,第 19—22 页。
② 世祖以后,元朝达鲁花赤的品秩,高的曾达正二品(大都、上都路达鲁花赤,后降为正三品),低的仅是正八品(路府治所的录事司达鲁花赤)。参见亦邻真先生为韩儒林主编《中国大百科全书·中国历史·元史》分册撰写的"达鲁花赤"条,见该书第 25—26 页,中国大百科全书出版社,1985 年。
③ 语见《元朝秘史》(以下有时简称《秘史》)202 节,意为蒙古人;《秘史》用《四部丛刊三编》本,上海商务印书馆,1935 年。
④ (明)宋濂等:《元史》卷 120《察罕传》,点校本,第 2956 页,中华书局,1976 年。
⑤ 《元史》卷 149《刘伯林传》,第 3515 页。

附,1211年前后,在海押立、阿力麻里等地的哈剌鲁人也相继降附蒙古,但畏兀儿人和哈剌鲁人没有被纳入到蒙古千户系列。成吉思汗西征后,1220年,全真道士丘处机奉诏西行,他于1221年经过阿力麻里。记述丘氏西行经过的《长春真人西游记》中说,当地"铺速满国王暨蒙古塔剌忽只领诸部人来迎"。①时阿力麻里哈剌鲁部首领昔格纳黑的斤已经随成吉思汗西征,铺速满国王显是留守的哈剌鲁部贵族。国王称号是丘处机的比附,他将其看作是类似于留守蒙古本土的成吉思汗幼弟斡赤斤,丘处机此前曾面见过这位被汉人称为国王②的蒙古宗亲。铺速满也不是这位哈剌鲁贵族的名,它是元代汉文文献中常译为木速蛮的波斯语词汇Musulman(意为穆斯林)的异译。塔剌忽只则是蒙古语"达鲁花赤"一词的异译。这位蒙古达鲁花赤何时设立的,史料中没有记载。阿力麻里之外,畏兀儿、海押立地区是否也有达鲁花赤,我们没有找到史料证据,《元史》中倒是有成吉思汗西征回来后,在畏兀儿境内的独山城任命畏兀儿人哈剌亦哈赤北鲁子月朵失野讷为该城达鲁花赤的记载,③《元史》中有传的畏兀儿人昔班之父阙里别斡赤任畏兀儿境内坤闾城达鲁花赤,也是成吉思汗西征以后的事。④ 不过我们可以合理地猜测,畏兀儿部和哈剌鲁部归附蒙古后,成吉思汗不是简单地让他们的首领继续管领其下的民众,而是在他们身边安置了代表蒙古政府前来监临的官员达鲁花赤。在归附于己但自己并没有直接去统治,而是委付该地首领自行统管的地区安排监临官员,这是任何一个强势政权都会想出来的最简便的羁縻附属部落或小国的办法,蒙古人的这种设置未必会是受到其他文化的影响,达鲁花赤这个词应该就是个"土生土长"的蒙古语词汇。波义耳(John A. Boyle)、札奇斯钦均指出,Darughachi 的词根 daru-在蒙古语中是

---

① (元)李志常:《长春真人西游记》卷上,王国维校注本,第30a叶,收入《王国维遗书》第13册,上海古籍书店,1983年。

② 参见《元史》卷152《王珍传》,第3592页。

③ 《元史》卷124《哈剌亦哈赤北鲁传》,第3047页。

④ 《元史》卷134《昔班传》,第3246页。

"压"的意思,有镇压、弹压之意。①

　　派驻代表到臣属地区监临当地原先首领,固然是每一个宗主政权都会想到的控制藩属地区的简便办法,不过成吉思汗在被其征服或降附于他的蒙古本土以外地区设置达鲁花赤的做法,也有可能是受到了此前一些北族政权类似举措的启示。成吉思汗的七世祖名篾年·土敦,土敦这个词来自隋唐时期的突厥语官号 Tudun,唐代汉译作吐屯。《隋书》《旧唐书》《资治通鉴》中有突厥政权在契丹、室韦、西域诸国及黑水靺鞨等地区或部落中设吐屯以"统之""领之""督赋入"的记载;唐朝汉人有"突厥谓御史为吐屯"的说法。实际上,吐屯是突厥派驻到臣属部落和藩属政权内监其国政的官员,与唐代监察国内官僚的御史大不相同,韩儒林先生指出Tudun与蒙元时期的达鲁花赤、八思哈(Basqaq)"职务差同"。②成吉思汗从追寻自己祖先名字的来源上或许了解到了昔日高原游牧强大政权突厥的一些政制建设,不过,成吉思汗直接借鉴的还是近在眼前的西辽(哈剌契丹)人在畏兀儿和哈剌鲁地区设置监临官员的事实。

　　西辽政权在畏兀儿之地设置监临官员,《元史·岳璘帖穆尔传》如此记载:"时西契丹方强,威制畏兀,命太师僧少监来临其国,骄恣用权,奢淫自奉。"③《元史》此处的记载,原始材料是元后期著名文人欧阳玄应岳璘帖穆尔后人之请,为他们家族撰写的《高昌偰氏家传》。④"少监"一词在该文中屡见,《圣武亲征录》中也写作"少监",⑤笔者以为,受汉文化影响较深的西辽政权,在距离汉地不算太远的畏兀儿地区所设置的监临官员,其官衔名称就直接使用了汉语"少监"一词,正如该政权一直使用汉

---

① 波义耳的解释见下文;札奇斯钦的解释见其文《说元史中的"达鲁花赤"》。
② 韩儒林:《突厥官号考释》下篇,收录于氏著《穹庐集》,河北教育出版社,2000 年。关于八思哈,见下文。
③《元史》卷 124《岳璘帖穆尔传》,第 3049 页。
④ (元)欧阳玄:《圭斋文集》卷 11《高昌偰氏家传》,《四部丛刊》初编本,上海商务印书馆,1929 年;(元)苏天爵编《元文类》(《国学基本丛书》本,商务印书馆,1958 年)卷 70 亦录有此文,内容略有差异,但《四部丛刊》初编本的《国朝(元)文类》(上海商务印书馆,1929 年)未收此文。
⑤《圣武亲征录》,王国维校注本,第 59a 叶,收录于《王国维遗书》第 13 册。

语年号一样。太师僧,笔者认为乃畏兀儿语八合识(Bakhshi)一词的汉语意译。巴托尔德说,Bakhshi 源自梵文 Bhikshu,即比丘,在畏兀儿语中即有师的意思,也引申为民政长官,畏兀儿人信仰佛教时期,当有僧人领袖出任行政官员的事实;该词汇进入蒙古语,元人时以太师译之。[①] 太师僧少监,畏兀儿语原文意思当是行政长官少监,其中"少监"是官衔名。如此称呼,就表示少监不仅代表宗主国西辽来监临畏兀儿之主亦都护处理境内政务、督促其完成附属国对宗主国的应尽义务,如纳质纳贡等,他还被西辽和畏兀儿人视作畏兀儿之地的实际最高行政长官:其一,作为监临官,少监地位在主政的亦都护之上,亦都护为当地之王,少监则是居高临下的太上王;其二,少监不排除受有必要时取代亦都护自行统管畏兀儿的使命。成吉思汗时期,在西域和中亚被征服地区设置的官员,均以达鲁花赤为头衔,他们有的承担着监临当地原先首领的任务(史料中有时以"监"称之);有的就是当地的实际行政长官,或因为原先首领已无,或直接取代原先首领。前面提及,成吉思汗西征回来,任命月朵失野讷为畏兀儿境内独山城达鲁花赤,这就是实际的行政长官。在被征服区域,监临官因地位凌驾于被监临的原先行政首领,而被称为当地真正的最高长官自然没有什么不妥。但是,在有原先首领情况下的监临官和无原先首领情况下的实际行政长官,他们毕竟从事的是两种不同的职务,蒙古人对这两种均由自己人担任的职务只以一种官名达鲁花赤称之,固然有草创之初制度简单的原因,但笔者以为,还可能多少受到了一些西辽羁縻畏兀儿方式的影响:西辽设在畏兀儿的少监,既是监临官,又可以转换为行政长官。

波斯史家志费尼和拉施特均将西辽设在畏兀儿之地的少监官号误以为是人名,但他们也都知道少监的大概职掌并将其等同于阿拉伯-波

---

① (俄)巴托尔德:《蒙古入侵时期的突厥斯坦》下册,张锡彤、张广达译,第 441、第 445 页,上海古籍出版社,2007 年。(法)伯希和则认为 Bakhshi 一词源自汉文"博士",见其文《〈蒙古侵略时代之土耳其斯坦〉评注》,冯承钧译,收录于冯承钧译《西域南海史地考证译丛三编》,商务印书馆,1962 年。

斯语中的沙黑纳(Shahna)。志费尼《世界征服者史》:"哈剌契丹的皇帝
把一名沙黑纳(Shahna)派给他(畏兀儿首领亦都护),其名叫少监
(Shaukem)。"①拉施特《史集》说,"当时畏兀儿人向哈剌契丹古儿汗纳
贡,古儿汗在他们之上指派了他的一个名叫少监的大异密(异密即官人,
同蒙古语那颜)做监国"。"监国",波斯文原文写作 Shihneh,即沙黑
纳。② 志费尼书英译者波义耳(中译本作波伊勒)如此解释沙黑纳:"志费
尼把阿剌伯-波斯语沙黑纳(Shahna)当作突厥语八思哈(Basqaq)和蒙古
语达鲁花(Darugha)、达鲁花赤(Darughachi)的同义语使用,指征服者委
派在被征服地方、特别负责征收贡赋的代表。"波义耳解释少监:"'少监'
实为中国的官号。……相当于沙黑纳、八思哈等的哈剌契丹称号。"③《史
集》汉译本解释沙黑纳:"阿拉伯语,……意为中央政权所委派的方面大
员,由他来监督地方行政机关及税收。"④通捡两部波斯史学名著中提到
的沙黑纳,可以确定,在阿拉伯-波斯语中,这是一种监临官。所以,要说
沙黑纳与少监、达鲁花赤同义,应该是指同少监、达鲁花赤身份中的监临
官含义相同。两位波斯史家没有注意到少监的"太师僧"(行政长官)身
份,这是缘于在畏兀儿之地确实是亦都护在主政,少监主要是在旁边监
治。不过,波义耳据志费尼、拉施特的这种不严谨记载而推出沙黑纳完
全等同于达鲁花赤和少监的结论,笔者认为不够准确。

西辽设在哈剌鲁的监临官,汉文史料中未见有其官称的记载。韩儒
林先生主编的《元朝史》提到海押立的哈剌鲁部时说,"西辽也派一个少
监常驻其地进行监督",⑤其监临官官号也为少监是有可能的。志费尼直
接用沙黑纳这个名号称之。他在叙述蒙古西征前海押立的哈剌鲁首领
阿儿思兰汗时说,"他由菊儿汗(即西辽首领古儿汗)的沙黑纳协同治理

① (波斯)志费尼:《世界征服者史》上册,何高济译,第49页,内蒙古人民出版社,1980年。
② (波斯)拉施特主编:《史集》第一卷第二分册,余大钧、周建奇译,第211页,商务印书馆,
　　1983年。
③《世界征服者史》上册,第51页注③及注④。
④《史集》第一卷第二分册,第211页注④。
⑤ 韩儒林主编:《元朝史》上册,第133页,人民出版社,1986年。

该地的政事"；这位阿儿思兰汗死后，子继位，"菊儿汗派一名沙黑纳去监护他"。[1]

蒙古人在哈剌鲁和畏兀儿地区的达鲁花赤，应该是紧随着两部落的臣服而立刻设置的，他们的职掌与西辽设的少监一致，主要是监视当地的首领向成吉思汗尽纳质、纳贡、助军、从征等臣属义务，同时，在对当地事务的最终决断权上，他们的地位事实上要高于畏兀儿的亦都护、海押立的阿儿思兰汗以及阿力麻里的斡匝儿（昔格纳黑的斤之父）等当地原先的首领。至于这些达鲁花赤的出身，阿力麻里的达鲁花赤大概是个蒙古人，其他地方的就不清楚。

## 二、太祖朝在西域地区设置的达鲁花赤（上）

蒙古人西征后，在被征服的花剌子模地区比较多地设置了达鲁花赤。

志费尼记载，术赤攻下并摧残锡尔河下游的速黑纳黑（Siqnaq，与下文的毡的、养吉干均位于今哈萨克斯坦克孜勒奥尔达州境内）后，"当地的政事被委付给遇害的哈散哈只之子，让他去召集仍在穷乡僻壤的残存者；蒙古军队从该地继续出师"。[2] 拉施特记作，术赤他们"将这个地区交给被杀死的忽辛·哈只的儿子管辖，离开了那里"。[3] 巴托尔德认为，因去招降速黑纳黑而在该地被杀的回回人哈散哈只（忽辛·哈只）即《元朝秘史》第 182 节中与成吉思汗同饮班朱尼浑水的穆斯林阿三，此说可从，哈只乃伊斯兰教徒朝觐圣城麦加后取得的称号；巴氏在其名著《突厥斯坦》中将哈散哈只之子的职务称为"留守此地"的"总管"。[4] 哈散哈只之子的蒙古官衔无疑是达鲁花赤，这是文献记载中成吉思汗西征之际最早设立的达鲁花赤。志费尼、拉施特没有用沙黑纳一词，当是因为这位达

---

① 《世界征服者史》上册，第 86—87 页。
② 《世界征服者史》上册，第 102 页。
③ 《史集》第一卷第二分册，第 275 页。
④ （俄）巴托尔德：《蒙古入侵时期的突厥斯坦》下册，第 470 页。

鲁花赤并非蒙古人安排在当地首领身边的监临官,而是负责该地实际政事的总管。多桑说,这位达鲁花赤"守此无人之地"。[1]

术赤洗劫毡的(Jand)后,"派阿里火者管治毡的,委他照顾该地的福利"。[2]《史集》同样记载,"他们委派阿里—火者管理毡的",并交代"阿里火者出身于不花剌下层,在成吉思汗出征以前就投靠了他"。[3] 多桑认为,此人即成吉思汗早先出使摩诃末的三使者之一的阿里·火者·不花里。[4] 据《史集》,三使者为马合木·花剌子迷(很可能就是下文会提到的蒙古国前期著名大臣牙剌瓦赤)、阿里·火者·不花里及玉速甫·坚客·讹答剌里,[5]从名字上看,三人均为中亚的回回人。阿里·火者·不花里也是成吉思汗西征之际较早设立的达鲁花赤。与哈散哈只之子类似,这位达鲁花赤也是一位负责政事的管治者,之前"毡的城没有掌大权的首领与长官,每个人各自为政",[6]志费尼、拉施特因此也没有称他为沙黑纳。

术赤军队接着攻陷养吉干(Yengi Kent,靠近咸海),志费尼和拉施特均明确说,蒙古人在那里留下一个沙黑纳。两位史家在这里第一次用沙黑纳一词称呼蒙古人的达鲁花赤,估计这个达鲁花赤的任务就是监临,此人后来被花剌子模传奇人物帖木儿灭里(Temür Melik)杀死。[7]

成吉思汗攻下不花剌(Bukhara,今乌兹别克斯坦布哈拉)外城后,向当地的百姓发表了著名的上天之鞭训话。志费尼接着记载:"于是,他(成吉思汗)问他们,谁是他们的管家;大家都指出自己的人。他给每人派一名蒙古人或突厥人作为八思哈(Basqaq),以免士兵欺凌他们,同

---

① (瑞典)多桑:《多桑蒙古史》上册,冯承钧译,第99页,中华书局,1962年。
②《世界征服者史》上册,第103页。
③《史集》第一卷第二分册,第276页。
④ (瑞典)多桑:《多桑蒙古史》上册,第99页。
⑤《史集》第一卷第二分册,第259页。
⑥《史集》第一卷第二分册,第275页。
⑦《世界征服者史》上册,第109页;《史集》第一卷第二分册,第278页。

时,……蒙古人……从这些人身上勒索金钱。"①拉施特的记载是:"(不花剌居民)每人举出了自己所信赖的人,他(成吉思汗)从被推举的人中间指定蒙古人、突厥人各一个担任八思哈,让他们两人保护居民不受士兵侵害。"②拉施特在八思哈后明确注明是镇守官。

波义耳解释八思哈:"它是阿剌伯-波斯词 Shahna(即沙黑纳)和蒙古词 Darugha(即达鲁花)或 Darughachi(即达鲁花赤)的突厥同义词。这个突厥词和蒙古词,含义相同处,见伯希和(P. Pelliot),《金帐汗国》,第72—73 页,注①。二者均来自义为'压'的语根(突厥语 bas—,蒙语daru-),但并非指'压迫'百姓的人,而指'盖'印的人。迦儿宾(即加宾尼)也提到它:'蒙古人设置 Bastacos(即八思哈)的官职,因此他们自己可以回去。他们(八思哈)的权力大得连将帅都要听指挥。如市民不遵命而行,他们就向鞑靼人告发。'"③波义耳提及的加宾尼说法,吕浦先生译加宾尼《蒙古史》中是这样说的:"在鞑靼人准许回国的那些统治者的国家里,他们派自己的人去当八思哈黑(即八思哈)或总管,这些统治者和其他人都被迫服从这些八思哈黑的命令。如果任何城市或国家的居民不遵照这些八思哈黑的意志去做,后者就控告他们不忠于鞑靼人,其结果,那个城市或国家就被一支鞑靼人的强大部队所破坏,居民们被杀死。"④伯希和《金帐汗国》是指其 1950 年在巴黎出版的名著《金帐汗国史札记》,伯氏是比较早地认为蒙古语达鲁花赤与突厥语八思哈同义的学者,其后巴托尔德、德福(G. Doerfer)也都赞同这一观点;⑤除了他们及波义耳,前文提到,韩儒林先生也直接说,蒙元时期达鲁花赤与八思哈同义。但笔者以为,说达鲁花赤等同于八思哈,亦等同于沙黑纳,这样的结论是不够严谨的。前文已经辨析,沙黑纳与达鲁花赤不完全同义,前者只是

①《世界征服者史》上册,第 122 页。
②《史集》第一卷第二分册,第 283 页。
③《世界征服者史》上册,第 126—127 页注 24。
④(意)加宾尼:《蒙古史》,收录于(英)道森编《出使蒙古记》,吕浦译,第 39 页,中国社会科学出版社,1983 年。
⑤参见(俄)巴托尔德《蒙古入侵时期的突厥斯坦》下册,第 457 页注 1 及第 526 页注 1。

监临官,后者除了监临官,还有行政长官之义。这里就对八思哈与达鲁花赤之间的异同做些探究。

成吉思汗西征期间,首要关心的自然是如何在军事上迅速征服各个西域城邑。将它们攻打下来以后,他一般会派驻一位或数位人员驻守,当时确实谈不上对这些地区有多深程度的治理或管理,留驻的人员也就不加区别、统一都称作为达鲁花赤。我们不清楚的是,志费尼、拉施特在他们的历史著作中为什么不用达鲁花赤这个词。姚从吾先生认为,那个时候达鲁花赤还不是一个有固定职掌的官职,只相当于大汗临时派出的差使或类似于后来的钦差大臣,①这不妨视为一说。不过,笔者还是认为,这些留驻人员应该带有达鲁花赤的头衔,志费尼、拉施特他们为何不用该词,看来要等到发现新史料后才能加以说明。撇下这一疑问不论,笔者认为,还有一个疑问也值得思考:两位史家为何在此处用了一个新词"八思哈"来指称蒙古人的达鲁花赤?

《世界征服者史》中,八思哈一词出现了十次左右。该书中记载的最早的八思哈,是突厥—伊斯兰国家花剌子模算端留在撒马耳干(Samarqand,今多译作撒马尔罕,属乌兹别克斯坦)算端身边的"他的代表"。②志费尼书中记载的其他八思哈,都为蒙古人设置,除了一处是指工匠的管理者,③其他都是重要城邑的监临者或实际长官,而且,他们极有可能配备有军队。可以想见,在一些被征服的重要地区,除了委任监临官或实际长官,蒙古政权还给他们留下了一些军队,用于稳定对该地的统治。加宾尼所说的"鞑靼人的强大部队"可能就是直接由八思哈掌控。志费尼有时称八思哈为"大沙黑纳"(见下文),可见八思哈与一般的

---

① 姚从吾:《旧元史中达鲁花赤初期的本义为"宣差"说》,收录于氏著《姚从吾先生全集》(五),台湾正中书局,1981 年。蒙元时期汉文文献中时有以宣差指称达鲁花赤者,札八儿火者被称为宣差相公,《至元译语》(收录于《事林广记》)中以汉语宣差对译蒙古语达鲁花赤。但笔者认为,还是不能将二者等同。《长春真人西游记》中提到的宣差有五六人,除了札八(札八儿火者),其他人都不能确定说是达鲁花赤。

② 《世界征服者史》上册,第 402、第 413 页。

③ 《世界征服者史》下册,第 607 页。

作为监临官的沙黑纳略有区别。我们可以说,志费尼所说的蒙古人设置的八思哈,是指派驻在重要城邑的达鲁花赤,他们不仅要监临当地的原先首领或者直接掌控当地的行政,而且多数配备有维护秩序的军队。拉施特称八思哈为镇守官是恰当的。巴托尔德赞同蒙古人后来设置的探马赤(军)即八思哈的观点,这自然是巴氏的疏误,[①]但在成吉思汗西征期间,八思哈则是带有镇戍职能的达鲁花赤,与普通的监临官或行政长官有所差别。

八思哈与吐屯均为突厥语,两者之间是有区别,还是说是因时代不同而产生的两个同义词,我们已经无从知晓。八思哈这一官称来自花剌子模,伯希和在《金帐汗国史札记》中说:"不能断言哈剌契丹人在被蒙古人征服以前,其官制中是否已有八思哈一职。"[②]不过,伯希和本人已经注意到《元史》卷120《曷思麦里传》的一段记载:"(传主)初为西辽阔儿罕(即菊儿汗、古儿汗)近侍,后为谷则斡儿朵所属可散八思哈长官。"[③]谷则斡耳朵即西辽都城虎思斡儿朵,可散城是其附属的一个城市。[④]伯希和说,这里的八思哈可能就是突厥语官号 Basqaq 一词的转写。[⑤]如是,则说明曷思麦里是可散城的八思哈,西辽官制中也有八思哈这一职务。不过,曷思麦里任职时,我们不清楚可散城是否是西辽的直辖地。如果西辽不能直辖可散城,曷思麦里这位八思哈就是西辽仿花剌子模做法设在被征服之突厥语族地区的代表西辽政府的监临官,他极可能领有镇戍军队。《曷思麦里传》中说,蒙古大将哲别征西辽末帝曲出律时,曷思麦里主动归附蒙古,"率可散等城酋长迎降",从哲别为先锋;曲出律被蒙古军

---

① 参见(俄)巴托尔德《蒙古入侵时期的突厥斯坦》下册,第526页。蒙古探马赤军,今人已有许多研究成果,可以肯定不是达鲁花赤。

② (法)伯希和:《金帐汗国史札记》(P. Pelliot, *Notes sur l'histoire de la horde d'or*),第72—73页,巴黎,1950年。

③ 《元史》卷120《曷思麦里传》,第2969页。

④ 可散城在耶律楚材的《西游录》中写作可伞城,耶律楚材说它是虎司窝鲁朵(即虎思斡耳朵)的"附庸城邑"之一。见(元)耶律楚材《西游录》卷上,向达校注本,第2页,中华书局,2000年(与《真腊风土记》《异域志》合刊)。

⑤ (法)伯希和:《〈蒙古侵略时代之土耳其斯坦〉评注》。

追杀后,"哲别令曷思麦里持曲出律首往徇其地,若可失哈儿(今喀什)、押儿牵(今莎车)、斡端(今和田)诸城,皆望风降附"。[1] 曷思麦里有如此大的影响,或许跟他拥有军队有关。但是如果可散城当时还是西辽的直辖地,曷思麦里所任的八思哈就只是当地行政长官的意思,与其原来突厥语中的基本含义有所区别,有可能是该词到了西辽以后改变了含义。西辽政权中尽管有八思哈官称,但只有这一条孤证,而且含义还不能确定。蒙古人在西域设置带镇守任务的达鲁花赤,不见得是借鉴西辽,或者受到花剌子模政治制度的影响或者就是当时的形势所需:在人口众多的富庶城邑,屈指可数的几位达鲁花赤如果没有一定的武装力量作依托,就难以稳定对该地的统治。总之,西征以后,蒙古人设置的达鲁花赤,其含义除了原先可能借鉴于西辽少监制度的监临官、实际行政长官,此时根据形势需要又增加了一种含义:镇守官。西辽设在畏兀儿的少监,看样子并不拥有军队。汉文材料记载,畏兀儿亦都护背叛他时,岳璘帖穆尔兄仳理伽普华"率众围少监,少监避兵于楼,升楼斩之,掷首楼下"。[2] 波斯文材料记载:"亦都护下令把少监围困在他们称为哈剌火者城(即高昌城)的一所房屋中,把房子推倒压在他头上。"[3] 两种文字记载均能反映,少监自身力量甚微,与作为镇守官的八思哈有所不同。

志费尼说,成吉思汗给每个不花剌人"派一名蒙古人或突厥人作为八思哈",这句话意思不够清楚。按《史集》说法,是在不花剌总共设置了两名八思哈,一为蒙古人,一为突厥人。志费尼书不久后又记载:"攻陷撒麻耳干后,成吉思汗派塔兀沙八思哈管治不花剌。他到那里,使该城恢复些繁荣。"窝阔台时期,塔兀沙八思哈将政柄交给牙剌瓦赤。[4] 按志费尼这种说法,不花剌的达鲁花赤是在成吉思汗攻陷撒麻耳干后补设。塔兀沙,波斯原文作 TWSHA(可转写作 Tusha 或 Tosha)。志费尼在其

---

① 《元史》卷 120《曷思麦里传》,第 2969 页。
② (元)欧阳玄:《圭斋文集》卷 11《高昌偰氏家传》。
③ 《世界征服者史》上册,第 49 页。
④ 《世界征服者史》上册,第 123 页。

后叙说窝阔台时期不花剌的叛乱时,再次提到这位八思哈,称其为不花剌的"大沙黑纳",但其名字波斯原文写成了 TMSHA。[1] 波义耳认为,后一种拼法可能更准确,所以他认为这位八思哈的名字,其转写或许为 Tamsha。[2] 实际上,此人在波斯文史书《瓦萨甫史》中也有记载。该书说,窝阔台时代起初,受命统治阿姆河以北地区的大臣有驻于那黑沙不城(Nakhashab,今乌兹别克斯坦境内布哈拉东南)的合扎儿不花(Khazar Buha)、驻于撒麻耳干的丞相太傅(Ching-Sang-Tai-Fu)以及驻于不花剌的不花脱沙(Buqa Tusha)。[3] 在不花剌的不花脱沙应当就是志费尼所说的 TWSHA 八思哈,其名当转写作 Tusha。太祖时随从西征的契丹文人耶律楚材的西域诗中经常提到一位驻守不花剌城的女真人蒲察元帅,说他在不花剌为"太守",即行政长官;其元帅头衔说明他还是一支军队的首领。刘迎胜师说,"这个蒲察元帅与《瓦萨甫史》中的不花脱沙和《世界征服者史》中的脱沙八思哈究竟是什么关系,尚待研究"。[4] 太祖时期,蒙古王朝在西域各城设的达鲁花赤人数是很少的,笔者认为蒲察元帅极有可能就是脱沙八思哈,这位被成吉思汗安置在不花剌的达鲁花赤是一位很早就归附于他的女真人。

志费尼记载,成吉思汗攻陷撒麻耳干后,"派几个人当该城的沙黑纳,亲自带领一部分军队往呼罗珊(Khurasan,今阿姆河西南、兴都库什山以北地域,分属阿富汗、伊朗、土库曼斯坦三国),余下的军队,他派他的儿子率领,征讨花剌子模"。[5] 拉施特也说,成吉思汗委派了撒马耳干地区的沙黑纳。[6]《元史》卷150《耶律阿海传》记载,传主随太祖攻西域,"下蒲华(即不花剌)、寻斯干(即撒麻耳干)等城,留监寻斯干,专任抚绥

---

[1]《世界征服者史》上册,第129页。
[2]《世界征服者史》上册,第127页注27。
[3] 转引自(俄)巴托尔德《蒙古入侵时期的突厥斯坦》下册,第533—534页及刘迎胜《察合台汗国史研究》,第51页,上海古籍出版社,2006年。
[4] 刘迎胜:《察合台汗国史研究》,第51—52页。
[5]《世界征服者史》上册,第140页。
[6]《史集》第一卷第二分册,第286页。

之责"。契丹人耶律阿海显然就是成吉思汗任命的撒麻耳干的达鲁花赤,汉语用"监"字与波斯文史料用沙黑纳称之完全吻合。只是不知志费尼所说的几个人究竟数目是多少,但可以肯定不会太多。耶律阿海卒后,次子绵思哥"袭太师,监寻斯干城"。[①] 绵思哥袭职不知是否还是在太祖朝。前文提到的《瓦萨甫史》中所说的驻于撒麻耳干的大臣丞相太傅(Ching-Sang-Tai-Fu)或许就是耶律阿海子绵思哥。耶律阿海官号太师,其子官号太傅极有可能。窝阔台时期,被比附称作丞相的官员比较多。任汗廷兼汉地札鲁忽赤的失吉·忽都忽(蒙古人)被汉人称作胡丞相;分别在汉地和西域负责征税、实职为必阇赤的耶律楚材、牙剌瓦赤在汉、波斯文献中也分别被称作丞相;撒麻耳干的达鲁花赤,监掌西域一座大城(本为花剌子模旧都),被称作丞相很正常。不过,《瓦萨甫史》又有记载,驻守撒麻耳干的这位 Ching-Sang-Tai-Fu,在忽必烈与阿里不哥争位时仍驻于阿姆河以北,后归附察合台孙阿鲁忽,阿鲁忽则在忽必烈兄弟汗位之争中支持忽必烈。《元史·耶律阿海传》记载,绵思哥袭职撒麻耳干达鲁花赤后,"久之,请还内郡,守中都路也可达鲁花赤",东还时间似乎未到世祖朝。也可能,这位 Ching-Sang-Tai-Fu 是绵思哥之后的撒麻耳干达鲁花赤。巴托尔德、刘迎胜师均谨慎地没有将 Ching-Sang-Tai-Fu 与绵思哥勘同,只肯定此人是汉人,巴氏著作的汉译本将其名译作钦桑太傅,刘师论著则将其名译作丞相大夫。

## 三、太祖朝在西域地区设置的达鲁花赤(下)

攻克撒马耳干城之前,成吉思汗命哲别和速不台率偏师追击花剌子模算端摩诃末。哲别和速不台首先抵达阿姆河以南的呼罗珊四区之一的巴里黑(Balkh,今阿富汗马扎里沙里夫),"城内的名绅遣代表去迎接他们",蒙古人"没有伤害他们,派给他们一名沙黑纳"。[②]《史集》也有同

---

① 《元史》卷 150《耶律阿海传》,第 3549—3550 页。
② 《世界征服者史》上册,第 169 页。

样记载,"蒙古人为该城指派了沙黑纳后,继续前进"。① 巴托尔德将波斯文史料中的沙黑纳意译作镇守官,②不见得严谨。成吉思汗军后来到巴里黑,巴里黑仍然主动迎降,但成吉思汗还是诛戮了此城(1221 年春)。哲别和速不台两人到亦属于呼罗珊四区之一的你沙不儿(Nishapur,今伊朗内沙布尔)城下,警告当地官吏的使者,城民不得对蒙古人进行反抗,"凡有蒙古人或蒙古使者到来,当去迎接",并给蒙古人提供粮草和食品,唯有如此,"他们的房舍财物才能获全";"作为凭证,蒙古人交给使者一份畏吾字书的塔木花及一道成吉思汗的札儿里黑"。③ 拉施特这样记载:"蒙古人将盖有红印的畏兀儿文公文和成吉思汗诏勅的副本发给他们。"④塔木花当类似于一种盖有朱印的保证文书;札儿里黑即汉语所说的圣旨。志费尼后来补充说:"哲别授予他们(你沙不儿居民)一封畏吾儿字书的信函,责成他们供应续来的一切部队,并摧毁他们的城垣。接着他也离开;无论何地,只要百姓投降,蒙古人就存放辎重,而且留下一名沙黑纳。"⑤看来,哲别他们在你沙不儿城也有设置沙黑纳。哲别和速不台自你沙不儿兵分两路,继续前行,"无论何地,百姓只要投诚,就得到宽恕;但那些抵抗者则遭彻底毁灭"。⑥ 速不台东行,抵达属于你沙不儿区的徒思城(Tus,今伊朗马什哈德),该城先是臣服,后反抗,导致蒙古军的"大肆杀戮";⑦速不台离开前,在此城还是设置了一名沙黑纳。⑧ 速不台继续至剌的康(Radkan,当在伊朗马什哈德境内),喜欢这片草原,"以致没有伤害那里的百姓,并将一名沙黑纳留在该地"。⑨《史集》同样记

---

① 《史集》第一卷第二分册,第 289 页。汉译者将沙黑纳译作长官,不妥。
② (俄)巴托尔德:《蒙古入侵时期的突厥斯坦》下册,第 479 页。
③ 《世界征服者史》上册,第 170 页。
④ 《史集》第一卷第二分册,第 291 页。
⑤ 《世界征服者史》上册,第 204 页。
⑥ 《世界征服者史》上册,第 171 页。
⑦ 《世界征服者史》上册,第 171 页。
⑧ 《世界征服者史》上册,第 204 页。
⑨ 《世界征服者史》上册,第 171 页。

载,速不台喜欢刺答罕(即刺的康)这片野禽丰富的草原,"因此没有侵犯当地居民","他在那里指派了沙黑纳"。① 不过,设在徒思的沙黑纳后来被当地反蒙者杀死,②拖雷部将脱忽察儿③作为拖雷军队先锋在你沙不儿城下亦战死,这两件事导致了后来拖雷军队对整个你沙不儿地区的残暴摧残(1221 年 4 月)。哲别自你沙不儿西北行,一度进入呼罗珊四区之一的马鲁(Merv,今土库曼斯坦马雷)地区。属于马鲁的撒剌哈夕(Sarakhs,马鲁西南),哲别军过时,曾"接受一名鞑靼派的沙黑纳";④这名沙黑纳后来也被反蒙者杀死。拖雷率领的蒙古大军后来至马鲁屠城(1221 年 2 月),"留下巴儿马思(Barmas)作沙黑纳"管治余生者。⑤ 波义耳说,巴儿马思"含义是未走的人",⑥如此这名沙黑纳可能就是一名当地人;巴托尔德称其为"蒙古部将",未说明依据。⑦ 这位名巴儿马思的沙黑纳不久在不花剌被反蒙者杀死,⑧由此招来蒙古军对马鲁的进一步残害。哲别与速不台在火迷失州(Kumish,今伊朗北部、里海南岸)会师,后进抵只八里州(Jibal)的哈马丹(Hamadan,今伊朗西北部,近阿塞拜疆)。当地官吏表示归顺,"进献饮料、奴婢、食物、服饰及骑乘做贡礼,而且接受一名沙黑纳"。⑨ 这名沙黑纳旋被反蒙势力杀死,哲别闻讯后,返回平叛。⑩ 哲别、速不台的军队在太和岭(今高加索山)以南地区,对主动归顺的地方,他们都给"一纸文证和一份塔木花",⑪多数时候应该还会设置沙黑纳,过太和岭后是否有类似举措,史料中没有说明。

① 《史集》第一卷第二分册,第 291 页。汉译者将沙黑纳译作长官,不妥。
② 《世界征服者史》上册,第 204 页。
③ 波义耳对脱忽察儿其人有过考证,参见《世界征服者史》上册,第 208—209 页注 11。
④ 《世界征服者史》上册,第 184 页。
⑤ 《世界征服者史》上册,第 190 页。
⑥ 《世界征服者史》上册,第 197 页注 28。
⑦ (俄)巴托尔德:《蒙古入侵时期的突厥斯坦》下册,第 504 页。
⑧ 《世界征服者史》上册,第 192 页。
⑨ 《世界征服者史》上册,第 172 页。
⑩ 《世界征服者史》上册,第 172 页;《史集》第一卷第二分册,第 312—314 页,汉译者将沙黑纳译作长官,不妥。
⑪ 《世界征服者史》上册,第 172 页。

蒙古军第一次西征期间,在花剌子模地区设置的达鲁花赤,其人员应当不止上面这些史料记载中明确提到的人物。志费尼说,哲别和速不台他们"犹如一股旋风,横扫呼罗珊大部土地,几乎没有不被他们军旅穿越的县份。在他们行军途中,凡到达一省,他们便向百姓派遣使者,宣告成吉思汗驾临,告诫他们不得敌对和反抗,不得拒绝投降,并且对他们极尽威胁恐吓之能事。而百姓只要选择投降,蒙古人就把一名沙黑纳派给他们,持一份塔木花为凭证,然后离开。可是,无论何地,百姓只要拒绝纳款投诚,当地又易于攻打,便于袭击,那他们毫不留情,攻占城镇,杀戮居民"。[1] 光是哲别和速不台在呼罗珊设置的沙黑纳就应当还有一些。拖雷军队进入呼罗珊时,花剌子模算端摩诃末下旨,不能逃离者,"鞑靼军至,均当隆重去迎接,接受一名沙黑纳"。[2] 看来,拖雷除了在马鲁任命巴儿马思为达鲁花赤,在其他被他征服的地区应当也会设有达鲁花赤。拖雷军先后屠马鲁、你沙不儿后,接着大约在 1221 年 5 月进兵呼罗珊四区之一的也里(Heart,今阿富汗赫拉特),波斯史料未记载其征服情况。元后期文人黄溍记载,成吉思汗"四杰"之一的赤老温之孙察剌,"从上(太祖)亲征西域,以功为业里城子达鲁花赤",[3]业里城子就是也里城(察剌太宗朝调任内地)。成吉思汗和拖雷接着进兵兴都库什山以南,追击摩诃末子、花剌子模新算端扎兰丁(其时摩诃末已死),抵哥疾宁(Ghazna,今阿富汗加兹尼),"他委祃祃·牙剌瓦赤为哥疾宁的八思哈,他则亲自追击扎兰丁……到申河(今印度河)岸"。[4] 拉施特则记载,后来成为蒙古国时期重臣的回回人祃祃·牙剌瓦赤此时被成吉思汗任命为哥疾宁的沙黑纳,[5]这是与志费尼所说不一致的地方。

---

[1]《世界征服者史》上册,第 178 页。
[2]《世界征服者史》上册,第 183 页。
[3](元)黄溍:《金华先生文集》卷 35《明威将军管军上千户所达鲁花赤逊都台公墓志铭》,《四部丛刊》初编本,上海商务印书馆,1929 年。
[4]《世界征服者史》上册,第 156 页。
[5]《史集》第一卷第二分册,第 306 页。汉译者将沙黑纳译作长官,不妥。

成吉思汗抵申河,未能擒到扎兰丁,不久后班师。拉施特记载,成吉思汗班师前,"在被占领的所有城市里都设置了沙黑纳"。①《秘史》第263节:"太祖再取了回回各城,命人镇守。""命人镇守",按旁译原文,当作"降旨在各城设置答鲁合臣"。答鲁合臣即达鲁花赤。《元史》卷1《太祖本纪》同样记载:"十八年(1223)……遂定西域诸城,置达鲁花赤监治之。"②看来成吉思汗在班师前,集中任命了一些驻守西域地面的达鲁花赤。前面提到的《瓦萨甫史》所说窝阔台时期驻守那黑沙不城的合扎儿不花很可能就是成吉思汗班师前任命的。此前,成吉思汗军队攻陷撒麻耳干后,曾在那黑沙不草原度夏,③志费尼、拉施特均未记载,成吉思汗这个时候在该地设有达鲁花赤。

这些设于西域地区的达鲁花赤,有蒙古人(如赤老温之孙察刺),有回回人(如牙刺瓦赤、哈散哈只之子),有畏兀儿人(如月朵失野讷),有契丹人(如耶律阿海),或许还有女真人(如蒲察)、当地人等,其中,对后来历史影响最大的是两个人。一是牙刺瓦赤,太祖朝被任命为哥疾宁的达鲁花赤,窝阔台时期负责整个西域地区的赋税,官衔则变成了必阇赤,其时地位实在西域各个达鲁花赤之上。二是成帖木儿。此人族属,拉施特的记载前后矛盾,一说哈剌契丹,一说汪古。他早就归附蒙古,随术赤军西征。术赤兄弟合作征服花剌子模新都城玉龙杰赤(Urganch,今土库曼斯坦境内阿姆河下游之库尼亚乌尔根奇 Konya Urgench)后,术赤"任命(他)当该地的八思哈"。④ 此人太宗朝成为整个呼罗珊地区的最高行政长官,其时官衔已变为札鲁忽赤,地位则在呼罗珊地区各个达鲁花赤之上。志费尼记载,窝阔台时期派遣绰儿马罕西征,命令"四方的大将和八思哈应随军出发,向绰儿马罕提供援助""于是成帖木儿从花剌子

---

① 《史集》第一卷第二分册,第310页。汉译者将沙黑纳译作长官,不妥。

② 《元史》卷1《太祖本纪》,第22页。

③ 《世界征服者史》上册,第150页。

④ 《世界征服者史》下册,第577页。

模……出兵,同时候把代表诸王的其他异密,置于绰儿马罕麾下"。① 在西域达鲁花赤之下设置代表诸王的人员,笔者以为或许是成吉思汗去世以后的事,最早也是在西征结束之后。

### 四、太祖朝在汉地设置的达鲁花赤

蒙古人在汉地设达鲁花赤,在成吉思汗西征前就已经开始。1215年,契丹人石抹也先被任命为北京(今内蒙古宁城县大明城)一带达鲁花赤,②回回人札八儿火者被任命为中都(今北京)一带达鲁花赤。③ 这两位达鲁花赤,职务是以监临为主。北京一带有留守寅答虎(女真人),中都一带有太傅(一说太保)、邵国公、兼管蒙古汉军兵马都元帅石抹明安(契丹人),他们恐是实际负责当地行政、军务的长官。④

太祖朝在汉地设置的达鲁花赤,没有西域地区那么普遍。除了石抹也先、札八儿火者,《元史》中仅见另外三例。一是金守飞狐口(今河北蔚县境内)万户赵珪之弟赵瑨。此人在金朝无职。1213 年,蒙军第三次攻金时,绕道西行去紫荆关(今河北易县西)的主力部队之先锋分队至飞狐口,时赵珪不在城内,赵瑨说服守将降蒙。赵瑨降蒙后,初未授职,从木华黎继续征战;蒙古军随后即南入紫荆关。1217 或 1218 年,木华黎经略华北时,赵瑨因功授冀州行军都元帅,佩金虎符;赵瑨让其兄赵珪,蒙古改授赵瑨为冀州军民总管,不久迁易州达鲁花赤,佩金符。赵瑨太宗朝任中山、真定二路达鲁花赤,此人高寿,世祖至元中期仕至河南道提刑按察使。⑤ 二是东北契丹人移剌捏儿。此人在金朝拒绝任职,1213 年底或 1214 年初,诣木华黎军门降,时木华黎军屯霸州(今属河北)。太祖赐名赛因必阇赤,又因其生于霸州而号为霸州元帅,都不是正式官称。他降

---

①《世界征服者史》下册,第 577 页。
②《元史》卷 150《石抹也先传》,第 3542 页。
③《元史》卷 120《札八儿火者传》,第 2961 页。
④《元史》卷 150《石抹也先传》、卷 150《石抹明安传》,第 3542、第 3557 页。
⑤《元史》卷 150《赵瑨传》,第 3554—3555 页。

蒙后初也未被授职,跟从木华黎等将领继续征战。1215 年,他拜兵马都元帅,当是东北战场上木华黎麾下指挥一支军队的统帅,这支军队可能即是《元史·木华黎传》中所说的原在金朝守护北京、后"斩关来降"的契丹军。① 不久,他迁兵马都提控元帅,就职务而言,跟此前兵马都元帅没有多大区别;不同的是,此时他多了个散官头衔龙虎卫上将军。移剌捏儿随木华黎征战华北,1222 年攻凤翔期间,在都提控元帅职上另授丹、延等地军民都达鲁花赤衔。《元史》本传中说他同时任兴胜府尹,恐误,府尹或许是其 1228 年得疾归高州后的官衔。② 三是篾儿乞部人绍古儿。他早事太祖,同饮班朱尼浑水。"从破信安,略地河西,赐金虎符,授洺磁等路都达鲁花赤",任职达鲁花赤看来是在太祖朝末期。太宗朝"领济南、大名、信安等处军马",可能还是一名达鲁花赤。③ 这三位汉地达鲁花赤一为汉人,一为契丹人,一为蒙古人(篾儿乞人元代视为蒙古人),他们在太祖朝受命的达鲁花赤,其职掌难以判断是监临官、地方行政长官,还是镇守官,可能三种身份都有。

蒙古人对汉地的征服要比对西域的征服艰难得多,很多地方在金、蒙间反复易手,这是太祖时期汉地达鲁花赤设置得较少的主要原因。太宗灭金后,蒙古人在汉地开始普设监临性质的达鲁花赤,他们的地位在负责日常实际事务处理的总管、府尹、县令之上;④河北、山东、山西地区,一些汉人世侯成为蒙古人统治汉地的代理人,他们也要接受达鲁花赤的监临。

史料中偶有太祖朝军队中设达鲁花赤的记载。《元史》卷 122《唵木海传》记载,1214 年,"木华黎南伐,帝谕之曰:'唵木海言,攻城用炮之策甚善,汝能任之,何城不破。'即授(唵木海,蒙古八儿忽氏)金符,使为随

① 《元史》卷 119《木华黎传》,第 2931 页;史卫民:《元代军事史》,第 80 页,军事科学出版社,1998 年。
② 《元史》卷 149《移剌捏儿传》,第 3529 页。
③ 《元史》卷 123《绍古儿传》,第 3025 页。
④ 时人谓:"太宗之八年丙申(1236 年),州县守令上皆置监。"见(元)姚燧《牧庵集》卷 24《谭公神道碑》,《四部丛刊》初编本,上海商务印书馆,1929 年。

路炮手达鲁花赤。俺木海选五百余人教习之,后定诸国,多赖其力。"俺
木海接着当从成吉思汗西征,才有"定诸国"之事。太宗、宪宗朝,俺木海
仍是炮军将领。① 俺木海任职的达鲁花赤,与前面所说在征服地区设置
的达鲁花赤职掌不同,他应该就是一名炮军总管,其头衔达鲁花赤,含义
其实是指主掌长官。

《元史·木华黎传》记载,1219 年,"以谷里夹打为元帅达鲁花赤"。②
谷里夹打族属不详,所任的元帅达鲁花赤,职掌也不详,他肯定不能监临
木华黎。元帅府内设达鲁花赤,明确的记载仅此一处,看来该职务即使
真有设置,也是不普遍的。笔者以为,这位谷里夹打,就是《元史·太祖
本纪》中所记的 1217 年"察罕破金监军夹谷于霸州"③这件事中的金监军
夹谷,夹谷是女真常见姓氏之一。其人战败后降蒙,木华黎以原职监军
授之,监军被一些人从字面上理解成了达鲁花赤。实际上,木华黎攻金
期间,蒙古人仿照金制,在金降人中设有不少元帅左右监军,如何实曾任
左监军,④石天应曾任右监军,⑤但这些监军官衔多数只表示其人地位在
正副元帅之下,而并不表示说实有监察军事事务的职掌,与达鲁花赤无
论哪一含义上的职掌都迥然不同。对于降附的汉人、契丹人、女真人军
事将领,蒙古政权是如何监管他们的? 要求他们输送质子是其中一条基
本途径,史秉直降蒙,木华黎"质(史)天安(史秉直次子)军中";⑥李守贤
兄弟降蒙,李守正就质于木华黎处。⑦ 质子之外,笔者尚未见到有在他们
身边安置达鲁花赤的明确记载。

---

① 《元史》卷 122《俺木海传》,第 3010 页。
② 《元史》卷 119《木华黎传》,第 2932 页。
③ 《元史》卷 1《太祖本纪》,第 19 页。
④ 《元史》卷 150《何实传》,第 3551 页。
⑤ 《元史》卷 149《石天应传》,第 3526 页。
⑥ 《元史》卷 147《史天倪传》附《史枢传》,第 3483 页。
⑦ 《元史》卷 193《忠义传一·李守正传》,第 4377 页。《元史》此处误将李守正说成是李伯温子,
　李守贤、李守正、李伯温实为兄弟,见本卷点校本校勘记一、二,第 4388—4389 页。

### 五、太祖朝之后达鲁花赤职能的分野

元太祖朝的达鲁花赤,大多是设在被征服区域的地方官员。如前所述,他们的职能有三:或为监临官,或为当地实际行政长官,或为镇守官。说达鲁花赤有三种含义,并不表示每个达鲁花赤只能扮演其中的一个角色,监临官可以变身为行政长官,监临官、行政长官也可能同时是镇守官。不过,三种职能彼此间毕竟还是有所区别的,志费尼、拉施特分别用沙黑纳、管治管理者(相当于行政长官)和八思哈称呼它们,对每一位具体的达鲁花赤而言,固然未必定位准确,如果他身兼其中两职或三职的话;但两位史家用不同的称呼表示,还是揭示了三种职能间的微妙差别。太祖朝以后,这三种职能就逐渐分开了。

作为监临官的达鲁花赤后来主要设在汉地临民机构的路、府、州、县中。世祖朝定型的官僚体系内,路、府、州、县等临民机构中,汉人任总管、府尹、知州、县令等实际主掌行政者,蒙古人则任监临他们、但地位高于他们的达鲁花赤,尽管其品秩与路总管、府州县令尹相同。然而这种体系内的监临官,也是不能取代被监临者而变身为实际行政长官的,这是与太祖朝达鲁花赤有别的地方。汉文文献中虽然也称这种达鲁花赤为长官、掌印官、管民官,但毕竟不是主掌行政的长官。路以上的行省、宣慰司,其实不属于汉制而是蒙古制。行省长官的身份渊源于太祖朝的札鲁忽赤(汉语译为断事官)。札鲁忽赤本是汗廷的行政司法长官,由于帝国的版图不断扩张,逐渐在地方形成了一些派出分支机构,也就逐渐形成了太宗、宪宗时期的行尚书省以及世祖朝以后的行中书省。宣慰司又是行中书省的派出分支机构。蒙元政府未在非汉式制度的行省、宣慰司中设置达鲁花赤。置于蒙古本土的岭北行省,其下的和宁路与汉地的路迥异,也不设达鲁花赤。与此类似,军队中,蒙古制度的蒙古军、探马赤军中也不设达鲁花赤,而其他各族军队,元帅府、万户府、千户所内则普遍设达鲁花赤来监临相关机构内的军事事务。作为监临官的达鲁花赤在西域继续设置。高丽、安南等地后来被征服期间,蒙古人也在这些

地方设置了监临当地各级首领的达鲁花赤:1231 年,蒙古兵征高丽,高丽王请和,蒙古"置京、府、县达鲁花赤七十二人监之",次年,高丽杀这七十二名达鲁花赤,蒙、丽交恶,直至世祖朝;①世祖时以六事要求安南国主,其中之一为"置达鲁花赤统治之"。②

　　作为地方行政长官的达鲁花赤,后来则很少设置。如前文所说,世祖朝开始,在汉地,临民机构的路、府、州、县,行政长官一般就由汉人担任,临民层次以上的行省、宣慰司长官,实是札鲁忽赤职务的延续。汉地的这种制度,肇始于太宗朝时期。成吉思汗朝,木华黎祖孙的国王军政府是汉地最高行政统辖机构,实际管治处理地方政事的则是降附于蒙古的金朝降人降将,他们身边不大有达鲁花赤监临。窝阔台即位后,元时人记载:"继体守文,一新官制。……内则一相(即札鲁忽赤),宅百揆、赞万几;外立郡县,以承上接下。郡县之守令,例以归义效顺者就为之。仍选蒙古人一员钤压其上,谓之达噜噶齐(即达鲁花赤),守令以次咸听命焉。"③这个时候起,临民层次之上的级别,不再有国王军政府,而代之以汗廷札鲁忽赤的分支机构燕京行尚书省。太宗朝,除了在汉地设札鲁忽赤分支,西域也开始设置,到宪宗朝就定型为别失八里行尚书省和阿姆河以西行尚书省,与汉地的燕京行尚书省鼎立,并为蒙古汗廷和蒙古本土之外的三大地方行政机构。西域两行尚书省的首领也是札鲁忽赤。成帖木儿在太祖时任玉龙杰赤处的达鲁花赤,太宗时调任为呼罗珊地区的行政长官,其身份就变成了札鲁忽赤。继任的阔里吉思、阿儿浑,身份亦是札鲁忽赤。不过,西域地面的临民机构,很可能仍然保留有作为行政长官的达鲁花赤,而没有像汉地那样统一交由当地人出任。恩狄考特-韦斯特说,在 14 世纪的也门编成的一部六语(阿拉伯、波斯、突厥、蒙古、希腊和亚美尼亚语)词典中,达鲁花赤被解释为市长;在 17 世纪的波

①《元史》卷 208《外夷一·高丽》,第 4608—4610 页。
②《元史》卷 209《外夷二·安南》,第 4635 页。
③(元)胡祗遹:《紫山大全集》卷 15《大元故怀远大将军怀孟路达噜噶齐(达鲁花赤)兼诸军鄂勒(奥鲁)蒙古公神道碑》,《三怡堂丛书》本,开封河南官书局,1923 年。

斯文献中,达鲁花赤也被解释为一个城市或地区的长官。① 这可能说明,在西域仍有以达鲁花赤为地方实际行政长官者。

主掌长官意义上的达鲁花赤,后来主要设在一些具体事务机构中。太祖朝已有端倪,前文提及,太祖朝军队中有炮手达鲁花赤,实际上就是炮军总管。世祖朝定型的官僚体系中,一些在蒙古统治者眼中比较重要的事务机构,如运粮提举司、营缮司、规运所、御药院等,就设达鲁花赤负责相关事务。札奇斯钦先生的文章中罗列了这些机构的名称,②它们地位有别,其负责人达鲁花赤的品秩也相差较大。在西域,这样的情形应该也有,恩狄考特-韦斯特说,在17世纪的波斯文献中,达鲁花赤除了被解释为一个城市或地区的长官,还有一部、一衙、一警察署的首席管理者意思。③

作为镇守官的达鲁花赤,后来设置得更少。太祖朝后期开始,在西域和汉地这些被征服区域,镇守的职务都逐渐转移给了探马赤军。绰儿马罕征西后,"斡歌歹(窝阔台)皇帝以其地面与所产之物好,就命绰儿马罕等为探马赤官,留镇其地"。④ 太宗朝长子西征的将领,在被征服的钦察、阿速、斡罗思等广阔地域内,"立答鲁合臣、探马赤官镇守而回",⑤看来在这些地方,达鲁花赤与探马赤也是有所分工的。

结　论

(一)太祖朝在蒙古本土以外地区最早设置的官员可能是在畏兀儿、哈剌鲁地区的达鲁花赤,至少,在哈剌鲁的阿力麻里地区设置达鲁花赤是有文献确证的。蒙古人设置达鲁花赤的做法或许是效仿了西辽在畏兀儿部内设少监的举措。

---

① (美)恩狄考特-韦斯特:《元代地方行政》,第19页。
② 札奇斯钦:《说元史中的"达鲁花赤"》。
③ (美)恩狄考特-韦斯特:《元代地方行政》,第19页。
④《秘史》274节。
⑤《秘史》274节。

（二）太祖西征时,在被征服的花剌子模境内设置了不少达鲁花赤,他们有的是监临官,有的是地方实际行政长官,有的带有镇戍职能,身兼两职、三职的达鲁花赤自然也有。志费尼、拉施特分别用沙黑纳、管治管理者、八思哈代指蒙古达鲁花赤,这不能认为是同义词之间的转换,而应当理解成这些达鲁花赤的主要职掌有所区别。

（三）在西域,达鲁花赤是太祖朝蒙古政府在被征服地区设置的最主要地方官员,该时期在汉地设置达鲁花赤则不如西域地区普遍。

（四）太祖朝以后,达鲁花赤的三种职能逐渐分野。监临官性质的达鲁花赤主要设在汉地临民机构的路、府、州、县中;行政长官性质的达鲁花赤主要设在元朝的一些具体事务机构中;达鲁花赤的镇戍职能大多转移给了探马赤军。

## 第三节　太祖时期蒙古政权对金地降人的官职官衔除授

成吉思汗对于早期投附于他的非"达达百姓",[1]主要安排在怯薛内,如西夏人察罕、契丹人耶律阿海与耶律秃花兄弟、女真人粘合重山等。降人中最早获得正式任命的恐怕是察罕。1211 年,他被任命为御帐前首千户。[2] 这一年,成吉思汗开始率军伐金,降蒙的金朝官员、将领和普通人员逐日增多。成吉思汗和大蒙古国政权不可能把他们都置身于大汗和诸王的怯薛以内,于是逐渐有了对他们的官号授予和职务委任。太祖朝对金朝降人的职官除授,大致可以 1215 年为一个时间界线分为前后两个阶段,前一阶段比较简单,后一阶段稍微有些复杂。

### 一、1215 年前的情况

前一阶段主导对金作战的是成吉思汗本人。1211 年夏,他起兵伐

---

[1] "达达百姓"一词见于《元朝秘史》202 节,《四部丛刊三编》本,上海商务印书馆,1935 年。
[2] (明)宋濂等:《元史》卷 120《察罕传》,点校本,第 2956 页,中华书局,1976 年。

金。蒙古军在野狐岭(今河北万全膳房堡北)重创金兵后一路南下,进逼中都(今北京)。蒙古军攻城,城中坚守;成吉思汗分遣军队抄掠云内、东胜、丰、净、武、朔、弘、昌平、怀来、缙山、丰润、密云、抚宁、集宁等,东面直至平、滦,南迄清、沧,东北由临潢过辽河,西南至忻、代等地。年底,各路蒙古军纷纷北撤回漠北。1212年秋,成吉思汗率师进围金西京(今山西大同),攻城时成吉思汗中流矢,蒙古军队终止第二次侵伐金朝。1213年夏,成吉思汗再次大举侵金。蒙军拔宣德,克涿鹿,下镇州,至居庸关北口。金人锢铁为门,蒙军不得入关。成吉思汗听取回回人札八儿火者建议,留怯台顿兵北口,自己率主力迂回西行,取道飞狐口(今河北蔚县境内),南入紫荆关(今河北易县西)。成吉思汗命哲别率精骑驰攻居庸关南口,破之,进至北口,与怯台里外夹攻,取居庸关。成吉思汗自己则率军攻下涿州、易州。居庸关破后,成吉思汗命怯台率一支军队围中都,其余大军分作三路:右路循太行山东麓而南抵黄河北岸后再沿太行西麓向北,掠邢、洺、磁、相、怀、孟、卫、泽、潞,拔石、岚等州县;中路自中都往南,陷河间、沧、景,进入山东,陷济南、益都,远及登州、莱州、沂州等;东路则掠蓟、平、滦及辽西诸郡。蒙古人的这回侵金,南宋人亦有耳闻:"所过无不残灭,两河、山东数千里,人民杀戮几尽,金帛、子女、牛羊、马畜皆席卷而去。屋庐焚毁,城廓丘墟矣。"[1]1214年春,金朝新皇帝宣宗(1213年蒙军围中都期间,金宫廷发生政变,元帅胡沙虎使宦者弑卫绍王,立宣宗为帝)献卫绍王女,遣使求和,蒙军满载战利品北回。蒙古军的前三次侵金,主要着眼于抄掠,并不大考虑占有地盘,所以他们攻下的地方,在他们走后又多数被金朝复有,当然也有少数地方由投靠他们的金朝降人控制。1214年夏,金宣宗迁都南京(汴梁),途中跟随的乣军生变,回返中都。成吉思汗闻讯后,遣大将三木合拔都率军南下汇合这支乣军,第三度包围中都。次年,1215年夏蒙古军终陷中都。该年秋,成吉思汗又派

---

[1] (宋)李心传:《建炎以来朝野杂记》乙集卷19《鞑靼款塞》,徐规点校本,第850页,中华书局,2000年。

遣两支小分队攻打金朝。一支由三木合拔都率领,自西夏入关中,东出
潼关,掠嵩、汝等郡,直逼汴梁城郊,冬,还至陕州,踏黄河冰北返。一支
由脱仑率领,降真定,破大名,直逼东平,以阻水不克进,大掠而还。在此
之前,1214年的十月,成吉思汗还遣木华黎出兵辽东、西,"目的主要是为
南下中原做准备";①此后,至1217年夏,木华黎一直在东北战场。1215
年,蒙古军先后陷金东京(今辽宁辽阳)和北京(今内蒙古宁城县大
名城)。

　　1215年前,对于有一定实力和能力的金朝降附人员,蒙古人用三种
方式安排他们。第一种方式:不授官衔称号,让他们跟随蒙古将领继续
作战。以下举一些例证。

　　契丹人石抹明安在金朝为一小官吏,蒙古军第一次伐金时,野狐岭
之战后,受金主将命出使蒙古,遂降于成吉思汗。石抹明安降蒙古时间
当在1211年的七八月间,《元史》本传记作1212年,不确。降蒙后,未授
职,成吉思汗命他领一支军队"抚定云中东西两路"。②

　　张拔都,在金朝无职,于昌平守土乡里。蒙古军第一次伐金掠昌平
时(1211年十月左右),张拔都"率众来附,愿为前驱",《元史》本传中说他
"留备宿卫",当是因为他后来主要跟随太祖亲征而误记为宿卫。他也没
有被授予具体官衔名号,直到后来的太宗时才被任命为守真定的炮手诸
色军民人匠都元帅。③

　　赵瑨,金守飞狐口万户赵珪弟,自身在金朝无职。1213年,蒙军第三
次攻金时,绕道西行去紫荆关的主力部队之先锋分队至飞狐口,时赵珪
不在城内,赵瑨说服守将降蒙,未授职,从木华黎继续征战;蒙古军随后
即南入紫荆关。④

　　赵柔,在金朝为一支地方义军首领。1213年,蒙古军攻下紫荆关后,

①　薛磊:《元代东北统治研究》,第31页,社会科学文献出版社,2012年。
②　《元史》卷150《石抹明安传》,第3556页。
③　《元史》卷151《张拔都传》,第3580页。
④　《元史》卷150《赵瑨传》,第3554页。

降蒙,《元史》本传说他被任命为"涿、易二州长官,佩金符"。[1] 长官肯定不是个正式官称。前面提及,蒙金战争初期,蒙古人不大考虑占有金朝地盘,也就不大会考虑安排地方长官的问题。此时的成吉思汗是否有任命赵柔为涿、易二州长官的举措,殊为可疑,因为蒙古人也并不想着就要以此二州为继续作战的根据地。很有可能,赵柔降蒙后,即跟随蒙军主力攻打涿、易二州,攻下后因某种原因留在了当地,没有继续跟从蒙军去攻占别处。蒙古军北撤后,赵柔大概有一定的实力能够控驭涿、易二州,也就被看成了是蒙古人占领地上的首领。

久对金朝不满的契丹人移剌捏儿,在金朝拒绝任职,"闻太祖举兵,私语所亲曰:'为国复仇,此其时也。'率其党百余人诣军门献十策"。估计是在 1213 年底或 1214 年初,蒙古军第三次伐金期间诣木华黎军门降,时木华黎军屯霸州。太祖赐名赛因必阇赤,又因其生于霸州而号为霸州元帅,实际上都不是正式官称。[2] 他降蒙后未授职,跟从木华黎等将领继续征战。

契丹人石抹也先,在金朝无职,其家族世代对金灭辽怀深仇大恨。石抹也先大约在木华黎出兵东北之初(1214 年冬),从东北匹马往投成吉思汗,建言攻打金东京以"荡其根本",认为此后"中原可传檄而定也";"太祖悦",让他随木华黎从征,但对他未授职。[3]

田雄,在金为北京一带军队都统。《元史》本传记他于 1211 年降蒙。1211 年秋冬之际,有蒙古军队进入东北当是事实,蒙古将领哲别还曾在这一年(或次年)剽掠过金东京,薛磊遂认为《元史·田雄传》所记田氏降蒙年代准确。[4] 笔者以为,田雄降蒙在木华黎军队攻克北京城前后,即1215 年的上半年也是有可能的。不论是 1211 年,还是 1215 年降,田雄

---

[1] 《元史》卷 152《赵柔传》,第 3606 页。

[2] 《元史》卷 149《移剌捏儿传》,第 3529 页。

[3] 《元史》卷 150《石抹也先传》,第 3541 页。石抹也先在《元史》中有两篇传记,另一篇为卷 152《石抹阿辛传》。《石抹阿辛传》云传主于 1215 年在金北京地降于木华黎,木华黎随即授他御史大夫职(见《元史》第 3603 页)。此记载准确性不如《也先传》。

[4] 薛磊:《元代东北统治研究》,第 14—15 页。

起初可确定是未授具体职务的,"隶……木华黎麾下",跟从征辽东西等地。①

第二种方式:让他们继续担任原职,原职为副的则以正职任命,这可以说是对金朝降人最早的任命方式。以下举一些例证:

1212年秋,成吉思汗率军第二次侵金,至威宁(今内蒙古兴和北)时,金防城千户刘伯林降。"帝问伯林,在金国为何官,对曰:'都提控。'即以元职授之。"②

1213年夏,成吉思汗军第三次攻金之初,克涿鹿隘。守此军事要塞的金副统军王檝"兵败被执,将戮之,神色不变",成吉思汗"义而释之,授都统,佩以金符,令招集山西溃兵"。③

焦用(后来在世祖朝仕至福建行省参知政事的焦德裕之父),"仕金,由束鹿令升千户,守雄州北门。太祖兵至,州人开南门降,(焦)用犹力战,遂生获之,帝以其忠壮,释不杀,复旧官。徇地山东,未尝妄杀一人"。焦用之降,大概在1213年成吉思汗第三次攻金期间,他所复的旧官,可能是束鹿令。④

蒙古攻金后,东北的一些久怀反抗之心的契丹人乘机起事,前文提到的移剌捏儿、石抹也先均是。这些契丹人中,最重要的力量则是金北边千户(可能是金东北路乣军军官)耶律留哥。1211年,留哥在隆安(今吉林农安)一带叛金,队伍迅速扩大至十余万人,留哥被推为都元帅。1212年初,成吉思汗遣按陈那颜(弘吉剌氏首领)师进辽西,与留哥遇。按陈同留哥结盟于金山(今兴安岭)后返回蒙古。1213年初,金派大军讨伐留哥,成吉思汗命按陈率军援之。留哥与蒙军在迪吉脑儿(今辽宁昌图县附近)击败金兵。当年三月,耶律留哥建国称辽王,其后就一直是东北地区依附蒙古的一支主要军事力量。1215年,留哥觐见成吉思汗(时

---

① 《元史》卷151《田雄传》,第3579页。
② 《元史》卷149《刘伯林传》,第3515页。
③ 《元史》卷153《王檝传》,第3611页。
④ 《元史》卷153《焦德裕传》,第3617页。

在木华黎军陷北京后），"因问旧何官，对曰：'辽王。'帝命赐金虎符，仍辽王"。[①]

第三种方式：借用金朝的官职任命他们。

随着对金战争的日益延续，降附的金朝人越来越多，继续只用前述两种简便方法安排他们显得不够了：多数降人将领属于在金朝没有一官半职而在战争期间据地自保的武装头目，对其中具有一定军事才能或拥有一定军事实力的降人将领，不给个头衔既不大好管理他们，也不便于利用他们掌控的军事力量。于是，蒙古人对降人又有了第三种安排，借用金朝的官职任命他们。一开始用这种方法安排降人的可能是随成吉思汗攻掠河北等地的手下大将木华黎，不过这种办法一经实施，便迅速成为蒙古人安排金朝降人的主要方式。1214 年春夏之交，成吉思汗结束第三次伐金，返回蒙古本土，之后，他将对金作战任务交托给了手下大将，到 1217 年正式任命木华黎为太师、国王，借用金朝官称授予降人，也就多数由蒙古大将（主要是木华黎及木华黎去世后嗣国王的其子孛鲁）"承制"[②]授之。这种办法不仅针对原先没有头衔者，原先有头衔官号者，多数时候也会给他们更换一个新的头衔。蒙古人借用的金朝官职名称，一开始主要有都统、提控、弹压、镇抚、招抚使等军职以及节度使、防御使、刺史、县令、主簿等地方军民职，其中节度使、防御使、刺史为州级长官的军职。金朝制度，府州级官员军民职兼理，节度使、防御使、刺史会兼任州尹、知州，被蒙古人任命的这些节度使、防御使、刺史也会带知州、州尹头衔，节度使还会兼管内观察使。这些被授职的降人，一般也需要跟从蒙古军继续去东征西讨，他们的职衔未必有多少实际的意义而只代表地位的高低；另一方面，1214 年开始，一些降人被授予了民职官衔，尽管不一定就表示他们真正开始治理某地民政（真正留守的官员也是有的），但也还是在某种程度上意味着蒙古人已经逐渐改变对金朝掠而不

---

[①]《元史》卷 149《耶律留哥传》，第 3513 页。

[②] "承制"一词元代文献屡见，可知征行在外的蒙古大将任命降人为官符合当时的制度规定，也即表示当时的蒙古政权在这方面有一定之规。

守的策略,开始有意识地鲸吞占有金朝领土并安排守土官员。下面对蒙古人的这一方式举些例证,因为这种方式1215年后继续使用,故有部分例证发生时间在1215年以后。

郭宝玉,在金末为猛安,野狐岭之战中降蒙,一开始没有授职。《元史》本传中记载他于1213年之前被授抄马都镇抚,①这是用金朝官称授降人的最早记载,但其准确性让人有些怀疑。抄马是突厥语chaqmaq的音译,意思是炮。② 当时人所说的炮,并非指火器,而是各种抛石器。③蒙古人的军队起初都是骑兵,没有兵种区别,他们也不知道用炮,初入中原时,遇到坚城要塞,往往绕道而行。蒙古人建立炮军,据《元史》另处记载,缘于八儿忽氏人唵木海的建议,"攻城以炮石为先,力重而能及远故矣",1214年成吉思汗遂授唵木海"金符,使为随路炮手达鲁花赤,④唵木海选五百余人教习之",这支炮军即跟随木华黎征战(似乎也跟随过成吉思汗西征中亚)。⑤ 以后,炮兵在蒙古军中的作用益发显著,蒙古军攻金、西征时,即使屠戮某城,其中的工匠也要挑选出来,有很多人就会编入炮军中。《元史·郭宝玉传》没有记载传主在炮军上的作为,不过他可能是懂得用炮的。"帝将伐西蕃,患其城多依山险,问宝玉攻取之策,对曰:'使其城在天上,则不可取,如不在天上,至则取矣。'"⑥西蕃所指不明,郭宝玉设想的取城之法可能就是用炮。郭宝玉子郭德海大约1225年降蒙,授抄马弹压;孙郭侃1252年授抄马那颜(那颜是蒙古语官人之意),后来以在旭烈兀西征中用炮著名。郭氏看来是一个精通炮术的世家,只是郭宝玉是否在1213年之前就被授抄马都镇抚一职不易确定。

① 《元史》卷149《郭宝玉传》,第3521页。
② 陈得芝:《刘郁〈[常德]西使记〉校注》,《中华文史论丛》2015年第1期。
③ 史卫民:《元代军事史》,第95页,军事科学出版社,1998年。
④ 达鲁花赤主要是一种监临官,但在太祖朝有时就是实际负责的主管。太祖朝在金地设置的达鲁花赤并不多,不像后世在汉地普设达鲁花赤;在军队中也仅是偶尔设置。
⑤ 《元史》卷122《唵木海传》,第3010页。
⑥ 《元史》卷149《郭宝玉传》,第3521页。

邸顺，蒙金战争初期，在曲阳集众筑寨，据守乡里，1214 年春，成吉思汗第三次侵金期间降蒙，"太祖授行唐令"；1216 年，"朝廷升曲阳为恒州，以顺为安抚使"。① 成吉思汗是否有对降人授较低级别（安抚使稍高）的汉式官职之举、当时的蒙古人朝廷是否对汉地行政区划有兴趣，皆非常可疑；邸顺的县令头衔和安抚使头衔恐怕都是窃号自娱。

王义，在金朝为宁晋县武装头目，自号都统。《元史·王义传》云，宣宗南迁后，王义降于木华黎，入觐太祖，"授宁晋令，兼赵州以南招抚使"；1215 年，因战功，"木华黎承制授（王）义赵州太守、赵冀二州招抚使"。这里的记载与史实抵牾处甚多。宣宗南迁当年，蒙古军方面木华黎即赴东北，其后至 1217 年夏，他均在东北战场；这期间蒙古军攻打宁晋、真定一带的战争只有 1215 年秋脱仑的掳掠这一次。王义若果是在宣宗南迁后、1217 年前降，当是降于脱仑。成吉思汗和脱仑是否曾先后授他宁晋令、赵州太守等头衔（太守也非金朝正式官称），颇让人怀疑。很可能，这些头衔也都是他的窃号自娱或其后人在他碑传材料中乱写的。1217 年秋，木华黎受任专征金朝，从东北移师华北。《元史·王义传》云，1218 年，升为深州节度使、深冀赵三州招抚使，这很可能就是蒙古人最早给他的官衔称号。②

石天应，金兴中府（今辽宁朝阳）官员，1215 年，蒙古军破金北京，兴中府吏杀同知，举石天应为元帅，降蒙，授兴中尹、兵马都提控，木华黎承制授石天应为府尹兼提控的说法除了见于《元史·石天应传》，《元史》及其他史料中也数有记载，或许是确切史实。不过石天应并未留守兴中，他随即跟从木华黎征战其他地方。③

---

① 《元史》卷 151《邸顺传》，第 3570 页。
② 《元史》卷 151《王义传》，第 3565—3566 页；又（元）胡祗遹：《紫山大全集》卷 18《龙虎卫上将军安武军节度使兼行深冀二州元帅府事王公行状》，《三怡堂丛书》本，开封河南官书局，1923 年。
③ 《元史》卷 149《石天应传》，第 3526 页。

张鲸,金锦州土豪,1214 年杀锦州节度使,聚"黑军"①万余人,自立为临海郡王。1215 年,降蒙古,木华黎承制任命他为"总北京十提控兵",跟从蒙古军将领脱仑南征平州等地,后因怀有二心,企图叛逃而被监军的石抹也先所杀。② 同年,木华黎军进逼锦州西部的红罗山(今虹螺山),主将杜秀降,木华黎"奏为锦州节度使",其人后来事迹不详。③

李守贤,金东北义州土豪,1215 年,与兄庭植、弟守正、守忠、从兄伯通、伯温等一起降蒙,守贤授锦州临海军节度观察使。④

何实,金北京豪强,1216 年"籍户口一万,募兵三千"投蒙,为木华黎麾下前锋,旋授"帐前军马都弹压"。木华黎经略中原后不久,何实升为兵马都镇抚。⑤

杜丰,金平遥义军谋克,大约在 1218 年降蒙,由随木华黎略地华北的按陈那颜承制授为兵马都提控。⑥

董俊,金藁城一带军队小将领,《元史》本传说 1215 年降木华黎;前面说了,该年领兵至真定一带的蒙古将领实是脱仑。1219 年,董俊"以劳擢知中山府事,佩金虎符",这可能是木华黎任命的。⑦ 不过,金朝的府,其长官一般称府尹,很少称知府,董俊的知中山府事官衔不知是当时的确切称呼,还是后人对中山府尹的俗称。后来的元代,散府长官正式官衔名称或为府尹,或为知府,很有可能,金朝后期,时人已逐渐习惯称府尹为知府,蒙古政府对降人的这一种官授也就或称府尹,或称知府。

---

① 蒙金战争期间,被称为黑军的有三支:一是下文会提到的史秉直弟史怀德(史天祥父)所领,属地方自发组织的武装,为何称黑军不明;二是石天应所部的原金朝军队,"旌旗色用黑,人目之曰黑军"(《元史·石天应传》);三是张鲸、张致兄弟所属,不详是自发组织的武装,还是原来的金朝军队,这支黑军后来归石抹也先统领,"皆猛士,衣黑为号,故曰黑军"(《元史·石抹阿辛传》)。
② 《元史》卷 119《木华黎传》,第 2931 页。
③ 《元史》卷 119《木华黎传》,第 2931 页。
④ 《元史》卷 150《李守贤传》,第 3547 页。
⑤ 《元史》卷 150《何实传》,第 3551 页。
⑥ 《元史》卷 151《杜丰传》,第 3575 页。
⑦ 《元史》卷 148《董俊传》,第 3491 页。

1219 年,金中山府治中王善也降蒙,"授金符,同知中山府事",可能也出于木华黎的任命。[1] 在大名聚众保乡里的王珍,大约在 1220 年降蒙,由按陈那颜命为军前都弹压。[2]

　　早期用金朝官职所授降人中最著名者当属史天倪家族成员。1213 年蒙古军第三次侵金期间,世为永清一带土豪的史秉直率里中老稚数千人到涿州迎降木华黎。史氏家族拥有着强大的军事实力,依附他们的民间壮勇有数万甚至十余万(《元史·史天倪传》记作二十四万户)。降蒙后,史秉直和其弟史怀德似乎未授具体官称,木华黎命史秉直"管理降人家属,屯霸州";命怀德"就领其黑军隶帐下"。史怀德子史天祥则被任命为都镇抚,[3]借用金朝官号授予原先无职的降人,这是比较可靠的最早记载。史秉直子史天倪当时被授予什么官称呢?《元史·木华黎传》记载,1213 年,"史天倪、萧勃迭率众来降,并奏为万户"。[4] 萧勃迭,即石抹孛迭儿,契丹人,在金朝为霸州平曲水寨管民官,是一个很低级的小官。《元史》本传说,他到霸州迎降木华黎,木华黎"察其智勇,奇之,擢为千户"。[5] 钱大昕早就指出过,成吉思汗朝万户只有数位开国勋臣才能授予,史天倪、萧勃迭二人不可能被授予这一称号,萧氏本传云千户近实。[6] 笔者认为,这一时期除了西夏降人察罕任御帐前千户长,其他族群的人应该也不会被授予这一称呼。1214 年,史天倪、萧勃迭二人均觐见成吉思汗,前者被"赐金符,授马步军都统",[7]后者"佩以银符,充汉军都统",[8]极有可能前一年他们从木华黎那里得到的头衔就分别是这两种都统,此时又得到成吉思汗的认可。又,《元史·奥敦世英传》记载,1213

①《元史》卷 151《王善传》,第 3572 页。

②《元史》卷 152《王珍传》,第 3591 页。

③《元史》卷 147《史天祥传》,第 3486 页。

④《元史》卷 119《木华黎传》,第 2930 页。

⑤《元史》卷 151《石抹孛迭儿传》,第 3576 页。

⑥(清)钱大昕:《廿二史考异》卷 86"史天倪萧勃迭率众来降木华黎承制并以为万户"条,排印本,第 1412 页,商务印书馆,1958 年。

⑦《元史》卷 147《史天倪传》,第 3479 页。

⑧《元史》卷 151《石抹孛迭儿传》,第 3576 页。

年,女真人奥敦世英和弟奥敦保和在山东降蒙(当年木华黎率领的蒙古军队曾进入山东境内),兄弟二人"皆授以万户",世英旋"由万户迁德兴府尹";①这些肯定是不准确记载。奥敦世英降蒙后获得的第一个头衔估计就是德兴府尹,但其授予时间恐在木华黎专征华北的初期,即1217至1218年。"时金经略使苗道润,率众欲复山西",②苗道润欲复山西应该是在1217至1218年间,旋被副手所杀,他所器重的张柔即在此略后的1218年降蒙(见下文)。奥敦世英获职后不久战死。弟奥敦保和在世英死后才授有官职(亦见下文)。同样,《元史·史天祥传》中1214年传主为千户的记载以及《元史·赵瑨传》中1217年传主为百户的记载,笔者以为都不可信。苏天爵《邢公神道碑》③中记载,木华黎经略东北期间,辽东人邢建昌降,木华黎"授义州行军千户",应该也不是准确记载。

对金朝降人授予都统、提控、镇抚、节度使、观察使、招抚使以及府尹(知府)、同知府事、县令等金朝名称官衔的,多出于木华黎等行军大将,但1214年左右成吉思汗对早就投附于他的契丹人耶律阿海兄弟的任命则非常值得注意。《元史·耶律阿海传》:"甲戌(1214),金人走汴,(耶律)阿海以功拜太师,行中书省事;封(耶律)秃花为太傅,濮国公。"④兄弟二人一为太师、一为太傅,史料中多有记载,当为确授。授予的年份,记载有异,但大致可以确定在1214至1215年间。成吉思汗未必懂得太师、太傅在金朝确切的意思,但它们比都统、提控、节度使等头衔为高,这个成吉思汗应该不会完全茫然无知。笔者认为,成吉思汗此时已经在考虑将对金作战事务委托给手下大将,让他们带着在金人意识中是相当高级的头衔,以便于在金地发号施令。1217年,他授予木华黎太师、国王称号,也是出于这样的考虑。耶律阿海和木华黎同为太师,但后者另带国

---

①《元史》卷151《奥敦世英传》,第3578页。

②《元史》卷151《奥敦世英传》,第3578页。

③(元)苏天爵:《滋溪文稿》卷15《皇元赠太傅开府仪同三司康靖邢公神道碑》,陈高华、孟繁清点校本,第244—246页,中华书局,1997年。

④《元史》卷150《耶律阿海传》,第3549页。

王称号,地位显然会比前者高得多。木华黎的国王称号,《元朝秘史》《世界征服者史》《史集》等非汉文史料中均有记载,肯定也是成吉思汗的正式授予。成吉思汗何时知道"王"这个汉式制度中的爵称,史料中没有明确说明,可能出于身边懂汉制的人(这些人数量一定不少)的讲述,也可能是因为让耶律留哥继续任辽王而从中略知了一二,也可能早在建国前就有所知,他的草原对手克烈部首领曾被金朝封为"王"故称王罕。成吉思汗应该不知道"国王"在汉语中的准确意思,不然的话,他不会将这个意为一国之主的头衔①授予自己的斡脱古·孛斡勒,成吉思汗授他自己即位时用的九斿白旗,绝不表示要和他以太行为界来分而治之。木华黎本人后来肯定知道这个称号在汉语里头的意思,所以他在华北就不允许别人称他为国王。② 耶律阿海不久随成吉思汗西征,他的太师官衔在西域不一定有多大意义,当然也有可能,以此头衔方便指挥随行的汉人军队和将领。耶律秃花则成为在华北地位仅次于木华黎的军政府首领。③耶律阿海的行中书省事头衔,肯定出于后来汉人的比附,金朝并没有这个官称,成吉思汗时期也没有哪个机构或官员群体被称为中书省,不像后来的太宗朝,耶律楚材等几位必阇赤群体被称为中书省。耶律秃花的濮国公这一称号是否确有授予则比较难说。成吉思汗知道王这种称呼,或许同时也知道了国公这种爵称,不久,1215 年,石抹明安也有邵国公称号(见下文)。不过,笔者认为,汉式制度(金朝勋爵制度也是汉式制度)中在"国公"前面加上不同的字以显示地位高低,这一点成吉思汗应该是不知道,也不感兴趣的。木华黎后来被汉人称为权皇帝,自然源于对国王称呼的比附;他的军政府又被汉人称为都行省,当是因为该军政府乃是"全权统治蒙古本部以外地区的最早建立的一个最高级军事—行政机

---

① 中原王朝以前实际上没有哪个官员会称国王,只有藩属国的君主才会被册为某国王。
② (宋)赵珙:《蒙鞑备录》,王国维笺证本,第 8b 叶,收录于《王国维遗书》第 13 册,上海古籍书店,1983 年。
③ 周清澍:《元恒州耶律家族史事汇证与契丹人的南迁》,收录于氏著《元蒙史札》,内蒙古大学出版社,2001 年。

关",①木华黎本人则凌驾于各个地方军政首领之上,其时地方首领有称行省者(见下文);各个地方军政首领也有称元帅、都元帅者(亦见下文),所以,木华黎又被比附称为"天下兵马大元帅"。②

《元史·王檝传》:1214年,传主由都统升为"宣抚使,兼行尚书六部事"。③ 宣抚使一职在金朝不大常见,泰和六年(1206),置陕西路宣抚司,设宣抚使,节制陕西兵马公事。泰和八年(1208),金改宣抚司为安抚司,设使、副使等司官,先后设司者有山东东西、大名、河北东西、河东南北、辽东、陕西、咸平、隆安、上京、肇州、北京等处。宣抚使、安抚使基本可看作为与路相当或涵盖一两个路份的"军区"长官。成书于蒙古太宗时期的南宋人著《黑鞑事略》中说,"若王檝,则自称曰银青光禄大夫、御史大夫、宣抚使、入国使尔,初非鞑主除授也","王宣抚家有推车数人,呼运使,呼侍郎"。④ 金朝降人窃号自娱的情形当时常见,王氏窃号宣抚使、呼自家推车者为运使或侍郎属正常现象。不过,王檝的宣抚使这一称号后来得到了成吉思汗的认可,《元史》王氏本传中两次记载成吉思汗称他为王宣抚。金中都入蒙后,王氏本人在中都一带是有比较大的发言权的,大概仅次于札八儿火者和石抹明安,他自称为宣抚使不算完全无据。王氏御史大夫职也是窃号自娱或汉人比附,或许他也有监视石抹明安的使命。他的散官头衔银青光禄大夫,笔者认为是实授,下文会有说明。王氏在太宗朝数次出使宋朝,其入国使头衔也不能完全认为是自称。王氏"兼行尚书六部事"这个头衔需要辨析一下。在金朝这一官衔比较罕见,可能因应着地方有行尚书省或行台尚书省,而有行尚书六部事这一官职。王檝此职的具体职掌,《元史》本传中没有说明。《元史·史天倪传》中说,降附后跟随木华黎出征东北的史秉直,在1215年被木华黎任命为

---

① 白寿彝总主编,陈得芝主编:《中国通史·元时期》上册,第911页,上海人民出版社,1997年。
② 木华黎"权皇帝""天下兵马大元帅"的称呼见于《蒙鞑备录》第8b叶;都行省称呼汉文史料中多见。
③《元史》卷153《王檝传》,第3611页。
④ (宋)彭大雅撰、(宋)徐霆疏:《黑鞑事略》,王国维笺证本,第7b、第15a叶,收录于《王国维遗书》第13册。

"行尚书六部事","主馈饷"。① 木华黎幕府人员中,看来多有比附金朝官号者,如《元名臣事略》卷1《太师鲁国忠武王》记载,1219年,"以萧神特末儿为左司郎中,狼川张瑜为右司郎中";②《紫山大全集》卷11《兼善堂记》说,"太师国王以神武不杀而赞成开国之勋,当是时,幕宾郎中石丈谋议为多"。这些称郎中者估计是办具体事务的人员中地位稍高者,金朝尚书省、行尚书省中有左右司,置郎中等官,木华黎军政府既被比附为都行省,幕僚自称或被称作左右司郎中当很正常,但应该不是蒙古政府授予的正式官称。史天倪大概因为主馈饷而被比附为行尚书六部事,此前的王檝可能也有在中都一带为蒙军筹集军饷的义务,所以也被比附为行尚书六部事。王檝和史天倪两人的称呼行尚书六部事与太宗朝以后的行尚书六部事不是一回事,太宗朝以后,行尚书六部事是汗廷札鲁忽赤(断事官)机构在汉地的地方行署(汉人习称燕京行尚书省)中地位次于札鲁忽赤的必阇赤们的汉语对应称号。③

## 二、元帅府官职的引入

后一阶段,大致从1215年开始。1215至1216年,蒙古人先后占领了金朝的北京、中都及西京④等重要城市。1217年,木华黎受任专征华北,他在云、燕间设军政大本营。⑤ 这一年,蒙古军作战主要在河北的遂城、蠡州、大名等地,旁掠山西的隰州、沁州及山东的益都等。1218年,木

---

① 《元史》卷147《史天倪传》,第3479页。

② (元)苏天爵辑撰:《元朝名臣事略》卷1《太师鲁国忠武王》,姚景安点校本,第5页,中华书局,1996年。萧神特末儿当是《元史·木华黎传》中提到的萧特末儿,1219年,木华黎命他"等出云、朔,攻降岢岚火山军",看来他还是木华黎手下的一员武将。

③ 姚大力:《从"大断事官"制到中书省——论元初中枢机构的体制演变》,收录于氏著《蒙元制度与政治文化》,北京大学出版社,2011年。

④ 蒙古人何时占有金朝西京,现有史料中未见明确记载,瞿大风认为在1215年的春夏之间,见氏著《元朝时期的山西地区(政治·军事·经济篇)》,第26—27页,辽宁民族出版社,2005年。

⑤ 《元史·木华黎传》,"乃建行省于云、燕,以图中原",行省和都行省都是汉人的比附称呼。木华黎行帐所在,姚大力师认为在今河北张北西南境的边城附近,参见白寿彝总主编,陈得芝主编《中国通史·元时期》上册,第911页。

华黎主攻山西,兵出紫荆关,与金将张柔战,张柔败降。木华黎安排张柔在河北作战同时,自率主力军攻克太原、平阳,分别任命东北降人攸哈刺拔都和李守正(李守贤弟)镇守。但在1219年,金朝相继收复了平阳、太原。1220年,金在华北封建九公,兵力最强的是管领中山、真定、沃州、冀州等地的恒山公武仙。同年,木华黎大军掩至满城,武仙降蒙。木华黎命史天倪、武仙镇真定,张柔则以满城为根据地,两股力量分别控驭原金朝河北西路的南部和北部。同年,山东军阀严实降蒙,木华黎命他主攻山东地区的西部藩篱、军事重镇东平;严实于1221年攻下东平,蒙古人势力迅速向山东扩展。木华黎本人则在1221年挥师而西,从东胜渡黄河,破葭州,留东北降人石天应据守。木华黎自己进一步进攻陕北绥德、延安等处,受挫后回到山西,克隰州,以东北降人田雄镇守。1222年,晋南重镇河中府降附,木华黎命石天应移戍河中,成为河东陕右地区降人的最高统帅。木华黎自己渡河再攻陕西,击京兆、凤翔等地,再次受挫。1223年春,金人袭破河中,石天应战死。蒙古军虽然很快收复了河中,但在山西、陕西一带与金兵的胶着拉锯状态此后又差不多延续了十年之久。1223年三月,木华黎渡河而东,至闻喜病死,子孛鲁嗣为国王。1227年,山东地区实力最强的军阀李全降蒙古,山东全境至此悉为蒙古所占。1228年,孛鲁去世,子塔思袭为国王。1230年,蒙古新任大汗窝阔台亲自主导对金作战,木华黎祖孙三代以国王军政府统领汉地军民政务的使命至此大体终结。1232年初,蒙古军基本完成对山西、陕西的征服与占领;1233年,蒙古军挺进河南,并于1234年初灭亡了金朝。

太祖时期后一阶段,蒙古人对金朝降人的官职除授,除了继续用节度使、观察使、提控、镇抚、府尹等金朝官称任命(如前文中提到的何实、杜丰、董俊、王善、王珍等例),还出现了四个比较大的变化,从而使这一阶段的官员任命情况显得有点复杂。

第一个变化是较多地用金元帅府的官职任命降人。原因在于两个方面:一是1215年正月,镇守通州的金右副元帅蒲察七斤投降,蒙古人从他那儿知道了这些官称;二是这一时期金朝元帅府的设置比较泛滥,到处是元帅府,到处是元帅府官员,到处是行元帅府事的将领,蒙古人跟着效仿。金元帅府主要官员有都元帅、左右副元帅、左右监军、左右都监,被蒙古人借用的官称主要有元帅(都元帅)、左右副(都)元帅、元帅左右监军这几种,蒙古人看来对监军和都监不大区别(也有任都监例,但不如监军普遍)。金朝元帅府内,监军和都监是如名称所示有监军任务,还是说它们只表示官员地位的高低而已,我们不清楚。蒙古人给金朝降人所授的元帅监军,未见有明确的监军事务记载,所谓的监军官号应当只表示他们的地位比正副元帅低,而并不表示他们的具体职掌。《元史·木华黎传》记载,1219 年,"以谷里夹打为元帅达鲁花赤"。① 这位谷里夹打,应该就是《元史》卷 1《太祖本纪》中所记的 1217 年"察罕破金监军夹谷于霸州"这件事中的金监军夹谷,其人战败后降蒙,木华黎以原职监军授之,监军被一些人从字面上理解成了达鲁花赤。蒙古人给金朝降人设置的元帅和元帅府,有的属于专在某片区域作战的,有的则属于征行性质。一些相对地位比较重要的降人,还会被同时授予元帅府头衔、节度使等军职头衔以及府尹、县令等民职头衔。以下就对这一方面的变化举些例证。

原为马步军都统的史天倪,1215 年"授右副都元帅","赐金虎符",② 正元帅可能是指当时辽东、西及燕南战区地位仅次于木华黎的蒙古大将吾也儿,也可能即指木华黎本人。木华黎经略华北期间,吾也儿跟随南下,仍是蒙古军方面的主要大将之一,可以说与耶律秃花一起组成木华黎的左右臂膀。史天倪自 1213 年降蒙后,一直跟随木华黎转战东北、燕南、河北、河东,1220 年随木华黎回到河北。金河北地区最重要的将领武仙随即降蒙,河北东西路基本上被蒙古人占领。木华黎升史天倪为河北西路兵马都元帅,武仙副之,③以真定为根据。原为知中山府事的董俊也行帅府事,驻藁城,不久授左副元帅,名义上地位升至与武仙相当,不过

---

① 《元史》卷 119《木华黎传》,第 2932 页。
② 《元史》卷 147《史天倪传》,第 3479 页。
③ 《元史》卷 147《史天倪传》,第 3480 页。

主要还是负责藁城一带的镇守。① 武仙1225年叛蒙归金,杀史天倪,嗣国王孛鲁命史天倪弟史天泽(时任帐前军总领,疑为1213年降时授)继为河北西路兵马都元帅。这一年,反金红袄军出身的宋将彭义斌亦进攻河北东部和山东西部,史天泽在蒙古军及董俊、张柔、严实等人协助下,击走武仙,擒杀彭义斌。彭氏亡,意味着南宋从此尽失河朔。史、张、严、董等降人最终帮助蒙古人稳定了对河北的占领与统治,此后史天泽"以真定为中心,任用原金朝治下的儒士与官员,缮城堡,修武备,招集流散,存恤穷困,几年之间,颇有治绩","他在这里成为一大汉人世侯"。② 史天泽任帅当年,其堂兄弟史天安亦"以功授行北京元帅府事,抚治真定"。行北京元帅府事可能只是个表示地位高低的头衔,他实际是驻守在真定,太宗朝仍在真定任职。③

原为都镇抚的史天倪堂弟史天祥(史怀德子),1215年授"西山总帅兵马";1216年,授提控元帅,旋又被任命为利州军节度使、监军兵马元帅,监军兵马元帅可能类似于左右监军。史天祥所监军的元帅府,恐就是指木华黎或吾也儿的元帅府。1219年,史天祥升任权兵马都元帅,成为木华黎麾下独当一面的军事统帅。与史天倪一样,史天祥自降蒙后,也一直追随木华黎东征西讨。1220年,他被任命为史天倪手下的左副都元帅,地位与武仙相当,不过他并未随史天倪镇守真定,而是继续跟从木华黎征战晋、陕。1223年,至山西,"赐金虎符,授蒙古汉军兵马都元帅,总十二万户,镇河中",疑是承继之前刚刚战死的石天应的职务。不过,这一职务没当多久,1224年,史天祥即"归北京,授右副北京等七路兵马都元帅",正元帅当指吾也儿。④

降后初未授职的契丹人移剌捏儿,在1215年"拜兵马都元帅",⑤当

---

① 《元史》卷148《董俊传》,第3491页。

② 白寿彝总主编、陈得芝主编:《中国通史·元时期》下册,第146页。

③ 《元史》卷147《史天倪传》,第3483页。

④ 《元史》卷147《史天祥传》,第3487—3488页。

⑤ 《元史》卷149《移剌捏儿传》,第3529页。

是东北战场上木华黎麾下指挥一支军队的统帅，这支军队可能就是《元史·木华黎传》中所说的原在金朝守护北京、后"斩关来降"的契丹军。①不久迁兵马都提控元帅，职务上而言，跟此前兵马都元帅应该没有多大区别；不同的是，此时多了个散官头衔（见下文）。移剌捏儿随木华黎征战华北，1222年攻凤翔期间，在都提控元帅职上另授"丹、延等地军民都达鲁花赤"官衔。《元史》本传中说他同时任兴胜府尹，恐误，兴胜府尹或许是1228年得疾归高州后的官称。

金东北义州土豪、契丹人王珣，蒙金战争初据守乡里，1215年降木华黎，后者"承制以珣为元帅，兼领义、川二州事"；1217年被任命为"兵马都元帅，镇辽东便宜行事，兼义、川等州节度使"。② 两次任命，均为义、川二州及其附近区域的军队统帅并兼管当地民政。王珣曾短暂跟从木华黎南下华北，不久就还镇辽东。1224年卒，子王荣祖袭为崇义军节度使、义州管内观察使，他多在东北和高丽地区作战。

蒲察七斤，金为守通州的右副元帅，1215年初降，复其职，隶石抹明安麾下，③正元帅即指石抹明安。

原为汉军都统的石抹孛迭儿，1215年授元帅左监军，佩金符，④监军所在帅府元帅或是指吾也儿，或是指木华黎。石抹孛迭儿随木华黎南下华北，1221年，木华黎任命他为霸州等路元帅，佩金虎符，以黑军镇守固安水寨。这支黑军，可能来自石抹也先的黑军部队。⑤"既至，令兵士屯田，且耕且战，披荆棘。立庐舍，数年之间，城市悉完，为燕京外蔽。"石抹孛迭儿在太宗朝从征河南和辽东。⑥

---

① 《元史》卷119《木华黎传》，第2931页；史卫民：《元代军事史》，第80页。
② 《元史》卷149《王珣传》，第3534—3535页。
③ 《元史》卷150《石抹明安传》，第3556页。
④ 《元史》卷151《石抹孛迭儿传》，第3576页。
⑤ 《元史》卷152《石抹阿辛传》："岁己卯(1219)，诏黑军分屯真定、固安、太原、平原、隰、吉、岢岚间。"第3603页。这些分戍各地的黑军，当不全部来自石抹也先，屯守山西的黑军，应该主要出自石天应的部队。
⑥ 《元史》卷151《石抹孛迭儿传》，第3576页。

前文提到的北京土豪何实,随木华黎略地华北。大约在 1222 年,因功升为元帅左监军,元帅府恐指木华黎帅府。孛鲁嗣位国王后,何实受命常驻邢州。1227 年,"赐金虎符,便宜行元帅府事",相当于金朝以左监军身份行帅府于某地。孛鲁"檄东平严实,与之(何实)分治军民事"。何实地位其实不能与下文提到的与严实分治东平的石珪相比,他与严实分治军民的地方仅限于邢、博等个别州。不过,还是可以看出,木华黎父子及蒙古统治者对严实一直不大放心,自严实降蒙后,总是在设法削弱他的影响。严实后来还是成了山东西部的大世侯,但蒙古统治者削弱他势力的努力一直进行,直到世祖朝彻底取消世侯。太宗朝,窝阔台欲任何实为征行元帅,辞以不能,充御用局人匠达鲁花赤。①

攸哈剌拔都,蒙金战争初,聚众自守辽西,1215 年降蒙。随木华黎到华北,1218 年,蒙古军攻占太原,木华黎授他金虎符、河东北路兵马都元帅,镇太原。② 其后十来年间,蒙古军和金军在山西地区反复争夺,太原在金朝与蒙古之间多次易手,攸氏主要在太原一带与金兵作战。1227 年,战败身死。太原最终被蒙古人占领是在几年后的太宗朝。

1215 年,李守贤兄弟降蒙、李守贤授锦州临海军节度观察使的同时,其兄李庭植授右副元帅、崇义军节度使。③ 与史天倪当时头衔类似,正元帅可能是指吾也儿或木华黎本人。弟李守忠为义州元帅,另一弟李守正以质子留木华黎处。1218 年,蒙古军攻下平阳府,李守正被任命为知平阳府事、河东南路兵马都元帅。与太原一样,其后,平阳在金、蒙间反复易手,李守正大约在 1221 年战死,兄李守忠承袭其河东南路兵马都元帅、兼知平阳府事官衔。④ 1227 年,李守忠与金兵作战,兵败被擒杀。蒙古军旋收复平阳,李守贤自锦州迁为河东南路兵马都总管,当是承袭李

---

① 《元史》卷 150《何实传》,第 3551—3552 页。
② 《元史》卷 193《忠义传一》,第 4380 页。
③ 《元史》卷 150《李守贤传》,第 3547 页。
④ 《元史》卷 193《忠义传一》,第 4378 页。

守忠的职务。太宗朝,李守贤从征河南。①

田雄,蒙金战争初期降蒙后,数年内未见有被授予具体官职的记载。直至1221年,木华黎克隰州,承制授他隰、吉州刺史兼镇戎军节度使、行都元帅府事;次年为河中帅,与攸哈剌拔都、李守忠一起,听石天应节制。② 金朝旋复隰州,田雄被免职,直到太宗时才重新任职。

降蒙后初授兵马都提控的杜丰,1218或1219年,"以功赐金虎符,升征行元帅左监军",其所监元帅府可能就是指木华黎帅府。杜丰随蒙军征战河北、山西、山东等地,1222年,授"河东南北路兵马都元帅,便宜行事",从字面上看,地位似与石天应相当。此举措可能与命史天倪和张柔分掌河北西部、严实与石珪分控东平相似,不过他后来没有像史、张、严那样成为控地广阔的大世侯,他的影响主要在山西沁州一带。③

刘世英,在金朝时无职,木华黎经略辽东时,世英率宗族乡人隶麾下,大约在1218年,充行军副总管。1220年,建议保护河东地区生产,被木华黎任命为绛州节度使兼行帅府事。刘世英大概卒于1223年,嗣国王孛鲁以其族兄刘德仁袭职,不久战死。刘世英弟刘亨安约于1226年袭职,"赐金虎符","绛州节度使,行元帅府事,兼观察使"。刘亨安在太宗朝伐金攻宋,"累著勋伐"。④

张柔,本是易州土豪,蒙古南侵中聚众自保,受金中都经略使苗道润任用。苗道润为属下副手杀后,众推张柔"行经略使"。1218年,木华黎军西出紫荆关,张柔兵败被擒,降,蒙古人"还其旧职,得以便宜行事"。张柔在金朝的旧职为"遥领永定军节度使兼雄州管内观察使""骠骑将军、中都留守,兼大兴府尹、本路经略使,行元帅府事",降后他的官衔称号很可能就是简单的"行元帅府事"或"元帅"。⑤ 他招集部众,攻下河北

①《元史》卷150《李守贤传》,第3547页。
②《元史》卷151《田雄传》,第3579页。
③《元史》卷151《杜丰传》,第3575页。
④《元史》卷150《刘亨安传》,第3559—3560页。
⑤《元史》卷147《张柔传》,第3472页。

雄、易、安、保诸州,以满城为根据,与真定、中山一带的金将武仙长期争战,逐渐控制了深、冀以北和真定以东三十余城,"威名震河朔"。[①] 1220年,木华黎军至河北,武仙降,张柔授"河北东西路都元帅"。[②] 张柔势力主要在金朝的河北西路和中都路,涉及河北东路的其实不多,其官衔中的"河北东西路"字样只是相对于史天倪"河北西路都元帅"头衔中的"河北西路"而言,张柔的势力范围有些在史氏东部,两人地位相仿佛。不过,此后数年,张柔一度颇不得志。《元史》本传中说他与一位蒙古将帅不和,后者陷害他,张柔险遭杀害。看来他在河北的地位受到了一定影响。1225年,武仙杀史天倪反叛,史天泽求援,张柔出兵协助,战败武仙,张柔"授行军千户、保州等处都元帅"。[③] 千户头衔是否有,甚为可疑,保州等处都元帅头衔,其声望恐不如先前的河北东西路都元帅。1226年,张柔出兵攻山东益都,在迫使李全降蒙上立下大功。1227年,张柔以满城地窄,移镇保州。他"为之画市井,定民居,置官廨,引泉入城,疏沟渠以泻卑湿,通商惠工,遂至殷富;迁庙学于城东南,增其旧制"。[④] 保州逐渐成为燕南一大重要城市,张柔自己也成为燕南的著名汉人世侯。

邸顺,1219年由恒州安抚使(其安抚使职衔疑是自称)升为恒州等处都元帅;1220年,因击武仙有功,升为山前都元帅,其指挥掌控范围较前者为大。邸顺太宗朝任知中山府等职。[⑤]

金季为万户、镇赵州的王玉,大约1217年率众附蒙,1220年左右"署元帅府监军",元帅府当指史天倪帅府。1225年,击武仙有功,"权真定五路万户,假赵州庆源军节度副使"。[⑥] 五路万户职甚为可疑,可能是因为

---

① (元)王鹗:《张柔墓志》,(元)苏天爵辑撰《元朝名臣事略》卷6《万户张忠武王》引,第97页。
② 《元史》卷147《张柔传》,第3473页。黄时鉴认为此职名"不见于其他载录","似未必有据",见其撰写的《张柔传》,载白寿彝总主编,陈得芝主编《中国通史·元时期》下册,第139—145页。凭张柔1220年前的功绩,授予与史天倪类似职务,不见得没有可能。
③ 《元史》卷147《张柔传》,第3473页。
④ 《元史》卷147《张柔传》,第3473页。
⑤ 《元史》卷151《邸顺传》,第3570页。
⑥ 《元史》卷151《王玉传》,第3567—3568页。

在真定一带有一定的便宜处事权,而被时人比附。王玉卒于世祖即位的1260年,这期间三十余年里职务变动情况不详。

1220年,原为深州节度使、深冀赵三州招抚使的王义因长期与武仙作战有功,木华黎升他为安武军节度使,行深、冀二州元帅府事,并赐金虎符。1225年后,蒙古人稳定占有河北,王义在深、冀二州"布教令,招集散亡,劝率种艺",使"深、冀之间,遂为乐土"。① 王义后来约卒于蒙古灭亡金朝之际。

1219—1220年,蒙古军与金将武仙在真定一带交战甚多,一些降人因此立功。降附不久的王善,在1220年由同知中山府事迁任中山真定等路招讨使(在金朝招讨使地位比节度使要高),寻加右副元帅,屯藁城。正元帅当指史天倪或行元帅府事于藁城的董俊。1222年,"升藁城为(永安州)匡国军,以(王)善行帅府事"。据《元史·董俊传》,1220年武仙降蒙后,木华黎授董俊"行元帅府事,驻藁城";董俊对木华黎说,武仙黠不可测,建议防备,"木华黎然其言,承制授左副元帅","升藁城县为永安州,号其众为匡国军,事一委俊"。这次的行政区划变革源于对董俊的奖赏。与董俊地位名义上有所上升相应,王善的地位名义上也有所提高,不过他很可能还是在董俊麾下,主要驻守于藁城一带。1223年,王善进左副元帅;这时的正元帅很可能是指史天倪,1225年后为史天泽。也就是说,王善名义上的地位已升至与董俊相当。不过,两人还是主要镇守藁城、真定一带,1226年,王善改"赐金虎符,仍行帅府事"。太宗朝王善从征河南,曾任河北西路兵马副都总管,终知中山府事。② 藁城升为永安州时,还有一位在金朝任过藁城县丞的赵迪被任命为同知节度使。③

原先似无正式官衔的赵柔,1226年被授为真定涿等路兵马都元帅兼银冶总管,佩金虎符。太宗朝,曾任兼管诸处打捕总管。④

---

①《元史》卷151《王义传》,第3566页。
②《元史》卷151《王善传》,第3572—3573页,另参见本传之校勘记。
③《元史》卷151《赵迪传》,第3569页。
④《元史》卷152《赵柔传》,第3606页。

贾塔剌浑,蒙金战争前期即因能使炮而被蒙古军征募,授"四路总押",同时"佩金符"。四路总押估计不是正式官称。大约在 1217 年,贾氏被任命为行元帅左监军。[①] 他的主要任务依然是在指挥炮军方面,所监军的元帅府或指木华黎的元帅府或其中的炮兵部队。贾塔剌浑后随太祖西征,东返后从拖雷攻金,当一直是炮军首领。

## 三、行省行台官职称号的引入

蒙金战争期间,1215、1220、1225 年都是比较重要的年份。1215 年标志着第一阶段的结束;1220 年,武仙降蒙,对金朝是个重大打击;1225年,金山东红袄军出身的武装力量(他们此时多在名义上归附宋朝)扩展至河北东部,引发武仙叛蒙,蒙古军在河北一度陷入被动局面。与战争形势相对应,1220 年开始,木华黎军政府对一些降人授予行省(或行台)称号,这是该阶段大蒙古国在金朝降人授官上的第二个变化。当然,这也因应着金朝方面的变化。1215 年以前,金朝对在地方设置行省很是犹豫谨慎,北京、中都相继丢掉后,宰相行省地方的现象开始增多,一些乘乱而起的地方豪强也跟着比附,将自己控制的地盘称为某某行省或某某行台。从制度上讲,地方豪强所谓的行省和金朝宰相的行省地方是两种不一样的东西。前者是一种割据势力,后者则是国家在地方有事时临时派宰相坐镇地方去处理的举措,事情处理完毕,这些宰相是要回朝廷的。宰相坐镇地方期间,这个地方完全听命于宰相,金朝后期,因为蒙古军队的压力,宰相行省地方在地方的时间相对较长,这个地方看起来就成了宰相的势力范围。地方豪强也正是因为这一点而将自己控制的地盘与宰相的行省范围比附,称作行省或行台。但是这些地方豪强也意识到自己和宰相间的区别,所以未见有称自己为宰相官员(如左右丞相、平章政事)的事例,他们只称自己为行台、行省,称号与地盘名称一样。日本学

---

① 《元史》卷 151《贾塔剌浑传》,第 3577 页。

者前田直典称他们和他们的地盘为"路的行省",①但他们的范围和金朝的路并不相当,只是能够囊括数个至十来个州县。

蒙古人相应地对 1220 年以后归附的几位实力强大的降人,主要是山东地区的降附者,如严实、张荣、李全等任命为所谓的行省官、行台官。这几位山东地区的军事强人,占地广阔、领属众多,又常常在金、宋、蒙三政权间依违不定;降蒙后,蒙古人给他们名义上比一方都元帅更高的行省头衔(行省头衔后面可以再附带都元帅头衔),应当有笼络之意。这些人很有可能在投降蒙古之前就已经以行省、行台自称了。木华黎祖孙三代主导对金作战期间,蒙金双方在山西、陕西地区的争夺更是持续、反复,蒙古人也在 1221 年以后给在山西地区主导作战的方面大将以行省、行台官称。相对而言,被蒙古人较为稳固占领的河北地区(如前所述,1225 年前后,河北地区的争夺也曾一度陷入拉锯战)及原金朝的北京、西京、中都等地,镇守官员最高头衔则仍是一方的都元帅。当然中都都元帅石抹明安卒后,其子袭职,称燕京行省,可能是一种自称,见下文。

严实,本为泰安土豪,因镇压红袄军有功,被金授为权长清令,军事上隶属驻益都的张林。旋随张林降宋,宋授济南治中,"分兵四出,所至无不下"。1220 年,木华黎军至河北,严实以所隶彰德、大名、磁、洺、恩、博、滑、浚等州三十万户降,木华黎承制授他"行尚书省事"。②《元史·木华黎传》记作权山东西路行省,③其地位其实与史天倪、张柔分别为河北西路、河北东西路兵马都元帅相似,当然严氏所控州县要多于史、张二人。严实掾史王玉汝相应被称为行台令史。④ 木华黎命严实攻打山东西部藩篱东平,1221 年下之。1225 年,宋将彭义斌进围东平,严实短暂附

① (日)前田直典:《元朝行省的成立过程》,收录于氏著《元朝史研究》,东京大学出版会,1973 年。
②《元史》卷 148《严实传》,第 3505 页。
③ 蒙古人对金朝降人的官职除授,偶尔也见到"行""守""权"等汉式官职制度中的专门用语,但是否有汉式制度中的特定意义(如官阶低而所署官高称"守""权",反之称"行"),不是很清楚。笔者认为,战争年代,对汉地文化不是很熟的蒙古人应该不会考虑得如此细致,这些用语可以不予深究。
④《元史》卷 153《王玉汝传》,第 3616 页。

之,不久蒙古军至,严实即配合蒙军击败彭氏。其后,严实为蒙古军进一步经略山东屡立功勋,1227年,协助蒙古军收降李全。严实自己也以东平为中心,逐渐成为"有全魏,有十分齐之三,鲁之九"①的汉人大世侯。

初授兴中尹、兵马都提控的石天应,1217年升为元帅右监军,不久又升为右副元帅,正元帅可能是指耶律秃花,也可能就是指木华黎本人。1221年,木华黎自东胜渡河西进,破葭州,授石天应为陕西河东路行台兵马都元帅据守。② 1222年,晋南重镇河中府降附,木华黎以石天应权河东南北路陕右关西行台。③ 石天应的这两个官职名称,字面基本一样,只是前者在葭州镇守,后者在河中镇守。任前者时,木华黎应该也有计划,让河东、陕右一带汉军、契丹军并受石天应节制,一如史天倪、张柔在河北地区那样;蒙古军占河中后,木华黎明确规定了石天应在河东的地位。不过不久,石天应就在河中战死。蒙古军虽然很快又重占河中,但在晋、陕广阔地区持久与金军胶着,直到窝阔台攻金期间才完全占领。

1226年,实力强大的济南土豪张荣,以军民五十余万降蒙古大将按陈那颜,引见太祖,太祖赞他"真赛因拔都儿",赛因,"好"意;拔都儿,勇士也。授"山东行尚书省事,兼兵马都元帅,知济南府事"。④ 其地位与严实类似,在成吉思汗等蒙古人眼中,张荣的势力范围在山东中部济南一带,他后来便成为当地的一位汉人世侯。从张荣降者有刘斌,"为管军千户",千户称号疑为比附。太宗朝,刘斌从攻金伐宋,宪宗朝终济南新旧军万户,他一直是张荣属下主要将领。⑤

本为山东一支红袄军首领的李全,在1216年前后与另一支红袄军女首领杨妙真结为夫妇,两支红袄军合并后,势力大增。1218年,因岁饥乏食,李全附宋。他倚宋为后援,往来胶西淮北。1222年,逼走时占据益

---

① （金）元好问:《遗山先生文集》卷26《东平行台严公神道碑》,《四部丛刊》初编本,上海商务印书馆,1929年。
② 《元史》卷149《石天应传》,第3526—3527页。
③ 《元史》卷119《木华黎传》,第2935页。
④ 《元史》卷150《张荣传》,第3558页。
⑤ 《元史》卷152《刘斌传》,第3604页。

都的张林(本为金将,此时亦附宋),张林随即降蒙。李全以益都为中心,逐渐成为山东实力最强的军阀,但名义上仍是宋朝官员。1225 年,李全击败前来进攻他的张林,将后者俘虏并送至宋朝楚州军前处死。前文提及,自 1221 年严实攻克东平后,蒙古军势力便不断深入山东境内。1221年降东平石珪(见下文),1225 年灭活动于冀鲁间的宋将彭义斌,1226 年逼降济南军阀张荣。蒙古军随即进攻益都,李全婴城固守一年多,终于1227 年向蒙古输诚。嗣国王、木华黎子孛鲁承制"以(李)全为山东河南楚州行省",[①]其地位与严实、张荣类似,承认其势力范围在山东东部益都一带,大致相当于金朝的山东东路。李全降蒙,山东全境至此悉为蒙古所有。不过,李全授行省职后,依然首鼠宋、蒙间,并借机据地自重。1231 年,蒙古太宗命李全攻打宋江北重镇扬州,兵败战死。其妻子杨妙真得绍夫职,著名的汉人文臣耶律楚材称她为"杨行省"。[②] 数年后,杨妙真将行省职务让给其养子李璮(一说李全之子)。李璮后来成为汉人世侯中实力最为雄厚者,元世祖即位初期发动叛乱,被史天泽、严忠范(严实子)等人平定。

## 四、"京城"官员称号的出现

后一阶段蒙古政权对金地降人的官称官职除授,第三个变化是,这期间蒙古人彻底改变了过去对金朝攻而不占的策略,不仅设置了一些比较稳定的州县行政官员(他们中有些是由指挥一方的地方军事统帅任命的),而且在金朝原来的中都、北京、西京等地,设置了级别比较高的地方要员。

蒙古人大概在 1214 年底攻下东京,不过同先前一样,得而不守。1215 年初拿下北京,石抹也先建议木华黎安排人员占领此城。蒙古人因此任命金降官寅答虎为北京留守,同时任命石抹也先为"御史大夫,领北

---

① 《元史》卷 119《木华黎传附孛鲁传》,第 2937 页。
② 参见(日)森田宪司《李璮称乱前事迹考》,《东洋史研究》第 47 卷第 3 号,1988 年。

京达鲁花赤"。北京留守头衔应当就是一个正式名号,从金朝制度中借来;御史大夫则是个比附,石抹也先的职务实是蒙古制度中负责监临的达鲁花赤。石抹也先当时随木华黎在东北战场,他监临的范围远不止北京一带,还包括了整个的东北战区(涉及平州等燕南一带),所以他有降石天应、杀张鲸、平张致(张鲸弟,张鲸被杀后叛蒙)等行动,成吉思汗"赐虎符","以御史大夫提控诸路元帅府事,举辽水之西、滦水之东,悉以付之"。① 石抹也先随木华黎南下华北,刚到华北战区,1217 年攻蓟州时就阵亡,子查剌,"袭御史大夫,领黑军"。查剌率领的黑军在后来的蒙金战争中战功卓著,有学者曾认为查剌是窝阔台时期最早的汉人三万户之一,实际上不是;查剌的御史大夫(实为监临官达鲁花赤)头衔只是个承袭的官号还是有明确职掌,不易确定。石抹也先授达鲁花赤时,监临范围在整个东北地区,而查剌主要在华北战区,他的监临范围是否跟着变化到华北地区,史料不详。后来,太宗末年,1241 年,查剌授"真定、北京两路达鲁花赤",这时的监临范围则是比较明确的,应该是先后在两地担任路级达鲁花赤。

石抹也先领北京达鲁花赤的当年,即 1215 年,蒙古人占领了金中都。此时已经屡立殊功的石抹明安被授予"太傅,邵国公"。史料中也有称石抹明安为太保者。金朝三公指太师、太傅、太保,蒙古人授予耶律阿海兄弟为太师、太傅,给予地位上比他们低的石抹明安以太保称号可能性更大,说不定,这三人的三公称号是同时授予的。前文指出,蒙古人也许还知道国公这一爵称,石抹明安被确授太傅(或太保)、国公完全可能,只是不一定在国公前冠以"邵"字。他的邵国公和耶律秃花的濮国公这样带国名的国公称呼,不排除是汉人对他们的阿谀之词。石抹明安的职务当是负责中都城及其周边的政务,与寅答虎为北京留守类似。石抹明安与寅答虎有区别的是,前者同时还被授予"兼管蒙古汉军兵马都元

---

① 《元史》卷 150《石抹也先传》,第 3542 页。

帅",①他在负责中都行政事务的同时还兼这一大片区域的军政事务,而北京地区的军事事务则由蒙古军将领吾也儿负责。回回人札八儿火者被授予黄河以北铁门关以南天下都达鲁花赤,铁门关即居庸关,札八儿火者的实际监临范围还是在中都和其周边,与石抹明安一致,汉人称札八儿为宣差相公。宣差,在蒙元文献中有时即指达鲁花赤。相公称呼,当是一种尊称,笔者尚未见到有史料说时人比附他为宰相。又,《元史》王楫本传中说,王氏这一年也被任命为御史大夫,他的职务可能是协助或者同时也监临石抹明安治理中都,但好像没有被正式授予达鲁花赤名号,他的正式头衔应该依然是自称并被认可的宣抚使。本传云,王氏随后不久又"兼判三司副使",这也是一个比附称号,当时蒙古人有在中都地带"分拨诸侯王城邑"的打算,由脱仑主持,王楫受命协助,因涉及赋役、造作等经济事务,汉人遂以三司官员比附称之。王楫后来以代表大蒙古国屡次出使宋朝知名,所以又有前文提到的入国使这一称号,但这或许同样不是一个正式官称,与后来世祖即位后郝经的国信使头衔有别。

石抹明安去世后,子石抹咸得不袭职,他将自己管领的地盘称为燕京行省;其弟忽笃华,"太宗时,为金紫光禄大夫、燕京等处行尚书省,兼蒙古汉军兵马都元帅"。②兄弟二人自称的行省称号是否得到蒙古政府认可,史料不详;只是需要注意的是,蒙古汗廷札鲁忽赤—断事官机构,太宗朝开始在汉地的行署也被汉人习惯称作燕京等处行尚书省,不过它与石抹兄弟的燕京行省是两码事。断事官燕京行署太宗朝起即取代原先的木华黎祖孙国王军政府而成为整个汉地的最高统治机构,石抹兄弟的管领范围则只是原金朝中都一带,受断事官行署支使。石抹兄弟的行省与严实的东平行省、张荣的济南行省、李全(后来为李璮)的益都行省一样,都属于前田直典所说的"路的行省"。

---

① 《元史》卷 150《石抹明安传》,第 3557 页。
② 《元史》卷 150《石抹明安传》,第 3557 页。

1216年，刘伯林被任命为西京留守，是否同时任命了监临他的达鲁花赤，史料不详；同石抹明安类似，刘伯林也有军职，即"兼兵马副元帅"，①正元帅应该是指耶律秃花。成书于1221年前后的《蒙鞑备录》记载，刘伯林时"已封王"。前面说了，蒙古人知道王这种称号，成吉思汗也曾将刘伯林和耶律留哥并称，留哥继续保留辽王称号，成吉思汗给刘伯林一个王的称号不无可能；作为依附降臣，刘伯林恐怕不敢自称为王。不过，刘伯林为王的记载仅见于此，可靠性尚待考证。1221年，刘伯林去世，其子刘黑马②在1222年"袭父职，为万户，佩虎符，兼都元帅"。③ 万户职疑是比附，都元帅意指控驭山西北部的都元帅，地位类似石天应在山西南部。刘伯林父子控驭的山西北部自蒙军占领金西京后一直比较稳固地属于蒙古人，刘黑马则时常跟随木华黎、按陈那颜等蒙古将领到陕西、山东等地作战。刘黑马在太宗即位后，成为最早的三位汉人万户之一，继续从征河南、西域及南宋等地。

## 五、散官名称的借用

后一阶段蒙古政权对金地降人的官称官职除授，第四个变化是金朝的散官名称蒙古人也借用了过来。蒙古人军队中，用金虎符、金符、银符来表示官员将领的地位高低，对于降人，也是如此，根据他们的军功大小，分别授予不同级别的符（前文所举降人例证中，有符牌授予记载的，也多顺便附上）。因为降人越来越多，符的等级差次又很少，蒙古人也采用金朝的散官名称来帮助界定官员的级别高低。被蒙古人借用的金朝散官名称不多，而且大多是在金朝地位比较高的，蒙古人是否有用这些高衔来满足降人的虚荣心以换取他们的忠诚和效力，我们不清楚，但用它们结合具体官衔名称来大致区分官员的身份地位高低则是可以肯定

①《元史》卷149《刘伯林传》，第3516页。
② 据新近发现的刘黑马墓志，其为刘伯林之孙。见陕西省考古研究院编著《元代刘黑马家族墓发掘报告》，第25—26页，文物出版社，2018年。
③《元史》卷149《刘伯林传附黑马传》，第3516页。

的。散官官衔的授予，大致可以 1220 年为一个界限，在此之前，金散官官衔的借用不算普遍，拥有散官官衔的只是很少的一些降人。

最早被授予散官衔的可能是石抹也先。《元史·石抹阿辛传》云，传主石抹阿辛（即石抹也先）于 1215 年"率北京等路民一万二千余户来归"，木华黎授"镇国上将军、御史大夫"。① 然而，据《元史·石抹也先传》，石抹氏于 1215 年蒙古军下北京后授达鲁花赤，其时并无散官衔。据《也先传》，石抹氏平张致后，"籍其（张致）私养敢死之士万二千人号黑军者，上于朝"。万二千人黑军显然就是《阿辛传》中所说的北京等路民一万二千余户。《也先传》接着说，成吉思汗对他"进上将军"。② 上将军就是《阿辛传》所说的散官衔镇国上将军。石抹也先平张致在 1216 年，如此他的散官衔之授予或在该年。不论是 1215 还是 1216 年，都属于蒙古人对降人比较早的散官授予。镇国上将军在金朝属武散官三十四阶之第六阶，从三品下。下文中提到散官时，括注在金朝的阶品，如镇国上将军注明为"武，6/34，从三下"。金散官阶品不同时期有些变化，本文按《金史·百官志》中的定制加注。下面举一些 1220 年前授予散官衔的其他例子：

1215 年，李庭植在授予右副元帅、崇义军节度使的同时，被授予龙虎卫上将军（武，1/34，正三上）散官衔。③

1215 年，王檝"授银青荣禄大夫（文，6/42，正二下）"。④ 本传中说他"兼御史大夫，世袭千户"，这两个实际职务可能都不准确，这一年他的官衔变动只是增加了一个散官称号。

1216 年，史天祥被任命为监军兵马元帅，同时被授予镇国上将军（武，6/34，从三下）散官衔。⑤

---

① 《元史》卷 152《石抹阿辛传》，第 3603 页。
② 《元史》卷 150《石抹也先传》，第 3542 页。
③ 《元史》卷 150《李守贤》，第 3547 页。
④ 《元史》卷 153《王檝传》，第 3612 页。
⑤ 《元史》卷 147《史天祥传》，第 3487 页。

1217 年,石天应任元帅右监军时被授予龙虎卫上将军(武,1/34,正三上)散官衔。[1]

1217 年,王珣被任命为辽东兵马都元帅兼义川等州节度使时,带金紫光禄大夫(文,5/42,正二上)散官衔。[2]

贾塔剌浑,据《元史》本传,1217 年被任命为行元帅左监军时带龙虎卫上将军(武,1/34,正三上)散官衔。不过《元史》贾氏传讹误较多,惜难有旁证订正。本传中说他后来随从西征(西征年份系于太宗朝,误,当为太祖朝),西征途中,"军中拜元帅,改银青光禄大夫",《元史》点校者改光禄为荣禄。金朝有银青荣禄大夫(文,6/42,正二下),蒙古人要授散官,自当是此衔而不会改名,只是西征途中,太祖是否有授金朝降人散官衔举动,不易确定。贾氏东返后,太宗朝从拖雷攻金,河南平后,"升金紫光禄大夫(文,5/42,正二上),总领都元帅",应该还是炮军首领。[3]

移剌捏儿,大约在 1217 年迁兵马都提控元帅时有龙虎卫上将军(武,1/34,正三上)散官衔。[4]

1218 年,攸哈剌拔都授河东北路兵马都元帅(镇太原)时带龙虎卫上将军(武,1/34,正三上)散官衔。[5]

1218 年,李守正被任命为知平阳府事、河东南路兵马都元帅时带银青荣禄大夫(文,6/42,正二下)散官衔。[6]

1219 年,邸顺升为恒州等处都元帅时带镇国上将军散官衔(武,6/34,从三下);1220 年,升为山前都元帅时,带骠骑卫上将军(武,3/34,正三下)散官衔。[7]

1220 年以后,授散官称号的人较之前为多,当然多数职务官衔授予

---

[1]《元史》卷 149《石天应传》,第 3526 页。
[2]《元史》卷 149《王珣传》,第 3535 页。
[3]《元史》卷 151《贾塔剌浑传》,第 3577 页。
[4]《元史》卷 149《移剌捏儿传》,第 3529 页。
[5]《元史》卷 193《忠义传一》,第 4380 页。
[6]《元史》卷 193《忠义传一》,第 4377 页。
[7]《元史》卷 151《邸顺传》,第 3570 页。

时,依然不附带散官衔。前面所举人物中,1220 年后带散官衔的情况有:

1220 年,史天倪升任河北西路兵马都元帅的同时被授金紫光禄大夫(文,5/42,正二上)散官衔。[1]

1220 年,张柔任河北东西等路都元帅时,有荣禄大夫(文,8/42,从二下)散官衔。[2]

1220 年,董俊"行元帅府事,驻藁城"时,带龙虎卫上将军(武,1/34,正三上)散官衔。[3]

1220 年,王义任安武军节度使,行深、冀二州元帅府事时,同时授龙虎卫上将军(武,1/34,正三上)散官衔。[4]

1220 年,王善任右副元帅时,带骠骑大将军(金定制时为骠骑卫上将军,武,3/34,正三下)散官衔;1223 年,进左副元帅时有金吾卫大将军(金定制时为金吾卫上将军,武,2/34,正三中)散官衔。[5]

1220 年,严实降,木华黎承制授他行尚书省事时,亦授金紫光禄大夫(文,5/42,正二上)散官衔。[6]

1221 年,石抹孛迭儿为霸州等路元帅时有龙虎卫上将军(武,1/34,正三上)散官衔。[7]

1221 年,李守正战死,兄李守忠袭为河东南路兵马都元帅、兼知平阳府事,带银青荣禄大夫(文,6/42,正二下)散官衔。[8]

1221 年,石天应由右副元帅升为陕西河东路行台兵马都元帅时带金紫光禄大夫(文,5/42,正二上)散官衔。[9]

1222 年,杜丰升任"河东南北路兵马都元帅,便宜行事"时带龙虎卫

① 《元史》卷 147《史天倪传》,第 3480 页。
② 《元史》卷 147《张柔传》,第 3473 页。
③ 《元史》卷 148《董俊传》,第 3491 页。
④ 《元史》卷 151《王义传》,第 3566 页。
⑤ 《元史》卷 151《王善传》,第 3573 页。
⑥ 《元史》卷 148《严实传》,第 3505 页。
⑦ 《元史》卷 151《石抹孛迭儿传》,第 3576 页。
⑧ 《元史》卷 193《忠义传一》,第 4378 页。
⑨ 《元史》卷 149《石天应传》,第 3526—3527 页。

上将军(武,1/34,正三上)散官衔。①

1224年,王珣子王荣祖袭为崇义军节度使、义州管内观察使时带荣禄大夫(文,8/42,从二下)散官衔。②

原为元帅府监军的王玉,1225年"权真定五路万户,假赵州庆源军节度副使"。前文提及,五路万户职可疑,节度副使衔或是实情。他被授该职时,同时被授予定远将军(金定制时为定远大将军,武,11/34,从四中)散官衔。③

1226年,山东济南土豪张荣降,成吉思汗授他山东行尚书省事、兼兵马都元帅、知济南府事时带金紫光禄大夫(文,5/42,正二上)散官衔。④

刘世英弟刘亨安大约在1226年袭职,任"绛州节度使,行元帅府事,兼观察使",同时授镇国上将军(武,6/34,从三下)散官衔。⑤

1226年,赵柔被授为真定涿等路兵马都元帅兼银冶总管时,带龙虎卫上将军(武,1/34,正三上)散官衔。⑥

下面再举一些1220年以后降人官号授予的例证,从中可以看出他们的头衔,多的会包括三部分:散官衔、军职衔(行省行台头衔、元帅府衔及节度使、观察使、都统、提控等)、民职衔(总管、知府、县令、主簿等)。一般是只有后面两部分中的一种或两种。

前文提到,山东奥敦世英兄弟,降蒙后授万户职肯定有误。奥敦世英得到的正式官衔是德兴府尹,不久卒于军,年代在1220年前后。弟奥敦保和被任命为昭勇大将军(武,9/34,正四下)、德兴府元帅、"赐虎符",后"改雄州总管"。"寻以元帅领真定、保定、顺德诸道农事","改真定路劝农事,兼领诸署"。领农事、劝农事、领诸署职务,极有可能出于世侯史天泽的任命。奥敦保和卒后,子希恺"袭劝农事,皇太后赐以锦服,曰:

① 《元史》卷151《杜丰传》,第3575页。
② 《元史》卷149《王珣附子荣祖传》,第3536页。
③ 《元史》卷151《王玉传》,第3568页。
④ 《元史》卷150《张荣传》,第3558页。
⑤ 《元史》卷150《刘亨安传》,第3559页。
⑥ 《元史》卷152《赵柔传》,第3606页。

'无坠汝世业。'"①皇太后指汤沐邑在真定的拖雷寡妻唆鲁禾帖尼。

严实部下张颢，1220 年从严实降蒙，授安武军节度使，后战殁。其弟张晋亨袭职，从严实父子征战，1227 年，迁昭毅大将军（武，8/34，正四中），领恩州刺史，兼行台马步军都总领，再迁镇国大将军（疑为镇国上将军，武，6/34，从三下）。②

严实部下刘通，1220 年从严实降，授齐河总管，寻授镇国上将军（武，6/34，从三下）、左副都元帅（正元帅当指严实）、济南知府、德州总管。③《元史》本传中说他在太祖时期还被授予行军千户，当是误载或比附，其任千户在太宗朝。

岳存，1220 年随严实降后被授予武德将军（武，20/34，正六下）、帅府都总领（帅府当指严实帅府），保冠氏；1229 年，迁明威将军（武，15/34，正五下），行冠氏主簿。④

严实帐下又有赵天锡，1221 年授冠氏令，俄迁元帅左都监（帅府当指严实帅府），兼令如故。1224 年，升为左副元帅（正元帅当指严实）、同知大名路兵马都总管府事。⑤

金红袄军出身的山东武装首领石珪，一度降宋。1221 年严实攻下东平，山东西部藩篱洞开，石珪遂降蒙，木华黎承制授其为光禄大夫（文，7/42，从二上）、济兖单三州兵马都总管、山东路行元帅，佩金虎符。1223 年，为金紫光禄大夫（文，5/42，正二上）、东平兵马都总管、山东诸路都元帅。⑥ 实际上石珪是在和严实分治以东平为中心的山东西路一带。当年，石珪在曹州兵败，被金军俘虏后处死。嗣国王孛鲁承制授其子石天禄为龙虎卫上将军（武，1/34，正三上）、东平路元帅，佩金虎符；1226 年，迁金紫光禄大夫（文，5/42，正二上）、都元帅。石天禄被授予的东平路元

①《元史》卷 151《奥敦世英传》，第 3578 页。
②《元史》卷 152《张晋亨传》，第 3589 页。
③《元史》卷 152《刘通传》，第 3594 页。
④《元史》卷 152《岳存传》，第 3596 页。
⑤《元史》卷 151《赵天锡传》，第 3583 页。
⑥《元史》卷 193《忠义传一》，第 4379 页。

帅,与其父职一样,主要负责镇守东平一带,但散官衔品阶略有降低;后来授予的都元帅,很可能是指行军统帅,此时以东平为中心的山东西路一带主要由严实父子控驭。石天禄太宗朝继续攻金伐宋,并授诏"括户东平",太宗命东平赋税并依石天禄"已括籍册,严实不得科收"。①

在金、宋间首鼠不定的山东军事将领张林(严实过去的上司),长期盘踞益都,1222年时任宋京东安抚使兼总管,被同样附宋的李全逐离,遂降蒙,木华黎任命他为行山东东路益都、沧、景、滨、棣等州都元帅府事。差不多同时投降的,还有一位实力较弱的山东军事将领郑遵,木华黎任命他为元州节度使、行元帅府事。② 1225年,张林受命与李全作战,败,被李全俘虏送至宋朝楚州军前处死。郑遵后来事迹不详。

前文提到的王珍,蒙金战争初在大名聚众保乡里,大约在1220年降于蒙将按陈那颜,命为军前都弹压。1225年,在与宋将彭义斌的争战中,舍弃家小,坚定跟随蒙军,被按陈授予镇国上将军(武,6/34,从三下)、大名路治中、军前行元帅府事。从功山东地区有功,升辅国上将军(武,5/34,从三中),又授统摄开、曹、滑、浚等处行元帅府事,兼大名路安抚使。1226年左右,王珍与一名为梁仲的元帅,击走叛蒙归金的苏椿(原与王珍一起在大名聚众自保,被金授为大名防御使;与王珍同时降蒙,1225年败于彭义斌,降宋;蒙军击败彭义斌,再度降蒙),国王斡真(成吉思汗幼弟铁木哥斡赤斤)授梁仲行省(与严实一样,当为"路的行省"),王珍则被授予"骠骑卫上将军(武,3/34,正三下)、同知大名府事、兼兵马都元帅"。太宗朝,梁仲与金人战死,"国王命仲妻冉守真权行省事",王珍为"大名路尚书省下都元帅",后又"同签大名行省事",常镇守大名。将他看作是以大名为中心的一名世侯,应该没有多大问题。③

郝和尚拔都,太原人,幼被蒙古兵所掠,长通译语,太祖遣其四次使

①《元史》卷152《石天禄传》,第3602页。
②《元史》卷119《木华黎传》,第2933—2934页。
③《元史》卷152《王珍传》,第3591—3592页。

宋;1228 年,拖雷监国时期,被任命为九原府主帅,佩金符。① 太宗朝为伐宋干将,后成太原一带一名世侯。

《元史·唐庆传》记传主:"不知何许人,事太祖,为管军万户。太祖伐金,以庆权元帅左监军。岁丁亥(1227),赐虎符,授龙虎卫上将军(武,1/34,正三上),使金。"②唐庆的管军万户职疑是比附或窃号自娱,元帅左监军不知何时任命,其所属元帅府也不知为何。唐庆太宗朝继续为使金国信使,被金人杀害。

炮军中,张荣(与山东济南军阀张荣同名,非一人),蒙金战争初随从石抹明安降蒙。《元史》本传中说 1214 年,"太祖赐虎符,授怀远大将军(武,12/34,从四下)、元帅左都监",授官衔年份应该有误。张荣随成吉思汗西征。《元史》本传又云他在 1223 年七月升为镇国上将军(武,6/34,从三下)、炮水手元帅。成吉思汗对跟从自己西征的汉降人是否给予散官头衔,甚至是否给予元帅这样的官称,还不能做出明确结论。张荣很可能就只是一名炮军首领。

此外,还有刘敏,童年时被蒙军俘虏,后为太祖宿卫,随从西征。1223 年授燕京安抚使,负责该地的税课、漕运、盐场、僧道、工匠等事,另有安抚副使宋元,安抚金事高逢辰等属下。③ 刘敏和属下的官衔名称见于《元史》记载,但传文所依据的元好问撰《大丞相刘氏先茔神道碑》并未提及这些名称④。周清澍认为刘敏的实际官衔是达鲁花赤,⑤留待备考。刘敏后为太宗、定宗、宪宗朝汉人名臣。

李鸣飞《金元散官制度研究》一书中亦检出数例太祖时期降人的官职除授。⑥ 金宣宗南迁后,河朔之地群雄并起,蓨县人贾德招揽群侠,白

① 《元史》卷 150《郝和尚拔都传》,第 3553 页。
② 《元史》卷 152《唐庆传》,第 3600 页。
③ 《元史》卷 153《刘敏传》,第 3609 页。
④ (金)元好问:《遗山先生文集》卷 28《大丞相刘氏先茔神道碑》。
⑤ 见周清澍为蔡美彪主编《中国历史大辞典·辽夏金元史》卷撰写的"刘敏"条,第 178 页,上海辞书出版社,1986 年。
⑥ 李鸣飞:《金元散官制度研究》,第 145—146 页,兰州大学出版社,2014 年。

身署为县丞。降蒙,1222 年左右,木华黎承制授他为定远大将军(武,11/34,从四中),赐金符,提控本州(景州)兵马事。太祖末期,以军功迁镇国上将军(武,6/34,从三下)、节度副使兼右副元帅(节度州当仍指景州,正元帅或是指带孙),改佩金虎符;再升金吾卫上将军(武,2/34,正三中)、景州节度使。太宗朝从伐宋,卒于至元年间。① 长清县朱辑,从严实降蒙,授怀远大将军(武,12/34,从四下)、同知济南府事。蒙军与彭义斌之战中,朱辑阵亡,弟朱存"袭兄职,以信武将军(武,16/34,从五上)俾领军务",太宗朝仕至东平路行军千户。② 朱存袭兄职,职事衔不变,但散官衔降低,与前文提到的石天禄袭父石珪职类似。蒙古人用金朝散官衔来激励汉地降人、用散官衔表示等级地位高低是很明显的。东平人王公渊,随严实降蒙,严实"承制"授他"忠武校尉(武,25/34,从七上),从事戎幕十有余年"。③ 忠武校尉在金朝属于武散官中等级较低者,严实授其部下这一低级别散官,当表示严实本人权限所在。王公渊仅有散官衔而无职事衔,可能是记载遗漏。河北曲梁人杜泉,1220 年降蒙,太祖弟哈撒儿子亦勒赤台署为行军提控,1222 年,因军功,"佩金符,充曲周丞,兼管军民",1228 年,亦勒赤台"复赐令旨、金符光宠之,升爵昭勇大将军(武,9/34,正四下),官曲周元帅左都监,县职如故"。④ 此人宪宗朝任曲周县令。这里的元帅府有可能即指亦勒赤台帅府。

周清澍指出,下嫁汪古部的成吉思汗女阿剌海公主也是有授官权力的,他检出这些例证:⑤1217 年,繁峙县人王兆与刘会降汪古部某主帅,"主帅伟公(王兆)言貌,以便宜擢授左监军。……继受监国公主教,迁昭武将军(金制为昭武大将军,武,7/34,正四上),坚州左副元帅"。王兆任

---

① (元)王恽:《秋涧先生大全集》卷 47《故金吾卫上将军景州节度使贾公行状》,《四部丛刊》初编本,上海商务印书馆,1929 年。
② (元)王恽:《秋涧先生大全集》卷 52《泰安州长清县朱氏世系碑铭》。
③ (元)胡祗遹:《紫山大全集》卷 16《王忠武墓碑铭》。
④ (元)胡祗遹:《紫山大全集》卷 16《大元故元帅左都监曲周县令杜公神道碑铭》。
⑤ 周清澍:《汪古部与成吉思汗家族世代通婚关系——汪古部事辑之四》,收录于氏著《元蒙史札》,内蒙古大学出版社,2001 年。

职的元帅府当是汪古主帅帅府,监国公主即阿剌海公主。同降的刘会,阿剌海"懿旨,超加骁骑卫将军,坚州都元帅兼节度使"。金制散官中无骁骑卫将军,勋阶中有骁骑尉,正六品。给降人授勋阶,笔者目前只看到此例,不知史文是否有误。1219 年,阿剌海授西河降人李佺"汾州左监军"。周先生文中还提到,1974 年内蒙古文物工作队在武川县征集到一方铜印,印文为"监国公主行宣差河北都总管之印"。这方官印的原先持有者河北都总管可能也是位金地降人。官衔中的"宣差"字样,或者表示差遣之意,其正式官衔是"河北都总管",但其"河北"是阿剌海监国范围内的部分地区,与金朝的河北东路、河北西路有别;或者表示其正式官衔是河北达鲁花赤,都总管则是其兼职。

在对太祖时期汉地降人官制进行总结之前,我们还需要对《元史·耶律阿海传》中一段有关传主后裔情况的记载做些分析。这段记载是这样的:"(耶律阿海)子三人:长忙古台,次绵思哥,次捏儿哥。忙古台在太祖时,为御史大夫,佩虎符,监战左副元帅官、金紫光禄大夫,管领契丹汉军,守中都,招安水泊等处,卒,无子。捏儿哥在太祖时,佩虎符,为右丞,行省辽东。万奴叛,举家遇害。绵思哥袭太师,监寻斯干城,久之,请还内郡,守中都路也可达鲁花赤,佩虎符,卒。……(绵思哥子)买哥,通诸国语,太祖时为奉御,赐只孙服,袭其父中都之职。时供亿浩繁,屡贷于民,买哥悉以私帑偿之,事闻,赐银万两。戊午,从攻蜀,师次钓鱼山,卒于军。"[1]耶律阿海以太师身份跟从成吉思汗西征,任寻斯干(今译撒马尔罕)达鲁花赤,卒于任。长子忙古台任职中都,其所谓御史大夫头衔,当是实职达鲁花赤职务的汉式比附;监战左副元帅官或许是指其同时为石抹明安之副职,该职窃以为是实授。金紫光禄大夫(文,5/42,正二上)散官衔同样也是实授。幼子捏儿哥行省辽东为右丞疑是太宗时事。太祖朝,以金朝制度中宰相及宰相僚属官衔自称或被比附的人是有的,但不会很多。前文提到的行尚书六部事、左右司郎中是这方面的例证。《蒙

---

①《元史》卷 150《耶律阿海传》,第 3550 页。

鞑备录》作者赵珙在蒙古太祖时期到了中都(燕京),他将汉地差不多视作了蒙古政权的一个行尚书省。他说:"鞑人袭金虏之制,亦置领录尚书令、左右相、左右平章等官,亦置太师、元帅等。"太师、元帅,实有除授,而尚书令、左右相、左右平章等要有的话一定都是比附。赵珙未云何人为左右相、左右平章。他在"任相"条中说,"首相"为"脱合太师",当是指耶律阿海,其时不在汉地,赵珙可能是从蒙古人口耳相传中得知耶律秃花有兄为太师,故把他视作首相。"其次鞑人宰相,乃卒垎脱合。又有女真人七金,宰相余者未知名,率皆女真亡臣。向所传有白俭(伦)、李藻者为相,今止见一处有所题曰白伦提兵至此,今亦不知存亡。"七斤,当即前文提到的蒲察七斤,他是否自称为相,未见其他史料佐证。赵珙提到的其他几位任相者,也难考证出究竟为谁。当然,可以肯定的是,这些宰相头衔不是实授而是汉人比附。赵珙又说,"按陈那颜,见封尚书令"。按陈那颜,正式身份是弘吉剌部首领、蒙古千户,大概因为在华北战场有比较大的话语权,汉人视之为比权皇帝木华黎地位略低者,故称为尚书令。赵珙还提到以宰相僚属官衔比附的:耶律楚材,时为掌文书的必阇赤,被比附为内翰;杨彪,可能有官员人事管理方面的一些事务而被比附为吏部尚书;左右司二郎中,当为前文提到的《元名臣事略》卷1《太师鲁国忠武王》中所说的萧神特末儿和张瑜二人,他们的郎中头衔也是比附或是自娱自称。耶律阿海子捏儿哥在太祖时期有右丞头衔也不奇怪,自然也是汉人的比附,只是传中所言"万奴叛",应该指太宗朝东北蒲鲜万奴抗蒙事。耶律阿海次子绵思哥及孙买哥为中都达鲁花赤更大可能性是太宗朝以后的事情,而非传中所云为太祖时的任职。

## 六、结语

下文对太祖朝金朝降人的官职授予情况,做个综合概括:太祖朝对金朝降人的职官除授,大致可以 1215 年为一个时间界限分为前后两个阶段。1215 年前,蒙古人安排金朝降人,起初的方式是两种:一是不授予官职,让他们跟随蒙古军继续作战;二是任命他们担任原来的金朝官职。

随着降人越来越多,蒙古人开始采用第三种方式:借用金朝的官职任命他们。这种方式一经采用,就成为后来蒙古人安排金朝降人的主要方式。借用金朝官职任命降人时,多不再顾及他们在金朝原先的职务,事实上很多降人在金朝也没有一官半职。1215年前的这个第一阶段,被蒙古人借用来的金朝官职主要有:都统、提控、弹压、镇抚、总领以及招抚使、节度使、观察使等(另有少量宣抚使、安抚使、招讨使例证)。金朝制度,地方军职人员常常兼理民职,被蒙古人任命的这些节度使、招抚使、提控等,也多有被任命为兼地方民职(如府尹、同知府事、县令等)者。1215年以后,除了继续用节度使、观察使、提控、镇抚、府尹等金朝官称任命,还出现了四个比较大的变化,从而使这一阶段的官员任命情况稍显得有点复杂。第一个变化是,较多地用金元帅府的官职任命降人,被蒙古人借用的官称主要有元帅(都元帅)、左右副元帅、元帅左右监军这么几种;一些相对地位比较重要的降人还会被同时授予元帅府头衔、节度使等军职头衔以及总管、府尹(知府)、县令、主簿等民职头衔。第二个变化是,1220年开始,蒙古人对归附的几位实力强大的山东降人授予行省(或行台)称号,蒙古人给他们名义上比一方都元帅更高的行省头衔(行省头衔后面可以再附带都元帅头衔),当有笼络之意。此后在山西、河北等地也给予过一些重要将领以行省称号。山东、山西、河北等地蒙古人所设的一方军帅行省,性质其实一致,都属于前田直典所说的"路的行省",而与金朝所设的主要以朝廷宰相等高官负责的行尚书省有别,也与大蒙古国所设被称为都行省的木华黎军政府有别,更与后来太宗朝所设的汗廷断事官机构的汉地行署燕京行尚书省有别。第三个变化是,设置了比州府级别更高的地方行政官员,主要有北京留守、西京留守、中都达鲁花赤等。第四个变化是,金朝的散官名称蒙古人也借用了过来。被蒙古人借用的金朝散官名称,主要有金紫光禄大夫(文,5/42,正二上)、银青荣禄大夫(文,6/42,正二下)、光禄大夫(文,7/42,从二上)、荣禄大夫(文,8/42,从二下)、龙虎卫上将军(武,1/34,正三上)、金吾卫上将军(武,2/34,正三中)、骠骑卫上将军(武,3/34,正三下)、辅国上将军(武,

5/34,从三中)、镇国上将军(武,6/34,从三下)、昭毅大将军(武,8/34,正四中)、定远大将军(武,11/34,从四中)、明威将军(武,15/34,正五下)、武德将军(武,20/34,正六下)等。这些散官衔中的多数,在金朝地位是比较高的,我们不清楚蒙古人是否有用这些高衔来满足降人的虚荣心以换取他们的忠诚和效力,但用它们结合具体官衔名称来大致区分官员的身份地位高低则是可以肯定的。1220年前,金散官官衔的借用不算普遍,拥有散官官衔的只是很少的一些降人,1220年以后,授散官称号的人较之前为多,当然多数职务官衔授予时,依然不附带散官衔。1220年以后,降人官号头衔,多的会包括三部分:散官衔、军职衔(行省行台头衔、元帅府头衔及节度使、观察使、都统、提控等)、民职衔(总管、知府、县令、主簿等)。一般是只有后面两部分中的一种或两种。另外,在1215年前后,蒙古人还对几位地位特高的降人授予了太师、太傅、太保及国公称号,偶尔也见有授予王的记载。

在此,我们有必要对常被学人引用的几条与太祖朝降人授官情况相关的史料做些辨析。

《元史·百官志一》:"元太祖起自朔土,统有其众,部落野处,非有城郭之制,国俗淳厚,非有庶事之繁,惟以万户统军旅,以断事官治政刑,任用者不过一二亲贵重臣耳。及取中原,太宗始立十路宣课司,选儒臣用之。金人来归者,因其故官,若行省,若元帅,则以行省、元帅授之。草创之初,固未暇为经久之规矣。"[①]给金朝降人授职,并不是到太宗朝方有,太祖时期已经有许多。对金朝降人,因其故官而授职衔的,其实极少,大多数是蒙古人借用金朝官职名称而给予他们的,授予官衔时并不考虑他们原先在金朝的职务,因为多数人在金朝并没有官衔称号。授以元帅职的,绝大多数出于蒙古人的自行任命,只有几位授予行省、行台的人员,可能在降蒙前已经自称行省、行台,但依然有蒙古人自行任命的,如石天应、梁仲等。

---

① 《元史》卷85《百官志一》,第2119页。

　　《元史·百官志》的这段话，源于《经世大典》："国家肇基朔方，辅相之臣与凡百执事，惟上所命。其名官，皆因其事而命之。方事征讨，重在军旅之事，故有万户、千户之目，而治政刑则有断事之官，可谓简要者矣。既取中原，定四方，豪杰之来归者，或因其旧而命官，若行省、领省、大元帅、副元帅之属者也，或以上旨命之，或诸王大臣总兵政者承制以命之。若郡县兵民赋税之事，外诸侯亦得自辟用。盖随事创立，未有定制。"①这段话大致符合史实，只是行省、元帅、副元帅等职，多数不是"因其旧而命官"。官衔中带"领省"字样的，极其罕见。《元史·王檝传》，1228年，传主"奉监国公主命，领省中都"。② 监国公主即阿剌海公主，王檝"领省中都"不像是正式的官衔称呼，可能是俗称。《长春真人西游记》载，1228年丘处机于中都火葬，王檝"自为主盟"，他的头衔是"权省宣抚"，③权省恐与领省同义。1214年后，王檝的正式职衔实际上一直是燕京宣抚使。

　　《黑鞑事略》："其官称，或僭国王，或权皇帝，或郡王，或宣差。诸国亡俘或曰中书丞相，或将军，或侍郎，或宣抚运使，随所自欲而盗其名。""鞑人初未尝有除授及请俸，鞑主亦不知官称之义为何也。鞑人止有虎头金牌、平金牌、银牌，或有劳，自出金银，请于鞑主，许其自打牌上，镌回回字。""有亡金之大夫，混于杂役，堕于屠沽，去为黄冠，皆尚称旧官。王宣抚家有推车数人，呼运使，呼侍郎。"④《黑鞑事略》所说的是蒙古太宗时期的事，学人们常用来一并分析太祖时期情况，其实，无论是太祖还是太宗时期，这些描述都不够准确，至少有不小的夸张成分。太宗时期的官制，笔者另文再述，这里就太祖时期情况分析下《黑鞑事略》的说法。金朝降人"随所自欲而盗其名"的情形肯定不少，不过，用汉式官名比附的情况不见得比此为少。被用汉式官名比附的人，不仅有金朝降人，还有

---

① （元）苏天爵编：《国朝文类》卷40《经世大典·序录》，《四部丛刊》初编本，上海商务印书馆，1929年。
②《元史》卷153《王檝传》，第3612页。
③（元）李志常：《长春真人西游记》卷下，王国维校注本，第22a叶，收录于《王国维遗书》第13册。
④（宋）彭大雅撰、（宋）徐霆疏：《黑鞑事略》，第14b—15a叶。

蒙古人、色目人。这些人有的本来无官衔,如按陈那颜被比附为尚书令(按陈的正式身份是弘吉剌部首领、蒙古千户长之一,不过千户那颜实是一种官称),史秉直被比附为行尚书六部事。跟随蒙古人作战的色目人军事将领,他们多数既没有千户、百户头衔,也没有汉式官称,因为他们多是军队统帅,汉人往往称他们为元帅。伊吾庐(今新疆哈密)人塔本,"初从太祖讨诸部,屡陷艰危",也是位建国前就投附铁木真的色目人。他从征辽西,太祖"赐金虎符,俾镇抚白霫诸郡,号行省都元帅,管内得承制除县吏,死囚得专决"。[1] 塔本的行省都元帅称号,显然是汉人的比附。被比附的人,有的人有蒙古式官衔,如石抹也先为达鲁花赤,被比附为御史大夫。木华黎因被授予国王而被比附为权皇帝;他在汉地凌驾于各地各种军政首领之上,又被比附为天下兵马大元帅、都行省,这也属于用汉式官名头衔比附的现象。但是,不论是窃号自娱,还是用汉名比附,毕竟是少数,多数降人的官衔还是蒙古政府实际授予的,虽然未必出自"鞑主"而由木华黎等蒙古军事将领承制除授。"鞑主"成吉思汗等多数蒙古上层肯定不知道名目繁多的汉式官称"之义为何",但他们也有自己的官称,如万户、千户那颜、札鲁忽赤、必阇赤、达鲁花赤等。他们任命了这些官员,又用不同形制的牌符表示官员地位高低,怎么能说没有职官除授之制呢?难道只有汉式官称才有资格称为官吗?实际上,成吉思汗本人还至少懂得太师、太傅、太保这三种头衔在汉式制度中只有地位甚高者才能拥有,他也知晓汉式制度中有王这一爵称,或许还知道比王低一些的国公称号。负责承制授降人官职的木华黎等人,对汉式官名自然是比较熟悉的,至少金朝常见的高等级官衔称号他们能够分辨得很清楚。

有些学人根据前面几条史料而在他们的论著中表达了这样的观点:太祖时期,金朝降人的官职除授紊乱无序,官人头衔五花八名。从前文的叙述中,可以发现,降人官衔,多的包括三个部分:散官衔、军职衔和民职衔,多数人只拥有后面两种职衔中的一种或两种。每一部分官衔名

---

① 《元史》卷 124《塔本传》,第 3043 页。

称,种类其实并不多,不能说是五花八名。降人的官职除授,自然不能说已经制度化,"初无宣麻制诰之事",[1]可能整个前四汗时期都是如此;官员报酬,没有明确的制度规定,估计多是自想办法;官员迁转,也多数是简单地按照军功大小。但是我们并不能因此就说这种除授完全杂乱无章。从前文所举官员的履历例证中,我们能看出,无论官衔称呼的哪一部分,都是按照金朝的制度上下调整的,多数人随着资历和军功的增长,会逐步地上升,比如军职由节度使、观察使等升至元帅府官称,散官由镇国上将军、龙虎卫上将军等升至银青荣禄大夫、金紫光禄大夫等。因此可以这么说,蒙元王朝借鉴"汉法",太祖朝就已经开始。

---

① (宋)彭大雅撰、(宋)徐霆疏:《黑鞑事略》,第 14b 叶。

# 第二章 太宗"一新官制"

## 第一节 也论元代的探马赤军

探马赤军跟蒙古军、汉军、新附军一起并称元王朝的四大军种,这一该朝代特有的军种很早就引起了学界的关注,中外元史名家箭内亘、伯希和、护雅夫、海老泽哲雄、萩原淳平、松田孝一、杨志玖、黄时鉴、贾敬颜、史卫民、姚大力、王颋等先生都对此做过精湛研究,[①]太田弥一郎、大叶

---

① 重要的论著有:(日)箭内亘《元代之官制与兵制》,陈捷、陈清泉译,收录于(日)箭内氏《元朝制度考》,山西人民出版社,2015 年;(法)伯希和《中亚史地丛考》之四《玄奘记传中之二突厥字》,冯承钧译,收录于冯承钧译《西域南海史地考证译丛五编》,中华书局,1956 年;(日)护雅夫《探马赤部族考序说》,《史学杂志》第 55 编第 1 号,1944 年;(日)海老泽哲雄《元朝探马赤军研究序说》,《史流》1966 年第 7 期;(日)萩原淳平《木华黎国王手下探马赤军考》,《东洋史研究》第 36 卷第 2 号,1977 年;(日)萩原淳平《再论木华黎国王下的探马赤军——答杨志玖氏的批判》,叶新民译,收录于内蒙古社会科学院情报研究所编《蒙古学译文选·历史专集》(内部参考),1984 年;(日)松田孝一《宋元军制史上的探马赤问题》,额尔敦巴特尔译,收录于(日)近藤一成主编《宋元史学的基本问题》,中华书局,2010 年;杨志玖《元代的探马赤军》《探马赤军问题再探》《探马赤军问题三探》,均收录于氏著《元史三论》,人民出版社,1985 年;黄时鉴《木华黎国王麾下诸军考》,载元史研究会编《元史论丛》第 1 辑,中华书局,1982 年;贾敬颜《探马赤军考》,载元史研究会编《元史论丛》第 2 辑,中华书局,1983 年;史卫民《蒙古汗国时期的探马赤军》,载白滨等编《中国民族史研究》第 2 辑,中央民族学院出版社,(转下页)

升一、那木吉拉、瞿大风、谢咏梅等学人也有相关的专题文章问世。[①] 学者们在有些方面大体上有了共识,如该军种成立于太祖时期、主要从事王朝初年被蒙古人普遍认为属于"受辛苦"[②]的打先锋和镇戍等任务、军队统将地位不高等。不过,前贤论著也给我们一个深刻的印象,在有关探马赤军的诸多具体内容上,学者们的争论和歧见非常多,如在成立时间上就还有一些学者不赞同太祖时期说。这是没有办法的事,有关探马赤军的史料稀少零星,每条史料又都只是片言只语,学人们根据这些短短的文字记载去恢复复杂的历史过程和历史面貌,免不了有相当多的猜测成分。笔者认为,因为史料不足而回避对它的研究显然不行,这一军种与整个元王朝相伴始终,它对王朝的政治演变和重要的制度建设影响甚巨;根据那些人所共知的传达信息极为有限的史料,辅以合情合理的推测,提出能够自圆其说的"真相构拟",笔者认为是一种可取的研究途径。至于这个构拟,能否完全驳倒别人不一样的猜测,倒是次要的。不同的意见,出现难以证其是也难以证其非的现象很正常,不妨将它们视作为另一些"历史真相"的可能。本文打算在前人研究的基础上,对元代的探马赤军也做一个"真相构拟",目的有二:一是在某些方面对前贤争论的不同看法提出自己的取舍,当然并没有想终结争论的意图,只是希望持不同观点者能够考虑下笔者的分析;二是对前人尚未怎么关注的地方做些补充探讨。

---

（接上页）1989 年;姚大力《草原蒙古国的千户百户制度》,收录于氏著《蒙元制度与政治文化》,北京大学出版社,2011 年,有关探马赤军问题,集中于其中第 63—68 页;王颋《大蒙古国探马赤军问题管见》,载南京大学元史研究室编《内陆亚洲历史文化研究——韩儒林先生纪念文集》,南京大学出版社,1996 年。

[①] 相关的论文主要有:（日）太田弥一郎《元代的哈剌赤军与哈剌赤户——兼论对"探马赤户"的理解》,《东洋学集刊》第 46 卷第 1 号,1981 年;（日）大叶升一《元代的探马赤军》,《蒙古研究》第 15 号,1984 年;（日）大叶升一《再论元代探马赤军》,哈剌古纳译,载《蒙古学资料与情报》1990 年第 1 期;那木吉拉《早期探马赤军职司考辩》,《民族研究》1992 年第 1 期;瞿大风《蒙元初期的探马赤军问题辨析》,《内蒙古社会科学（汉文版）》2000 年第 3 期;瞿大风《"火失勒"军与探马赤军异同刍议》,载中国元史研究会编《元史论丛》第 8 辑,江西教育出版社,2001 年;谢咏梅《五投下军及五投下探马赤军统领权的演变》,《内蒙古师范大学学报》2008 年第 1 期。

[②]《元朝秘史》276 节总译,《四部丛刊三编》本,上海商务印书馆,1935 年。

## 一、五部探马赤军的形成

元代最早的探马赤军,又称"五翼探马赤"、①"五投下探马赤"②和"五部探马赤军"③等。"五"字说明什么?萩原淳平先生、黄时鉴先生均认为,"五"字只表示该军队分成了五支,④即《元史·阔阔不花传》中所说的"分探马赤为五部,各置将一人"。⑤ 杨志玖先生、贾敬颜先生则认为,这一军种的最初人员,绝大多数来自札刺亦儿、忙兀、兀鲁兀、弘吉刺和亦乞列思等五个部族,所谓的"五"主要是指这五个部族,⑥五部、五投下、五翼与史料中另外见到的"五诸侯"⑦同义。笔者以为,这两种意见可以共存,并不矛盾:最早的探马赤军是分成了五支,人员也主要来自这五个部族。这里先对萩原先生和黄先生的观点做些辨正。

黄先生以为,汪古部是早期探马赤军的主要成分。这一判断完全出于猜测,黄先生的文中没有提出一条直接的史料根据。笔者认为,起初的探马赤军中有不少汪古部人完全可能,但将"万骑"⑧的该部主力全部编入探马赤军、由几乎可以肯定其中没有出自该部的将领们分别统帅,这是不合常理的。成吉思汗对汪古部不放心、汪古部的领主未实际率领自己的军队攻金,这些或许是事实,但将汪古部"万骑"的"似乎消失"解释成"编进了探马赤军",这一观点确如大叶升一先生所说,"有些过于唐突";⑨实

---

① (明)宋濂等:《元史》卷10《世祖纪七》"至元十六年正月"条,点校本,第207—208页,中华书局,1976年。

② 《元史》卷89《百官志五》"右都威卫使司"条,第2249页。

③ 《元史》卷166《石高山传》,第3897页。

④ (日)萩原淳平:《木华黎国王手下探马赤军考》;黄时鉴:《木华黎国王麾下诸军考》(下文提到黄先生观点,均出自该文)。

⑤ 《元史》卷123《阔阔不花传》,第3023页。

⑥ 杨志玖:《元代的探马赤军》;贾敬颜:《探马赤军考》(下文提到贾先生观点,均出自该文)。

⑦ 《元史》卷121《博罗欢传》,第2990页。

⑧ 《圣武亲征录》,王国维校注本,第72b叶,收录于《王国维遗书》第13册,上海古籍书店,1983年。

⑨ (日)大叶升一:《元代的探马赤军》。

际上,在后来的史料中还是有关于汪古部军队的记载的。①

萩原先生根据《元史·兵志二》中"国初,木华黎奉太祖命,收扎剌儿、兀鲁、忙兀、纳海四投下,以按察儿、孛罗、笑乃觯、不里海拔都儿、阔阔不花五人领探马赤军"②的记载,认为探马赤军"与弘吉剌、亦乞列思二投下全没有关系,和扎剌儿、兀鲁、忙兀三投下也仅有部分关系"。③ 萩原氏没有说明"四投下"中的"纳海"是什么意思。杨先生早年文章《元代的探马赤军》(以下简称此文为"《初探》")中指出,纳海是人名而非部族(杨先生怀疑此人为《元史》卷124《忙哥撒儿传》传主之父扎剌亦儿氏纳海),所谓四投下实是五投下之误。杨先生的观点是对的。扎剌亦儿等五个部族在史文中经常一并提起,不过省略其中一两种的记载也不少见。《元史·木华黎传》:"丁丑(1217)……(太祖)分弘吉剌、亦乞烈思、兀鲁兀、忙兀等十军及吾也而契丹、蕃、汉等军,并属麾下。"④木华黎自出的扎剌亦儿部名就省略未记。《元史·世祖纪十二》:"(至元二十五年三月),敕辽阳省亦乞列思、吾鲁兀、扎剌儿探马赤自懿州东征。"⑤贾先生指出,这道敕旨里头的"亦乞列思、吾鲁兀、扎剌儿探马赤"即《元史·博罗欢传》里所说的与乃颜作战的"忙兀、兀鲁、扎剌儿、弘吉剌、亦乞烈思……五诸侯兵",⑥也就是说,《元史》本纪此处录文将忙兀、弘吉剌两个部族名省略了。《元史·兵志二》中的录文就是因为省略了"弘吉剌、亦乞列思"字样,又将或许是扎剌亦儿氏的人名纳海误加窜入而导致出了个史无旁证的"四投下"说法,萩原先生拘泥于《兵志二》的这一错误记载而认为探马赤与五部族几乎无涉的看法肯定不确。王颋先生据"四投下"中恰好没有弘吉剌和亦乞列思两个驸马部族,而以为纳海是其他非姻亲部族军

① 参见周清澍《汪古部统治家族——汪古部事辑之一》,收录于氏著《元蒙史札》,内蒙古大学出版社,2001年。
② 《元史》卷99《兵志二》"宿卫"门,第2526页。
③ (日)萩原淳平:《再论木华黎国王下的探马赤军——答杨志玖氏的批判》。
④ 《元史》卷119《木华黎传》,第2932页。
⑤ 《元史》卷15《世祖纪十二》"至元二十五年三月"条,第310页。
⑥ 《元史》卷121《博罗欢传》,第2990页。

队的统一首领,①则是一种于史无征的过度猜测:他未能解释为什么要将这个"首领"的名字和三个部族名并列,也未能解释"其他非姻亲部族"是指哪些部族。

现在要深究的问题是,最先的探马赤军即五部探马赤军与五部族究竟有什么样的关系?杨先生在《初探》《探马赤军问题再探》(以下简称"《再探》")两篇文章中认为,五部探马赤军就由这五部族的蒙古军主力构成。黄先生认为"不可能","史料上也缺乏根据"。杨先生在后来撰写的《探马赤军问题三探》(以下简称"《三探》")一文中,接受了黄先生的批评,否定了自己此前的这一不当认识。就最早的五部探马赤军的形成这一问题,杨先生《三探》文中的看法与贾先生类似,认为是从札剌亦儿等五个部族中抽取了一部分主力而组成。笔者认为这非史实。

从蒙古五部族军队中按照一定比例抽取部分人员构成新的军团,这种组军方式在木华黎攻金初期是有的,就是史料中偶然提到的火失勒军。常见版本的《圣武亲征录》(王国维校注本)中说:"戊寅,封木华黎为国王,率王孤军万骑、火朱勒部千骑、兀鲁部四千骑、忙兀部将木哥汉札千骑、弘吉剌部按赤那颜三千骑、亦乞剌部孛徒二千骑、札剌儿部及带孙等二千骑,同北京诸部乌叶儿元帅、秃花元帅所将汉兵及札剌儿所将契丹兵,南伐金国。"②火朱勒,在《亲征录》的有些版本中还写作"火朱勤"。火朱勒、火朱勤是什么,曾长期以来让史家颇感迷惑。贾先生根据《史集》的记载,将其正确校定成了"火失勒"。《史集》中说:"在成吉思汗时代,这个部落(尼鲁温蒙古照烈部)中还出了个名叫忽沙兀勒的大异密。他有个兄弟,名叫主速黑。当成吉思汗攻占了乞台和女真地区,想要屯兵该境,以保卫该地区和人民时,因为他们两人都很矫健英勇,他就下令从每十户中抽出两人,编为三千人,交给他们,并将该国境土托付给了他们。这以前,忽沙兀勒的名字为另外一词,当那支由诸十户中抽人组成

---

① 王颋:《大蒙古国探马赤军问题管见》(下文提到王先生观点,均出自该文)。
② 《圣武亲征录》,第 72b—73b 叶。《圣武亲征录》所记年份往往与史实差一两年,此处所记戊寅真正年份当为丁丑,即 1217 年,这一点已成学界共识。

的军队全部交给了他时,他才被称做这个名字,这是从组成这支军队所含有的那个意义的一个词派生来的。"[1]同书另一处也有类似记载:"尼伦分支札只剌惕部(即照烈部——引者注)人豁沙忽勒与术速黑兄弟千户。当乞台和女真将攻占时,成吉思汗下令从每十个蒙古人里抽出两个人来。由于他看到他们俩是勇敢的侍卫(秃鲁花),便将这三千军队交给他们,派他们守卫那里的边界,他们便带着这三千人守卫在那里。'豁沙忽勒'是'从每十人中给他们两个人'的意思;'豁失'是'两个、一双'的意思。"[2]在提到木华黎攻金的作战部队时,《史集》作者如此记载:"(成吉思汗)拨给了他(木华黎)一万汪古惕部队、一千混成部队、四千兀鲁惕部人、孛秃驸马率领的二千亦乞剌思部人、忽亦勒答儿的儿子蒙可—哈剌札率领的一千忙忽惕部人、阿勒赤那颜率领下的三千弘吉剌惕部人、木华黎国王的弟弟带孙率领的一千札剌亦儿,除蒙古人以外,还有吾也而元帅、耶律秃花元帅率领的哈剌契丹和女真军。"[3]贾先生指出,《亲征录》里的"火朱勒部千骑",即《史集》中所说的"一千混成部队",也即同书中两次提到的由照烈部人豁沙忽勒(Kushaul)与术速黑(Jusuk)兄弟所率领的从每十个蒙古人中抽出两个人来所组成的军队,只是人数上拉施特一处记作 1000,两处记作 3000;汉文不同版本中的火朱勒、火朱勤,实都为火失勒之误写。贾先生还考订出,《元史·太宗纪》中提到的在东平府内有食邑民户的"火斜、术思",[4]就是豁沙忽勒与术速思兄弟俩;《元史·食货志》"岁赐"门中说的丙申年分拨曹州五户丝一万户的"和斜温两投下",[5]"必谓此火斜与术思也","盖蒙古等语的-ul 译写汉语,常以-un 代之"。贾先生的这些考订都是确论。另外,王恽集中有"本投下和斜拜答

---

[1] (波斯)拉施特主编:《史集》第一卷第一分册,余大钧、周建奇译,第 314—315 页,商务印书馆,1983 年。

[2] (波斯)拉施特主编:《史集》,第一卷第二分册,余大钧、周建奇译,第 374 页,商务印书馆,1983 年。

[3] (波斯)拉施特主编:《史集》第一卷第二分册,第 246 页。

[4] 《元史》卷 2《太宗纪》"太宗八年七月"条,第 35 页。

[5] 《元史》卷 95《食货志三》"岁赐"门,第 2432 页。

汉,止系千户功臣之家"句,①贾先生认为,"和斜,火斜的异译;拜答汉,当系术思子侄一辈人"。笔者有些怀疑,这里的"汉"字为衍文,拜答可能是元代文献中常见的拔都儿一词异译;王恽所说的"和斜拜答汉"或许只是指火斜或火失勒一人。

除了偶尔提及军队统帅的名字,火失勒军这支军队自在《亲征录》和《史集》上昙花一现后,就在后来的史料中消失了。杨、贾两位先生均没有解释其中的原委,但都认为这支军队与探马赤军有密切的关系。两位前辈都持探马赤军的编组方法与火失勒军相同的观点,如贾先生所说,"由'诸部族'按十丁抽二的原则构成"。杨先生在《三探》一文的注释中更是说,火失勒军和探马赤军"二者是同一时间的一件事",他或许有火失勒军就是探马赤军这样的不肯定猜测。杨先生再传弟子瞿大风先生曾撰文认为,火失勒军后来转变成了探马赤军。② 笔者认为这些判断非常可疑。

火失勒军的消失,原因很简单:在战争中被消耗掉而没能再行组织。在持续胶着、双方伤亡都较大的蒙金战争中,蒙古人从正在整体参战的弘吉剌等五部主力军队中抽取部分人丁,如10人当中选2个,组成一支混合军团去从事某种特定的任务,这种方法只能够偶一为之而不可能长期继续,因为这对原先的主力部队会是一个巨大损害,蒙古人断然不至于采取如此下策。蒙古人组织火失勒军的目的是什么,《史集》中说是为了屯集边境,可能不止如此。但可以肯定,这支军队从事的任务比较特殊而且人员的需求也不会少,极有可能,他们从事的就是探马赤军初始的两项主要任务,即打先锋和镇戍,这两项任务在当时的蒙古人看来比较艰苦而且一般人不愿意去做。为什么作这样的判断?正如萩原先生所分析的,从有完整体系的五部族军团中抽掉一部分人出来,混合组成一个新的军团,其战斗力一般是会下降的;如果任务不特殊,完全可以让

---

① (元)王恽:《秋涧先生大全集》卷85《曹州禹城县隶侧近州郡事状》,《四部丛刊》初编本,上海商务印书馆,1929年。
② 瞿大风:《"火失勒"军与探马赤军异同刍议》。

某一族军团中的部分人员去完成,人员需求量大,也可以将该部主力全部用上。蒙古人组成了火失勒军,就是因为要从事特殊任务,不便让某一部族的军团单独承担,于是一视同仁,按十丁抽二的原则组成了一支混合部队,委托矫健英勇的火失勒兄弟率领。这同成吉思汗建国前建立一支由札剌亦儿部人阿儿孩合撒儿率领的1000勇士军类似,当时这1000名勇士从服属于铁木真的各部中选出,"如厮杀则教在前,平时则做护卫"。① 建国后,怯薛组织扩大,这支军队没有继续组织。木华黎主导攻金战争后,火失勒军没多久就消耗掉了,因为难有兵力继续补充,这支混合部队自然而然也就消失了,只剩下一两个统帅来享受国家给予的勋臣待遇。

那么最早的探马赤军由什么人组成? 我们还得回过头来审视萩原先生的解释。他认为由蒙古社会的下层阶级组成。② 木华黎攻金的主力是蒙古左翼五部族,这五部族均是强大的军事集团,它们与成吉思汗的黄金家族关系远非一般蒙古千户所能相比,所以,每一部族内部都会有大量的附属人口。萩原先生认为早期的探马赤军与五部族关系不大,这自然错误,但他说探马赤军最初人员主要来自蒙古社会的下层则合情合理;笔者因此赞同业师姚大力先生的判断,早期的探马赤军其人员主要是五部族内的附属人员。③

这最早的五部探马赤军何时产生? 杨先生《初探》文从探马赤军从事打先锋任务的角度出发,认为它产生于成吉思汗立国之前。这是不对的。探马赤军主打先锋,但不能反过来说,只要是打先锋的部队,在这个王朝就称为探马赤军。即使"探马"的语源来自汉语,表先锋之意,也不能够这般理解:多数战争都需要有先锋部队,单独将这种部队列出来,成为一个军种,笔者认为没有多大意义。杨先生《再探》文中也表达了这个意思,下文会提及。有关这种军队诞生的时间,《元史·兵志二》"宿卫"

---

① 《元朝秘史》191 节总译。
② (日)萩原淳平:《木华黎国王手下探马赤军考》。
③ 姚大力:《草原蒙古国的千户百户制度》(下文提到姚师观点,均出自该文)。

门以及《元史·石高山传》中均笼统说在"太祖"时。相对明确的史料只有一条，就是《元史·阔阔不花传》中的记载："岁庚寅，太祖命太师木华黎伐金，分探马赤为五部，各置将一人。"①但太祖朝无庚寅，多数学者认为庚寅乃戊寅之误，杨先生《初探》文中说，"探马赤至迟应在本年（戊寅，1218）设置"；笔者认为这一判断是正确的。最早探马赤军即五部探马赤军的形成过程，笔者以为大致这样：丁丑年（1217），成吉思汗命木华黎率军伐金，木华黎手下的核心部队是大蒙古国左翼的札剌亦儿、兀鲁兀、忙兀、弘吉剌和亦乞列思五部族军队，还有汪古部以及吾也而、耶律秃花率领的契丹、汉军等，此外，还有一支从事特殊任务的从各千户中按照十丁抽二原则组成的混成部队火失勒军；蒙金战争的这一阶段，蒙古人的目的已经不再满足于抄掠汉地而是要占有并经营，其困难程度也就大大超过了此前成吉思汗亲自率军伐金时期；木华黎很快发现，像打先锋、镇守这样的特殊军事任务，或者艰巨或者一般的蒙古军人不愿意从事，单独依靠火失勒军也难以完成，于是通过成吉思汗旨意，在攻金之初就另外成立了专门从事打先锋和镇戍的探马赤军，其人员则主要来自五部族内的附属民。探马赤军是因应着蒙金战争的需要而产生的新军种，其成立时间几与火失勒军同时或者稍稍略晚。瞿大风先生注意到，《亲征录》和《史集》记载木华黎经略汉地初期史事时，提到火失勒军而没提探马赤军，"可能当时没有探马赤军"；②但他认为火失勒军后来转化成了探马赤军，这是不对的，火失勒军和探马赤军实是不同的两个军种。

史卫民先生不赞同探马赤军产生于太祖朝的观点，他认为太祖朝阔阔不花等五位将军率领的只是普通的蒙古军，到了太宗朝才是探马赤军的统帅。③ 史先生进而认为，《元史·阔阔不花传》中的庚寅年份（1230）不误，但"记事有倒误"。这种可能性不是没有，因为关于探马赤军成立的明确史料就这么孤零零的一条，而且其中一定还有错误表述，所以真

---

① 《元史》卷123《阔阔不花传》，第3023页。
② 瞿大风：《"火失勒"军与探马赤军异同刍议》。
③ 史卫民：《蒙古汗国时期的探马赤军》（下文提到史先生观点，若不特别说明，均出自该文）。

要没有疑义地回答成立时间这一问题是困难的。如果史先生的判断正确,《元史·阔阔不花传》中"岁庚寅"不改,其他文字的顺序则要做大幅调整,同时《元史·兵志二》以及《元史·石高山传》中的相关记载也都要改动;史先生认为,后两条记载因袭了《阔阔不花传》中的倒误记事,这一点并没有史料依据可以证明。按照杨先生的观点,只要将《阔阔不花传》中的"庚寅"改为"戊寅",其他史文就都可以不用更改。在文献校勘上,改一字就能将史文说通,与大幅调整文字并多处更改才能说通史文相比,笔者觉得前者更有说服力。松田孝一先生认为探马赤军成立于拖雷监国时期,是拖雷和窝阔台兄弟俩执行成吉思汗遗诏的结果。[1] 成吉思汗遗诏中有组建探马赤军的要求,这在中外史料中都没有依据,松田氏的猜测未免过于随意。与史先生类似,松田先生也认为阔阔不花等人在太祖朝是蒙古军将领而非探马赤军将领。根据《亲征录》和《史集》的记载,这一时期征战汉地的蒙古军主要就是札剌亦儿等五部族军,五部族均有自己的首领(两书虽然均未提及兀鲁兀部首领,但据《元史·术赤台传》,可以确认兀鲁兀部首领为术赤台父子),阔阔不花等人若是蒙古军将领就当是带孙、阿勒赤、蒙可—哈剌札等人的部下,但这一点没有史料能够证明。史料中倒是多处提及他们直接受木华黎统领,他们的卓越战绩以及地位影响——木华黎离开华北之际曾由五部将之一的按察儿"摄国王事"[2]——都显示他们更有可能是率领了一种新的军队,而不是在五部族集团内跟随领主出战,这种新的军队就是探马赤军。

## 二、探马赤军的人员组成(上)

杨先生和贾先生尽管在最早的探马赤军组成上取得了一致意见,这一致意见笔者觉得不妥;但对于其后的探马赤军,两位前辈观点则有所不同。杨先生《三探》文认为抽取自蒙古各个千户部族,贾先生认为仍然

---

① (日)松田孝一:《宋元军制史上的探马赤问题》。
②《元史》卷122《按扎儿传》,第3006页。

主要抽取自札剌亦儿等五个部族。笔者则依然赞同萩原先生的说法,即由"太祖及其后继政权的(蒙古社会)最下阶层"组成,只是这些"属于隶属民的非国人"来自各个不同的被看作"蒙古国的正式成员"的诸千户,有的隶属民则直属于国家政权或诸王所有,总之,不再局限于札剌亦儿等左翼五个部族。①

  杨先生在《再探》文中不赞同萩原先生在《木华黎国王手下探马赤军考》(以下简称此文为"《初考》")中提出的"探马赤军……原则上是最底层的人来充当"的观点。他认为打先锋和镇戍并非艰苦或特殊任务,一般蒙古军士都会从事,不用专由地位低落的附属民来承担。这样一来,杨先生实际上也就否定掉了自己《初探》文中所说的探马赤军为先锋军的观点:既然一般蒙古军士都有可能要从事打先锋,将打先锋时的部队单独命名为一个新的军种意义又何在呢?杨先生大概意识到了自己前后两文中的抵牾处,所以在《三探》文中关于该军种的特性时就没怎么提它的军事职能,而着重强调从蒙古军中抽取出来这一观点。读者马上可以追问:为什么要从蒙古军中抽取出那部分人来?杨先生在《三探》文之后给《中国大百科全书·中国历史·元史》分册撰写"探马赤军"词条时,重新提及探马赤军的职能,认为这些被拣选出来的士兵,"组成精锐部队","在野战和攻打城堡时充当先锋,战事结束后驻扎镇戍于被征服地区"。② 在该词条中,杨先生没有解释蒙古人为什么要把正在从事"一般蒙古军士都有可能要从事"的并非艰苦或特殊任务的打先锋和镇戍事务的部队单独命名为一个新的军种。即便我们不纠缠于这一点,杨先生所撰词条中仍有其他难以解释之处。杨先生说:"与蒙古军由各自千户的士兵组成不同,探马赤军是由各部拣选的士兵混合组成的。"按照这样的表述,后来镇守在汉地的来自草原的军队就应当都是探马赤军,因为不可能有哪一个草原千户全体迁到了汉地,也没有任何证据能证明曾经有

---

① 参见(日)萩原淳平《再论木华黎国王下的探马赤军——答杨志玖氏的批判》。

② 韩儒林主编:《中国大百科全书·中国历史·元史》"探马赤军"条(杨志玖撰写),第104页,中国大百科全书出版社,1985年。

哪一个或哪一些千户,它或它们的部分成员以不杂带别的千户牧民式的方式迁到了汉地。但是,汉地镇戍军若全为探马赤军,为什么史料中提到这些军队时,又会将蒙古军与探马赤军并列以示区别呢?

《元史·兵志二》:"世祖之时,海宇混一,然后命宗王将兵镇边徼襟喉之地,而河洛、山东据天下腹心,则以蒙古、探马赤军列大府以屯之。淮、江以南,地尽南海,则名藩列郡,又各以汉军及新附等军戍焉。"①此处史文,学人公认"蒙古"与"探马赤军"应该点顿开,不能连读理解为一种军队。同卷:"(至元十六年七月),命阇里铁木儿以戍杭州军六百九十人赴京师,调两淮招讨小厮蒙古军及自北方回探马赤军代之。"②此处史文,"蒙古军"与"探马赤军"并列,恐怕不能理解成撰写者为了避免重复用词而用不同的两种称呼指代同一事物。同卷还有记载:"(至元二十一年)十月,增兵镇守金齿国,以其地民户刚狠,旧尝以汉军、新附军三千人戍守,今再调探马赤、蒙古军二千人,令药剌海率赴之。"③这处史文记载的尽管不是严格意义上的汉地情况,但并不妨碍我们理解基本史实。史文中"探马赤"置于"蒙古军"之前,恐是说有两种军队。当然,《元史·世祖纪十》记载同一件事时说:"四川行省言金齿遗民尚多未附,以要剌海将探马赤军二千人讨之。"④要剌海率领的也许只是探马赤军一种。

又如《通制条格》卷6《选举》:"探马赤蒙古百户每在意来呵,与千户的名分,交汉军、新附军里做千户去呵,他每的兄弟、孩儿每根底,根脚里百姓委付呵,怎生?"⑤卷16《田令》:"今又体知得,随处多有屯驻蒙古等军马,往往将请到粮料,私下粜卖,却于百姓处强行取要粮料、人夫、一切物件。及有探马赤人每,将自己养种收到物斛爱惜,却行营于百姓处取要骚扰。"⑥这两处史文也都将蒙古军与探马赤军并列,说的应该是两种

---

① 《元史》卷99《兵志二》"镇戍"门,第2538页。
② 《元史》卷99《兵志二》"镇戍"门,第2541页。
③ 《元史》卷99《兵志二》"镇戍"门,第2543页。
④ 《元史》卷13《世祖纪十》"至元二十一年十月"条,第269页。
⑤ 方龄贵校注:《通制条格校注》卷6《选举》"军官袭替"款,第284页,中华书局,2001年。
⑥ 方龄贵校注:《通制条格校注》卷16《田令》"军马扰民"款,第481页。

军队。再比如《元史·世祖纪九》："命右丞阇里帖木儿及万户三十五人、蒙古军习舟师者二千人、探马赤军万人、习水战者五百人征日本。"[①]这里也是把蒙古军与探马赤军并列，说的显然是两种军队。又《元史·伯颜传》："参政脱别台曰：'今蒙古军马与宿卫之士皆在上都，而令探马赤军守诸隘，吾恐此事之不可成也。'"[②]此处史文中，也是蒙古军与探马赤军并列并示区别。

史料中提到的在草原之外诸多从事镇戍的"蒙古军"和"探马赤军"，如果简单地将它们画等号（谨慎的杨先生在诸文中并未如此表达，但杨先生之后倒是有学者这么做的，见下文），认为这两个词完全可以互换，笔者以为是极不慎重的。那么这些镇戍在汉地或草原以外地区的与探马赤军有别的蒙古军是怎么来的？

退一步，就算在汉地从事镇戍的蒙古军，是从草原上过来的纯千户的蒙古军，与探马赤军乃各千户士兵混成兵有所不同，按照杨先生的说法，我们还是有不容易理解的史实。探马赤军人员本来也是普通的千户牧民，被拣选了出来，为的是去充当先锋和镇戍，这种让某些人专门去承担的打先锋和镇戍任务，就应该不是杨先生《再探》文中所说的一般的蒙古军也能承担或者愿意去承担的打先锋和镇戍任务了，不然为何要专门抽出一部分人特别地去承担它们呢？承担这些不是一般蒙古军所能承担或所愿承担的打先锋和镇戍任务的探马赤军，要么是杨先生所说的"精锐"士兵，要么就是一些愿意付出、愿意牺牲自己利益者。按情理推知，这些探马赤军应该受尊重才是，别的千户牧民不能干、不愿意干的事，他们身先士卒地去干了。但事实是，探马赤军的地位又始终在蒙古军之下。征服战争期间，探马赤军作为拣选出来的战斗分队，地位比千户蒙古军地位低——太祖朝五部探马赤军虽然战功卓著，但地位肯定不能跟五部族军队相比——勉强还可以解释的话，但世祖中期以后，征服

---

① 《元史》卷12《世祖纪九》"至元二十年正月"条，第250页。按，此役未成行。
② 《元史》卷138《伯颜传》，第3336页。

战争结束了,探马赤军(后来的探马赤军多数是早先探马赤军军人的后代)仍然是受辛苦、受重役①部队就难以从情理上说得过去了,为什么这些被拣选出来本该受尊重的人却世代命苦?

杨先生前后三文,彼此之间有些矛盾,杨先生试图综合出一个意见,最后写成了词条,但词条仍不能解释一些重要的史实。笔者以为,这里的关键问题就是:探马赤军究竟由什么人组成?认为探马赤军军人就是蒙古千户牧民的,怎么解释都有漏洞:为什么要把这些人抽出来,他们从事的任务不能以纯千户牧民式的蒙古军去承当吗?从事了纯千户蒙古军不容易承当或不愿意承当的特殊事务,他们应该受尊重,但为什么又地位低下呢?如果我们接受萩原先生的观点,认为探马赤军军人本是地位低等的附属民,这些史实就很容易解释了:地位低,千户牧民不愿意承当的事务首先由他们去承当;在讲究身份等级的蒙古社会中,附属民的后代身份依然是比千户牧民地位低的群体,所以,探马赤军尽管战功卓著,身先士卒,但与由千户牧民组成的蒙古军相比,必然始终是地位低一等的军队,蒙古军不愿去镇戍的地方、各种相对辛苦的事务、相对危险的事务,必定还是首先让探马赤军去担当。至于杨先生所撰词条中不容易说明的后来在汉地的与探马赤军有别的蒙古军,我们也容易说清其来源,关于这一点,笔者下文会说明;这里只是强调一下,他们的军人是"国人",与组成探马赤军的附属民分属于两个不同的阶层。

针对杨先生《再探》文中的辩驳,萩原先生写了《再论木华黎国王下的探马赤军——答杨志玖氏的批判》(以下简称该文为《答文》)一文。萩原氏认为,蒙古王朝最初的游牧军队并不适应漠南的自然环境和生活方式——这与后来蒙古人乐于移居汉地江南的情形大不相同——从而坚持自己的判断,说打头阵、攻取坚城、镇守农耕地区等确是建国初期一直到元朝前期的草原牧民所认为的困难事业。萩原先生进而坚持自己《初考》中的结论,认为探马赤军由未被视为"国人"的牧民领属民组成,

---

① 《元史》卷98《兵志一》"兵制"门,第2517—2518页。

主要去从事这些艰巨的任务。萩原先生的应答文章,撰成于1981年,并在当年的中国蒙古史会议上宣读,正式刊布在其后的1982年。同一次会议上,杨先生提交了《三探》一文的初稿,该文正式刊布也在1982年。杨先生在《三探》定稿中没有提及萩原先生对他的商榷意见,就笔者所知,他此后似乎也没有就萩原先生的"应答批判"再次撰文。笔者以为,萩原先生的《答文》对王朝早期蒙古社会特征和草原牧民心理意向的分析是有道理的,只是,他对杨先生《再探》文中另外两个质疑之处的回应不大到位。

第一个是关于"五投下探马赤"这一用语。萩原先生在《初考》文中认为,在探马赤前加投下字样,仅说明该军种人员本身的身份即投下,也就是领属民。杨先生在《再探》文中坚持,五投下即指蒙古左翼五部族。就杨先生的这一反驳,萩原先生的《答文》中没有回应。笔者这里代为说明一下。"投下"一词,在元代文献中意义有多种,不过基本的意思则是两种:一是附属民,二是附属民的拥有者。第二种意思从根源上来说因第一种意思而产生,当先有附属民然后才有附属民的领主。杨先生说五投下探马赤中的"投下"是指部族,他理解的自然是第二种意思。但我们也难以绝对地说,这里的"投下"字样一定不会有萩原先生所指出的其本来的基本意思。根据前面的论述,笔者以为,在这一点上,杨先生和萩原先生的观点倒是可以共存,不妨这么说,五投下探马赤,即指五支由五部族中的附属人员组成的探马赤军队。后来史料中偶尔出现的"投下探马赤",[1]同样可以解释为"(出自)投下的投下探马赤",只是前一个"投下"指部族、千户,即投下领主;后一个"投下"是指附属民,说明探马赤军人的身份和其来源。需要注意的是,"投下的投下探马赤"并不是村上正二、护雅夫、萧启庆等先生所理解的为部分有功因而享有组建探马赤军

---

[1] 陈高华等点校《元典章》卷23《户部九·农桑·立社·劝农立社事理》,第七款中出现"投下探马赤"字样。第919页,中华书局、天津古籍出版社,2011年。"投下探马赤"所指可能为一,即探马赤;也可能为二,即"投下、探马赤"。

特权的蒙古部族所领有的附属军队。① 不过,村上氏、护氏等人倒是也准确地分析出了探马赤军人的身份本是蒙古千户的附属民。萩原先生在《答文》中指出,组建探马赤军是成吉思汗的旨意,探马赤军的人员来自兀鲁兀、忙兀等部族的附属民,但这支军队组建后就不归哪一个部族单独所有,而由木华黎统一指挥;后来探马赤军的组建同样来自蒙古大汗,组成的探马赤军一样不是某个或某些草原千户的私属。萩原氏的这一分析是对的。

第二个是关于"探马赤奴户"的说法。萩原先生在《初考》文中注意到了史料中两处略有差别的记载。《元史·世祖纪四》:"(至元九年七月乙酉),诏分阅大都、京兆等处探马赤奴户名籍。"②《元史·兵志一》:"(至元九年七月),阅大都、京兆等处探马赤户名籍。"③两处所记,显然为同一件事,只是一作"探马赤奴户",一作"探马赤户"。萩原先生《初考》文认为,两者意思一样,加一"奴"字表示探马赤军人的身份本来就是奴户。他说,对精通蒙古社会的人来说,只写作探马赤户就够了,但对于不大了解蒙古社会的汉人来说,并不清楚探马赤户到底意味着什么,所以特意加了个'奴'字以表示他们的身份特征,正如加上'投下'一样。杨先生《再探》文章中认为,《兵志一》中脱一"奴"字,元政府所阅的以《本纪》为准,是"探马赤奴户",即"探马赤的奴户",也就是他们所拥有的军驱。萩原先生在《答文》中认为杨先生的解释或许可以成立,但他仍坚持自己的看法,认为政府所阅的是探马赤户本身。笔者以为,杨先生的解释不大可能是历史事实。

蒙古人王朝的军队在战争中毋庸置疑拥有了大量的驱口人员。太宗六年(1234),中原籍户(此次籍户的结果就是次年所定的乙未户籍)时政府特别为此规定:"不论达达、回回、契丹、女直、汉儿人等,如是军前房到人口,在家住坐,做驱口;因而在外住坐,于随处附籍,便系是皇帝民

---

① 参见杨志玖《探马赤军问题三探》。
②《元史》卷7《世祖纪四》"至元九年七月"条,第142页。
③《元史》卷98《兵志一》"兵制"门,第2514页。

户,应当随处差发,主人见,更不得识认,如是主人识认者,断按答奚罪
戾。"①宪宗二年(1252),再次查定户籍(所定户籍为壬子户籍)时,"另籍
蒙古牌甲驱户";已逃亡或在外住坐驱口,则作为漏籍户或随处附籍户,
列入国家户籍,主人不得识认。② 根据这两个户籍规定,只有"在家住作"
的"军前虏到人口",才是军户的驱口,是他们的附属人口,两次户口登记
时都要附入主人军户的户籍(尤其是必须在壬子户籍中附入,"乙未年本
使户下附籍驱口,壬子年户下不曾抄上,仰作漏籍户收系当差,主人不得
识认");凡是不"在家住作"的,就不能再被视作为驱口,而当是"皇帝民
户""列入国家户籍"。为了照顾驱口主人的利益,政府对这两个规定又
有补充条款,就是对于已经在外住作但尚未"随处附籍"的漏籍户,允许
主人"作驱攒报",不过,由军户"于军籍内作驱攒报之人",要放驱为良,
作为军户的贴军户计。③ 显然,如果乙未(1235)、壬子(1252)这两年查户
时没有附报、以后"各年军籍内"又"不曾攒报"的驱口,就不再视为附籍
军驱,而一概列为一般户籍。

军驱归军户私有,一旦确认了下来,政府实是没有必要再去统计、核
实民众的私有物包括私有人员的。根据前文所提及的政府规定,可想而
知,元代涉及军户所有的奴户(即驱口)争议问题,主要会是以下两种情
况。第一种情况,国家和军户争夺私有人员。遇到这种争议时,政府查
一下军籍就可解决。凡是1252年登记为军户驱口的,国家继续承认;那
一年未登记为军户驱口、以后军户主人又未曾"作驱攒报"的,一概不认
可,都是国家户籍,就是"作驱攒报"的也还不是军户的私属户口,而是国
家的一般户口,只是要做原主人的贴军户而已。第二种情况,放良出去
的驱口不愿承担贴军事务。遇到这种发生在军户和曾做过其驱口人员
之间的争议时,国家处理起来也很简单:对照一下军籍,确是曾被军户
"于军籍内作驱攒报之人",虽然放驱为良了,仍要做原来主人的贴军户;

---

① 方龄贵校注:《通制条格校注》卷2《户令》"户例"款,第19页。
② 方龄贵校注:《通制条格》卷2《户令》"户例"款,第19页。
③ 方龄贵校注:《通制条格》卷2《户令》"户例"款,第20—21页。

军户没有及时攒报的,也就没有权力要求他们做自己的贴户。从现有的史料看来,第一种争议的例证其实较少,元朝多发生的是国家和诸王、官豪间就后者影占百姓而引起的纠纷;涉及军驱问题的,主要是第二种争议,即因放良驱口不肯做贴军户而引起的军户与原驱口间的纠纷,鉴别出探马赤军名将奥鲁赤身份的那条著名史料本来记载的也就是这种纠纷。①

　　因为有这些明确的规定,元代实际上是不大会有重新统计登录探马赤所拥有奴户的事情的。同样,我们也未见到统计蒙古军、汉军奴户的做法,因为这样的做法根本就不需要。杨先生《再探》文章中说:"蒙古军和探马赤军,甚至汉军都占有不少驱户、驱口,称为军驱。"这是事实。杨先生接着提到两处史料记载,想旁证史料中说的阅探马赤奴户是指检核探马赤所拥有的驱口。一条史料是《元史·刑法志二》:"诸蒙古、回回、契丹、女直、汉人军前所俘人口,留家者为奴婢。"②这条史料只能说各种族群的军户都会有"留家者"奴户,并不能说明其他问题。另一条史料是《元史·兵志一》:"(至元九年)四月,诏:'诸路军户驱丁,除至元六年前从良入民籍者当差。七年后,凡从良文书写从便为民者,亦如之。余虽从良,并令津助本户军役。'"③这条史料是说,对于那些被放驱为良的原先驱户,至元七年(1270)以后,如果没有主人所签署的从良文书,一概要承担贴军户事务。这是至元九年(1272)的又一项补充条款,针对的是已经从良的军户驱户。

　　杨先生所提出的这两条史料,都不能旁证壬子定籍以后元代另有检核军户驱口的事实。他所说的阅探马赤的奴户,笔者认为这样的可能性不大会有,在这一点上,他对萩原先生的辩驳实是证据不足。当然,我们也知道,元代蒙古军、探马赤军时有以阔端赤(即家中驱口)代为从军的

---

① 方龄贵校注:《通制条格》卷3《户令》"良贱为婚"款,第157—158页。
② 《元史》卷103《刑法志二》"户婚"门,第2640页。
③ 《元史》卷98《兵志一》"兵制"门,第2514页。

事实,①但如果因为想杜绝这种现象而去核实统计每一个军户的驱口,显然是一种低效甚至无效的做法。有驱口的军户,从数量上而言,其所拥有的驱口数一般会超过家中男丁人数。为了防止以驱口代替正身,只要核实军户本身的男丁人员即正身就可,犯不着将所有的可能冒名顶替者都登录下来。所以,史料所谓阅探马赤奴户,应该如萩原先生《初考》中所说,是指阅实探马赤军军户本身,"奴"字说明了他们的身份,而不是说去阅实探马赤所拥有的奴户。

## 三、探马赤军的人员组成(中)

从窝阔台即位之初大幅签军的数量上来分析,我们也可以判断出探马赤军主要由蒙古千户附属人员组成。《元史·兵志一》:"太宗元年十一月,诏:'兄弟诸王诸子并众官人等所属去处签军事理,有妄分彼此者,达鲁花赤并官员皆罪之。每一牌子签军一名,限年二十以上、三十以下者充,仍定立千户、百户、牌子头。其隐匿不实及知情不首并隐藏逃役军人者,皆处死。'"②史卫民先生认为,"这次签军,与探马赤军的编组有着十分密切的关系"。《史集》中说:"窝阔台将四万军队的探马军委派给绰儿马浑,派赴我方(伊朗)。探马军,也就是被指定从各千人队、百人队中抽出人来组成的军队,被派赴某地区长期驻扎者。"③除了派到伊朗的军队,"阔阔沙亦和速不台把阿秃儿(此处记载可能有误,速不台在太宗初主要参加灭金战争——引者注)则带着同样的军队被派到钦察、撒黑辛和不里阿耳方面去。还向汉地、吐蕃、肃良合、女真及其边境派出了一些

---

① 陈高华等点校《元典章》卷34《兵部一·军役·探马赤军·探马赤军交阔端赤代役》:"他每正身不当军,交阔端赤出军有。"第1183页。方龄贵校注《通制条格校注》卷7《军防》"私代"款:"这来的军每,自己替头里,教阔端赤来的一般歹军来有。"第333—334页。《元史》卷162《李忽兰吉传》:"今蒙古汉军,多非正身,半以驱奴代。"第3794页。《李》传所言,当有夸张。

② 《元史》卷98《兵志一》"兵制"门,第2509页。

③ (波斯)拉施特主编:《史集》第一卷第一分册,第160页。按,余大钧、周建奇汉译本此处不通顺,这里用史先生文中译文。

著名的那颜担任前锋。"①肃良合即高丽。《元朝秘史》第 274 节总译:"又在先女真、高丽处,曾命札剌亦儿台征进去,至是再命也速迭儿为后援,征进了,就为探马赤以镇其地。"窝阔台即位之初,尚未有往吐蕃进军的事情,但他派往汉地的,显然不只是一些著名的那颜,而是有大量的来自蒙古草原的军队,"他(窝阔台)向国家的各边境和边区分派了军队去守卫边界和地区"。②《史集》中还有记载,旭烈兀西征之际,"过去……由答亦儿—把阿秃儿率领、被派到客失迷儿和印度担任探马的军队,全部归旭烈兀统率"。③《史集》另处记载,在忻都斯坦边境的是"两万军队"。④王颋先生说:"这支军队所属性质,与绰儿马罕的'四万户'盖同;而其肇创,也该在窝阔台合罕时期。"据《元朝秘史》第 270 节,太宗元年派斡豁秃儿、蒙格秃为后援去忻都斯坦。那么,"被派到客失迷儿和印度担任探马的军队"其肇创也当在窝阔台合罕即位之初。

在很短的时期内派往各地准备"长期驻扎"的军队是一次签出,还是分次签出的? 如果分次签出,每次都是十中抽一,那么为了征服和控制这六七个以上的地方,就得把大部分的蒙古军队签出来并让他们长期离开草原,而且原先的千户组织会给打散得七零八落,这肯定是不可想象的。史先生大概因此而认为,窝阔台即位初期派往波斯、汉地、高丽、钦察各地的军队是一次性签出来的。但一次性签军,按十中取一的原则,又能签出多少军队呢?

蒙古的各个千户规模不一,不过,组建千户的大致原则还是确定的,就是每一千户能提供一千名左右的军人。蒙古的千户数在 100 个上下,就是有 10 万左右的兵力,十中抽一,只能签出 1 万余名的军人;按十中抽二原则,也只能签出 2 万多军队;就是按十中抽三原则,也只能签出 3 万多军队。这些数字当然有偏差,但可以肯定,就是这些军人全部给绰

① (波斯)拉施特主编:《史集》第二卷,余大钧、周建奇译,第 32 页,商务印书馆,1985 年。
② (波斯)拉施特主编:《史集》第二卷,第 32 页。
③ (波斯)拉施特主编:《史集》第三卷,余大钧译,第 29 页,商务印书馆,1986 年。
④ (波斯)拉施特主编:《史集》第一卷第一分册,第 177 页。

儿马罕也是不够四万之数的。自然,拉施特说绰儿马罕的军队数也许并不准确,但大致应该差不了多少。即使够了去伊朗的,《世界征服者史》中说绰儿马罕的军队是三万人;[①]那么去其他地方的大量军人又从哪儿来?

　　合理的解释只能是:从蒙古千户正军中按十中抽一或近似比例签出来的,只是军队中的部分人员;而大量的军队人员,应该由各个千户的附属人员或直属政府的隶属民充当。前者就是派往各地的蒙古军,与留守草原的蒙古军相对,他们完成征服任务后有的会回到草原,有的会在征服地镇守一段时间,也有的就会长期镇戍;后者则是探马赤军,他们一般会在征服地区留下镇守。按照这一理解,太宗初年的签军一次完成还是多次完成,区别倒不大。为了征服伊朗,将某些千户的附属民或政府的某一部分隶属民作为探马赤军派过去;接下来打算去征服高丽了,就再将另一些千户的附属民或政府的另一部分隶属民征集起来;接着又想要往汉地进军,就以同样的办法再征集一些千户的附属民或政府的隶属民组成新的探马赤军。不过太宗初期派往各地的蒙古军,笔者仍主张是一次性签出的,其原则很可能就是十中抽一。以后随着战争的继续,有需要时还会继续抽签蒙古正军及征集探马赤军:蒙古正军继续按十中抽一或按其他比例抽,探马赤军则仍然征集自蒙古社会里地位低微的附属民。灭金以后,窝阔台发动长子西征和征宋战争,应当抽签了不少的蒙古正军,同时也组织了一些新的探马赤军。贵由时期也曾按十中抽二或十中抽三原则抽取过蒙古正军。[②] 不过,蒙古社会附属民的数量总是有限的,征集附属民组建新的探马赤军也就不可能无休止地进行下去。太宗以后,史料中不大容易看到新建探马赤军的明确信息了,宪宗和以后的元代探马赤军应当主要是原先的探马赤军和他们的后代,也就是说由

────────────────────

① (伊朗)志费尼:《世界征服者史》上册,何高济译,第 220 页,内蒙古人民出版社,1980 年。
② (伊朗)志费尼《世界征服者史》上册中记作十中抽二,第 299 页。(意)加宾尼《蒙古史》中记作十中抽三,该书收录于(英)道森编《出使蒙古记》,吕浦译,第 43 页,中国社会科学出版社,1983 年。

探马赤军军户人员组成。探马赤军一旦组建,探马赤军户也就形成。

读者读至此处,估计会马上提出两个疑问:第一,政府征集各个千户的附属人员是否容易? 第二,对蒙古正军为何要实行会导致作战能力下降的抽签模式? 下面对这两个疑问加以说明。

第一个疑问,笔者认为,成吉思汗建国后,大汗或皇帝征集蒙古千户内的附属人员是不会遇到多大阻力的,尤其是在草原社会中。加宾尼说,"一切东西都掌握在皇帝手中,达到这样一种程度,因此没有一个人胆敢说这是我的或是他的,而是任何东西都是属于皇帝的,这就是说,货物、人、牲畜等";"鞑靼皇帝对于每一个人具有一种惊人的权力。……不论他给予他们什么命令,不管什么时间、什么地点,不管这命令是要他们去作战、去生或去死,他们都绝对服从,没有一个字的反对。即使他要求他们的未婚的女儿或姐妹,他们也把她奉献给他,不出一句怨言"。[1] 窝阔台能将原属拖雷的两个千户改属己子,不仅在于拖雷寡妻的大度,也说明那时大汗的权威其实已经不容易挑战。连诸王的千户都可以要过来,更不要说是千户的附属民了。太田弥一郎先生提出,组建探马赤军与后来元朝的哈剌赤军有相似之处。[2] 钦察人归附蒙古后,多数是蒙古人的附属民,因为土土哈父子的大功,而得以从各主人处分离出来,单独组建哈剌赤军。实际上,元代后来形成的色目诸卫,也都同哈剌赤军类似。降附的各种色目人起先也都是作为蒙古千户或大汗、诸王的附属民而存在,政府一旦需要,就将他们按种族集中起来组成隶属枢密院,也即隶属国家而不再归属于蒙古千户和诸王的侍卫亲军,哈剌赤军后来也成了侍卫亲军中钦察卫的主要成员。前文提到,涉及军户所有的驱口问题上的两种争议,国家与军户争夺驱口争议和军户与放良驱户就贴军事务的争议,这两种争议,在史料中,我们看到的多是后者,而前者并不多。这些都说明,蒙古政府征集千户和诸王的附属民组成国家所有的探马赤

① (意)加宾尼:《蒙古史》,第 26、27 页。
② (日)太田弥一郎:《元代的哈剌赤军与哈剌赤户——兼论对"探马赤户"的理解》。

军并不会遇到多大困难。

针对第二个疑问,笔者的理解,窝阔台即位后就改变了对外的作战方式,他不再整个整个地派遣蒙古千户牧民部队。太宗时期,来自蒙古草原的军队,从人数上来说,占多数的实是由蒙古社会附属人员组成的探马赤军,当然主力还是蒙古千户正军。因为有了大量的探马赤军,尽管多地作战,蒙古正军的人数倒并不需要太多,也就可以通过按比例抽签的模式从蒙古千户中征集出这部分人员。另外,在窝阔台即位之初,实行这种抽军模式,确实也还有加强自己权威的意识。大蒙古国的军队,成吉思汗去世后,军权主要掌握在拖雷手中,窝阔台要求各个千户不得"妄分彼此"地十中抽一,显然是在传达两个信号:第一,所有的千户都要不折不扣地执行大汗这一命令,不要因为军权由拖雷掌控而抗拒执行;第二,抽出来的部队,指挥官由大汗另行任命,我们可以看到,太宗时期对外作战的将领,就很少由蒙古的千户那颜充当,他们很多实际上来自大汗的怯薛组织。抽出少部分人后,大多数的牧民还是留在了草原,抽出去的人有的在任务完成后还会回到千户里头,这样,原先的千户组织就不会被打散,其战斗力基本上也不会被削弱多少。

大叶升一先生注意到了《元史》兵志中的两处记载。[①]《元史·兵志一》:"(至元)十六年正月,罢五翼探马赤重役军。"[②]《兵志二》云:"中统三年,世祖以五投下探马赤立蒙古探马赤总管府。至元十六年,罢其军,各于本投下应役。十九年,仍令充军。"[③]大叶氏认为,至元十六年(1279)裁撤掉五翼探马赤军,其军人又回到了原先的五部族应役,正可以说明他们本来就是五投下内的非部族成员。这一看法是准确的。但大叶先生对探马赤军又称为重役军的解释不当,他认为,"重役"是指双重应役,即一方面在探马赤军队系统内应役,一方面又同时在投下部族内应役。探马赤军一旦组成,就成了王颋先生所说的"国家的武装"(王氏对探马赤

---

① (日)大叶升一:《再论元代的探马赤军》。
② 《元史》卷98《兵志一》"兵制"门,第2517页。
③ 《元史》卷99《兵志二》"宿卫"门,第2526页。

军军士来源解释有误,但他说该军队直属国家则是对的),其军人就不再与原先的投下有联系了。《元史》中说被罢的五部探马赤军人回到本投下,那是国家的命令,没有这样命令的话,他们是可以跟原先投下领主脱离关系的。世祖初期,好多被解散了的探马赤军军人就入了民籍。[①] 探马赤军之所以被称为重役军,应该是指自成立伊始他们承担的任务事项就一直比一般的蒙古军繁重,这是他们的身份地位决定的。《元史·兵志一》中另有记载:"至元十九年二月,诸侯王阿只吉遣使言:'探马赤军凡九处出征,各奥鲁内复征杂泛徭役,不便。'诏免之,并诏有司毋重役军户。"[②]"重役军户",意思当是"沉重役使探马赤军户"。这一诏令后,探马赤军或许有部分杂泛徭役被免征,但与蒙古军比起来,它必然仍属重役军,有什么辛苦任务,他们必然比蒙古军先行承当。窝阔台对贵由生气时说,要打发贵由去做探马赤,也能说明探马赤军是由地位低下人员组成的重役军。[③] 瞿大风先生在刊发《"火失勒"军与探马赤军异同刍议》一文之前不久,还发表过一篇《蒙元初期的探马赤军问题辨析》,他在该文中试图调和杨先生和萩原先生的看法,主张探马赤军由两部分人组成,一部分是抽出来的蒙古千户牧民,一部分则是千户的附属民。日本学者松田孝一先生《宋元军制史上的探马赤问题》一文也持类似观点。笔者认为,这种说法显然不可能:在重视等级、重视主奴之分的蒙古社会里,怎么会让主人和附属民在同一组织中接受同样的管理和支配呢? 瞿先生的依据是这条史料记载:"在每十个人中,抽出三个人,组成远征的军队,这三个人的奴仆(这些奴仆是从处于他们统治之下的各国带来的),也随军出征。"[④]这条史料只是说,蒙古牧民从军时,可以或者被要求带上奴婢,并没有说主奴就会被不加区别地安排在同一支部队中。我们看一下元代的怯薛组织就知道了:怯薛成员主要来自各级那颜子弟,他们可

① 《元史》卷 166《石高山传》,第 3897 页。
② 《元史》卷 98《兵志一》"兵制"门,第 2518 页。
③ 《元朝秘史》276 节总译。
④ (意)加宾尼:《蒙古史》,第 43 页。

以带几位奴婢,但不会被同样安排在怯薛组织中。我们说怯薛常额是一万人,而整个怯薛组织实际上会有六万人以上,①多出来的就是他们带来的奴仆,他们是不会和主人隶属于同一组织的。当然,瞿先生后来也许已经放弃了《辨析》一文中的主张。

总之,笔者在基本赞成萩原先生判断的基础上,对萩原先生的某些误解做了点修正,在有关探马赤军人员组成上形成如下结论:最早的探马赤军即五部探马赤军,由蒙古札剌亦儿、忙兀、兀鲁兀、弘吉剌和亦乞列思五个部族的附属人员组成(太祖朝);后来的探马赤军则主要由蒙古社会的附属人员组成,不再局限于五个部族(太宗朝);来自蒙古社会隶属人员的探马赤军人自然而然形成了元代的探马赤军户,宪宗和以后的探马赤军,就不大通过征集千户附属民而组建,其数量维持主要靠固定下来的探马赤军军户来保证。

## 四、探马赤军的人员组成(下)

有以上的认识,杨先生在《三探》文中认为不大好理解的有关色目人探马赤军的史料就容易解释了:

《元史·顺帝纪二》:"(后至元三年十二月),丙戌,命阿速卫探马赤军屯田。"②这支探马赤军的人员是阿速人,阿速人降附蒙古后,自然是蒙古社会的附属民。这支由阿速人组成的探马赤军,原先将领不知为谁,阿速人单独组成阿速卫后,这支探马赤军改隶属之。

《元史·兵志二》:"武宗至大三年,定康礼军籍。凡康礼氏之非者,皆别而黜之,验其实,始得入籍。及诸侯王阿只吉、火郎撒所领探马赤,属康礼氏者,令枢密院康礼卫遣人乘传,往置籍焉。"③诸王阿只吉等所领的这支探马赤军,人员中有康里(也写作康礼)人,康里人臣服蒙古后,当

---

① 周良霄、顾菊英:《元史》,第118—119页,上海人民出版社,2003年。
②《元史》卷39《顺帝纪二》"至元三年十二月条",第843页。
③《元史》卷99《兵志二》"宿卫"门,第2528页。

然是蒙古社会的附属民。因康里人阿沙不花和亦纳脱脱兄弟的拥戴之功，武宗皇帝即位后下诏立广武康礼侍卫亲军，即康里卫，阿只吉等所领的这支探马赤军队里的康里氏人员在至大三年（1310）改属之。仁宗即位后，康里卫遭解散，其人员又多重新成蒙古社会附属民了。

《元史·巴而术阿儿忒的斤传》：巴而术阿儿忒的斤之孙马木剌的斤"将探马赤军万人，从宪宗伐宋合州"。[1]　马木剌的斤之孙纽林的斤在世祖后期或成宗朝"领本部探马等军万人镇吐蕃宣慰司"。[2]　这支探马赤军人员是畏兀儿人，畏兀儿归附蒙古，未被纳入千户组织，其人员也就理所当然地被视作为蒙古社会的附属民。征集其中万人组建探马赤军，仍由畏兀儿人为将领，故称本部探马军。

此外，史料中有蒙古珊竹氏答失八都鲁（纽琳后代）"拨本部探马赤军三千"[3]的记载。这支探马赤军人员是珊竹人。珊竹氏尽管属于尼鲁温蒙古，但早期一直跟乞颜氏作对，蒙古建国后自然只能像克烈、乃蛮氏那样成为蒙古的附属民。这支探马赤军队一直由珊竹氏人孛罗带（纽琳祖父）和他的后代世袭率领，所以称本部探马赤。

有"本部探马赤军"的说法，我们自然会想到一个问题：最早的五支探马赤军，首领有克烈氏人、有塔塔儿氏人，他们麾下的探马赤军人是否就以本部民为主？萩原先生《初考》文中认为如此，被杨先生非议，萩原先生用以商榷的《答文》中没有回应，也没有再次提及这个问题。业师姚大力先生分析说，"选派那些在本部族被击溃之前即主动投附成吉思汗并经过大汗考验的亲信骁将，去统率这些由其同族属人口所新编成的军队，专用于最危险、最艰苦的军事行动，这里也兼有充分利用出自同族意识之聚合力的意图"。他"进一步推论"说："当木华黎从五投下私属人口中抽发新军，'分探马赤为五部'时，大概不是以他们原来所属的投下，而主要是以其本身族属作为划分标准的。然则五部探马赤中，当有两部以

---

[1]《元史》卷122《巴而术阿儿忒的斤传》，第3000页。
[2]《元史》卷122《巴而术阿儿忒的斤传》，第3002页。
[3]《元史》卷142《答失八都鲁传》，第3395页。

克烈残众为主体,另有一部主要是塔塔儿人。"根据前文的考辩,最早的探马赤军只是五部族蒙古军主力之外的辅助军队,其首领的地位,杨先生在《三探》文中也承认并不高(杨先生说,"用现代的术语讲,可以称为基层领导"),那么首领之下的军人由同部族人组成,应该是不大会有萩原先生《初考》文中所说的那种"高揭反旗的危险"的。姚师的分析和推论,笔者觉得可能性还是颇高。

关于探马赤军,《元史·兵志一》中有一著名的论断:"若夫军士,则初有蒙古军、探马赤军。蒙古军皆国人,探马赤军则诸部族也。"[1]包括杨先生、贾先生、黄先生在内的学界前辈,都觉得这句话难以说通。根据笔者前面的分析,这句话实是容易理解的。"皆国人"的蒙古军,是由被称为"达达百姓"[2]的千户牧民所组成的蒙古正军,他们有的留守在草原上,有的被签出来去征服和镇守草原以外区域;探马赤军则由草原社会的附属人员组成,这些附属人员来自各种族群,包括被成吉思汗打败后,其生存下来的游牧部众作为战利品在各蒙古千户中进行俵分的昔日强部塔塔儿部、篾儿乞部、克烈部、乃蛮部的牧民,也包括本来就是蒙古人的珊竹氏人、泰赤乌氏人,还包括多被视作为色目人的畏兀儿部人、康里部人、阿速部人等,自然也可以包括一些汉人,史料中就有"河南等路探马赤军人内执把弓箭之人,多系汉儿人"[3]的记载。《元史·兵志一》中"探马赤军则诸部族也"这一说法没有任何窒碍和难以理解之处。

倒是贾先生、杨先生、史先生、王先生、那木吉拉先生等人据以立论的前文中提到的《史集》中的说法,"探马军,也就是被指定从各千人队、百人队中抽出人来组成的军队,被派赴某地区长期驻扎者",笔者认为是很成问题的。拉施特的说法几乎就是前述诸先生立论的唯一依据,只是在具体的表述上稍有区别。杨先生的表述体现在他撰写的"探马赤军"词条上,其不足前文已经分析。贾先生和杨先生观点的区别仅在于,太

[1]《元史》卷98《兵志一》序言,第2508页。
[2]《元朝秘史》202节总译。
[3] 陈高华等点校:《元典章》卷35《兵部二·军器·探马赤军给引悬带弓箭》,第1229页。

宗朝开始的探马赤军,贾先生认为军士来源是五部族,杨先生认为来源是诸千户,其他方面两人意见一致。那么杨先生结论难以说明的问题,根据贾先生文章也是难以解释的。比如,贾先生说探马赤军是一种敢死队,那么为什么这些敢死队地位要低于不去冲锋陷阵的蒙古军呢?那木吉拉先生否认探马赤军的打先锋职能,认为该军种的主要职能只在于镇戍,在探马赤军的形成时间上,他也否认太祖时期说。在军士来源上,那木吉拉先生、史卫民先生、王颋先生三位学者则同杨先生一样都认可拉施特的说法,即探马赤军由"被指定从各千人队、百人队中抽出人来组成"。三位先生同样也就难以回答这两个问题:既然打先锋和镇戍是一般部队常规的两项军事事务,千户蒙古军也会从事,为何又要从中抽出一部分人来专门去从事这些事务,而且要给这些人单独命名一个军种?如果这些事务有一定的特殊性,从事这些事务的军士就应该受到尊重,但为什么地位又不高?也同杨先生一样,三位先生还要面临读者必定会追究的这个问题:探马赤军从蒙古军中抽出来,除此以外,两者之间还有什么关系?那木先生的文章中完全没有提及这一点。王先生认为元代汉地的几个蒙古军都万户府纯由探马赤军组成,根据他的看法,征服战争结束后在汉地的蒙古军实际上就都是探马赤军,前面分析杨先生观点时,提到过史料中有时是将蒙古军与探马赤军并列并示区别的,在汉地的探马赤军与蒙古军不是同一帮人的两种不同称呼而是两个不同的军种。在这一问题上,史先生总结了这样的几条结论:"一、蒙古出征军队转变为镇戍军队后,就成为探马赤军。二、蒙古出征军大量转化为探马赤军,是从太宗窝阔台即位后开始的。三、蒙古出征军的编组,是通过在蒙古各军中进行签军来完成的。由出征军转化而来的探马赤军,当然也是签军的产物。"按照这样的说法,不仅太祖朝没有探马赤军,就是在太宗朝征服战争期间,也还是没有蒙古军和探马赤军的区别,他们都从蒙古千户中抽取出来;只是在战争结束后,一部分军队回归草原,另一部分留下镇守,这些镇守的部队就转化成了探马赤军。根据史先生的逻辑,后来在汉地的蒙古军自然也就都是探马赤军。史先生在他后来撰写的

《元代军事史》一书中也确是这样认为的,他说,"留戍中原的蒙古军,也就是原来的蒙古探马赤军,以后都归属于蒙古军都万户府掌管","蒙古军都万户府属下的军队,虽然被称作蒙古军,可军官绝大多数是蒙古国时期'探马赤官人'的后代,士兵也都是'探马赤军人'"。① 应该说,除了出征的蒙古正军通过签军组成,史先生的其他结论都难以服人。

笔者看法,拉施特所说探马赤军人员从各千户中抽取而得,这是把探马赤军与太宗时起外出征服的蒙古正军混淆了起来。在有关探马赤军人员组成的问题上,如果认定由蒙古社会的附属民组成,那就只与包括拉施特这句话在内的两条史料(另一条下文马上提及)不符,而其他史料都能说得通;反过来,如果接受拉施特的定义,史料尤其是汉文史料中就会有相当多的地方无法解释。笔者因此不愿认为拉施特说法正确但其他史料有诸多错误,而宁愿相信拉施特的说法有误,这位生活在差不多是元朝中期的波斯官员对早期的蒙古制度理解不够准确。另一条与拉施特犯同样错误的史料是元中期文人虞集的话:"探马赤军者,昔国人之兵留戍汉地者也。"②这位南人官员,同样不大理解百年前的蒙古制度以及异己的蒙古社会。今人若以这两位被征服地区的官员的话为主要依据来解读元代的探马赤军制度,笔者认为是很不靠谱的。

探马赤一词的语源是什么,确实难以回答,但一定与族群意义有关、与附属人员的意义有关,《元史》将探马赤军与蒙古军、汉军、新附军一起并列为元代的四大军种显然是从种族意义上说的,史料未将也具有种族意义的色目军列为一大军种,则是由于色目军的规模以及在国家中的地位和作用不如这四大军种。③ 将探马赤军理解为先锋军、镇戍军,或者理解为签取的蒙古千户牧民军,都不容易解释它为何会跻身四大军种之

---

① 史卫民:《元代军事史》,第 265、269 页,军事科学出版社,1998 年。
② (元)虞集:《道园类稿》卷 42《彭城郡侯刘公神道碑》,《元人文集珍本丛刊》本,台湾新文丰出版公司,1985 年。
③ 从身份上说,色目军与探马赤军可谓性质一致,但色目军一般由同族人组成,而探马赤军除了少数的"本部探马赤军",都由"诸部族"人组成。

列。这里我们再看一下萩原先生对探马赤语源的说明。他在《初考》文中认为该词语源有二：一是收集，探马赤军组成时，是收集散在各处的人员而组成，所以探马赤有"被收集起来的人"的意义；二是印章，"被征服的民族要像奴隶一样烙上牛马那样的烙印"，探马赤即"收集那些烙有烙印的探马赤（隶属民）而组成的军队"（用杨先生《再探》文中的译文）。收集意义肯定不对，组建探马赤军是直接拿附属人员充当的（这些附属人员中有可能很多还是同族人员聚集在一起），绝不会像建国初组建千户时一些功臣收集散在各处的本部族人员一样，这一点杨先生已经辨析。萩原先生所说的第二个语源，杨先生也有过驳斥，但没有多大分量。笔者以为，萩原先生的这一猜测倒是有一定道理的。蒙古社会的附属民，既然与普通千户牧民有别，那就必定会有某种东西去标识他们，哪怕只是口头上的认定，探马赤的语源应当就是这种标识东西。将其理解成"烙印"未尝不可，但"烙印"并不就是说一定是烙在身上的印迹，它可以只是一种比喻，就像汉语中的"羁縻"一词。我们说中原王朝羁縻某个周边政权，绝不能理解成中原王朝皇帝给周边政权首领套了个马络牛鞿。有文献说，南宋朝廷献降表后，忽必烈下旨对宋幼主"免系颈牵羊"，[1]这也肯定不能够从字面上机械理解。当然，萩原先生所说的，灭金以后探马赤军入民籍是对他们功绩的恩赏，"在成立探马赤时，他们是不能入民籍的阶级"（用杨先生《再探》文中译文），这一点是完全不能成立的，杨先生《再探》文中已经反驳过。

### 五、探马赤军的将领

探马赤军由蒙古社会的诸部族隶属人员组成，但值得注意的是，蒙古社会的附属人员，如果不是特意检出的话，在四大族群中，他们就属于蒙古人。这即是探马赤军又被视为蒙古军的原因。

《元史·也蒲甘卜传》："也蒲甘卜，唐兀氏。岁辛巳，率众归太祖，隶

---

[1]《元史》卷9《世祖纪六》"至元十三年三月"条，第180页。

蒙古军籍。"①其子昂吉儿的本传中,再次提及也蒲甘卜这位唐兀氏的西夏将军归附后"以其军隶蒙古军籍"。②《元史·昔都儿传》:"昔都儿,钦察氏。父秃孙,隶蒙古军籍。"③《元史·土土哈传》:"(至元二十一年,)籍河东诸路蒙古军子弟四千六百人隶其(土土哈)麾下。"④这 4600 人的"蒙古军子弟"也即组成哈剌赤军和钦察卫主体的钦察人。党项人、钦察人都属色目人,但归附蒙古后,在未检出之前,他们多属于蒙古军籍,也就被视作为蒙古人,当然与作为"达达百姓"的蒙古千户牧民自然是有别的,可以说是广义的蒙古人。最早的五部探马赤军,其人员在金亡之后,有的仍"入籍册",即在军中服役,另有很多则"未尝为军";⑤"未尝为军"的,也就是《元史·石高山传》中所说的"入民籍者",⑥史料中说他们在"蒙古、汉人民户内作数",⑦可以肯定绝大多数是在蒙古民户内作数。这也可以说明探马赤军人员属于广义的蒙古人。

正因为蒙古社会附属民是广义上的蒙古人,所以由他们所组成的探马赤军,有时也就被称作为蒙古探马赤军。在被征服地区中人看来,蒙古千户牧民也好,他们社会的附属人员也好,都是比自己族群地位高得多的蒙古人,所以,探马赤军有时也就被直接称作蒙古军。太祖时成立的五部探马赤军,中统三年(1262)改立为蒙古探马赤总管府,至元二十二年(1285),则改称为蒙古侍卫亲军指挥使司。⑧ 在这个意义上,我们可以说探马赤军就是蒙古军的一个分支,史料中提到的蒙古军,有时实际上就是指探马赤军,杨先生《初探》文中已经指出,《元典章·兵部一·军驱·蒙古军驱条画》中"所列诸款大部为探马赤军人争驱口事"。

———————————————

① 《元史》卷 123《也蒲甘卜传》,第 3027 页。
② 《元史》卷 132《昂吉儿传》,第 3213 页。
③ 《元史》卷 123《昔都儿传》,第 3238 页。
④ 《元史》卷 128《土土哈传》,第 3133 页。
⑤ 《元史》卷 98《兵志一》"兵制"门,第 2511 页。
⑥ 《元史》卷 166《石高山传》,第 3897 页。
⑦ 《元史》卷 98《兵志一》"兵制"门,第 2511 页。
⑧ 《元史》卷 99《兵志二》"宿卫"门,第 2526 页。

不过,笔者还是要强调两点:第一,蒙古探马赤军尽管是广义蒙古军的一种,与汉军、新附军迥然有别,但与由千户牧民组成的蒙古正军相比,两者之间依然是有很大区别的,遇到艰苦的任务,仍然首先要由探马赤军去承担,这是他们的身份所决定的。第二,史料中提到汉地的镇戍军时,尽管有"蒙古军"实为"探马赤军"的例证,但绝不能认为在汉地镇守的蒙古军就全是探马赤军。王颋先生提到了一条"探马赤军"和"蒙古军"可以互换的史料。《元典章》卷23《户部九·农桑·立社·蒙古军人立社》:"至元二十九年闰六月,御史台奉中书省札付:枢密院呈:据蒙古都万户府呈:'元准河北河南道按察司省会将探马赤军人与诸人一体入社,依例劝课事。……府司看详,按察司为朝廷腹心耳目,尚然不许知会军数,盖为军国事可宜密切,所以如此关防。若将本管蒙古军人却与汉儿民户一同入社,其各处管民官司备知卑府见蒙古军数。'"①该史料中,前面说探马赤军,后面云蒙古军,王氏说两者"所指几乎为一",王先生的理解其实是错的。就本条史料而言,后面的"蒙古军"是指包括探马赤军在内的广义蒙古军。《通制条格·田令》中有一条记载与此有关:"至元二十九年三月二十日,枢密院奏:脱完不花奏将来有:'廉访司官人每俺根底与文字,省官每奏准,蒙古探马赤每根底与汉儿民户一处作社者。么道,与文字来。俺怎生理会?'么道,说将来有。俺商量来,军每的数目,教他每知道的体例无有。么道,奏呵,休与汉儿民户一处相合者,依着万户的体例里另行。么道,圣旨了也。钦此。"②这条史料明确记载了当时讨论的"与汉儿民户一处作社"的其实是包括探马赤军在内的蒙古军,而不是如《元典章》所记载的只是在讨论探马赤军入社问题。史料中所提到的在汉地镇戍的"蒙古军",意指"蒙古正军加探马赤军"的例证其实是比较多的,特别是当它与"汉军"并举时,往往如此。如《通制条格》卷6《选举》:"万户、千户、百户内并万户府、千户所镇抚、弹压,因功升除

① 陈高华等点校:《元典章》卷23《户部九·农桑·立社·蒙古军人立社》,第923—924页。按:王颋先生原文引本条史料,抄录史文多有讹误,标点也有不当之处。
② 方龄贵校注:《通制条格校注》卷16《田令》"立社巷长"款,第455页。

别勾当里去了呵,管蒙古军马的人每元管来的军里,委付他每的弟侄、儿男者。管汉军的人每升除别勾当里去了呵,他每替头里委付别人者。"①卷7《军防》:"照得各翼摘差蒙古、汉军征进八番叛蛮。"②卷28《杂令》:"所在镇守蒙古、汉军,各立营所。"③这些记载中的蒙古军实指蒙古正军和探马赤军,汉军则实指汉军和新附军。

所以,文献中所提到的在汉地的"蒙古军",有时是指签取自蒙古千户的被称为"国人"的蒙古正军,有时是指由蒙古社会附属民组成的探马赤军,有时则是两者的合称;遇到"蒙古军"字样,我们就需仔细辨别具体所指,不过由于详细史料太少,我们经常难以确定它们的严格含义。但无论如何,我们都不能够简单地认为"蒙古军"就是"探马赤军"一词的另一种表达。当然,在汉地戍守的军队中,一开始可能大多数委实是探马赤军,不过随着时间的推移,出自蒙古正军的人员应该越来越多。

研究元代的探马赤军,探讨这一军种有哪些将领自然是题中应有之义,不过这个问题解决起来实在费事。刚才说了,探马赤军有时会被直接称为蒙古军,特别在汉文文献中,不少时候是不区别蒙古军和探马赤军的,那么,史料中所提到的蒙古军将领就有可能是探马赤军的将领。比如阿术鲁、奥鲁赤,是两位著名的探马赤军将领,但在《元史》本传中都没有提及这一点,要不是有王恽文章和《通制条格》旁证,我们就不会确认他们的真正身份。

那木吉拉先生、史卫民先生和王颋先生均以是否从事镇守为依据判断军队是否属于探马赤军。前文提到,探马赤军从事打先锋,但不能将所有先锋部队都称为探马赤军,同样,探马赤军从事镇戍,但也不能反过来说,只要是镇戍部队就是探马赤军。探马赤军和蒙古军的区别并不在于是否打先锋、是否镇戍,尽管这两项事务确实多由前者完成,而在于其人员的组成有差异。在无法断定其军队是否由蒙古社会隶属民组成的

---

① 方龄贵校注:《通制条格校注》卷6《选举》"军官袭替"款,第283页。
② 方龄贵校注:《通制条格校注》卷7《军防》"口粮医药"款,第314页。
③ 方龄贵校注:《通制条格校注》卷28《杂令》"扰民"款,第657页。

情况下,判别一位蒙古军将领是否是探马赤军将军,不能以是否是镇戍军将领为标准,只能依据史料中是否有明确的记载。这样做的话,显然会有不少被称作蒙古军将而实为探马赤军将的人会被遗漏,特别是在太宗时期,从事镇戍在蒙古人看来还仍然是一件苦差事,镇戍军应该多为探马赤军,但如果史料中不特别点明的话,我们还是不敢贸然将他们的将领认作探马赤军将。即使是后来的世祖朝,在中原和陕川地区镇戍,可能还仍然多由探马赤军充当,几个蒙古军都万户府成员也许如史先生、王先生所认为的主要是探马赤军;"很多蒙古人对作为征服者移居汉地江南颇觉惬意",如姚师所说,还是到了"元朝中后期"的事。不过,正因为太宗朝开始,已经有蒙古正军镇戍外地的事,为了保险起见,还是不宜将镇戍军将领都称作探马赤军将领。这种谨慎,自然会有遗漏,但不至于误认。杨先生《三探》文在这一点上给我们后辈树立了榜样。史先生文中所列的在汉地的"如此多的探马赤官人",很多是没有确切证据的,特别是他将察罕、塔察儿(博尔忽族孙)、塔海绀卜等几位高级别的都元帅都视作探马赤将领,显然是不妥当的。这些都元帅,是相当大的战区内的军事总帅,战区内的各种大蒙古国军队,包括蒙古军、汉军、色目军等都要听他们指挥,自然也包括了探马赤军。我们只能说,他们统率的军队中有探马赤军,但不能说他们只是探马赤军的将领。正如后来灭宋战争的名将阿术,史料中说,他统领过探马赤军,[1]但我们绝不能说他仅是探马赤军将领。同样,后来的诸王术伯、阿只吉也统领过探马赤军,我们肯定不宜说他们只是探马赤军将领。[2] 太宗朝开始的蒙宋战争,其四川战场上的按竺迩、纽璘也是,他们统率的军队中有探马赤军,或者他们开始可能只是探马赤军的将领,但后来升为方面大帅了,统领的军队

---

① 陈高华等点校:《元典章》卷34《兵部一·军役·探马赤军交阔端赤代役》中有"探马赤军人在前阿术管的时分,好有来"说法,第1183页。

② 术伯,也作出伯,旭烈兀五世孙,封豳王,领探马赤军事见《元史》卷14《世祖纪十一》"至元二十三年十二月"条,第294页;卷18《成宗纪一》"元贞元年四月"条,第392页。阿只吉,察合台孙,封威远王,领探马赤军事见《元史》卷98《兵志一》"兵制"门,第2518页;卷99《兵志二》"宿卫"门,第2528页。

中就不只是探马赤军了。这种情况的,我们可以说他们曾经担任过探马赤军将领。

下面以时间为序,笔者在杨先生《三探》文基础上,再考察下元代探马赤军的首领,对其中的某些人做些补充考证。

(一)最早的探马赤军,是太祖时组建的五部探马赤军,其将领名单,《元史·兵志一》"兵制"门和《兵志二》"宿卫"门均有记载,为按察儿、孛罗、肖乃台、阔阔不花和孛罗海拔都儿,《元史·阔阔不花传》的记载无孛罗海拔都儿,有怯烈台;《元史·石高山传》中所列最早的五部探马赤军将也有怯烈台,但没有肖乃台,孛罗海拔都儿也有(诸种史料中人名译音用字不大统一,如孛罗海有译成不里合、不里海的,怯烈台有译作窟里台、怯烈觶、乞里台的)。清代史家钱大昕认为《兵志》记载准确,他的根据是,肖乃台是克烈人,所以又称怯烈台,"史家疑孛罗海与孛罗为重出,故《阔阔不花传》误分怯烈台以当五人之数"。[1] 杨先生《初探》文考察出,肖乃台之外,另有一位怯烈台,也做过探马赤将领。王颋先生认为,这位肖乃台之外的怯烈台是孛罗海的继任者。王先生的解释可信。这样,最早的五部探马赤军将领实有六位,即按察儿、孛罗、肖乃台、阔阔不花、孛罗海拔都儿,孛罗海拔都的职务后由怯烈台继任。《元史·兵志》和《元史·石高山传》所记的是最初的五位部将,《石高山传》中的怯烈台是指肖乃台;《元史·阔阔不花传》所记的则是稍后的五位部将。这六位将领中,按察儿、肖乃台是克烈氏,阔阔不花是塔塔儿氏,其余三人部族不详。

(二)太宗即位初组建了不少探马赤军,除了派往波斯、高丽等地,一部分投入了灭金战争。从事灭金战争的探马赤军(包括太祖朝建立的五部探马赤军)将领,灭金后都得到了一些汉地封户作为奖赏,他们在中原封户的数目《元史·食货志》"岁赐"门中多有记录,只是记录的是后来文宗时期的统计数字。这些探马赤将领,也就是王恽所说的"阿术鲁拔都

---

[1] (清)钱大昕:《十驾斋养新录》卷9《五部将互异》,杨勇军整理本,第180页,上海书店出版社,2011年。

鲁为头探马赤官人每"。按王恽所列,共有 13 人,包括了前面所说的 6
位将军。[1]

（1）阿术鲁拔都鲁,即《元史》卷 123《阿术鲁传》传主,据《元史》卷
131 其孙怀都的本传,知他为蒙古斡鲁纳台氏。阿术鲁是为头探马赤官
人,史料中提到他的地方也比较多,给人的感觉是他后来似乎不只是探
马赤军的将领,而成了一方大帅。另外,《元史·阿术鲁传》中有记载,阿
术鲁告老后,宗王塔察儿（成吉思汗幼弟斡赤斤嫡孙）任命其子袭职。史
先生认为,探马赤军将领仍要由投下领主任命,笔者以为这是一种误解。
宗王塔察儿这时候的身份很可能只是阿术鲁军事上的上级。

（2）塔四火鲁赤。贾先生认为,即木华黎孙、字鲁子、嗣国王塔思,肯
定错误。此人毫无疑问乃《元史·食货志》"岁赐"门中提到的塔思火儿
赤,也即《元史》卷 131《忙兀台传》传主的祖父塔思火儿赤,为塔塔儿氏。
《元史·忙兀台传》中说:"塔思火儿赤,从太宗定中原有功,为东平路达
鲁花赤,位在严实上。"[2]姚大力师等人均考订出,此人也即《大元马政记》
中提到的"探马赤查剌温火儿赤"。塔思是突厥语词,查剌温、赤老温是
蒙古语词,意思都是石头,姚师说,"取名为'石头'的蒙古人,既能按蒙古
语称为查剌温,亦可按突厥语称为塔思"。《元史·石天禄传》中提到的
查剌温火儿赤也当即此人。

（3）笑匿歹,即肖乃台,最早的五部探马赤军将之一,《元史》卷 120
有传,为克烈氏。

（4）李里匣儿拔都,"李"为"字"之误,即字罗海拔都,最早的五部探
马赤军将之一。

（5）阔阔不花,最早的五部探马赤军将之一,《元史》卷 123 有传,为
塔塔儿氏。

（6）字罗□。杨先生《初探》文认为乃最早的五部探马赤军将之一的

---

[1] （元）王恽:《秋涧先生大全集》卷 81《中堂事记中》。
[2] 《元史》卷 131《忙兀台传》,第 3186 页。

孛罗，"原名下有□符号，不知何故，或系衍出"。史卫民先生、陈得芝师认为，乃珊竹人孛罗带，即纽琳祖父。[1] 姚大力师认为，乃《元史·食货志》"岁赐"门中所记"孛罗古妻佟氏"之夫，即此人名孛罗古。笔者认为，杨先生的判断更可靠些。作为最早的五部探马赤军将之一，王恽文章不大至于遗漏；此人也就是"岁赐"门中有封户记载的孛罗先锋。贾先生认为，王恽文中的孛罗□乃"岁赐"门中的"孛罗口下裴太纳"简称，恐怕无据；而对于五部探马赤军将之一的孛罗，贾先生认为，即木华黎的儿子国王孛罗，这已经被多位学者指出是错的。

（7）怯烈歹，即怯烈台，最早的五部探马赤军将之一的孛罗海拔都的继任者，《元史·食货志》"岁赐"门中名字写作乞里歹拔都。

（8）撒及四不花，即《元史》卷122《槊直腯鲁华传》传主之子，为克烈氏，阵亡于归德之战。《元史·食货志》"岁赐"门中名字写作"撒吉思不花先锋"。

（9）这里四迷，杨先生、贾先生均怀疑此人即是《元史·食货志》"岁赐"门中的折米思拔都儿。笔者猜测，很有可能也就是《元史》卷123《月里麻思传》的传主，为乃蛮氏。

（10）按察儿，最早的五部探马赤军将之一，即《元史》卷122《按扎儿传》传主，为克烈氏。

（11）持不哥儿，贾先生认为"持"乃"特"之误，他怀疑与《元史·食货志》"岁赐"门中的"迭哥官人"相当。史先生认为，乃《元史》有传的乃蛮人抄思，音不合，不取。如果贾先生所说"持"乃"特"之误，此判断准确的话，笔者高度怀疑此人即作为征高丽主将撒礼塔之副手的帖哥，[2]也即《元史》中屡屡提及的后来随塔海绀卜入蜀的帖哥火鲁赤。此人入蜀后被称为都元帅，其身份可能就不只是探马赤军军将，而成为一方大帅了。

---

① 陈得芝：《蒙古哈答斤部撒勒只兀惕部史地札记》，收录于氏著《蒙元史研究丛稿》，人民出版社，2005年。

②《元史》卷154《洪福源传》，第3628页。

松田孝一先生认为此人"必然"是蒲鲜万奴之子,[①]作为推测性的结论,用"必然"一词显得武断;笔者倒是认为,此人有可能与《元史》中提到的忒木勒哥(塔海帖木儿曾祖)是同一人,他的族属为塔塔儿氏。[②]

(12)也里乾男塔丑。史卫民先生将此析作两人,一为也里乾,他认为即《元史》卷129《阿剌罕传》传主之父也柳干,札剌亦儿氏;另一为塔丑,他认为即《元史》卷130《彻里传》传主元名臣彻里的曾祖父太赤,也即《元史》卷123《纯只海传》中提到的"大帅太出",蒙古燕只吉台氏人。史先生提到的这两人,从史料中来看,似乎地位要高于一般的探马赤军将领,[③]当然不排除他们本为探马赤军将,后来升为一方大帅的可能。王颋先生文中也将此析作两人,认为也里乾是女真人谷里夹打,根据不足;塔丑则也认为是彻里曾祖父。笔者倒是认为,此是一人,很可能就是《元史》卷132《帖木儿不花传》传主之父帖赤,塔塔儿氏,也即《元史·食货志》"岁赐"门中提到的塔丑万户。又《元史》卷154《石抹按只传》中提到一位四川战场上的先锋奔察火鲁赤,不知与他是否是同一人,从活动年代上看,奔察火鲁赤似乎比较晚了点。

(13)别里古歹。杨先生《初探》文认为此人可能就是蔡州战役中灭金的名将塔察儿的儿子别里虎觮。贾先生认为,也可能就是前述的"孛鲁古妻佟氏"的丈夫孛鲁古。笔者觉得,孛鲁古的可能性要大些。另外,《元史》卷135《忽都传》传主父亲,兀良合台氏孛罕,应该也是位探马赤军将领,他是13人中的哪一位? 孛罗还是别里古歹? 待考。这位孛罕,姚燧《袁公(湘)神道碑》中也提到了他:"金之蹷国,……(袁湘)乘夜载鸥夷济河,款我大将孛罕营降。……孛罕义之,相与饮酒尽欢,以便宜升临为

---

① (日)松田孝一:《蒙古帝国东部国境的探马赤军》,晓克汉文节译文载《蒙古学信息》2002年第4期。
② 《元史》卷135《塔海帖木儿传》,第3276页。
③ 关于札剌亦儿氏也柳干,参见(元)虞集《道园学古录》卷24《曹南王勋德碑》,《四部丛刊》初编本,上海商务印书馆,1929年;关于蒙古燕只吉台氏太赤,参见(元)姚燧《平章政事徐国公神道碑》,收录于(元)苏天爵编《国朝文类》卷59,《四部丛刊》初编本,上海商务印书馆,1929年。

州,拔公为帅。"①

(三)灭金前夕或稍后,窝阔台又组建了一些新的探马赤军,它们的将领未能赶上丙申分封,所以未见于王恽所列的"阿术鲁拔都鲁为头探马赤官人"名单中。比较确切的新的探马赤军有三支。一是奥鲁赤父亲忒木台所统的新五部探马赤军,其人员也来自札剌亦儿、忙兀等五个著名部族的附属人员。许有壬《至正集》中说这支探马赤军成立于灭金前夕。②《元史》卷120《曷思麦里传》中提到的"行省帖木迭儿"恐即是忒木台。这支探马赤军后来一直由奥鲁赤和其后代掌领。二是由按竺迩率领的探马赤军。此后一直由按竺迩和他的后代统领,按竺迩的孙子步鲁合答还将其中一部分带到了云南。按竺迩是汪古人,本身原属察合台的私属人员,后被国家征用成为探马赤军将领。他所领的这支探马赤军文献中一直称作探马赤军或蒙古探马赤军,没有见到称本部探马赤军的,所以难以判断是否就由汪古人组成。三是由珊竹氏人孛罗带率领的探马赤军,这支探马赤军一直由孛罗带和他的后代太答儿、纽璘、也速迭儿、南家台、答失八都鲁等世代统掌,被称为"本部探马赤军",其人员由珊竹氏组成。前文说了,按竺迩、纽璘等人,统领有探马赤军,也许一开始的职务就只是探马赤军将领,但后来有所升迁,成一方都元帅,身份也就不只是探马赤军的将领了。前文还提到,畏兀儿人马木剌的斤"将探马赤军万人,从宪宗伐宋合州",这支探马赤军很可能也是太宗朝成立的,又称"本部探马赤军万人",当由畏兀儿人组成。入元后纽林的斤领之"镇吐蕃宣慰司",应该就形成了《元史·百官志三》中所说的"脱思麻探马军四万户府"。③

(四)太宗以后的元代探马赤军,主要由探马赤军户人员充当,其将领有石高山、黄头、要剌海等。哈剌鲁人也罕的斤带探马赤军一万人"戍

---

① (元)姚燧《牧庵集》卷17《袁公神道碑》,《四部丛刊》初编本,上海商务印书馆,1929年。
② (元)许有壬:《至正集》卷47《有元扎剌尔氏三世功臣碑铭并序》,《元人文集珍本丛刊》本,台湾新文丰出版公司,1985年。
③《元史》卷87《百官志三》"宣政院"属,第2196页。

斡端",①不详其人员是否以哈剌鲁人为主。关于太宗朝以后的探马赤军将领名录,读者可参见杨先生的《三探》文。

这里分析一个问题:探马赤军将领中是否有蒙古草原千户那颜?

探马赤军既然是"国家的武装",将领由大汗任命,其中如果有千户那颜自属正常,不过,因为探马赤军的军人都是蒙古社会的附属民,其地位比较低微,探马赤军将领的地位一般也不会太高,由地位较高的千户那颜来领军可能性不会太大。史料中所见探马赤军将领,不少有"火儿赤""拔都儿"称号,火儿赤为怯薛执事,拔都儿是勇士之意,他们应该多数是宿卫之士,但不大是宿卫中的各级指挥官。《元朝秘史》第 202 节所列的 88 位千户那颜中,第 75 位阿只乃,日本早年元史学者那珂通世认为,可能是探马赤军将领中的阿术鲁或按竺迩,②这只是猜测,没有坚实依据。探马赤军军将忒木台之父朔鲁罕,余大钧先生认为,就是 88 千户那颜中的第 45 位余鲁罕。③ 即便余先生判断准确,朔鲁罕是千户那颜,并不表示他儿子忒木台也是千户那颜,该千户长职位由忒木台的兄弟担任是有可能的。这里倒是有一个问题需要分析一下。如果忒木台确是千户那颜朔鲁罕之子,他和他后代的身份就自然是"国人"而非附属民。但是史料中提到忒木台之子奥鲁赤时是明确讲他是探马赤军户,而按照前文的分析,探马赤军人是蒙古社会附属民、探马赤户当也是附属民。笔者的理解,史料中提及奥鲁赤是探马赤军户,主要是强调了他所领军队的属性而已。杨先生《初探》文中已经指出,探马赤军军将的地位和一般的军人地位迥然有别。前文说了,探马赤军将领好多来自宿卫,他们多数自然也不能看作是蒙古社会的附属民。

## 六、探马赤军的作用

最后,说一下探马赤军在元代的作用。这个军种的作用,在不同时

---

① 《元史》卷 99《兵志二》"镇戍"门,第 2541 页。
② 参见余大钧译注《蒙古秘史》,第 341 页,河北人民出版社,2001 年。
③ 余大钧译注:《蒙古秘史》,第 337—338 页。

期是不一样的。太祖朝,五部探马赤军只是一种附属军,其人数应该不会太多,他们极可能不在木华黎统率的"十军"之内,尽管十军具体所指,学界的看法仍不统一。五部探马赤军的作用,重在打先锋,当时也有一些镇戍任务,但相比前者来说,显得次要些。五位将领均多地作战,说明当时蒙古军队尚不容易能够固定地占领一些地区。这一时期的探马赤军,时常被指派去协助陷于困境的汉军,肖乃台援救史天泽,孛鲁海援救严实是突出的例证。

探马赤军显示重大意义的是在太宗时期。窝阔台总结自己功过时说:"自坐我父亲大位之后,添了四件勾当:一件平了金国,一件立了站赤,一件无水处教穿了井,一处各城池内立探马赤镇守了。"[1]灭金是太宗时期完成的,以此为傲无可非议。其他三件太祖时期均有过,不过在被征服的欧亚大陆广泛设立驿站和在草原上广泛凿井确是太宗时期的大政绩,他以此为傲也说得过去。如何理解他要以立探马赤军为傲?该军种太祖时即有,太宗时扩大了规模,不过,并没有证据能说它的军事作战能力要超过蒙古千户军队,太宗以它为傲肯定不是基于这点考虑。学者们普遍提到了探马赤军的镇戍职能,这无疑是一个重要因素:蒙古人攻金之初,得地不守,既与争战进程有关,也确与蒙古人不愿戍守有关,很多被攻占下来的地方后来又归金所有;探马赤军成立以后,逐渐改变了这种状况;太宗朝起,探马赤军增多,各支军队戍守的地方也逐步固定下来,蒙古人政府得以稳定地占有汉地。《秘史》中说,"斡歌歹既将金国穷绝了,……于汴梁、北平等处立探马赤以镇守之"。[2]《元史·阔阔不花传》中则记载了五部探马赤军具体的镇戍地点:"岁丙申(1234),太宗命五部将分镇中原,阔阔不花镇益都、济南,按察儿镇平阳、太原,孛罗镇真定,肖乃台镇大名,怯烈台镇东平。"[3]

除了镇守"各城池内",笔者觉得还有三个因素也是可以让太宗以大

---

[1]《元朝秘史》281 节总译。
[2]《元朝秘史》273 节总译。
[3]《元史》卷 123《阔阔不花传》,第 3023 页。

规模扩大探马赤军编制为自傲的资本的。

其一,让探马赤军冲锋陷阵既减少了蒙古正军的损失又达到了消耗附属民的目的。攻城略地、戍守一般蒙古人不大愿意去的农耕地区,这些任务主要由探马赤军承担了,对作为"国人"的蒙古军,需求量就不会太大,有需要时按十中抽两个左右的比例抽出一小部分人就可以,多数的蒙古千户军队从此可以留在草原。利用战争消耗附属民,此后的元朝也还继续有过这样的事,忽必烈的海外战争就多数是遣南宋新附军去作战的。

其二,利用探马赤军监控和威慑汉军将领与世侯。蒙金战争开始后,大量汉人将领投靠蒙古政府,帮助蒙古人攻打自己的同族人。蒙古人如何保证这些投降者对他们的忠诚? 太祖时期主要的方式就是让投诚者输送质子,同时,由于蒙古左翼军的主力都在华北战场,而汉人降将的势力也不是很大,这一时期要保证他们的忠诚问题不大。成吉思汗去世后,蒙古主力军多回到漠北,一些汉人降将的势力则在这一时期有所发展,著名的四大世侯,其实力主要就是在太祖去世后不长的一段时间内迅速形成的。这种情况下如何确保他们的忠诚? 主要就是靠太祖朝的五部探马赤军和太宗初年新组建的总共十来支探马赤军的力量,这些探马赤军就分布在重要的汉军将领和世侯周围。探马赤军将领撒吉思不花"以总师行省监其(史天泽)军",[1]《元史·史天泽传》中称撒吉思不花为达鲁花赤,[2]达鲁花赤是蒙古官制中的监临官。探马赤军将领塔思,史料中也说他是"位在严实上"的达鲁花赤。[3] 探马赤军将领阿术鲁、月里麻思(可能就是13位探马赤官人中的这里思迷)也都以探马赤军将领的身份兼任过负责监临汉军将领的达鲁花赤。[4] 入元以后的探马赤军将

① 《元史》卷122《槊直腯鲁华传》,第3014页。
② 《元史》卷155《史天泽传》,第3659页。
③ 《元史》卷131《忙兀台传》,第3186页。
④ 《元史》卷123《月里麻思传》,第3036页。

领哈剌鲁人也罕的斤也任过"嘉定军民、西川诸蛮夷部宣抚司达鲁花赤"，①显然是继承了太宗时期的传统。当然，太宗时期驻守在汉地的蒙古军将领也有监控汉地降人的任务，纯只海"充益都行省军民达鲁花赤"，②显然就是在监控李璮势力。丙申分封后，汉地不少将领和世侯又要受到各个领主诸王的控制。

太宗即位之初，蒙古人从汉地所得并不多，以至于有近臣要求变汉地为牧场。耶律楚材谏止后，大蒙古国在汉地设十路征收课税使，他们和他们的副手都是些文人。就是这些文人居然让统管一方军民财的汉军将领服服帖帖地交出部分财权，没有探马赤军在旁边的震慑肯定是不可能做到的。探马赤军的作战能力，虽然也有失败之时，如撒吉思不花就命丧归德城下，但总的而言还是特能打仗的一个军种，世侯们都目睹过他们的战绩。史天泽正是依靠了肖乃台的探马赤军，才击败了金将武仙一次又一次的进攻并擒杀了宋将彭义斌。有这些探马赤军的存在，汉人将领多比较惶恐且俯首听命于蒙古政府。金朝灭亡后，大蒙古国在中原地区调整州县，确定了路府州县的临民体制，大的世侯控制一路，中小世侯控制一州一县。③ 蒙古政府在"州县守令上皆置监"，④这些"监"绝大多数是不领兵的达鲁花赤。依然掌握一方军民大权的汉军将领和世侯又都顺从了这些文职的达鲁花赤，不能说与旁边就有探马赤军的镇戍没有一点关系。蒙古政府对汉人世侯势力的消除不是世祖朝一朝一夕就完成的，它是太宗朝开始大约 30 年的逐渐削弱的后果，到世祖朝水到渠成地终结。正是因为汉军将领的力量实际上在不断削弱，留守汉地的探马赤军有不少就入了民籍，也就有了世祖初年与石高山的有趣君臣谈话。

《元史·石高山传》如此记载："中统三年，高山因平章塔察儿（非博

---

① 《元史》卷 133《也罕的斤传》，第 3226 页。
② 《元史》卷 123《纯只海传》，第 3030 页。
③ 张金铣：《元代地方行政制度研究》，第 68—78 页，安徽大学出版社，2001 年。
④ （元）姚燧：《牧庵集》卷 24《谭公神道碑》。

尔忽族孙、也非斡赤斤孙）入见世祖，因奏曰：'在昔太祖皇帝所集按察儿、孛罗、窟里台、孛罗海拔都、阔阔不花五部探马赤军，金亡之后，散居牧地，多有入人民籍者。国家土宇未一，宜加招集，以备驱策。'帝大悦，曰：'闻卿此言，犹寐而觉。'即命与诸路同招集之。既籍其数，仍命高山佩银符领之。"①据《元史·兵志一》，石高山建议的时间是中统三年（1262）三月，②这一时期阿里不哥已经不再对世祖有威胁，平叛李璮的军队也足够，征集探马赤军肯定不是为了用来去攻打李璮，当这些探马赤军重新组成时，李璮叛乱差不多已经被平定了。征集的目的显然是为了平叛后的举措做准备。忽必烈派出史天泽等汉军征讨李璮之际，应当就在考虑战后剥夺汉军将领军权的措施了。怎样让它们顺利推行？石高山的建议是非常英明的，以前的探马赤军就是威慑他们的力量，让他们重新建立起来，世侯们自然会有些心有余悸，难怪世祖听了以后会如梦方醒。世祖削世侯军权推行得极其顺利，笔者认为，这与他们一贯的畏惧探马赤军有关系。

其三，利用探马赤军进行官制改革试点。杨先生、王先生等认为，元太宗组建探马赤军加强了政府的集权程度，不过这一论点的基础主要还是在于认为探马赤军是从蒙古各千户中抽取而来；按照前文的论述，应该说，元太宗下令不得"妄分彼此"地抽取蒙古正军是他加强汗权的举措。当然，征集千户的附属民，成为"国家武装"，也会降低各个千户领主的自主权。成吉思汗利用怯薛既压制了原先氏族贵族的权力，也压制了在外千户那颜的权力，他规定怯薛"护卫散班，在在外千户的上"；③窝阔台看来是没有怎么利用探马赤军来压制某些人的权力，笔者以为，自拖雷去世后，大蒙古国的汗权已经没有什么人可以挑战了，他也就不需要做这种事。不过，有一方面内容倒是值得注意。蒙古草原社会基本行政组织的千户，其首领都是世袭的；汗廷怯薛组织职掌也大多世袭，怯薛指

①《元史》卷 166《石高山传》，第 3897 页。
②《元史》卷 98《兵志一》"兵制"门，第 2511 页。
③《元朝秘史》228 节总译。

挥官看来也有不少是世袭的。成吉思汗的军队,以牧民千户为主,将领自然世袭。但太宗朝,作战的部队,多数是探马赤军,这种军队的首领有的也世袭,不过也有很多不世袭;抽签出来的蒙古军也是如此,其将领很多不世袭。元太宗其实就在利用探马赤军和抽签出来的蒙古军实行官员任命上的重大改革。蒙古军、探马赤军的地位要高于汉军和其他族群的军队,在蒙古军、探马赤军中都实行非世袭制了,要汉军将领逐步取消世袭制就会减少不少阻力。

笔者认为,除了镇戍因素,以上三个方面的内容其重要性都不亚于镇戍,正因为有了这四个方面的结果,窝阔台足以以大规模扩建探马赤军为自己夸耀的资本。太宗朝以后,探马赤军和蒙古军都来自军户,前者来自探马赤军户,蒙古军来自蒙古军户,除了艰巨任务探马赤军依然在蒙古军之前首先承担或者说比蒙古军承担得更多,其他方面与蒙古军区别已经不是很大,他们一样出征、镇戍、宿卫、平定各地反叛等。这些方面的内容读者可参看杨先生《初探》文中的论述。总之,探马赤军特显作用的是在太宗时期。

## 第二节　太宗时期的军事职官制度

有关蒙元王朝的断代史著作,在讲述该王朝第二代大汗太宗窝阔台时期史事时,一般多着墨于他所发动的对外征服战争,对制度建设方面的内容则往往写得比较简单,在汉文论著中还会多强调耶律楚材的贡献。这一时期大蒙古国的武功自然赫赫:灭亡了金王朝,稳定了对东北地区的统治,摧毁了花剌子模的复兴力量,又发动了长子西征,大蒙古国控驭的地盘在成吉思汗时期的基础上大大扩大。不过,太宗在位的十三年时间内,战争发生的时间毕竟不算太长,发生的地点也限于部分区域。《元史》说太宗在位期间,"华夏富庶,羊马成群,旅不赍粮,时称治平"。[①]

---

① (明)宋濂等:《元史》卷2《太宗本纪》,点校本,第37页,中华书局,1976年。

这一评价显然过誉,但自金朝结束之后,中国北部地区在大蒙古国的统治下,正常的生产生活秩序终究慢慢恢复了起来,从元好问、李俊民等由金入元文人这一时期的诗文中,我们能够明显感受到这一点;而要做到这一点,显然不可能仅用"马上治之"的纯军事管制的方式就能获得。与世祖即位后的情况相比,前四汗时期总的而言"武功迭兴,文治多缺",①但五十余年间的文治也并非不值一提,特别是太祖、太宗两朝的制度建设,作为大蒙古国蒙古旧制的政治遗产,后来多数被忽必烈和其后的皇帝继承,甚至有一些对整个中国其后的历史都产生了深远影响。元太宗时期,耶律楚材的政治作为自然相当重要,窝阔台说"非卿,则中原无今日";②但多数的制度设计还是太宗本人做出或与耶律楚材等官员共同商议后做出的。

有两部比较重要的元代断代史著作,对太宗时期的文治有稍多的文字叙述。白寿彝总主编、陈得芝主编《中国通史·元时期》对太宗时的制度建设,指出了以下内容:颁布《大札撒》;制定蒙古牧民的牲畜税法;建立和林都城;制定汉地和西域税制;建立燕京行尚书省等汉地统治机构。③ 周良霄、顾菊英著《元史》,对这些内容的叙述要更为详细些。④ 但这两部断代史著作对窝阔台时期职官制度方面的内容都说得极少,对其中的变化过程两书几乎均未涉及。元代名士胡祗遹赞美元太宗"继体守文,一新官制,简而不繁,统之有宗";⑤也就是说,太宗对官制有"一新"的改革举措。前贤有共识,制度并非一蹴而就,而是在已有基础上的逐步变革。太宗"一新"官制,自然也是在成吉思汗时期的基础上根据当时的

---

① 《元史》卷4《世祖纪一》,第64页。

② 《元史》卷146《耶律楚材传》,第3460页。

③ 白寿彝总主编、陈得芝主编:《中国通史·元时期》上册,第375—388页,上海人民出版社,1997年。

④ 周良霄、顾菊英:《元史》(此书1993年初版时,名《元代史》),第181—217页,上海人民出版社,2003年。

⑤ (元)胡祗遹:《胡祗遹集》第15卷《大元故怀远大将军怀孟路达鲁噶齐(达鲁花赤)兼诸军鄂勒(奥鲁)蒙古公神道碑》,魏崇武、周思成校点本,第348页,吉林文史出版社,2008年。

现实情况而逐步加以变革的。太祖时期的官制,主要有:其一,蒙古草原上所有牧民分属一个个千户,千户组织的长官千户那颜为地方军事行政的主要官员;其二,汗廷有怯薛组织,怯薛中有各种指挥官,怯薛分担汗廷的一些职任;其三,汗廷另有札鲁忽赤、扯儿必等职务,它们很可能不在怯薛事务内;其四,在被占领区设达鲁花赤。本文主要探讨太宗时期大蒙古国军事职官上的改革和制度确立,民事职官方面的内容另文论述。

一、军官择能而命原则的推行

成吉思汗时期,大蒙古国组建了五支探马赤军,主要用于从事在当时一般的蒙古军人看来比较艰苦因而不大愿意去做的打先锋和镇戍等军事任务,其人员主要来自札剌亦儿、忙兀、兀鲁兀、弘吉剌和亦乞列思等五个部族的附属人员。窝阔台即位后,对这一军种大量扩建,其人员不再局限于五个部族,而出自整个蒙古社会的附属人员。随着探马赤军的扩建,太宗朝开始,蒙古的对外征服战争主要通过人选本是蒙古社会中地位低微成员的探马赤军完成;而被视为“达达百姓”的蒙古正军则多保留在草原上,有需要时从其中按十人中抽一到三人的比例抽取部分人员组成临时性的军队。战争结束,探马赤军多在征服地区镇守,抽取出来的蒙古正军一般回到草原原先的千户组织中。由于蒙古社会中的附属人员不可能无限增多,太宗朝以后,探马赤军就不怎么另外新建,而蒙古正军人员则由于镇戍需要以及对汉地喜好等原因而越来越多地迁移到汉地等被征服地区。[1]

---

[1] 关于探马赤军,前人已做过诸多研究,比较重要的成果有:杨志玖《元代的探马赤军》《探马赤军问题再探》《探马赤军问题三探》,均收录于氏著《元史三论》,人民出版社,1985年;(日)萩原淳平《木华黎国王手下探马赤军考》,《东洋史研究》第36卷第2号,1977年;(日)萩原淳平《再论木华黎国王下的探马赤军——答杨志玖氏的批判》,叶新民译,收录于内蒙古社会科学院情报研究所编《蒙古学译文选·历史专集》(内部参考),1984年;贾敬颜《探马赤军考》,载元史研究会编《元史论丛》第2辑,中华书局,1983年。最新的研究成果参见笔者拙文《也论元代的探马赤军》,《文史》2020年第1辑。本文中对探马赤军的认识多出自该文。

探马赤军和抽取出来的蒙古征行正军的首领均由大汗任命。草原千户组织的首领千户那颜有的会被任命为蒙古正军的将领,比如名将兀良合台氏速不台,太宗时先后领军征金和西征。迭列列斤蒙古速勒都思氏塔海,在八十八千户那颜名单中列第二十四位,[①]卒后,子卜花袭为千户;卜花子阿塔海在父亲卒后,也袭千户,宪宗时"从大帅兀良合歹征云南"。[②] 探马赤军将领中有没有草原千户那颜,不易肯定,不过即使有的话也是比较少见的。[③] 探马赤军和抽取出来的蒙古正军的将领,不少来自怯薛,他们一般不再父死子继而是择能而命。这对大蒙古国的政治制度影响挺大。草原地区社会结构简单,一百个左右军民合一的千户组织构成了整个蒙古地区的行政单元,世袭的千户那颜能够处理草原地区的各种事务。国家事务多由汗廷怯薛完成,太祖时期国家事务也不多,怯薛职掌世袭也没有多少问题。在被征服的区域,太祖时期的管理还很粗疏:西域和中亚地区设置达鲁花赤,汉地主要靠降附的汉人将领加上些镇戍的探马赤军军队。太宗朝起,境域大为扩张,蒙古政府对各个被征服区域开始进行较为深入的治理和力量渗透,国家和草原之外地区的事务大大增多,也较太祖时期远为复杂得多,再用官员世袭制作为授官原则肯定不行了。太宗朝起在探马赤军和出征蒙古正军中首先实行择能而命原则,这是蒙古第二任大汗在职官制度上的一项重要改革,这项改革随后在大蒙古国最重要的国家组织怯薛中也予以执行。

日本学者本田实信曾经指出,成吉思汗怯薛组织内的指挥官,除了四位怯薛长在草原上领有千户组织,其他人员都不兼任在外的千户那

---

① 屈文军:《元太祖时期汗廷和蒙古本土地区的官员除授》,载刘迎胜主编《元史及民族与边疆研究集刊》第34辑,上海古籍出版社,2017年。
②《元史》卷129《阿塔海传》,第3149页。
③ 屈文军:《也论元代的探马赤军》。八十八千户中第七十五位阿只乃,日本学者那珂通世认为可能是《元史》中有传的阿术鲁或按竺迩,这两人都是探马赤军将领;那珂氏观点只是猜测,没有坚实依据。

颜。① 这些指挥官无疑都是成吉思汗的亲信,成吉思汗应是打算让他们职位世袭以作为对他们功绩的奖赏,并弥补没有对他们进行分封草原千户的不足。据《元朝秘史》,太祖朝"命也孙·捏兀邻做为头千户者",②即夜班宿卫千户首领;箭筒士"添作一千,教也孙·帖额为长者",另外有不吉歹、火儿忽答黑、剌卜剌合三位指挥官;③白天工作的散班侍卫,为八千人,任命了斡歌列、不合、阿勒赤歹、朵歹、多豁勒忽、察乃、阿忽台和阿儿孩·合撒儿等八位千人指挥官。④ 也孙·捏兀邻,可能是晃豁坛氏蒙力克(成吉思汗养父)诸子中的一子。⑤ 也孙·帖额,为成吉思汗"四狗"之一的兀良合台氏者勒篾之子。斡歌列,成吉思汗时期为六位扯儿必⑥之一,成吉思汗四杰之一的阿鲁剌惕氏博儿术族弟;不合,成吉思汗"四杰"之一的札剌亦儿氏木华黎弟;阿勒赤歹,也为札剌亦儿部人,八十八千户那颜中第五位亦鲁该的亲族;朵歹,族属不详,早为成吉思汗亲信,最早的六位扯儿必之一;多豁勒忽,忙兀氏,八十八千户那颜中第二十三位者台之弟,最早的六位扯儿必之一,后被窝阔台处死;察乃,兀鲁兀惕氏人,八十八千户那颜中第六位主儿扯歹亲族,太宗初年建议在各处设置驿站,又奉窝阔台令在各处掘井;阿忽台,弘吉剌氏驸马按陈亲族;阿儿孩·合撒儿,札剌亦儿部人,《元朝秘史》中屡次提及,当为成吉思汗亲信之一。

据《秘史》278 节,太宗时宿卫千户由合答安掌管,其手下尚有不剌合答儿、阿马勒、察纳儿、合歹等连同自己在内的八位指挥官。箭筒士有也孙·帖额、不乞歹、豁儿忽答黑、勒巴勒合四位指挥官。散班八千户由阿

---

① (日)本田实信:《成吉思汗的千户——〈元朝秘史〉与拉施特〈史集〉的比较》,《史学杂志》第 62 编第 8 号,1953 年。
② 《元朝秘史》225 节,《四部丛刊三编》本,上海商务印书馆,1935 年。
③ 《元朝秘史》225 节。
④ 《元朝秘史》226 节。
⑤ 余大钧译注:《蒙古秘史》,第 374 页,注 1,河北人民出版社,2001 年。
⑥ 扯儿必,可能是负责大汗"家内人口"的内务官,参见拙文《元太祖时期汗廷和蒙古本土地区的官员除授》。

勒赤歹、晃豁儿塔该、帖木迭儿、者台、忙忽台等人掌管。与太祖朝时期相比,箭筒士四位指挥官没有变,其他人因为史料不足,还难以确认他们与太祖时期的怯薛指挥官有无亲属关系。笔者判断,即使有的话,也是少数。太宗时期宿卫指挥官合答安,余大钧认为,为八十八千户中第六十三位塔儿忽惕氏合答安;合歹,那珂通世认为乃斡亦刺部合歹驸马,八十八千户中第八十四位。[①] 恐怕都没有根据。史卫民说另一位宿卫指挥官不刺合答儿为唐兀人,[②]也不详何据。总之,他们与太祖朝宿卫指挥官也孙·捏兀邻可能没有什么关系。

笔者认为,从太宗朝开始,以后整个元朝实际上就只有草原千户那颜(包括少数几位由众多同族成员组成的千户组织中形成的首领万户,见下文说明)和4位怯薛长是法定世袭的,其他官职尽管有很多世袭的例证,但并非制度上的规定,而是出于对原任职人员的奖赏,另外也有就便任命和择能而命的意思。世祖以后的军职官员,有些论著认为世袭,其实这种说法是不严谨的,有关这一问题,笔者日后会专门论述。

## 二、探马赤军和蒙古出征军中的千户万户制度

探马赤军和抽取出来的蒙古正军,其编组方式也是按千人队、百人队那样的,在军事行动中将参战人员按十进制编组是北方民族的一个传统,蒙古人对此甚为熟悉。这些千人队、百人队的首领其头衔自然是千户长、百户长(文献中称千户、百户)。五部探马赤军首领之一的克烈氏按察儿,被称为"千户按札"。[③] 唐兀人昔里钤部、弘吉刺氏律实太宗时均被授为千户。[④]《元史》中有传的斡耳那氏怯怯里,太宗七年(1235)以千户从阔出征宋。[⑤]《元史》中有传的和尚之父忽都思金亡后不久"授管军

---

① 余大钧译注:《蒙古秘史》,第488页,注2,注3。

② 史卫民:《元代军事史》,第70页,军事科学出版社,1998年。

③《元史》卷119《木华黎传》,第2937页。

④《元史》卷122《昔里钤部传》,第3011—3012页;《元史》卷133《李兰奚传》,第3235页。

⑤《元史》卷123《怯怯里传》,第3033页。

百户",从攻宋。① 也是在太宗时期,宗王口温不花伐宋时,其军队中有百户爱不怯赤、苦彻拔都儿、千户忽孙等将领。② 《元史》中还能检出几位太宗朝之后蒙古军、探马赤军将领中被任命为百户、千户者。如阿速氏忽儿都答,宪宗朝为替军百户。③ 宪宗时,四川战场上,主将纽璘部下有千户暗都剌。④ 唐兀人火夺都,太祖时为秃鲁花军(质子军)百户,宪宗时被纽璘承制任命为千户,从征西川。⑤ 元后期宰相燕只吉台氏别儿怯不花曾祖"忙怯秃以千户从宪宗南征有功"。⑥ 另外,《元史》卷 135《忽林失传》载:"曾祖不鲁罕罕札,事太祖,从平诸国,充八鲁剌思千户,……以功升万户。……祖许儿台,……从定宗征钦察,为千户。"⑦许儿台可能本来就是草原千户,继承其父千户那颜职(其父不鲁罕位列八十八千户那颜第二十八位),也可能是作为出征军将领而另外任命的。

在太祖时期的蒙古社会中,千户长、百户长除了是千人军队、百人军队的将领,他们还是蒙古本土地区的行政官员,太宗朝起,非草原千户那颜、百户那颜而被授予千户长、百户长的探马赤军、蒙古正军将领,他们的头衔中是否有行政官员的意思在内? 探马赤军和抽取出来的蒙古正军,他们的作战目标都是蒙古本土以外的地区,对草原以外地区征服下来之后如何长久治理,成吉思汗没有来得及考虑,窝阔台即位之初显然也没有细致计划。像本土草原地区那样,由探马赤军和抽取出的蒙古正军分片占领当是一种考虑方案;这种方案中,军队将领也就会有行政官员的意味。不过,在太宗看来,组建这些军队的首要目的还是去征服外地,千户、百户头衔首要的意思自然是作战的指挥官。这些指挥官后来

① 《元史》卷 134《和尚传》,第 3256 页。
② 《元史》卷 123《苦彻拔都儿传》,第 3031 页。
③ 《元史》卷 123《阿儿思兰传》,第 3038 页。
④ 《元史》卷 129《纽璘传》,第 3145 页。
⑤ 《元史》卷 133《拜延传》,第 3225 页。《元史》原文记火夺都在太宗时被都元帅纽璘任为千户,可能有误,纽璘任都元帅在宪宗朝。
⑥ 《元史》卷 140《别儿怯不花传》,第 3365 页。
⑦ 《元史》卷 135《忽林失传》,第 3282 页。

又有不少成为作战区域甚大的某大片战场的军事统帅,其手下军队除了蒙古正军、探马赤军,还有大量的汉军和其他族群的依附军队,这些指挥官有的就被任命为比千户地位要高的万户。

太宗二年(1230),"帝亲征,遣万户因只吉台与塔思复取潞州"。[1] 因只吉台(族属不详)后来成为太宗、定宗时的重臣;塔思为木华黎之孙,时为嗣国王。三峰山之战后,乃蛮人抄思"制授万户,……签起西京等处军人征行及镇守随州。招集民户,每千人以官一员领之"。[2] 抄思麾下有数个汉军千户。抄思子别的因,宪宗时被任命为副万户。《元史》有传的札剌亦儿氏脱欢之父脱端,太宗时"为万户,从阔出征宋",卒后,其子不花继为千户。[3] 探马赤军将领克烈氏撒吉思不花癸巳年(1233)归德之战阵亡后,其弟明安答儿领军,"寻有旨以为蒙古汉军万户"。[4] 前文提到的草原千户不鲁罕,史料中有以功升万户的记载,[5]可能也是在太宗时期。

太祖建国时,万户是地位仅次于大汗的全国军事长官,当时仅有左手万户、右手万户和中军万户三人。其后,有些同族人员组成的千户由于人员繁衍众多而在他们中出现了首领万户,如弘吉剌部首领按陈于太宗四年(1232)被授予万户,该万户头衔后来在其家族中世代有人承袭,如斡陈在太宗十年(1238)袭万户,纳陈在宪宗七年(1257)被授予万户。世祖以后承袭该头衔的则有 1281 年袭职的帖木儿,1290 年袭职的蛮子台,1307 年袭职的珊阿不剌,1310 年袭职的阿里嘉室利,1333 年袭职的桑哥不剌等。[6] 这种万户与太祖朝作为全国军事长官的万户自然有别。太祖朝还有一种万户,是因为某种需要,主要是军事作战需要而一时领有了若干个千户。《元朝秘史》第 207 节,成吉思汗对豁儿赤下旨,将数个千户百姓"凑成一万,你做万户管者",这是为征服"林木中百姓"而组

① 《元史》卷 119《木华黎传》,第 2938 页。
② 《元史》卷 121《抄思传》,第 2994 页。
③ 《元史》卷 133《脱欢传》,第 3232 页。
④ 《元史》卷 122《粟直腊鲁华传》,第 3014 页。
⑤ 《元史》卷 135《忽林失传》,第 3282 页。
⑥ 《元史》卷 118《特薛禅传》,第 2915—2921 页。

织的军队。《秘史》第 210 节:"教忽难领着格你格思就于拙赤下做万户者。"《秘史》记载分给长子术赤的军队有九千户,格你格思氏忽难名义上总领他们。太宗朝给蒙古正军、探马赤军首领的万户,是继承了这一意义上的。因只吉台、抄思、脱端等人所受的万户就只是千户之上的纯粹的军事将领。蒙古灭金之后,对被征服的农耕区域决定不实行草原式分封,探马赤军、蒙古军中的万户、千户更从制度上确定为纯粹的军事官员,不具有军事长官和地方行政官员的意味,这是与草原地区的万户千户制度有别的。另外,原先具有国家军事长官意味的草原万户制度太宗朝以后可能也逐渐消失。

## 三、千户万户制在汉军中的推行

史料中有史天倪、石抹孛迭儿等汉军将领在太祖朝被授予万户、千户的记载,清代史家钱大昕认为:"元初万户为军官最要之职……虽蒙古世臣亦不轻授,天倪辈汉人初附,岂得便居此职? ……谓令其领万人从征耳,非授以万户之职也。"① 钱氏认为石抹孛迭儿"擢千户者似为近之"。实际上,太祖朝千户的地位也很高,"时官制惟左右万户,次千户,非勋戚不与",② 一般汉人要被授予此职估计也不大可能。王颋提出一个见解,他认为这些将领当时的万户、千户头衔是指金代军制中的万户、千户,"金末名爵过滥,'万户'实际地位卑微"。③ 这种可能性是有的。不过,那应该也是他们的自称或者是由在汉地的蒙古军事统帅以及地位较高的汉军将领"承制"授予的,承制授官职时一般按照金代职官体系授予。无论是自称,还是承制授予,他们的万户、千户头衔都是不能和当时大蒙古国制度中的万户、千户相提并论的。

---

① (清)钱大昕:《廿二史考异》卷 86"史天倪萧勃迭率众来降木华黎承制并以为万户"条,排印本,第 1412 页,商务印书馆,1958 年。
② (元)刘敏中:《中庵集》卷 4《敕赐太傅右丞相赠太师顺德忠献王碑》,收录于李修生主编《全元文》第 11 册,第 538 页,江苏古籍出版社,2000 年。
③ 王颋:《蒙古国汉军万户问题管见》,载元史研究会编《元史论丛》第 4 辑,中华书局,1992 年。

主要从太宗朝开始,大蒙古国在探马赤军和出征蒙古正军中实行了一种与草原地区有所区别的纯军事统帅性的万户、千户职官体系,这套体系很快也在汉军中推行。王恽《史天泽家传》云:"太宗即位,公入觐。朝议方选三大帅,分统汉地兵,上素闻公贤,以杖麾公及刘黑马、萧札剌居右,诏为万户,其居左者悉为千户长。"①太宗即位,汉军始立三万户的说法,元史学界大多认可,只是这三名万户具体是哪三位,说法不一。黄时鉴认为是刘黑马、史天泽和萧札剌。② 有关刘黑马、史天泽的文献材料较多,他们是万户毋庸置疑。萧札剌是谁? 黄时鉴等人认为是石抹也先之子萧查剌,此前的屠寄则认为是甲戌年(1214)叛金投蒙的原金中都乣军首领札剌儿(史料中有时也写作萧札剌)。胡小鹏根据《(嘉靖)鲁山县志》中保留的一篇墓志文献,令人信服地考订出这第三位万户确为乣军首领札剌儿而非石抹也先之子。③

三万户之后,有汉军七万户之任命。七万户任命于何时,有哪些人,由于史料记载分歧,学界判断不一。王磐《蔡国公神道碑》说,在张柔被任命为七万户之一之前,"人臣名为万户为最重,汉人膺此任者才一二而已";④所谓一二人当是最开始的刘黑马、史天泽二人,萧札剌为契丹乣人,不算严格意义上汉人。《元史》卷166《张荣实传》中说,传主之父张进壬辰岁(1232)被任命为征行万户。⑤ 笔者赞同黄时鉴观点,七万户为征金战争的需要而设,也就是说设在灭金之前的壬辰年;文献中有张柔、严实在灭金后入觐太宗时被授万户的记载,那应该是一种事后的再次确认。七万户是哪几位? 早先的三万户自在其中,刘黑马、史天泽继续担

① (元)苏天爵辑撰:《元朝名臣事略》卷7《丞相史忠武王》,姚景安点校本,第115页,中华书局,1996年。
② 黄时鉴:《关于汉军万户设置的若干问题》,载元史研究会编《元史论丛》第2辑。
③ 胡小鹏:《窝阔台汗己丑年汉军万户萧札剌考辨——兼论金元之际的汉地七万户》,收录于氏著《西北民族文献与历史研究》,甘肃人民出版社,2004年。
④ (元)王磐:《蔡国公神道碑》,原载雍正《畿辅通志》卷107,收录丁李修生主编《全元文》第2册,第301页,凤凰出版社,2005年。
⑤《元史》卷166《张荣实传》,第3904页。

任,萧札剌卒于庚寅(1230)年,其时袭万户者为其子重喜;[1]其后增加的四位,张柔,严实在其中,另外两人比较难以确认。黄时鉴认为是张荣和契丹人塔不已儿,胡小鹏认为是契丹人塔不已儿和石抹孛迭儿,赵文坦则又有别的见解。[2] 由于文献资料确实不足,这一问题目前看来还只能做些猜测。史料对石抹孛迭儿、张进的记载甚少,我们不大知道他们的事迹,张进有可能只是专业的水军万户;而有关张荣的记载相对比较多,据现有史料,笔者判断,黄时鉴的观点或许比较接近史实。也就是说,新设立的四位万户极可能为张柔、严实、张荣、塔不已儿,当然不排除张进、石抹孛迭儿也是其中之一二的可能。

这些万户,其头衔中往往带有地名称呼。最早的三个万户,萧札剌头衔为兴州北京懿州临潢府平滦州燕京顺天府等路管军万户,史天泽头衔为真定河间大名东平济南五路万户,刘黑马头衔为平阳宣德等路管军万户。从头衔地名看,差不多涵盖了当时蒙古稳固占据的全部原金朝地区。当然,这些万户能否对这些地名所指区域内的所有汉人军队实行指挥是大有疑问的,东平汉军将领严实、济南汉军将领张荣大概不会听从史天泽指令,顺天汉军将领张柔也不会甘于服从萧札剌,所以后来他们也都成了一方区域的独立万户。东平万户(严实)、济南万户(张荣)设立后,史天泽的五路万户头衔并没有改动,说明万户头衔中的地名,有时并不是实指,以后这样的例证越来越多,这是我们读史料时需要留意的;也就是说万户头衔中的地名,只能作为一个参考,不一定是确指。

同蒙古军、探马赤军一样,汉军万户之下,有千户、百户。严实麾下"偏裨赐虎符者八人",其子严忠济太宗晚期"袭东平路行军万户、管民长官"时,"统千户十有七"。[3] 陈高华认为严氏军队,似有两个系统。一是五翼军,可认为是"严氏的侍卫亲军",将领为总领、都总领,如信亨祚为五翼都总领,毕知贤为里翼(五翼之一)总领;另一是各千户军队,"东平

---

① 胡小鹏:《窝阔台汗己丑年汉军万户萧札剌考辨——兼论金元之际的汉地七万户》。
② 赵文坦:《〈元史·刘黑马传〉"七万户"蠡测》,《历史研究》2000 年第 6 期。
③《元史》卷 148《严实传》,第 3506—3507 页。

诸千户中姓名可考的有张晋亨、齐荣显、赵天锡、刘通、齐珪、李顺等",
"以上诸人中,张晋亨、齐荣显、刘通应在最初的八千户之列,赵天锡在十
七千户之中"。① 张晋亨,太祖时为恩州刺史兼行台马步军都总领,太宗
朝为行军千户;严忠济任东平首领时,张晋亨为权知东平府事,宪宗时为
"恩州管民万户"(此职名可能有误,见下文),世祖朝任淄莱路总管等。
其子好古,宪宗时也为行军千户。② 张晋亨为八千户之一,没有问题。齐
荣显,《元史》本传未云其必为蒙古授千户,宪宗朝,他曾"权行军万户"。③
赵天锡,太祖朝为左副元帅,同知大名路兵马都总管事,在东平诸将领中
地位较高,声名甚显,笔者认为当是早先的八千户之一。其子贲亨,宪宗
朝袭为行军千户。④ 刘通,太祖时为左副都元帅、济南知府、德州总管,太
宗时为东平八千户之一,丁酉年(1237),为德州等处二万户军民总管;子
复亨可能也于太宗朝就被任命为行军千户,宪宗朝摄万户,兼德州军民
总管。⑤ 齐珪,"从严实攻归德、庐州,有功,授无棣县尹,摄征行千户,后
兼总管,镇枣阳",其真授千户在中统年间。⑥ 李顺,宪宗朝"朝命藉兵"
(当在 1255 年),"授行军千户",后又"摄行万户事"。⑦ 齐珪、李顺应该都
不在太宗晚期的东平十七千户之列。

赵文坦考订,张柔下属千户有乔惟忠、何伯祥、贾辅、王汝明等。⑧ 乔
惟忠,太宗早期授行军千户,丙午年(1246)卒后,长子乔珪袭行军千户。⑨

---

① 陈高华:《大蒙古国时期的东平严氏》,载元史研究会编《元史论丛》第 6 辑,中国社会科学出
版社,1997 年。
②《元史》卷 152《张晋亨传》,第 3590 页。
③《元史》卷 152《齐荣显传》,第 3601 页。
④《元史》卷 151《赵天锡传》,第 3584 页。
⑤《元史》卷 152《刘通传》,第 3594—3595 页。
⑥《元史》卷 165《齐秉节传》,第 3879 页。
⑦ (元)杜仁杰:《故宣差千户保净军节度使李侯神道碑》,载道光《长清县志》卷 10,收录于李修
生主编《全元文》第 2 册,第 416 页。
⑧ 赵文坦:《大蒙古国时期的顺天张氏》,载李治安主编《元史论丛》第 10 辑,中国广播电视出版
社,2005 年。
⑨ (元)元好问:《遗山先生文集》卷 29《千户乔公神道碑铭》,《四部丛刊》初编本,上海商务印书
馆,1929 年。

何伯祥,戊戌年(1238),充易州等处行军千户兼军民总管。① 贾辅,张柔
为万户后,贾辅"宣授行军千户,权顺天河南等道军民万户"。②《元史》对
此的记载是,"柔将兵在外,辅常居守,累功,改行军千户",后"领顺天河
南等路军民万户",卒后,其子文备袭千户职,又兼领顺天路,中统年间授
万户。③

　　对汉军进行万户、千户编组,主要是为了军事作战的需要,以后随着
战争的进行,特别是随着作战区域的扩大,万户、千户人员不断有所增
加。邸顺,辛卯年(1231)知中山府;己亥年(1239),"为行军万户,管领诸
路元差军五千人",丙辰年(1256)卒,子浃袭职。④ 郝和尚拔都,辛卯年
(1231),"授行军千户"(此年份可能不准确);庚子年(1240),"拜宣德西
京太原平阳延安五路万户","以兵两万属之",戊申(1248),"奉诏还治太
原",己酉(1249),"升万户府为河东北路行省,得以便宜从事,凡四年";
卒后,长子天益"太原路军民万户都总管"(此称号可能是俗称,见下文),
次子仲威"袭五路万户"。⑤ 王珍,太祖时为同金大名行省事。庚子年
(1240),"入见太宗,授总帅本路军马管民次官",后"进本路征行万户",
"在镇九年",子文干,袭为征行万户。⑥ 李守贤,太祖末年守平阳,为知平
阳府事、兼本路兵马都总管,卒于太宗朝;其子李谷辛丑年(1241)"朝行
在所,授河东道行军万户,兼总管"。⑦ 田雄,太祖时为河中帅,太宗时,
"论功尤最,授行军千户",癸巳年(1233),授镇抚陕西总管京兆等路事。⑧

① (元)郝经:《郝文忠公陵川文集》卷35《故易州等处军民总管何侯神道碑铭》,收录于李修生主
　编《全元文》第4册,第439页,凤凰出版社,2005年。
② (元)郝经:《郝文忠公陵川文集》卷35《左副元帅祁阳贾侯神道碑铭》,收录于李修生主编《全
　元文》第4册,第431页。
③《元史》卷165《贾文备传》,第3868—3869页。
④《元史》卷151《邸顺传》,第3570页。
⑤《元史》卷150《郝和尚拔都传》,第3553—3554页。
⑥《元史》卷152《王珍传》,第3592页。
⑦《元史》卷150《李守贤传》,第3548页。
⑧《元史》卷151《田雄传》,第3580页。

董文蔚,宪宗朝授藁城等处行军千户。①

另外,出现了专业军种的万户、千户。郭宝玉之子郭德山"以万户破陕州,攻潼关",②任职在太宗朝,其万户职是炮军万户。后来当过河南道总管的刘福,灭金之际被任命为"监河桥万户"。③《元史》中有传的张万家奴,其父札古带在太宗朝"授河东南北路船桥随路兵马都总管万户",④也是位跟作战时准备船桥有关的专业万户。解诚"善水战",太宗朝伐宋之际被任命为"水军万户兼都水监使",⑤都水监使是后人附会,其实际官衔是水军万户。

## 四、汉地州县守令军职官衔的变化

万户、千户是纯粹的军事将领,史料中所谓行军万户、征行万户、管军万户、某地万户,本质并没有多大区别,千户头衔也是如此,顶多带行军、征行字样的更多意味着征战地区时有变化,而带管军和某些地名衔的可能多比较重在戍守,但这种区别并不严格,管军万户、某地万户也会率军到别处出征。史料中出现的权征行万户、摄行军千户等称呼,则表示是代理、暂摄的万户、千户,非汗廷真授。

被任命为万户、千户的汉军将领,要说有分别,那就是可以分成两种:一种兼任地方行政官员,一种不兼任。蒙金战争期间,"北人能以州县下者,即以为守令,僚属听自置,罪得专杀"。⑥ 以州县下者被任命为地方守令的,有的是原先金朝的州县长吏(如刘伯林,金为威宁防城千户,降蒙后任西京留守;张柔,金为中都经略使,降蒙后任保州都元帅;王浩,金为兴平军节度幕官,降蒙后任兴平路兵马都总管、知兴平府事;谭资

①《元史》卷 148《董俊传》,第 3494 页。

②《元史》卷 149《郭宝玉传》,第 3522 页。

③《元史》卷 146《杨惟中传》,第 3467 页。

④《元史》卷 165《张万家奴传》,第 3880 页。

⑤《元史》卷 165《解诚传》,第 3870—3871 页。

⑥(元)姚燧:《牧庵集》卷 25《磁州滏阳高氏坟道碑》,《四部丛刊》初编本,上海商务印书馆,1929 年。

荣,金为交城令,降蒙后仍为交城令),有的是乘乱而起的地方豪强(如宁晋土豪王义,归蒙后授宁晋县令兼赵州以南招讨使;义州土豪王珣归蒙后,领义川二州事),有的是一度在蒙金宋三者之间依违不定的地方武装(如李全、严实)。另外,追随蒙古军队南征有功的一些汉人将领,蒙古政府也会授予地方行政官号,这些人和以州县降蒙而被任命为地方守令者一样,也逐渐成为占据一地的世侯,在管辖区域内军民兼管。如前文提到的田雄,太宗朝起成为京兆一地世侯;郝和尚拔都,太宗时占据太原,也成一方世侯。袁湘因军功占延安,成一方军民长官。① 这些地方首领,有些人在太宗朝和以后被授予了万户、千户职衔。与他们相比,太宗朝开始也有不少纯粹的只是作为军事统帅的万户、千户,萧札刺、塔不已儿这两个万户看来没有成为占据一方的世侯,他们只是征行万户、管军万户。那些兼任民职的万户、千户,其头衔往往会在万户、千户之外,加上兼军民总管、领军民万户、兼管民长官等字样,例见上文提到的严忠济、刘通、齐珪、何伯祥、李谷、田雄等人。前文提到的张晋亨为恩州管民万户,可能是时人的俗称,并非正式官号,万户只是军职,不会有管民万户这种称法,张晋亨职务当是恩州州尹或知州。郝和尚拔都子郝天益的"太原路军民万户都总管",这个称号从制度角度说得通,既为军职万户,又为民职都总管,但其弟同时袭为五路万户了,就不大可能在同时同地设两个军事万户。郝天益的正式称号可能只是太原路军民都总管。张晋亨、郝天益两人称号中尽管出现有"万户"字样,并不代表实任了军职万户。

我们知道,金朝路、府、州级的主要官员都是兼管兵民的,他们的官号中,既有民职衔也有军职衔。太祖朝降附蒙古的汉地将领,被任命为州县守令的,一般按照金朝的职官制度授衔,这样,府州和路级的降附官员,其头衔中也就既有军职衔,又有民职衔。蒙古政府将万户千户制度向汉军推行时,路府州主要官员中被任命为万户千户的只是少数,换句

———————————

① (元)姚燧:《牧庵集》卷 17《袁公神道碑》。

话说,大量官员的军职头衔并未因此而改成万户、千户、百户。原因何在?任命万户、千户,主要是考虑军事需要,被任命为万户、千户的地方首领,应当是军事力量比较突出的人员。但是,我们也注意到,其后任职的新的路府州官员,如果不被任命为万户、千户,也很少再有原先的军职官衔。州级别的,节度使、观察使、防御使、刺史本来都属于军事治安性的官衔,太宗朝开始,除了那些太祖时被授予、太宗朝未被改称万户千户的人继续使用,就很少再有新人被授予这些军职头衔了,他们多只称知州、州尹、同知州事,俨然是一纯粹民职官员。严实三子严忠嗣,辛亥年(1251),被严忠济授以东平人匠总管、遥领单州防御使事,这应该是严忠济的行为;乙卯年(1255)年,严忠嗣"充东平路管军万户",①这才是汗廷的正式授予,但为一纯粹军职官员,没有民职。太祖朝也被广泛使用的安抚使、招讨使、宣抚使、经略使、提控职衔,一般也用于州县级的官员身上,表示一种兼任军职,太宗朝以后也极少使用。能找到的例证有,吐蕃人赵阿哥昌,金亡后附蒙,太宗子阔端承制以为迭州安抚使;卒后,其子赵阿哥潘在世祖时为同知临洮府事。②

路、府层面上,金朝的正式官职名称为府尹兼兵马都总管。元太祖时期,汉地这一级别的官员头衔比较杂,大致说来有三种:行省、都元帅和军民总管。太宗时起,史料中出现有管民长官、管民总管称呼。如前文提到的严忠济,称"行军万户、管民长官"。再如张柔子张弘略,乙卯年(1255),"权顺天万户";中统初年,张柔致仕后,张弘略被授为"顺天路管民总管、行军万户"。③按照金朝制度,路府总管本来就是军民兼管的,何来单独的管民长官、管民总管?笔者认为,在路府层面上,从太宗伊始,蒙古汗廷其实在缓慢推行军民分职。

史天泽、张柔、严实等世侯,在所辖区域内尽专兵民之权,不过他们经常要领兵到外地作战,所以他们的官署机构其实是分成主要处理军政

①《元史》卷148《严实传》,第3508页。
②《元史》卷123《赵阿哥潘传》,第3028页。
③《元史》卷147《张柔传》,第3476—3477页。

的行台(或都元帅府)和主要处理当地民政的总管府两大块的,当世侯们领兵外出征战时,行台(或都元帅府)一般会跟着搬移到外地。严实的行尚书省(行台)内,有左右司郎中、左右司员外郎、都事、详议等幕僚,另有掾史、令史等。① 严实被任命为万户后,行台改称行军万户府,万户府除了首领万户和下属一些千户,幕僚官员则有知事、经历、郎中、参议、掌书记等名目;不过万户府设置后,人们仍按习惯称之为行台,所以仍有行台左右司郎中这样的下属官员。② 万户府之外,在东平另有总管府存在,齐荣显曾任东平路总管府参议(金代路总管府没有参议一职,这是严实新设)。张晋亨曾"权知东平府事",③其东平知府当为严实或严忠济。严实"年老艰于从戎",王玉汝"奏请以本府总管代之行",④似乎王玉汝一度担任过东平路总管,更可能是权、摄总管事。总管路下辖有州县,州县官员称号多数沿袭金朝,有节度使、防御使、刺史、县令、主簿等,不过太宗朝起,州官员几乎不再授军职衔(有些州长官也称军民总管,这在金朝时是没有的)。州县长官有些由千户兼任,如赵天锡以行军千户兼任冠氏县令,刘通以行军千户兼德州军民总管。张晋亨权知东平府事,主要应该是处理东平地区的民政和少量的军政,重要的军政由万户府处理。太宗后期,史天倪子史辑被任命为"真定兵马都总管",⑤真定路的最高首领自然还是五路万户史天泽,史辑的都总管府处理军政的范围应该有限。王浩为兴平路兵马都总管,其地位实在号称兴平行省都元帅的畏兀儿氏塔本之下。这些例证似乎能够表示,太宗朝时期的兵马都总管、军民总管有的可能就是以民职为主。

笔者判断,太宗朝开始,汉地地方首领,官衔为管民总管、管民长官的,自然应当表示不管军政,除非他们另被任命为万户、千户之类的军职

---

① 宋子贞曾任严实东平行台详议官,后改右司郎中;刘肃曾任左司员外郎;李昶任过行台都事;王玉汝任过行台掾史、令史。

② 陈高华:《大蒙古国时期的东平严氏》。

③《元史》卷 152《张晋亨传》,第 3590 页。

④《元史》卷 153《王玉汝传》,第 3616 页。

⑤《元史》卷 147《史天倪传》,第 3481 页。

衔;而那些称为军民总管、兵马都总管的,如果不被授予万户、千户军职衔,他们管理的军政可能也比较有限,也就是说,这些官员,尽管头衔中有"军""兵马"字样,但实际上可能以民职为主。前文提到,郝和尚拔都卒后,长子天益,为"太原路军民万户都总管",次子仲威"袭五路万户";①郝天益的都总管很可能以民职为主,军职不显,而郝仲威则为纯军职官员。

前四汗时期汉地的军民分职,一方面是现实事务的必然结果,另一方面则出于耶律楚材的建议。耶律楚材设想的"凡州郡宜令长吏专理民事,万户总军政"②方案,前四汗时期不易实行,不过,元太宗应当是考虑了他的建议的,同时现实当中军政、民政很多时候也必须区别处理。前四汗时期的命令文书中,时常有"管军官、管民官"这样的说法,这就说明除了一些世侯专军民之权,其他很多地方军政、民政已经在逐渐分离。州的长官一般不再授予军职衔,路的长官如果不兼任万户、千户一般也以民政为主。后人多认为军民分职在忽必烈惩李璮之乱后实行,其实这应当是一个逐步渐进过程。太宗朝开始,路州长官并不全然尽专兵民之权,而对于一些势力较大的在统治区域内集军民财权于一身的世侯来说,手下其实也有军职官、民职官区分。世祖朝完全实行军民分职,能够顺利推行,是因为有了前期太宗以来差不多三十年的渐进变革成果。

太祖时期汉地路级③首领除了称军民总管,还有称都元帅和称行尚书省者。行省(有时也称作尚书省)本源自对金后期所立行尚书省的比附,不过汉地将领有些行省头衔确是蒙古政府正式任命的,如东平行省、益都行省。金政府所立的行尚书省,官员带宰相头衔,世侯比附而立的行省,官员则未见有号称宰相者。号称行省,自然军民兼管。都元帅本是军职官号,降附蒙古的汉地将领称都元帅者,多会有兼府尹、兼知府、兼兵马都总管称号,不过有时也只称都元帅,他们也是军民兼管。也就

①《元史》卷150《郝和尚拔都传》,第3554页。
②《元史》卷146《耶律楚材传》,第3458页。
③ 太祖时期实际上并没有真正的总管府路,这里所说的路是一种俗称,表示范围超过州县区域。

183

是说,都元帅这一军职称呼,在太祖朝汉地世侯中是含有军职民职两重含义的,这与后来蒙古政府推行的万户不一样。万户只是一种军职,只有兼军民总管时才兼理民政。一般说来,行尚书省地位要比都元帅高一些,称行省者,往往还会带有兼都元帅字样。如石抹明安子咸得补,太祖时袭父职为燕京行省(石抹明安的燕京行省称号实为比附,非汗廷正式任命,与严实、张荣、李全的行省称号有别);其弟忽笃华,太宗时为"燕京等处行尚书省事,兼蒙古汉军兵马都元帅"。① 张荣,太祖时为"山东行尚书省,兼兵马都元帅,知济南府事"。② 当然,行省比都元帅地位高,这一点并不绝对。

太宗朝开始,新授予的路级层面的降人官员,很少有再被授予都元帅者。汪古氏汪世显在金朝时为巩昌便宜总帅,金亡后降蒙,癸卯年(1243)"拜便宜总帅,秦、巩等二十余州事皆听裁决",不久卒,其子汪德臣(又名汪田哥)"袭爵巩昌等二十四路便宜都总帅",③史料中因此时称他为总帅。④ 吐蕃人赵阿哥潘,宪宗朝被任命为临洮府元帅,军民兼治,子重喜,中统年间则改为征行元帅。⑤《元史》中倒是有专业军种首领在太宗朝及以后还称元帅的。汉都虎,太宗朝,为炮手诸色军民人匠都元帅,⑥此人族群不详,可能是位西域人。炮军首领张荣,太祖朝为炮水手元帅;其子奴婢,在太宗至宪宗朝袭炮水手元帅,奴婢子君佐,世祖朝也称炮水手元帅。⑦ 奴婢、君佐的元帅称呼可能是俗称,因为他们继任了父祖的职务。唵木海,宪宗朝为炮手军都元帅,此人为蒙古人,所统则是专业性军队。⑧ 太祖朝用作降人称号的出自金元帅府官称的还有左右副元

---

① 《元史》卷 150《石抹明安传》,第 3557 页。
② 《元史》卷 150《张荣传》,第 3558 页。
③ 《元史》卷 155《汪世显传》,第 3650—3651 页。
④ 《元史》卷 129《纽璘传》,第 3144 页。
⑤ 《元史》卷 123《赵阿哥潘传》,第 3029 页。
⑥ 《元史》卷 151《张拔都传》,第 3580 页。
⑦ 《元史》卷 151《张荣传》,第 3581—3582 页。
⑧ 《元史》卷 122《唵木海传》,第 3010 页。

帅、左右监军、左右都监等,太宗朝以后极少见有再次任命。

太宗以后,北方降人也极少有授予行省称号者。田雄,有记载说太宗命他"开府陕西,行总省事",①这可能是对陕西地区的一种俗称,因为金朝曾在此设有陕西行省。纯只海被任命为京兆大达鲁花赤时,也称为京兆行省都达鲁花赤,不过纯只海因故未赴任。②《元史》本传中对田雄的记载是,太宗时为"行军千户","镇抚陕西总管京兆等路事",③官号中并没有行省字样。郝和尚拔都,太宗后期被任命为万户,戊申年(1248)"还治太原",己酉年(1249),"升万户府为河东北路行省,得以便宜从事",④这是比较少见的在北方给降人授予行省称号的例子。郝和尚拔都卒后,行省取消。畏兀儿人塔本,在太祖朝为"镇抚北京行省都元帅",后徙至兴平;其子阿里乞失帖木儿袭职,称兴平等处行省都元帅,事在定宗朝,但属于继承其父太祖时名号。到其孙阿台袭职时,宪宗罢行省,阿台遂改为平滦路达鲁花赤。⑤

太宗朝开始,征宋战争中倒是有称南方降人为行省者。张子良戊戌年(1238)"率泗州西城二十五县、军民十万八千余口"降蒙,"太宗命为东路都元帅,京东路行尚书省都总帅,管领元附军民";宪宗时改授"归德府总管,管领元附军民"。⑥南宋邓州戍将赵祥1235年降蒙,阔出太子"许公(赵祥)权宜行省事"。⑦宪宗年间,南宋阆州守将杨大渊降蒙,拜为"都行省"。⑧对南方降人授予行省称号,应当属于一种权宜之计。

---

① (元)李庭:《寓庵集》卷6《故京兆路都总管府提领经历司官太傅府都事李公墓志铭》,影印《藕香零拾》本,第343页,中华书局,1999年。

②《元史》卷123《纯只海传》,第3030页。

③《元史》卷151《田雄传》,第3580页。

④《元史》卷150《郝和尚拔都传》,第3553页。

⑤《元史》卷124《塔本传》,第3044页。

⑥《元史》卷152《张子良传》,第3598页。

⑦ (元)姚燧:《牧庵集》卷18《邓州长官赵公神道碑》。

⑧《元史》卷161《杨大渊传》,第3777页。

## 五、元帅称号引入蒙古军制和万户、千户地位的下降

太宗朝开始,蒙古军、探马赤军的将领则逐渐有被称为元帅、大元帅、都元帅(史料中也习称他们为大帅)和行省者,这些将领多是一方战场、一大片作战区域内的指挥统帅,他们的麾下有数个蒙古军、探马赤军千户甚至万户,还有一些汉军万户、千户,他们的地位自然要高于一般的各军种万户。

名将速不台,攻金之际被称为都元帅。① 成吉思汗"四杰"之一的许兀慎氏博尔忽从孙塔察儿,于太宗即位后不久,"授行省兵马都元帅"。② 唐兀氏察罕,戊戌年(1238),"授马步军都元帅";宪宗朝,为都元帅兼领尚书省事。③ 札剌亦儿氏也柳干,乙未年(1235),从阔出南征,"累功授万户,迁天下马步禁军都元帅","及大将察罕卒,也柳干领其职,拜诸翼军马都元帅,统大军攻淮东、西诸郡";戊午年(1258),也柳干战死扬州,子阿剌罕"袭为蒙古军马都元帅"。④ 元名臣燕只吉台氏彻里曾祖太赤,太宗朝为马步军都元帅。⑤ 元名臣土别燕氏完泽祖父土薛,太宗时也为都元帅。⑥ 曾为木华黎手下得力助手的珊竹氏吾也而,太宗十三年(1241)充北京东京广宁盖州平州泰州开元府七路征行兵马都元帅;子阿海宪宗时被授都元帅。⑦ 西域人札八儿火者之子阿里罕,宪宗时为"天下质子兵马都元帅"。⑧

---

① 《元史》卷 122《按扎儿传》,第 3007 页。

② 《元史》卷 119《博尔忽传》,第 2952 页。

③ 《元史》卷 120《察罕传》,第 2956 页。察罕宪宗朝所任的"兼领尚书省事",其义何指,尚不明确,可能是指当时设在燕京的断事官行署,即燕京行尚书省。大蒙古国时期,习称尚书省的只有世侯的行尚书省,除了《察罕传》本处史文,其他材料中笔者尚未见有将汗廷断事官机构和燕京行尚书省称作尚书省者。

④ 《元史》卷 129《阿剌罕传》,第 3147 页。

⑤ 《元史》卷 130《彻里传》,第 3161 页。《元史》说太赤从太祖定中原,可能有误,应该在太宗时期。

⑥ 《元史》卷 130《完泽传》,第 3173 页。

⑦ 《元史》卷 120《吾也而传》,第 2967 页。

⑧ 《元史》卷 120《札八儿火者传》,第 2961 页。

探马赤军将领阿术鲁,《元史》中称他为元帅。① 初为探马赤军将领的汪古氏按竺迩,金亡后"拜征行大元帅",子彻理宪宗时也为元帅。② 蒙宋战争四川战场名将珊竹氏纽璘,其祖孛罗带本为探马赤军将领。③ 孛罗带之子太答儿宪宗朝曾"拜都元帅";太答儿卒后,四川战场有都元帅阿答胡,不久亦死,纽璘"军中真拜都元帅"。④ 此外,太宗至宪宗朝四川战场尚有都元帅塔海绀卜,《元史》中屡见其名,但有关他的传记材料笔者尚未发现。《元史》卷131《速哥传》中提到四川战场还有一位都元帅帖哥火鲁赤,笔者认为他本是一名探马赤军将领,可能是《元史》有传的塔塔尔氏塔海帖木儿的曾祖忒木勒哥。⑤ 《元史》有传的塔塔尔氏帖木儿不花之父帖赤,也是位探马赤军将领,⑥中统初授为西川便宜都元帅。帖赤子帖木脱斡,极可能也是位探马赤军首领,宪宗至世祖初期,从伐蜀,授千户、万户,时手下有四千户。⑦《元史》卷95《食货志》"岁赐"门中提到的塔丑万户,很可能是这位塔塔尔氏,而不是前文提到的彻里祖上马步军都元帅太赤。⑧

探马赤军将领也有称作行省者。探马赤军首领札剌亦儿氏忒木台(铁木答儿)太宗朝"命行省事",⑨史料中称他为行省。⑩兀良合台氏孛罕,"太宗时为镇西行省",乙未年授万户,此人当也是一位探马赤军将领。⑪ 纽璘之子也速答儿,后来在四川战场也多称为行省,《元史》中屡见。

---

① 《元史》卷152《杨杰只哥传》,第3593页。
② 《元史》卷121《按竺迩传》,第2984页。
③ 屈文军:《也论元代的探马赤军》。
④ 《元史》卷129《纽璘传》,第3143—3144页。
⑤ 《元史》卷131《速哥传》,第3181页;《元史》卷135《塔海帖木儿传》,第3276页;屈文军:《也论元代的探马赤军》。
⑥ 屈文军:《也论元代的探马赤军》。
⑦ 《元史》卷132《帖木儿不花传》,第3219—3220页。
⑧ 《元史》卷95《食货志三》,第2433页;屈文军:《也论元代的探马赤军》。
⑨ 《元史》卷131《奥鲁赤传》,第3190页。
⑩ 《元史》卷122《铁迈赤传》,第3003页。
⑪ 《元史》卷135《忽都传》,第3278页;屈文军:《也论元代的探马赤军》。

这些蒙古军、探马赤军将领,头衔中的行省、元帅、都元帅名号是俗称,还是汗廷的正式授予? 行省肯定是俗称,元帅、都元帅称呼有的也是俗称,有的应该是正式任命,以与其麾下数位万户区别。元帅这一汉式称号也就进入了蒙古军制中。不过,与太祖时期汉地将领的称号相比,进入蒙古军制的只有元帅、都元帅(大元帅称号也比较少),而副元帅、都监、监军这些本来也属于金朝元帅府的军职官号,蒙古人基本没有引进;再一个,进入蒙古军制的元帅、都元帅头衔,只有军职意义,没有民职含义。世祖以后,元帅、都元帅职主要在宣慰使司兼都元帅府以及几个特别之地设置的都元帅府内使用,也只表示军职,宣慰使兼都元帅才表示兼治军民。

太宗朝开始,在探马赤军、蒙古出征军以及汉军中都推行蒙古式的万户千户体制,随着时间的推移,后来汉地万户、千户的地位有所下降,这是窝阔台以后大蒙古国军制上又一个比较明显的变化。太祖朝的万户、千户,地位极高,就统军而言,千户长、百户长,其所领军队人数大致也跟其名称相应,而万户则为全国军事长官。太宗朝,万户不再是全国军事长官,千户也不再有地方行政官员意义,他们都只是出征军队的将领。探马赤军、蒙古正军按千户、百户编组,其人员数大致跟其名号相当,万户可能未必,或许只领有三四个千户,因为草原军队人数毕竟有限。灭金之前任命的汉军三万户、七万户,多数是实力强大的世侯,他们往往"地方二三千里,胜兵合数万";[1]世侯们"各握重兵,多者五七万,少者亦不下二三万"。[2] 严实光身边的五翼军就不下万人,[3]严忠济在宪宗五年(1255)一次签军就"益兵二万有奇"。[4] 这些世侯手下被任命为千户

---

[1] (元)魏初:《青崖集》卷5《故总管王公神道碑铭》,影印文渊阁《四库全书》本,上海古籍出版社,1987年。

[2] (元)郝经:《郝文忠公陵川文集》卷37《上宋主请区处书》,收录于李修生主编《全元文》第4册,第111页。

[3] 陈高华:《大蒙古国时期的东平严氏》。

[4]《元史》卷148《严实传》,第3507页。此次签军,另有记载说东平"益军三万有奇",参见陈高华《大蒙古国时期的东平严氏》。

的,也多是拥有一州一县或数个州、县的实力较为强大世侯,所拥有的兵力多数超过千人。但是随着作战区域的不断扩大,特别是对宋战争开始后,多个地区辟为战场,拥有万户、千户头衔的将领越来越多,其拥有的实际兵力反而是不足其名号所指了。不仅汉军如此,探马赤军和蒙古出征军也是这样。邸顺任为万户时,"管领诸路元差军五千人",①千户手下不足千人的情况应该更多。逐渐地,镇抚、弹压、总把、总管这些原先金朝的军职称号又再次进入汉军,也逐渐进入了探马赤军和蒙古军队中。于是百户之上出现了总把,千户之上出现了总管。郭侃,在太宗朝由百户升总把再升千户。② 女真人高闹儿,"从阔出太子、察罕那颜,连岁出征,累有功,授金符、总管,管领山前十路匠军"。③ 可以肯定,灭金之后不断任命的新的汉军千户和新的汉军万户,除了少数的例外,他们的实力和影响是不能和三万户、七万户时期的汉军万户、千户相比的。正因为后来的万户、千户官员,人数众多,地位实际上有所下降,不再具有重臣意味,张柔、史天泽、严实他们更乐于使用原先的都元帅、行省头衔。世祖初年定制的军事制度,"万户之下置总管,千户之下置总把,百户之下置弹压",④以及各军种中万户府、千户所、百户所所统军人人数均不足其名号数,这些都是直接根据太宗军制改革以来的实际情况而定制的。

不过,需要注意的是,尽管后来有"万户布列天下"⑤的夸张说法,并不意味着蒙元王朝的万户、千户后来也像金朝后期那样,万户地位卑微,以至于人物的碑传材料中都不大愿意提及。⑥ 蒙元王朝的万户、千户地位,前四汗时期是在逐渐下降,但到宪宗朝也就定型了下来。万户、千户一般还是需要由大汗任命,尤其是万户,必定只能由大汗任命;世祖以后

① 《元史》卷151《邸顺传》,第3570页。
② 《元史》卷149《郭宝玉传》,第3523页。
③ 《元史》卷151《高闹儿传》,第3564页。
④ 《元史》卷98《兵志一》,第2507—2508页。
⑤ (元)姚燧:《颍州万户邸公神道碑》,收录于(元)苏天爵编《国朝文类》卷63,《四部丛刊》初编本,上海商务印书馆,1929年。
⑥ 参见王颋《蒙古国汉军万户问题管见》。

定制的万户府万户品秩多在三品以上,千户所千户也在五品以上,属于元朝的中高级官员。

## 六、结语

综合前述,笔者认为元太宗时期在军事职官制度上的变革和奠定主要有以下内容:

第一,扩建由蒙古社会附属民组成的探马赤军,对外的冲锋陷阵和镇戍任务,主要由探马赤军和少量签取的蒙古正军完成,蒙古千户部队的多数则留在了草原。① 探马赤军和签取的蒙古正军的将领,由大汗择能而命,一般不再世袭。

第二,探马赤军中的将领不再世袭,此一命官方式逐渐推行到各个领域,包括作为国家支柱的怯薛组织中。此后,真正实行世袭制的只有草原千户和四位怯薛长。

第三,探马赤军和出征蒙古军按千户、百户编组,将领称万户、千户、百户,这些官衔主要表示军事职能。

第四,汗廷将万户、千户制向汉军中推广,万户、千户只具有军职意义。任命为万户、千户者如果不兼民政职衔,就只是军事将领。

第五,太祖时汉地州县守令,仿照金朝制度,既有民职衔,又有军职衔。元太宗朝开始,只对少数的州县守令授予万户、千户官号,而原先州级层面的各种军职,如节度使、观察使、防御使、刺史、安抚使、宣抚使、招讨使、经略使等名号基本不再授予或极少授予。路府级层面上,原先表示军民兼治的行省、都元帅称号一般也不再授予。蒙古政府对路、府、州、县新任守令的官号一般是兵马都总管、军民总管、府尹、知州、州尹、县令,他们如果不另外授予万户、千户官号,就以理民政为主。太宗以这样的方式逐步缓慢地在降附汉人中推行耶律楚材建议的军民分治。

---

① 笔者在《也论元代的探马赤军》一文中指出探马赤军的几大作用,包括减少蒙古正军损失、消耗附属民、震慑世侯等,读者可参看。

第六,源自金朝元帅府的元帅、都元帅官号,也在太宗朝引进到蒙古军和探马赤军中。元帅、都元帅称号在金朝为军事职衔,太祖朝在汉地降人身上变成兼理军政民政职衔,但引进到蒙古军制中,又变成纯粹军事职衔。世祖以后,都元帅职主要出现在宣慰使司兼都元帅府中,也是军职衔。太祖时期大量使用的元帅府其他官号,如副元帅、都监、监军等名号,太宗朝开始一般不再授予。

第七,随着蒙金、蒙宋战争的不断进行,万户、千户的地位逐渐有所下降。不仅不同于太祖时期万户、千户的崇高地位,太宗朝开始的万户、千户仅是军事将领,而且在所统军队人数上后来也有所下降,一般千户人数不足一千,万户人数不足一万,同时被授予万户、千户的官员也不断有所增加。原先金朝的一些军事官员称号如总管、总把等也进入大蒙古国的军队系统,逐渐形成世祖朝以后的"万户——总管——千户——总把——百户"军官序列。不过,万户、千户后来虽然人数较多,地位下降,但终元一朝,始终是中高级军事官员。

## 第三节　太宗时期大蒙古国对汉地治理中的"画境"制度

大蒙古国第二任大汗窝阔台(下文中也称元太宗)时期的制度建设被蒙元史学界普遍忽视,实际上,这一时期有不少的政制设计都对后来的元朝历史产生了深远影响,如扩建探马赤军、在汉军中推行万户千户制、设立课税所、确立总管府路等。总管府路制是元朝地方政治制度中两项特色之一,元后期任过宰相的许有壬曾说"路则今制",①这是有道理的,元朝的路并非简单模仿金朝总管府路而成,与之实有很大甚至质的区别,关于这一点,笔者拟在另文中详细论述。元地方行政制度中另一项特色是行省制,该制度最早的起源也在窝阔台时期,当时在汉地建立了汗廷断事官的行署燕京行尚书省。大蒙古国窝阔台时期的历史值得

---

① (元)许有壬:《至正集》卷37《彰德路创建鲸背桥记》,收录于李修生主编《全元文》第38册,第204页,凤凰出版社,2004年。

元史学人深入探讨,本文研究的重点是该时期与总管府路制的形成有密切关联的一项制度建设,史文中称"画境之制",今人张金铣称之为"画境十道"。①

与画境之制有关的有价值史料,只有三条。第一条是《元朝名臣事略》中所引王鹗《张柔墓志》中的一段:"初,乙未、丙申间,诸道所统,仍金之旧,保居燕、赵之交,分隶无几。辛丑,特诏还之,升州为府,锡名曰顺天,别作一道。"②第二条是王磐《蔡国公(张柔)神道碑》中说的:"丙申岁,析天下为十道,沿金旧制画界,保之属城多为临道所分割。阅数岁,有诏特还之,升州为府,赐名曰顺天。"③第三条是《元朝名臣事略》中所引元好问《严实神道碑》中的一段话:"初,公之所统有全魏十分、齐之三、鲁之九,及是,画境之制行,公之地,于魏则别为大名,又别为彰德,齐与鲁则复以德、兖、济、单归于我。"④画境之制,字面上理解,蒙古政府将所占"天下"(实即汉地)分成了十大块,在每一大块区域内都设置了某种官员。有关这一举措的直接史料就只有这三条,根本没法回答设了哪十道和设置了什么官员这两个关键问题。史文中所说"诸道所统,仍金之旧"和"沿金旧制画界"又是什么意思,蒙古人"仍""沿"了金朝的什么旧制?由于史料太少,意思含糊,学界前人对该项举措的具体内容也就有了不少争论。笔者拟综合诸家意见,对相关问题的看法做一些取舍,同时提出些自己的认识。

## 一、画境制度的目的

第一个问题:大蒙古国在汉地画境的目的是什么,设置了什么官员?

---

① 张金铣:《元代地方行政制度研究》,第 22—33 页,安徽大学出版社,2001 年。

② (元)苏天爵辑撰:《元朝名臣事略》卷 6《万户张忠武公》,姚景安点校本,第 99 页,中华书局,1996 年。

③ (元)王磐:《蔡国公神道碑》,载《(雍正)畿辅通志》卷 107,收录于李修生主编《全元文》第 2 册,第 301 页,凤凰出版社,2005 年第 2 版。

④ (元)苏天爵辑撰:《元朝名臣事略》卷 6《万户严武惠公》,第 93 页。阎凤梧主编《全辽金文》收元好问此文,文字和点读与此略有差异。第 3031 页,山西古籍出版社,2002 年。

张金铣判断是设立了十个监临区,设置了负责监临事务的达鲁花赤;赵文坦认为是建立了世侯管辖区。[①] 蒙古政权对世侯占地范围进行调整是可能的,但要对一些实力强大的世侯"论功行赏"、让他们世代固定占有一定地盘肯定不会。自攻金战争开始以来,蒙古政权对汉地农耕区如何统治一直没有明确的计划,它考虑的是先军事征服下来再说;蒙古政权应该设想过像草原地区那样分封,不过,分封时占有"忽必"(qubi,意为"份子")的仍然是黄金家族成员(诸王),而像草原千户那颜(noyan,意为"官人")那样拥有"莎余儿合勒"(soyurqal,意为"恩赐",即世代治理民众的权力)的则会是探马赤军和征行蒙古军的将领。汉地的武装世侯在灭金战争中虽然为蒙古人拼过命,立有大功,但蒙古政府骨子里对他们并不放心,他们也还没有资格来同探马赤军和征行蒙古军的首领们竞争或分享原金朝地区的"莎余儿合勒",他们要享有这种世袭特权,只能等蒙古政权征服了更多的其他地区之后,他们到金地以外的新征服地区作为前期的功臣来拥有。《元史·耶律楚材传》中记载,金亡后,"朝议将四征不廷,若遣回回人征江南,汉人征西域,深得制御之术";[②]当然,由于耶律楚材的谏止,汉人征西域的事情并未发生,蒙古人将草原以外地区进行忽必分封的设想后来在金、宋以及中亚、波斯等征服区域也都没能执行。

张金铣的判断是有道理的。蒙古人对外征服战争中,每占领一地,往往会设置达鲁花赤,这种制度可能学自早先西辽对畏兀儿和哈剌鲁的统治方式。太祖(成吉思汗)朝蒙古人在西域所设达鲁花赤,有的是监临官,有的是实际行政长官,有的是军事镇守官,有的则兼备其中两者,甚至也有三者皆备的。[③] 在原金朝地区,太祖朝设置的达鲁花赤不多,原因在于蒙古人尚不容易稳固地占领金朝汉地,蒙古军的主力也长期驻留在

---

① 赵文坦观点,见于其博士论文《大蒙古国时期汉人世侯研究》,转引自李治安、薛磊《中国行政区划通史·元代卷》,第 320 页,复旦大学出版社,2009 年。

② (明)宋濂等:《元史》卷 146《耶律楚材传》,点校本,第 3460 页,中华书局,1976 年。

③ 屈文军:《元太祖朝的达鲁花赤》,载刘正刚主编《历史文献与传统文化》第 22 辑,暨南大学出版社,2017 年。

汉地。太祖朝设在汉地的达鲁花赤多数承担监临责任,有的会兼军事镇守责任,而担任实际行政长官的几乎没有,汉地民众的具体军、民政事务蒙古人通通交给投附他们的汉族降人(包括契丹人、女真人)处理。承担监临职务的达鲁花赤,有的会被比附称为御史大夫,如契丹人石抹也先任东北地区御史大夫,①其实际官衔是达鲁花赤。在中都的汉人王檝,也有御史大夫头衔,②这可能是他的自称,当时燕京地区的达鲁花赤是回回人札八儿火者,当然王檝也可能被赋予了一定的监临使命。窝阔台在位前期,蒙古人对汉地的占领日益稳固,达鲁花赤的设置有所增多,不过由于探马赤军的存在,他们对军民兼管的世侯有强大的威慑效应,汉地达鲁花赤的设置仍不算普遍。太祖朝和太宗前期,蒙古人在汉地设的达鲁花赤,有的监临一州一县,有的会监临相邻的数个州县,监临区域较广的达鲁花赤,有时会被称为大达鲁花赤或都达鲁花赤。如太祖朝蒙古篾儿乞氏绍古儿"授洺磁等路都达鲁花赤",③监临范围为洺、磁等州;回回人赛典赤·瞻思丁在太宗即位初,为"丰净云内三州都达鲁花赤",④监临范围为丰州、净州和云内三州。蒙古灭金以后,做出了不再进行忽必分封的政策决定,整个汉地就都要由大汗政府实行管理。在具体治理方案未出台之前、在地方行政治理未稳定之际,将汉地划分成几个监临区域(蒙古人的喜好是划成十块),每一个区域内均委派官员维持秩序、监督区域内各项军政民政事务的次第展开和着手进行、监临区域内的行政事务逐步走上轨道和趋于稳定,就是比较自然的事。具体的汉地军民政事务工作仍然由世侯和各种地方官员进行,但在他们之上,设有大达鲁花赤;与以前达鲁花赤不是处处有设不同,现在是在每一个大区都设有大达鲁花赤,他们和镇戍的蒙古军、探马赤军一起对辖区内所有的世侯和地方官员起监督作用。窝阔台设立的大达鲁花赤监临道,是大蒙古国在汉地建

---

① 《元史》卷150《石抹也先传》,第3542页;卷152《石抹阿辛传》,第3603页。

② 《元史》卷153《王檝传》,第3612页。

③ 《元史》卷123《绍古儿传》,第3025页。

④ 《元史》卷125《赛典赤瞻思丁传》,第3063页。

置的课税所路之后的第二种路制,它源自太祖时期的政治实践,与汉地的制度传统没有关系。

赵琦在《金元之际的儒士与汉文化》一书中也提到了画境之制,但她没有说蒙古政府设置了什么官员;[1]如果不设官员,画境在政制上就没有意义。赵琦接着说,画境十道后,之前设的十路课税所和后来增设的课税所相应做分化组合,形成与十道对应的新十路课税所;这没有史料依据。温海清认为,太宗画境的目的除了调整世侯占领区,更重要的在于确立征税区。[2]笔者认为这种看法也欠妥。耶律楚材建议设立的课税所一直另行存在,要到世祖即位后才演变为转运司并逐渐变得不重要,太宗朝蒙古政权为什么要另设功能几乎一样的征税区呢?所以画境之制,或者说画境十道,就是大蒙古国将占领的原金朝之地划成十块,每一块均设监临范围远超过一州一县的大达鲁花赤。这些大达鲁花赤(具体人员下文有考订),有的是此前在当地任职者,此番继续留任,不过监临范围会根据"画境"而有所调整;有的则是新任命。他们当中,有些人本身是当地的探马赤军或外征蒙古军军事将领,担任军队镇守官和监临官双重职务;有的则以镇戍的蒙古军、探马赤军为后盾而监临自己辖区内的行政事务,主要是民政事务,另外还有监临军饷筹集和军人签发等事务。

## 二、画境制度的起始时间

第二个问题:画境之制始于何时? 史料中一说在丙申岁(1236)"析天下为十道";一说在"乙未、丙申间",即 1235 至 1236 年间,"诸道所统"已经确定了下来。金朝灭亡于甲午年(1234),在此之前,大蒙古国的首要任务在于从军事上消灭金朝,日常的地方民政由世侯、世侯委任的地方官员和一些因军功而被授予地方官员职务的汉人将领们去处理,蒙古政府需要的只是课税使征收上来的赋税和地方世侯、官员们征集过来的

---

① 赵琦:《金元之际的儒士与汉文化》,第 82 页,人民出版社,2004 年。
② 温海清:《画境中州——金元之际华北行政建置考》,第 46—60 页,上海古籍出版社,2012 年。

军饷以及签发出来的军人士兵。至于攻占下来之后如何长久治理,他们或许考虑过分封给诸王,由诸王自己处理。灭金之后,忽必分封方案被否定,蒙古政权需要自己面对庞大的农耕区和众多的汉地人口以及异己的社会习俗及文化传统,在具体统治方案没有成型之前,设一些监临道,将自己政治传统中的达鲁花赤制度引进汉地,就是自然的事了。与之前课税使路的产生是因为近臣变汉地为牧场的建议遭到否认而设置类似,①这次监临道的设置则是因为农耕区忽必分封方案被否定而推行。笔者判断,画境之制始于金朝灭亡的甲午年,到乙未、丙申间已经确定,"丙申岁析天下为十道"应该是说那一年十道已定型。

## 三、画境十道和其官员设置

第三个问题:画境之制中的十道是哪十道?张金铣认为是山西道、北京道、燕京道、河东道、彰德道、河北道、大名道、山东西道、山东东道和陕西道。画境之制始于金亡之后,其时河南地区已经纳入大蒙古国版图,不设监临区于情理不合。李治安根据世祖时十道宣抚司的设置情况,在张金铣所列诸道中加上了一个河南道而将彰德道和大名道合二为一。② 诸道命名上,李治安和张金铣略有差异,张金铣所称的山西道、河东道、河北道、山东西道、山东东道、陕西道,李治安均以城市名命名,分别为西京道、平阳太原道、真定道、东平道、益都济南道和京兆道。十路课税所多以城市名称之,③十道监临道很可能也以城市命名。李治安将彰德、大名合为一道的判断和史料似乎有些不一致。元人胡祇遹在《蒙古公神道碑》中说:"彰德居十路之一,又当南北之要冲,朝廷以公为能,自呼图克(忽都忽)帐下扎萨克齐(札鲁忽赤)擢拜彰德路达噜噶齐(达鲁

---

① 《元史》卷 146《耶律楚材传》,第 3458 页。
② 李治安、薛磊:《中国行政区划通史·元代卷》,第 319—323 页。
③ 《元史》卷 2《太宗纪》,第 30 页。

花赤),岁丙申之四月也。"①胡祇遹明确说彰德道是十路(即十道)之一,但并不表示其名一定只是彰德道、也不表示其范围一定不包括大名地区。前引《严实神道碑》说,"画境之制行,公之地,于魏则别为大名,又别为彰德",张金铣因为这条史文而将彰德、大名分列为两道;但该条史料其实只是说,画境之制推行后,严实所占的大名和彰德地盘被"别"出来为他人拥有,而不是说被别出来各自列为监临道。实际上,彰德被"别"出还不是"画境之制行"后的事,而是在此之前的太宗四年(1232),②当时金朝尚未结束。所以,笔者赞同李治安所判断的十道划分。温海清从征税区角度,将河南、陕西地区均排除出十道范围,笔者认为不当;温氏又将十道与后世中书省腹里地区的形成联系起来,认为当十道范围排除掉北京道之后就形成了后来的腹里区域,笔者觉得十道和腹里两者间的关系非常勉强。

关于各个监临道的具体范围,赵文坦、李治安均注意到史文中"仍金之旧""沿金旧制"的说法,但金朝并没有达鲁花赤监临路,也没有哪种路制把全国分为了十块。赵文坦认为,画境基本恢复了金朝原有的路府建置。画境时,大蒙古国尚未有总管府路的设置,③何谈恢复金朝原有的路?李治安认为,十道划分与金朝路州旧有建置有关,十道划分后则对应"恢复"了的十八路;李氏所说"恢复"了的十八路实乃太宗朝设立的大蒙古国十八路,它们与金朝的十九总管府路(一说二十路)并不一致,谈不上是对金朝"路"的恢复。李治安还提到,十道借鉴有金朝的提刑司路和转运司路制度。金朝提刑司也称按察司,曾设有过九路提刑司,但金末则与转运司合而为一,设有十二路按察司兼转运司;蒙古人借鉴于它

---

① (元)胡祇遹:《胡祇遹集》卷15《大元故怀远大将军怀孟路达鲁噶齐兼诸军鄂勒(奥鲁)蒙古公神道碑》,魏崇武、周思成校点本,第349页,吉林文史出版社,2008年。
②《元史》卷58《地理志一》,第1360页。
③ 王颋在《总管理专——元代路制的源流和变迁》一文中因为成吉思汗时期有些金地降人的官衔中带有"路"字样而认为太祖时期就有总管府路设置,这观点肯定不对,太祖朝的"路",仅仅是指一州或一州以上的一片区域。王颋文章收录于氏著《龙庭崇汗:元代政治史研究》,南方出版社,2002年。

的是课税所而不是画境十道,有些课税使会兼廉访使,也就是在承袭金朝的转运司兼按察司功能。金朝提刑司、按察司有监察之责,这和世祖朝以后设立的提刑按察司、肃政廉访司相似,可以说,世祖以后设立的提刑按察司、肃政廉访司道才是模仿金朝的提刑司、按察司路设置,是世祖"行汉法"的产物;但太宗的画境十道则是太祖朝开始的达鲁花赤制度的产物,是蒙古制度而非汉式制度。达鲁花赤的任务是监临,而不是提刑司那样的监督巡按,监督巡按是汉式制度,历代主要属于御史台系统;达鲁花赤虽然多数也不直接负责行政,但制度上一直位于实际负责行政的长官之上,有时也会直接操控行政,太祖、太宗朝甚至还有担任驻军首领之任的。因为有"监"这一事务,而将太宗朝的十道与金朝提刑司联系起来,有点牵强附会。

笔者认为,史文所说"旧制"确是赵文坦、李治安提到的金代的总管府路制,不过蒙古政权只是参考它们来为自己的十道划定各自的大致区域范围。西京道差不多是金朝的西京路;平阳太原道包括原先金朝的河东南路和河东北路;陕西道则包括金朝的京兆府路、凤翔路、鄜延路等西部诸路;河南道相当于金朝的南京路。不过,十道不可能和金代总管府路密切对应。其一,出于对宋战争的需要,原属金朝河北西路的彰德府的地位变得重要,蒙古人在金灭亡前就在此设有总帅府,画境时明确说是"十路(道)"之一,不再与其他诸多原属河北西路的州县同属一道。其二,当时的世侯,特别是山东西部和河北地区的世侯所占地盘犬牙交错。蒙古人一方面会承认世侯占地分属金朝不同路分的事实,画境时尽量将其占地归属一道;另一方面,也会对他们的占地按照金代路的划分进行适当调整。严实太祖朝以"所部彰德、大名、磁、洺、恩、博、滑、浚等州户三十万"降蒙,[1]灭金之际,则"统有全魏十分,齐之三,鲁之九",画境后,彰德、大名别出,"齐与鲁则复以德、兖、济、单归于我";史书所说严实"领

---

[1]《元史》卷148《严实传》,第3505页。

州县五十四",①实是画境调整后的情况。② 不过,调整大世侯辖区、使之归属一道的工作相对易做,而要使大世侯辖区所在之道和金总管府路严格对应则不可能实现。史料多处记载,大名地区官员要求将严实和其部下所占的部分城市按照金代大名府路的划界归还大名,未得实现,所要求归属的大名,可能是大名彰德监临道,也可能是后来设立的大名总管府路,不管是哪一种,都可以说明它们未能按金朝的大名府路划界。所以,画境之制推行时的"沿金旧制""仍金之旧"只是相对而言,不能拘泥理解。另外,这两句话都出现于张柔的碑传材料中也值得注意。张柔攻金之战中为蒙古人出力甚多,所占地盘也很大,但不知什么原因,他总是受到不公正对待,画境调整辖区时极有可能被剥夺了部分州县,到后来成立顺天总管府路后才得到一些补偿,所补偿的有的本是张柔部下所占,有的则初为他人所有。张柔碑传材料不好直接说一段时期内蒙古政权对他的不公,就含蓄地讲画境时按照金朝的"旧制"划分,将后来属于顺天路的部分地盘划属了不同的监临道,"保之属城多为临道所分割","分隶无几",到太宗末年设立顺天路时才"特诏还之"。所以,"沿金旧制画界"仅仅着眼于"画界"而已;"诸道所统,仍金之旧",也只是说,金代原先多数的路,其范围画境后还在一道之内,原先府、州、县的格局多数也还能维持原样。

以下对每一道监临区的设置情况和其道的大达鲁花赤人选分别做些说明。

(1)北京道监临区。太祖朝占领金朝的北京后,任命降人寅答虎(可能是女真人)为留守。蒙古珊竹氏吾也而为"北京总管都元帅",③这一官衔可能是汉人的俗称;"元帅"这种汉式称号太祖朝主要在金朝降人官员

①《元史》卷58《地理志一》,第1365页。
②陈高华:《大蒙古国时期的东平严氏》,收录于氏著《元史研究新论》,上海社会科学出版社,2005年;具体五十四州县的考订,见温海清《画境中州——金元之际华北行政建置考》,第107—115页。
③《元史》卷120《吾也而传》,第2967页。

中使用,蒙古军将一般称千户、百户,但吾也而因为并非蒙古千户那颜,他可能就没有一个正式官号。契丹人石抹也先"授御史大夫,领北京达鲁花赤",①实际官衔是后者。吾也而所统军队,有契丹军、汉军,可能还有少量的蒙古军;他后来随从木华黎征战华北,成为木华黎手下两位最重要的助手之一,另一位是契丹人耶律秃花(官号太傅)。太宗即位后,原金朝糺军将领萧札剌被授为"兴州、北京、懿州、临潢府、平滦州、燕京、顺天府等路管军万户",②这官名中的"路",是指州或州以上的范围;萧札剌所统军队中可能有些原先就是吾也而所统之兵。吾也而后来征战高丽;萧札剌和其子重喜没有因为统兵而成一方世侯,而是一直从事纯军事业务。太宗十三年(1241),吾也而"充北京东京广宁盖州平州泰州开元府七路征行兵马都元帅",这一称号当是汗廷实授,其时元帅官衔已经进入大蒙古国的军事系统中。③ 蒙古人将原金朝广阔的东北"七路"地区作为了一个大的军区,吾也而被任命为这个大军区的军事首领。石抹也先早先"以御史大夫提控诸路元帅府事,举辽水之西、滦水之东,悉以付之",其监临范围主要是在金朝的北京路。石抹也先没有在东北待多久,就跟随木华黎征战华北,不久战死。子查剌(非万户萧札剌)"袭御史大夫",④他开始时仍然在华北地区作战。太宗癸巳年(1233),查剌回到东北。画境之制时,广阔东北地区均为大蒙古国所有,北京道监临区范围应该与吾也而的军区范围一致,石抹查剌为该道的大达鲁花赤。《元史·石抹也先传》中说,查剌于辛丑年(1241)授"真定、北京两路达鲁花赤"。真定、北京地不相邻,且距离较远,查剌不可能同时任这两地的达鲁花赤,一定有先后。笔者认为,他任真定达鲁花赤是他在华北地区作

---

① 《元史》卷 150《石抹也先传》,第 3542 页。
② 《(嘉靖)鲁山县志》卷 9《石抹公墓志铭》,转引自胡小鹏《窝阔台汗己丑年汉军万户萧札剌考辨——兼论金元之际的汉地七万户》,收录于氏著《西北民族文献与历史研究》,甘肃人民出版社,2004 年。
③ 屈文军:《元太宗时期的军事职官制度》,载刘正刚主编《历史文献与传统文化》,第 24 辑,安徽师范大学出版社,2020 年。
④ 《元史》卷 150《石抹也先传》,第 3543 页。

战时的事,他曾于太祖己卯年(1229)"以黑军分屯真定"等地;他任北京达鲁花赤则是回到东北以后的事。石抹查剌回东北之初可能和他父亲一样,监临"辽水之西、滦水之东"的小范围,在此之前,在该小范围内实际承担监控北京留守寅答虎责任的可能是吾也而或其子,吾也而子雪礼"太宗时授北京等路达鲁花赤"。[①]　画境之制推行后,石抹查剌担任广阔的北京道监临区的大达鲁花赤;到太宗末期,即辛丑年时,他担任的很可能是范围大为缩小的总管府路北京路的达鲁花赤。太宗时期,该辽阔区域内的地方官员除了北京留守,还有在原金朝平州、滦州一带的王㠀与塔本。李治安认为,平、滦一带画境十道时属于下面所说的燕京道监临区,这种可能性也有;不过,从蒙金战争的实际情况看,蒙古人更多将该地作为从东北进入华北的门户。王㠀本为金兴平军(节镇州平州军名)节度使幕官,在蒙金战争中兴起,占领原属金朝中都路的平、滦"二州五县",降蒙后,蒙古将此二州并为兴平府,王㠀称之为路,并自诩为路的兵马都总管,蒙古人也认可了他这一自称的官号,王氏子孙袭此职名。[②]　畏兀儿人军将塔本,[③]太祖时"镇抚白奚诸郡","号行省都元帅",这一称号估计是汉人对他的俗称,金朝在东北曾经设过行省;塔本后"徙治兴平",[④]地位在王㠀和其子孙之上,实际上成了威慑王氏的军事力量。寅答虎所在北京之地、王㠀所在兴平之地,太宗朝丙申年(1236)以后都设立了正式的总管府。北京路到后来的世祖至元年间改称为大宁路,属辽阳行省;兴平路后来中统年间称平滦路,成宗朝时改称永平路,属中书省直辖路。除了北京路、兴平路,本道监临区内,世祖以前,太宗到宪宗年间是否还设有其他总管府路,不易确定;世祖以后,有东京路(辽阳路)、广宁路、开元路等总管府路,它们均属于辽阳行省。

---

① 《元史》卷 120《吾也而传》,第 2969 页。

② (元)王恽:《王恽全集汇校》卷 57《大元故昭勇大将军北京路总管兼本路诸军奥鲁总管王公神道碑铭》,杨亮、钟彦飞点校本,第 2560 页,中华书局,2013 年。

③ 《元史》卷 124《塔本传》称传主为伊吾庐即哈密里人,第 3043 页。陈高华考证为畏兀儿氏,参见陈高华《元代新疆史事杂考》,收录于氏著《元朝史事新证》,兰州大学出版社,2010 年。

④ 《元史》卷 124《塔本传》,第 3043 页。

（2）燕京道监临区。太祖时期有回回人札八儿火者为"黄河以北铁门以南天下都达鲁花赤"；①契丹降人石抹明安为燕京都元帅，石抹明安死后，子咸得不袭职"燕京行省"，②此燕京行省称号当是咸得不自称，非蒙古实授，不过可能也得到蒙古人认可。另外，太祖时期王檝或许也有些监临职权，故自称御史大夫。太宗朝，咸得不、札八儿仍在职，不过，画境之制推行之际，该区域的大达鲁花赤极可能是契丹人耶律阿海（耶律秃花之兄）之子绵思哥，绵思哥和子买哥相继任职"守中都路也可达鲁花赤"，③"也可"是蒙古语 yeke 的音译，意为"大"。除了石抹明安父子，该道监临区域内还有一位实力强大的地方世侯，就是位于保州的张柔，其时官衔为保州都元帅。前文提到，画境之制时，张柔实际所控地盘分属不同监临道，其中心城市保州金代隶属中都路，元画境之制时，"沿金之旧"的话，保州本身应该在本道监临区内。本道监临区域，丙申年（1236）后设立有燕京路、涿州路、顺天路三个总管府路。世祖以后，燕京路改名大都路；涿州路改为涿州，隶属大都路；顺天路改名保定路。大都路、保定路世祖以后均为中书省直辖路。

（3）西京道监临区。太祖朝该区域内有西京留守刘伯林，有地位更高军事统帅耶律秃花。女真人夹谷通住因累立大功，太祖朝也被擢为"山西路行省兼兵马都元帅"，"山西路"当是时人对今晋北高原一带的俗称，夹谷通住这个称号是汗廷真授还是其自称（如咸得不自称行省一样）或后人为其书写碑传材料时编撰出来的官号，因无旁证尚难确定；太宗时其弟灰郢"嗣其职"。夹谷兄弟在该地具体事迹不详，"未几，灰郢亦薨"，④两人在西京道地区影响恐怕没有碑传材料中那样显赫。蒙古克烈氏速哥乙未年（1235）被太宗命"为山西大达鲁花赤"，可能是到任年份；

①《元史》卷 120《札八儿火者传》，第 2961 页。
②《元史》卷 150《石抹明安传》，第 3557 页。
③《元史》卷 150《耶律阿海传》，第 3550 页。
④（元）李庭：《寓庵集》卷 6《故宣授陕西等路达鲁花赤夹谷公墓志铭》，影印《藕香零拾》本，第 345—346 页，中华书局，1999 年。

速哥不久死,子忽兰袭职。① 西京道监临区,丙申年(1236)后,设立有西京路、宣德路两个总管府路。西京路到中统年间划出一部分成立隆兴府,至元年间改称为隆兴路,仁宗时改称兴和路;西京路其余部分则在至元年间改称为大同路。宣德路中统年间改称宣德府,后划属至元年间新设立的上都路;顺帝朝宣德府因地震改名为顺宁府。世祖以后,上都路、兴和路均为中书省直辖路,大同路则隶属于中书省内河东山西道宣慰司。对照世祖以后的政区规划,后来设有德宁路、净州路、集宁路的区域;画境之制时可能多属本道监临区,后来设有上都路、应昌路、全宁路的广阔区域,除了宣德府,其他地域画境之制时属于何道难以确认。当然这些地方地广人稀,又为草原区域,属汪古部、弘吉剌部、亦乞列思部等部落领地,本身也不需要监临业务。德宁路、净州路、集宁路、应昌路、全宁路设立后均属中书省直辖路。

(4)平阳太原道监临区。太祖时金朝降人将领攸哈剌拔都和李守贤曾分别驻守太原、平阳,太祖后期,河东地区在蒙、金间反复易手;太宗初年,大蒙古国稳定占有河东地区。蒙古克烈部人哈散纳被太宗"授平阳、太原两路达鲁花赤,兼管诸色人匠",②哈散纳卒后,回回人赛典赤·瞻思丁由"丰净云内三州都达鲁花赤,改太原平阳二路达鲁花赤"。③ 画境之制推行之际,该区域的大达鲁花赤当是这两人之一。本道监临区,丙申年(1236)后设有平阳路、太原路两个总管府路;世祖朝以后,它们均隶属于中书省内河东山西道宣慰司。成宗朝因地震,平阳路改称晋宁路,太原路改称冀宁路。

(5)益都济南道监临区。该地主要世侯势力是益都的李全、李璮父子和济南的张荣。癸巳年(1233),窝阔台命蒙古珊竹氏纯只海为"益都行省军民达鲁花赤"。④ 益都行省是李全1227年降蒙后蒙古汗廷授予他

①《元史》卷124《速哥传》,第3052—3053页。
②《元史》卷122《哈散纳传》,第3016页。
③《元史》卷125《赛典赤瞻思丁传》,第3063页。
④《元史》卷123《纯只海传》,第3030页。

的官号,纯只海的开始任务主要是威慑李氏。张荣降蒙后授予济南行省官号。画境之制推行,极可能由纯只海担任该监临区的大达鲁花赤,同时监临两位官称行省的世侯。丙申年(1236)后,该监临区设有益都路、济南路两个总管府路。世祖朝,先后从济南路、益都路中析出部分州县,设置淄州路(后改称般阳路)和宁海州。益都路、济南路、般阳路以及宁海州世祖朝以后均隶属于中书省内山东东西道宣慰司。

(6)东平道监临区。太祖十五年(1220),严实以"彰德、大名、磁、洺、恩、博、滑、浚等州户三十万"降蒙古,蒙古委任严实为东平行省(也称行台),彰德府、磁州、洺州、浚州、滑州在金朝属于河北西路,大名、恩州属于大名府路。除了严实,金朝大名府路其他地区主要为梁仲和王珍所占,蒙古汗廷亦授梁仲为大名行省。随着蒙金战争的局势变化,画境之制推行前,严实所占地盘已经与降蒙之初有些不同,彰德在太宗四年(1232)年就"别"出,与史天泽"别"出的卫、辉二州一起组成彰德总帅府;磁、洺、滑、浚四州很可能已经不在严实控驭地盘内,当然不排除画境时"沿金旧制"而被划出的可能。画境时,蒙廷继续对他的地盘有所调整,大名府亦"别"出,不过,包括恩州在内的金属大名府路地区的"冠氏等十七城"则一直属严实所有;①金朝属于山东西路的德州、兖州、济州和属于河南路的单州四州,画境之制时则划为归属严实。德州原先不知为谁所有,划归严实后由严氏部下李顺控驭。② 兖州、济州、单州三州,太祖朝本有世侯石珪,太祖末年石珪被金朝俘杀后,子石天禄继续控驭这几个州。太宗画境十道时,将石天禄控制的三州与严实别出彰德、大名等地后的地盘划为一道监临区,含有用石氏牵制严实的想法。石天禄曾奉诏书,"括户东平,军民赋税并依天禄已括籍册,严实不得科收"。③ 当然,严实势力要比石天禄大得多,丙申年(1236)石天禄卒后,济、兖、单三州正式

---

① 《元史》卷153《王玉汝传》,第3616页;李治安、薛磊:《中国行政区划通史·元代卷》,第39页。
② (元)杜仁杰:《故宣差千户保靖军节度使李侯神道碑》,载《(道光)长清县志》卷10,收录于李修生主编《全元文》第2册,第416页。
③ 《元史》卷152《石天禄传》,第3602页。

归属严实管辖。画境之后的严实，"领州县五十四"，它们形成东平道监临区。探马赤军将领蒙古塔塔尔氏塔思火儿赤，"从太宗定中原有功，为东平路达鲁花赤，位在严实上"，①塔思火儿赤所任即本道大达鲁花赤。丙申年（1236）后，该监临区设有东平路总管府路。世祖朝以后，东平路属中书省直辖路，但范围大为缩小，从中分立出东昌路、济宁路、曹州、濮州、高唐州、泰安州、德州、恩州、冠州等直属中书省的路和州。

（7）真定道监临区。本道监临区内世侯主要为史天泽，官衔为河北西路都元帅，太祖时期所占地盘多为原金朝河北西路的范围。太宗四年（1232），史天泽所占的卫、辉二州被划出，与严实"别"出的彰德府一起组建彰德总帅府。一度被严实占有的磁、洺、滑、浚等州，可能在画境之前已脱离严实控制，也可能在画境时"沿金之旧"划入此道监临区，不过，其中浚、滑二州由史氏管辖，而磁、洺二州是否亦由史氏管辖则不易确定。原金朝河北东路的范围，应该也在该道监临区内，史天泽受任为五路万户时，名称中包括"河间"，但现有史料也看不出有史氏实际统辖该区域的迹象，汗廷应该另外委任了地方官员。探马赤军将领蒙古克烈氏撒吉思不花，史料中也称达鲁花赤，②当有主要监临史天泽义务。另外，1233年之前，契丹人石抹也先之子查剌也任过真定一带达鲁花赤，他应该也有监临史天泽责任。石抹查剌1233年去东北；撒吉思不花则于当年在归德阵亡，其弟明安答儿为蒙古汉军万户，③仍有监临史天泽之责。汉人赵瑨在查剌回东北后，也担任过一阵子真定府的达鲁花赤。画境之制推行，担任该区域内大达鲁花赤的应是明安答儿。丙申年（1236）后，该监临区设有真定路、邢洺路两个总管府路。邢洺路的范围包括邢、洺、磁、威四州，画境之制时，四州是否属史天泽统辖，难以确定；立总管府路时，此四州合在一起，则是为了照顾一些投下领主的管理方便。宪宗二年（1252），又从邢洺路中析出洺、磁、威三州设立洺磁路，邢州则在忽必烈

① 《元史》卷131《忙兀台传》，第3186页。
② 《元史》卷155《史天泽传》，第3659页。
③ 《元史》卷122《槊直腯鲁华传》，第3014页。

代为管理下改设安抚司。世祖朝以后,邢州之地改设顺德路,洺磁路改称广平路。画境之制后的史天泽辖区构成起初的真定总管府路。太宗十年(1238)增加一个在金朝属于河北东路的深州;太宗十三年(1241),将祁、完二州割隶张柔的顺天路;至元年间,浚、滑二州改属大名路,而金属河北东路的冀、蠡二州此时改属真定路。别出深州、冀州、蠡州后原金朝河北东路的范围,后来形成河间路总管府路;河间路总管府路设置时间,《元史·地理志》说是在至元二年(1265),在此之前,该区域可能主要以府、州形式存在,并不隶属真定路。真定路、顺德路、广平路以及河间路,世祖朝以后均为中书省直辖路。

(8) 大名彰德道监临区,张金铣判断为两道监临区。由于史料太少,这一道或两道监临区的情况最不清晰。彰德府,金代属河北西路,蒙古太祖时期,为严实所占。太宗四年(1232),因彰德"当南北要冲",而立彰德总帅府,辖卫、辉二州。卫、辉二州,金代也属河北西路,蒙古太祖朝为史天泽所占。立总帅府后,这一府二州就不再由严实和史天泽统辖。大名一带,金代设有大名府路。大蒙古国太祖时期,严实(及其属下赵天锡)和梁仲(及其属下王珍)两股势力分别占有其中部分。画境十道时,严实"别为大名","别"出的只是一部分,估计改属梁仲和王珍控驭;另有十七城则仍在严实控驭下。大名、彰德地域相邻,范围都不大,画境十道时归为一道监临区有可能。前引胡祗遹《蒙古公神道碑》中说,蒙古巴尔为十路之一的彰德路达噜噶齐(达鲁花赤),当即十道之一的本道监临区大达鲁花赤。胡文说他岁丙申(1236)受任,可能是到任时间,也可能在他之前另有他人担任过此职。丙申年后,本道监临区内设置有大名路、彰德路两个总管府路。大名路后来至元时期增加有从真定路拨来的浚、滑二州。彰德路于蒙哥二年(1252),割出卫、辉二州,《元史·地理志》说,此后"以彰德为散府,属真定路",直到至元二年(1265)复立为路。①不过,宪宗分封五户丝投下户时,皇弟旭烈兀食邑在彰德,史料中说,"诸

---

① 《元史》卷 58《地理志一》,第 1360 页。

王旭烈兀将征西域,闻其(高鸣)贤,遣使者三辈召之,鸣乃起,为王陈西征二十余策,王数称善,即荐为彰德路总管",①看来析出卫、辉二州后,彰德总管府路可能仍然存在。世祖即位初,卫、辉二州设卫辉路,至元二年隶属彰德路,同年又将怀孟州(金为南怀州,属河东南路,大蒙古国宪宗朝为忽必烈汤沐邑)也划属彰德路。至元六年(1269),元廷分彰德、怀孟、卫辉为三路,怀孟路仁宗朝时改名怀庆路。大名、彰德、怀孟、卫辉等路世祖朝以后均为中书省直辖路。

(9)河南道监临区,张金铣认为不在十道之内,不合情理。当然,灭金之后河南地区作为对宋前沿阵地,驻军甚多,领军大将在该地区的影响更大;不过,民政事务总归是有的,设置监临区事在必然。畏兀儿人岳璘帖木儿太宗朝"授河南等处军民都达鲁花赤""监河南等处军民",②即任该道监临区的大达鲁花赤。1240年,回回人曷思麦里授"怀孟河南二十八处都达鲁花赤",③则是继任,从官衔中知,后来划属中书省的怀孟州,太宗到宪宗朝实际上在该道监临区以内。该监临区太宗到宪宗朝设有河南路总管府路,也设有归德府、怀孟州等府、州地方行政单位。前文提及,世祖即位初,怀孟州划属彰德路,后单独成路,属中书省直辖路。河南路总管府路世祖以后改称汴梁路,原河南道监临区域内,另增设有河南府路、南阳府、汝宁府等路、府级地方行政单位。除了怀孟州(怀庆路)属中书省,汴梁路、河南府路、归德府、南阳府、汝宁府等在世祖朝以后均隶属河南行省。

(10)京兆道监临区。太宗朝驻守的金朝降人将领有在京兆一带的田雄、延安一带的袁湘以及巩昌一带的汪世显等。1237年,蒙古珊竹氏纯只海调任"京兆行省都达鲁花赤",④便是去任该监临区的大达鲁花赤。金朝后期曾经设有过陕西行省,所辖范围包括京兆府路、凤翔路、鄜延路

---

① 《元史》卷 160《高鸣传》,第 3758 页。
② 《元史》卷 124《岳璘帖穆(木)尔(儿)传》,第 3050 页。
③ 《元史》卷 120《曷思麦里传》,第 2970 页。
④ 《元史》卷 123《纯只海传》,第 3030 页。

(即元延安路)等,与本道范围大致相当;金朝也根据情势需要另设过京兆行省、巩昌行省等。田雄太宗初年被任命为"镇抚陕西总管京兆等路事",[1]有文献说他"开府陕西,行总省事",[2]行省所指范围实与金朝的京兆府路大致相当;纯只海官号的"京兆行省"所指则与金朝的陕西行省相当。不过,画境之制开始时,纯只海任职于益都济南道,京兆道监临区当另有他人任职。实际上纯只海因故后来也未能到任,整个太宗朝、定宗朝,在该道实任大达鲁花赤者尚不清楚。1251 年,女真人夹谷唐古歹授"陕西等路打捕户达鲁花赤兼权京兆延安凤翔达鲁花赤",[3]其时已入宪宗朝,夹谷氏所任也就是本道大达鲁花赤。丙申年(1236)后,该监临区设有京兆府路、延安路两个总管府路(可能还有凤翔路)以及巩昌便宜都总帅府等地方行政单位。京兆府路宪宗年间在忽必烈管治下曾改置宣抚司,世祖以后,改称奉元路。奉元路、延安路、凤翔府、巩昌总帅府等,世祖以后均隶属陕西行省。

## 四、画境制度的终结

第四个问题:十道达鲁花赤监临路制是否延续了下来?张金铣认为不久就被破坏,但未说明原因。赵琦、李治安认为一直延续到世祖即位;温海清认为有延续,但发生了变化,如何变化则没有论述。笔者认为,随着丙申年后总管府路的相继建置,元代的临民体制逐步确立和定型,每一个路、府、州、县均设有负责监临的达鲁花赤,各个路、府(州、县多数隶属于路、府)都对设在燕京的断事官行台负责,那么同样负责监临的大达鲁花赤就没有存在的必要,十道也就随着路府州县临民体制的推行和定制而逐渐消失。李治安说,十道对应"恢复"了的十八路,如果十道一直

---

① 《元史》卷 151《田雄传》,第 3580 页。

② (元)李庭:《寓庵集》卷 6《故京兆路都总管府提领经历司官太傅府都事李公墓志铭》,影印《藕香零拾》本,第 343 页。

③ (元)李庭:《寓庵集》卷 6《故宣授陕西等路达鲁花赤夹谷公墓志铭》,影印《藕香零拾》本,第 346 页。

存在,一道也就只对应一两个新设的路(不是金朝路的"恢复"),每个路上都有了达鲁花赤,对应一两个路的大达鲁花赤,还需要再去监临什么事务呢? 窝阔台设置、后来为元朝一直继承并向吐蕃以外全国各地推行的总管府路为临民机构,前四汗时期还没有设计出在中央政府和地方临民机构之间的管理层次,十道也就不会转化成为凌驾于路之上的管理总管府路的一种机构,其原先监临职能也就随着路府州县境内达鲁花赤的普遍设置而弱化。有关画境十道的情况,之所以在史料中出现很少,也就是因为它们存在的时间不长。夹谷唐古歹 1251 年任京兆道大达鲁花赤之后,北方汉地就几乎见不到大达鲁花赤或都达鲁花赤这样的职衔,可能已经全部消失。也就是说,大蒙古国达鲁花赤监临道这一路制的消失,是因为出现了总管府路制。不过,十道监临区虽然消失,后来世祖中统即位初十路宣抚司的设置则借鉴了它的划分格局。[①] 但宣抚司的性质和达鲁花赤监临道迥异,宣抚司属于中央政府之下、引领管理以路为主体的临民体系的位于路之上的机构,是忽必烈行汉法、采用中原王朝金字塔式的中央集权体制的产物;不过忽必烈很快就扬弃了这种金字塔式的中央集权体制,而改行带有地方分权色彩的行省制度,十路宣抚司也就昙花一现般地很快消失。中统二年(1261),元廷宣布罢十路宣抚司,一年后改立宣慰司。[②] 宣慰司和宣抚司一字之差,但性质不同,宣慰司和行省迭相设置,是行省的替代物,只是当行省制确定后才改变成为行省或中书省之下的派出机构。[③]

## 第四节　大蒙古国和元朝路制的形成

元代地方行政制度,显著的特色有二:一是全国分为十二个一级行

---

① 《元史》卷 4《世祖纪一》,第 65—66 页。
② 《元史》卷 4《世祖纪一》,第 76 页;卷 5《世祖纪二》,第 89 页。
③ 史卫民:《元朝前期的宣抚司与宣慰司》,载元史研究会编《元史论丛》第 5 辑,中国社会科学出版社,1993 年。

政区,分别由中书省、行省和宣政院统辖;二是在中书省和行省统辖区域内,设有诸多总管府路。这两种其他朝代未见的属元代绝无仅有的行政制度,学界曾做过不少研究,相对而言,对前一特色的探讨比较深入细致,而后一特色的研究则还有不少可发覆之处。除了总管府路,元朝还先后设置过课税使路、大达鲁花赤监临道、宣抚司路等,这些路制没能维持多久,但都是蒙古政府在汉地推行的重要民政举措。世祖继位后,另设有宣慰司和肃政廉访司两种路制,这两种路元人称之为"道"。本文就大蒙古国和元朝各种路制的形成过程做些考述,重点在于对总管府路的形成、职能和性质作些分析。有关元代各种路制的形成和性质方面的内容,前人相关的研究成果也有一些(以下在行文中会提及),笔者在他们的基础上再做些补充,对前人论著中可能不当的表述尝试做些考辨。

## 一、太祖朝汉地没有路的建置

元太祖即第一代大汗成吉思汗时期,大蒙古国对原金朝地方关注的重点在于军事征服和占领,除了用金朝的职官名称任命金地降人和"北人能以州县下者,即以为守令,僚属听自置,罪得专杀"[1],其他的地方制度建设都谈不上。太祖本人主导对金作战期间(1211—1214),一开始对降人还不授予官衔,只让他们随军作战或者让他们做征服地的"长官",[2]"长官"是蒙古语 noyan(那颜,意为"官人")的意译,实是一种泛称,没有具体的职掌规定。接着蒙古人有让金朝降人继续使用原先头衔之举措,不过这只是一种任官方式,并不意味着这些降人会继续原先的职务,他们多数也是随军作战或做某地"长官"。随着降人的不断增多,大约在攻金之战持续两三年之际,蒙古人开始借用金朝官衔任命降人,这种方式一经采用,就成为此后太祖朝安排金朝降人的主要方式;借用金朝官职

---

① (元)姚燧:《牧庵集》卷 25《磁州滏阳高氏坟道碑》,收录于李修生主编《全元文》第 9 册,第 735 页,江苏古籍出版社,1999 年。
② (明)宋濂等:《元史》卷 152《赵柔传》,点校本,第 3606 页,中华书局,1976 年。

任命降人时,多不再顾及他们在金朝原来的职务,实际上很多降人在金朝也没有一官半职。也大约在开始实行这种任官方式的时候,大蒙古国确立了"北人能以州县下者,即以为守令"的原则。1215年之前,被蒙古人借用来的金朝官职主要有三类:一是都统、提控、弹压、镇抚等纯军职头衔;二是县丞、主簿、县尉、县令等县级官员头衔;三是节度使、防御使、刺史、同知节度使、同知防御使事、节度副使等州级官员头衔。金朝制度,州级官员军民兼理,节度使、防御使、刺史会同时兼任一州之长,被蒙古人任命的节度使等也会兼任知州、州尹、同知军州事等,也同金朝一样,节度使还会同时兼管内观察使。与前面一种使用原先官衔的任官方式相比,这种方式有意识地借用金朝官号来任命降人,就不能再说蒙古政权"不晓官称之义为何也"①了,降人的职掌从其官衔中是能够看出大概的。另外,这一时期也还有少量知府(府尹)、同知府事等府级官员头衔以及招讨使、招抚使、宣抚使、安抚使等金朝后期出现的新官职名称,府级官员也军民兼治,招抚使、宣抚使、安抚使等则以军职为主。

1215年之后,蒙金战争逐渐由木华黎父子负责,他们主掌的国王军政府(汉人习惯称"都行省")成为汉地最高统治机构。这期间,大蒙古国除了继续将金朝的州县官衔和中下层级的军职官衔授予降人,还出现了四点明显的变化。第一,在中都、北京、西京等原金朝京城、都城,设置了级别较高的地方要员,有北京留守、领北京达鲁花赤、太傅、西京留守等,其中达鲁花赤职是蒙古政权自身的官号,其他的则借自于金朝。第二,大量用金朝元帅府的官职任命降人,被借用的官号主要有都元帅、左右副元帅和元帅左右监军等。元帅府官衔本来都只是军职,但金朝后期,元帅府泛滥设置,到处是元帅府官员,到处是行元帅府事的将领,他们很多又兼任地方府、州、县官员,所以,这一时期的元帅府官衔不能看作是纯粹的军职头衔。被蒙古人任命为元帅府官衔的降人,很多也是军政、

---

① (宋)彭大雅撰,(宋)徐霆疏:《黑鞑事略》,王国维笺证本,第14b叶,收录于《王国维遗书》第13册,上海古籍书店,1983年。

民政兼理,他们在担任都元帅、副元帅、元帅监军的同时,不少还有知府、同知府事、节度使、防御使、刺史以及县令、县尉等头衔;有些都元帅所治军政、民政的范围还会超过一府一州,如史天泽为河北西路都元帅,张柔为河北东西路都元帅,他们行职掌范围远超过一府一州。第三,一些实力强大的降人被授予行省(或行台)称号,行省自然也是军民兼治,任行省者往往还兼任都元帅。第四,金朝部分散官名称也被蒙古人借用,用来帮助界定官员的级别高低。[1] 除了以上所说军职衔、民职衔以及散官衔,行省、都元帅手下,还有不少幕职人员,州县守令之下也有不少僚属,他们的头衔很多就由行省、都元帅以及州县守令授予,所谓"僚属听自置"也。这些幕职和僚属的头衔,也都是金朝的官号,如参议、详议、推官、判官、郎中、员外郎、知事等。

太祖朝金地降人的官衔授予中,有一方面内容值得注意,就是本来作为行政区划单位的"路"的涵义发生了变化以及相应的"总管"官号变得泛滥。路作为地方行政区划单位,始于北宋,被金朝借鉴。金代路级机构,主要有招讨司路、转运司路、提刑司(按察司)路和总管府路,[2]一般提到金朝的路,是指总管府路。金中后期,全国设有 19 个总管府路(一说 20 路),包括一都五京在内;每路设有兵马都总管、同知都总管、副都总管等官员,他们同时兼任路治府的府尹、同知和少尹,一都五京的兵马都总管等职由大兴府尹或诸京留守、同知留守事等兼任。蒙金战争爆发后,金代这种辖区甚大的总管府路制遭到破坏,不过各路境内府(包括路治总管府和散府)、州、县的布局其实没有太大变化,蒙古人对金朝降人的官职任命,多是任命他们为府、州和县层面的官员。金代总管府路不再存在,但"路"作为区划单位仍被时人使用,只是所指范围多数时候与金朝的总管府路不一致。蒙金战争时期,时人所说的路,主要有两种情况。一种情况是指一府,在原先金代的路治府和散府任职的金朝降人,

---

① 屈文军:《元太祖朝木华黎军政府对金地降人的官职官衔除授》,载刘正刚主编《历史文献与传统文化》第 21 辑,暨南大学出版社,2016 年。
② 宋德金:《中国历史·金史》,第 185—189 页,人民出版社,2006 年。

有的喜欢将自己所控地盘称为路；蒙金双方为激励地方将领或激赏降人，也都有升格他们控驭地盘级别的举措，有些县会升为州（如曲阳县升为恒州、临泉县升为临州），有些州则会升为府（如定州升为中山府），新升的府中也有的降人官员喜欢称自己控制的地盘为路。蒙古人给这些称"路"的府官员的官号中有时也就带有"路"字。攸哈剌拔都，为河东北路都元帅；[①]李守忠，为知平阳府事、河东南路都元帅。[②]两人镇守的太原府、平阳府金朝分别为河东北路和河东南路的治所，但攸、李二氏受职时所能控制的地盘只是两座府城及其周边，与金代的两路范围不同。史天倪、史天泽先后为河北西路兵马都元帅，[③]情况与攸、李二氏相似，史氏镇守的真定府为金朝河北西路治所。王珆，本为金兴平军（节镇州平州军名）节度使幕官，在蒙金战争中兴起，占领原属金朝中都路的平、滦"二州五县"，太祖朝降蒙后，蒙古将此二州并为兴平府，王珆称之为路，并自诩为路的兵马都总管，蒙古人也认可了他这一自称的官号（蒙古政权给的正式官衔应该是知兴平府事），王氏子孙袭此职名。[④]王珍，先后担任过大名路治中、大名路安抚使，[⑤]金有大名府路，但王珍任职时的"大名路"仅指大名府城一带，与金大名府路有别。

第二种情况是只要超过一州范围的，都有可能称为"路"，当某州与其他行政单位并列时，该州也可以称为一路。这种情况下，"路"所指称的范围可以相差很大，不过与金朝的路基本都没多大关系。石天应先后为陕西河东路行台兵马都元帅（镇守于葭州）、河东南北路陕右关西行台（镇守于河中府），[⑥]杜丰为河东南北路兵马都元帅，[⑦]张柔为河北东西等

---

① 《元史》卷 193《忠义传一》，第 4380 页。

② 《元史》卷 193《忠义传一》，第 4378 页。

③ 《元史》卷 147《史天倪传》，第 3480 页；卷 155《史天泽传》，第 3657 页。

④ （元）王恽：《王恽全集汇校》卷 57《大元故昭勇大将军北京路总管兼本路诸军奥鲁总管王公神道碑铭》，杨亮、钟彦飞点校本，第 2560 页，中华书局，2013 年。

⑤ 《元史》卷 152《王珍传》，第 3591—3592 页。

⑥ 《元史》卷 149《石天应传》，第 3527 页；卷 119《木华黎》，第 2935 页。

⑦ 《元史》卷 151《杜丰传》，第 3575 页。

路都元帅，①这些官衔中"路"的范围相当大，包括多个府、州。石珪降蒙后，为济兖单三州兵马都总管、山东路行元帅，石珪能控御的地盘是济兖单三州，从行使军民管治意义上"山东路"即指这三州，当然从征行军事角度而言，范围要广些。不久，石珪被任命为东平兵马都总管、山东诸路都元帅，东平府为金山东西路治所，其时为严实占据，石珪此番受职，乃是木华黎的安排，意在与严实分治东平一带，其山东诸路可能包括原先的三州加上东平府。石珪不久被金朝俘虏处死，其子石天禄被任命为东平路元帅。石天禄的任命仍然有与严实分治东平的意图，其官衔中的东平路得名于东平府，蒙古人授意石天禄与严实分治的"东平路"，或指此时两人控制的地域之和，不过这些地方后来都归严实管辖。② 石抹孛迭儿为霸州等路元帅，③赵柔为真定涿等路兵马都元帅，④这些官衔中的"路"，意义仅在于表示超过一州。史天祥太祖后期为右副北京等七路兵马都元帅，⑤正元帅是吾也而，吾也而太宗时期的正式头衔为"北京东京广宁盖州平州泰州开元府七路征行兵马都元帅"。⑥ 史天祥官衔中的"七路"即吾也而头衔中的北京、东京、广宁、盖州、平州、泰州和开元府，盖州等三州与其他行政单位并列，各自也称为一路。炮军将领贾塔剌浑为四路总押，⑦"四路"很可能就是指四个州。

太祖朝有一些金朝降人的官号中带有"路"字样，但这个"路"只是指一州或一州以上的一片区域，区域的大小随着"路"首领的征战成效而盈缩，这与府、州、县有所区别，虽然蒙金战争期间，府、州、县的范围也多有变化，不过相对而言还是比较稳定的行政单位。府、州、县官员的头衔也同金朝一致，而称作"路"的，首领往往是都元帅，以兵马都总管为头衔的

---

① 《元史》卷 147《张柔传》，第 3473 页。
② 《元史》卷 193《忠义传一》，第 4379 页；卷 152《石天禄传》，第 3602 页。
③ 《元史》卷 151《石抹孛迭儿传》，第 3576 页。
④ 《元史》卷 152《赵柔传》，第 3606 页。
⑤ 《元史》卷 147《史天祥传》，第 3488 页。
⑥ 《元史》卷 120《吾也而传》，第 2968 页。
⑦ 《元史》卷 151《贾塔剌浑传》，第 3577 页。

其实倒不多。另外,被授为行省的官员,如严实、张荣、李全、梁仲等,他们控制的地盘自然也是一州以上,但他们的官号中很多不带"路"字,这也说明,太祖朝地方行政模式上接受金朝的是府、州和县层面上的,而总管府路制并未借鉴。金代总管府路制破坏后,本来用于路首领的"兵马都总管"头衔在蒙金战争期间倒是被滥用,一些州、县的首领也用总管官号,如奥敦保和为雄州总管、①刘通为齐河县总管②等,石珪父子则先后为济兖单三州合在一起的区域总管。总管官号的泛滥,说明它不再是一个正式的官衔,变得和"长官"同义,元朝后来在很多非行政区划单位的机构里(如打捕鹰房民匠总管府、怯怜口民匠总管府、屯田总管府以及军队万户之下等)设置总管官职就来源于此;总管官号的泛滥同时也能说明太祖朝并没有在府、州之上设置范围相对比较固定、名称较为统一、官员头衔比较划一的地方行政区划单位。有学者因太祖朝某些官员有带"路"字的头衔而将元代路制的形成时间系于成吉思汗时期,③这种判断难以服人。

## 二、太宗朝在汉地所设的课税使路和大达鲁花赤监临道

太祖去世后,汉地蒙古军的主力回到漠北,留下一些探马赤军维持秩序。探马赤军的人员来自在汉地作战的札剌亦儿等几个强大部族的附属人口。太宗即位后,改变对外作战方式。他不再像太祖朝那样,将千户牧民的蒙古正军全部派上战场,而是按大致十中抽二的比例,抽出部分人员组成外征蒙古军;另外根据需要将整个蒙古社会(不再局限于札剌亦儿等几个部族)的各种附属民组建成多支探马赤军,对外作战的主要力量实是各支探马赤军。太宗组军方式的变化符合蒙古人的传统,战争中的归附人员总是会作为下一阶段首当其冲的作战主力。太祖朝

①《元史》卷 151《奥敦世英传》,第 3578 页。
②《元史》卷 152《刘通传》,第 3594 页。
③ 王颋:《总管理专——元代路制的源流和变迁》,收录于氏著《龙庭崇汗:元代政治史研究》,南方出版社,2002 年。

在汉地和西域征战的蒙古正军从此多数留在了蒙古本土,太宗朝抽调出来的蒙古正军战争结束后一般也会回到原先的千户中,而探马赤军则多留在新征服的地区。外征蒙古军和探马赤军的将领由大汗任命,多数出自怯薛组织,他们的职位一般不再世袭,这是太宗即位初始的一项重大改革,以后官职量能而授、不再世袭的做法逐渐扩展到怯薛、其他族群军队以及民职官僚系统中。[1]

　　太宗即位后对汉地第一项民政制度建设,是于太宗二年(1230)十一月在当时已经较为稳固占领的原金朝地区设立十路征收课税使,这是窝阔台汗听从必阇赤耶律楚材建议,否定部分近臣提出的变汉地为牧场主张后的结果,[2]也是元朝的第一种路制。《元朝名臣事略》卷13《廉访使杨文宪公》引杨奂《还山集》云:"中书耶律公以军国大计举近世转运司例,经理十路课税,易司为所,黜使称长,相丰歉,察息耗,以平岁入。"[3]史文明确说十路课税使仿照金朝的转运司而设置,金代转运司是"掌税赋钱谷、仓库出纳、权衡度量之制"[4]的路级机构,蒙古人建立的机构名课税所,主要职责也是负责汉地课税。《元史·太宗纪》中记有初立课税所时的课税使名单:"以陈时可、赵昉使燕京,刘中、刘桓使宣德,周立和、王贞使西京,吕振、刘子振使太原,杨简、高廷英使平阳,王晋、贾从使真定,张瑜、王锐使东平,王德亨、侯显使北京,夹谷水、程泰使平州,田木西、李天翼使济南。"[5]十路课税所"长贰悉用士人,如陈时可、赵昉等皆宽厚长者,极天下之选,参佐皆用省部旧人",[6]"省部"当指金朝的一些机构。

　　金代有哪些转运司?泰和六年(1206)时有十一路转运司,即中都路、西京路、河东南路、河东北路、河北东路、河北西路、山东东路、山东西

---

① 屈文军:《也论元代的探马赤军》,《文史》2020年第1辑。
② 《元史》卷2《太宗纪》,第30页;卷146《耶律楚材传》,第3458页。
③ (元)苏天爵辑撰:《元朝名臣事略》卷13《廉访使杨文宪公》,姚景安点校本,第257页,中华书局,1996年。
④ (元)脱脱等:《金史》卷57《百官志三》,点校本,第1317页,中华书局,1975年。
⑤ 《元史》卷2《太宗纪》,第30页。
⑥ 《元史》卷146《耶律楚材传》,第3458页。

路、南京路、北京路、辽东路。泰和八年时,有九路转运司,即中都路、西京路、河东路、河北路、山东路、陕西路、南京路、北京路、辽东路。泰和八年后,有十二路按察司兼理转运司事,这十二路分别是:中都西京路、河东南路、河东北路、河北东路、河北西路、山东东路、山东西路、陕西东路、陕西西路、南京路、北京临潢路、上京东京路。[①] 元太宗窝阔台所立十路课税所,多数可以与金朝诸路转运司对应。燕京路即金中都路;西京路即金西京路;太原路即金河东北路;平阳路即金河东南路;真定路当与金河北东西路或金河北路对应;东平路即金山东西路;北京路即金北京路;济南路即金山东东路。宣德路、平州路,金朝未在这两地单独设司。蒙古人设课税所,首先考虑借鉴金朝的成例,陕西、河南(即金南京路范围)、辽东当时尚未完全征服,无从设置。宣德、平州单独设置,似乎不是因为可征财赋充足,而是出于蒙古人的习惯:将所占区域划成十块,分块管理,这是蒙古人的偏好,以后还有画境十道、设十路惠民药局、设立十路提举学校官以及世祖即位以后的设立十路宣抚司、十道宣慰司、十路奥鲁总管等举措。[②] 十路课税使人员中,宣德课税使刘中,也被称为"山西东路征收课程所长官"[③]"宣差山西东路征收课税所长官",[④]看来宣德一带时人有习惯称为"山西东路"。元文人姚燧说,太宗三年(1231),"肇置征收课税所河北东西道",[⑤]这个河北东西道课税所应当就是真定路课税所[⑥]设置时间实为太宗二年,当时人对"道""路"两词并不区分(世祖朝开始,"道"和"路"则有分别,宣慰司、廉访司称道,总管府称路,见下文)。《元史·食货志·盐法》记载最早的课税所名称时,有河间课税所

① 温海清:《画境中州:金元之际华北行政建置考》,第44页,上海古籍出版社,2012年。
② 温海清:《画境中州:金元之际华北行政建置考》,第42—43页。
③ 王颋点校:《庙学典礼(外二种)》卷1《选试儒人免差》,第9页,浙江古籍出版社,1992年。
④ (元)苏天爵:《滋溪文稿》卷29《题咸淳四年进士题名》,陈高华、孟繁清点校本,第491页,中华书局,1997年。
⑤ (元)姚燧:《牧庵集》卷22《金故昭勇大将军行都统万户事荣公神道碑》,收录于李修生主编《全元文》第9册,第687页。
⑥ 张金铣:《元代地方行政制度研究》,第11页,安徽大学出版社,2001年。

而未提真定课税所。实际上,《太宗纪》里所说真定课税所职权行使范围不仅在真定一带,还包括河间地区,也就是说相当于金朝的河北东西二路,故姚燧称之为河北东西道课税所。太宗之后,世祖之前,有没有在河间另外增设课税所,史料中未见明确记载。《元史·食货志·盐法》记十路课税所时,有益都课税所无东平课税所,陈高华、史卫民认为《食货志》记载准确;①张金铣则认为《食货志》所说益都课税所即济南课税所,"辖区可能为金山东东路之地"。笔者认为,张氏看法比较合理,若按《食货志》,东平一带课税由哪路课税所负责,就难以判断。李全父子和严实是山东地区两大势力强劲世侯,蒙古政府一时不大容易驾驭他们,相对而言,李全父子更难控驭,初立课税所时在严实地盘设东平课税所,李全父子地盘内的相应事务则由设在济南的课税所承担;史料中有关东平课税所任职人员的材料也不少,其最早设置应该没有问题。灭金之后,随着大蒙古国对地方控制的加强,可能增设有益都课税所。

汉地占领区扩大后,大蒙古国课税所有所增加。河南课税所设于戊戌年(1238),以杨奂为"课税所长官,兼廉访使"。② 廉访使官衔,前四汗时期有些人拥有,有的就为课税所官员,看来课税使除了负责征收课税,还有监察职能。③ 这其实也是金朝后期转运司兼按察司职能的效仿,在太宗朝耶律楚材为中书令期间,课税使"官吏污滥,得廉纠之,刑赋舛错,得厘正之。至于风俗之疵美,盗贼之有无,楮货之低昂,得季奏之。凡佐吏许自辟以从,被选者以为荣"。④ 灭金以后大蒙古国还增设有大名路征收课税所,契丹人耶律泽民在太宗十一年(1239)被授为该路征收课税所长官。⑤《元史》卷163《马亨传》记载,传主初被真定路课税使王晋(此人

---

① 陈高华、史卫民:《中国经济通史·元代经济卷》,第58页,经济日报出版社,2000年。
②《元史》卷153《杨奂传》,第3621页。
③ 刘晓:《大蒙古国与元朝初年的廉访使》,载邱树森、李治安主编《元史论丛》第8辑,江西教育出版社,2001年。
④ (元)苏天爵辑撰:《元朝名臣事略》卷13《廉访使杨文宪公》,第257—258页。
⑤ (元)胡祗遹:《胡祗遹集》卷17《故大名路征收课税所长官耶律公神道碑》,魏崇武、周思成校点本,第370页,吉林文史出版社,2008年。

在世祖初年仕至中书省参知政事)辟为掾,甲午年(1234)经王晋向耶律楚材举荐,马亨授转运司(即真定课税所)知事,寻升经历,擢转运司副使;宪宗时,"为京兆榷课所长官"。① 也就是说,十路课税所之后又有京兆路课税所之设,设置时间很有可能就在十路设置后不久,蒙古王朝稳定了对当地的占领之后。太宗五年(1233),大蒙古国擒东夏国主蒲鲜万奴,②从而稳固占领原金朝的东北地区,在该地是否增设有课税所,史料中未见明确记载,可能由于地广人稀的缘故没有另行增置。这样看来,到太宗后期,大蒙古国大致设有十四路课税所。

赵琦对大蒙古国设置之初的十路课税所的使副长官、太宗二年后继任的课税所正副长官、金亡后新增课税所长官以及诸路课税所内的幕僚官吏如经历、知事、掾史、详议官等做了很精细的考订。③ 除了上文提及的课税使副,据赵琦考订,前四汗时期燕京路课税所还有副使郭汝梅、高庆民;宣德路课税所有副使樊天临;真定路课税所有副使赵椿龄(后升为使);北京路课税所有使张辑;东平路课税所有副使完颜从政(后升为使),有使齐荣显、毕叔贤;平阳路课税所有副使李庭秀(后升为使);大名路课税所有使宗侯亨;河南路课税使杨奂去世后,其职由养子杨元桢接替。课税所内的幕僚及下属机构官吏,除了马亨,赵琦还考订出不少人,如大名课税所详议官乌古孙璧、济南课税所知事潘琚(后任经历)、河南课税所经历杨果等。这些人中,以陈时可、杨奂、杨果、王晋等最为知名。课税所由金转运司演变而来,史料中有时也用"转运""榷课""漕"等字样表示该机构和机构人员,如前文说的马亨,曾为转运司副使、榷课所长官;太原路课税使副吕振、刘子振在《元史·耶律楚材传》中分别称为转运使和转运副使。杨奂也曾自称"河南漕长兼廉访使"。④ 太宗六年设置

① 《元史》卷163《马亨传》,第3826—3827页。
② 《元史》卷2《太宗纪》,第32页。
③ 赵琦:《金元之际的儒士与汉文化》,第76—86页,人民出版社,2004年。
④ (元)杨奂:《祭无欲真人李志远文》,收录于李修生主编《全元文》第1册,第165页,凤凰出版社,2005年。

山东盐运司,由益都课税所(或济南课税所)管理,[1]这也是沿袭金朝成例。

太宗朝所设课税使路,是元代的第一种路制,它直接沿袭模仿金朝的转运司路而来。太宗年间,课税使路对耶律楚材、镇海、粘合重山等几位汗廷必阇赤负责,这几位兼掌汉地赋税事务的必阇赤群体,被汉人称为中书省。太宗和耶律楚材相继去世后,大约在定宗初年,各课税所改隶汗廷断事官群体在燕京的行署机构,即燕京行尚书省。[2] 中统年间,课税所逐渐演变为转运司,[3]不过,由于行省、宣慰司以及总管府路的普遍设置,地方课税职能多由其他机构承担,世祖以后的转运司也就成为没有多大影响的机构,其地位没法和世祖之前的时期相比,史料中对它们的记载也就越来越少。

蒙金战争期间,蒙古人关注的重点是军事上如何征服金朝,对金朝拿下来后如何治理汉地并没有一个明确的方案。窝阔台考虑过像草原地区那样实行"忽必"(qubi,意为"份子")分封:部分地域由黄金家族的诸王占领,而探马赤军和外征蒙古军的将领则担任各地的行政官员。这种分封方案被耶律楚材谏止否决,大蒙古国遂于金亡之际(1234 年)在汉地实行"画境之制",就是将原金朝地区根据世侯占领的实际情况(画境时对世侯的辖区适当做过些调整),参考金朝的行政区划而分为十道(有学者称之为"画境十道"),每道设一大达鲁花赤(yeke daruqachi,也称都达鲁花赤,与当时为数不多的监临一州一县之达鲁花赤在监临范围上有所区别),负责维持道内社会秩序,监临区域内各项军政民政事务的次第展开和着手进行,监临区域内的行政事务逐步走上轨道和趋于稳定。这是太宗时期在汉地所设的第二种路,它源自太祖时期的政治实践(成吉思汗朝蒙古人在西域被征服区域内曾普设达鲁花赤,但在汉地设置较

---

[1]《元史》卷 94《食货二·盐法》,第 2388 页。

[2] 李涵:《蒙古前期的断事官、必阇赤、中书省和燕京行省》,收录于南京大学历史系元史研究室编《元史论集》,人民出版社,1984 年。

[3] 陈志英:《金元之际转运司制度的变迁》,第 57 页,新华出版社,2018 年。

少),与汉地的制度传统没有关系。画境之制时所设的十道和可考的大达鲁花赤人员分别为:(1) 北京道,大达鲁花赤为契丹人石抹也先之子石抹查剌;(2) 燕京道,大达鲁花赤为契丹人耶律阿海之子绵思哥;(3) 西京道,大达鲁花赤为蒙古克烈氏速哥父子;(4) 平阳太原道,大达鲁花赤可能先为蒙古克烈氏哈散纳,后为回回人赛典赤·瞻思丁;(5) 益都济南道,大达鲁花赤为蒙古珊竹氏纯只海;(6) 东平道,大达鲁花赤为探马赤军将领蒙古塔塔尔氏塔思火儿赤;(7) 真定道,大达鲁花赤为探马赤军将领蒙古克烈氏撒吉思不花之子明安答儿(亦为探马赤军将领);(8) 大名彰德道,大达鲁花赤为蒙古人蒙古巴尔;(9) 河南道,大达鲁花赤为畏兀儿人岳璘帖木儿,回回人曷思麦里继任;(10) 京兆道,初始大达鲁花赤人选不知,1237 年纯只海曾授任此职,但未能赴任,宪宗朝有女真人夹谷唐古歹任京兆道大达鲁花赤,这是史料中所见到的最晚的一位大达鲁花赤。随着丙申年(1236)后总管府路的相继建置,元代的临民体制逐步确立和定型,每一个路、府、州、县均设有了负责监临的达鲁花赤,各个路、府(州、县多数隶属于路、府)都对设在燕京的断事官行台负责,同样负责监临的大达鲁花赤就没有存在的必要,十道也就随着路、府、州、县临民体制的推行和定制而逐渐消失,最后在宪宗朝完全结束。关于大达鲁花赤监临道,笔者另外撰写了《元太宗时期大蒙古国对汉地治理中的"画境"制度》一文,[1]对相关问题做了详细考订,对前人的一些意见也做了仔细辨析,这里只说一下该文的主要结论。

### 三、太宗朝在汉地所设的总管府路

甲午年(1234)灭金之后,在汉地元太宗除了画境十道以及调整世侯辖区,其他各项民政措施也次第展开,它们的实施自然在各道大达鲁花赤的监临下进行。首先是户口统计。户口统计始于太宗五年(1233),其

---

① 屈文军:《元太宗时期大蒙古国对汉地治理中的"画境"制度》,《暨南学报(哲学社会科学版)》2021 年第 8 期。

时金朝尚未结束。① 次年,太宗派遣失吉·忽秃忽"为中州断事官",②到燕京建立断事官行署燕京行尚书省,继续进行括户。宋子贞描述金亡之际的汉地状况时说:"国家当开创之初,而以并包兼容笼络八极。得一邑者,使宰一邑;得一州者,使典一州。"③州、邑安排了官员"宰""典",是稳定的行政单位,户籍统计时按照州、县以及府(包括金代的总管府、散府和蒙金战争中新升的府)的划分,以府、州、县为单位逐个进行统计汇总自然最为便利。其次是五户丝分封制度的确定。对于金朝农耕区域,太宗本来倾向于像草原地区那样进行忽必分封,耶律楚材从中原王朝历史教训出发,认为会尾大不掉而提出异议,君臣遂设计出折中的五户丝食邑分封方案。第三是建立路府州县临民体制,本文重点考述这一制度建设。

实行五户丝食邑分封,原金朝所有地域和民众就要全由汗廷治理,汗廷于是将达鲁花赤制度普遍引进到汉地。姚燧说,丙申年(1236)"州县守令,上皆置监",④监即达鲁花赤。也就是说,户口统计完,开始实行五户丝分封时,就在各州、县(包括府)内设置了地位超过"守令",即知州、县令等州县长官的达鲁花赤,各府府尹之上自然也会安排有达鲁花赤。姚燧文中没有提到路长官之上也有达鲁花赤,说明当时路的建置还不普遍。

金朝灭亡后,以失吉·忽秃忽为首的燕京行尚书省取代木华黎的军政府(都行省),成为相对和平时期(金亡后不久,蒙宋战争开始,河南等地成为战争前沿地区)汗廷统治汉地的最高机构,它面对着众多的府、州、县以及异己的农耕社会。府、州、县处理的诸多汉地日常民政事务,如农桑水利、赋税征收、司法审判、工程造作、文教祭祀、风俗教化、地方治安等,对蒙古人来说都是相当陌生的,人员不多的燕京行尚书省直接

---

① 《元史》卷 2《太宗纪》,第 32 页。
② 《元史》卷 2《太宗纪》,第 34 页。
③ (元)宋子贞:《改邢州为顺德府记》,收录于李修生主编《全元文》第 1 册,第 186—187 页。
④ (元)姚燧:《牧庵集》卷 24《谭公神道碑》,收录于李修生主编《全元文》第 9 册,第 708 页。

管治以处理对己而言非常陌生事务为主要职责的众多府、州,困难和不便可想而知;同时它还面对着不少世侯实际控制着超过一府一州的事实。《元史·地理志》中说,当时有"三十六路",①学人公认,所谓三十六路是指那些实力较为强大的世侯或军事将领,他们所占地盘大小不一,大的横跨数个府州,小的可能只是一两个州的范围。燕京行尚书省因势利导,丙申年(1236)后,相继将控制区域很大的几个世侯占区设置为路,官员称号取自金朝的总管府路,这样就出现了元朝的第三种路总管府路。所辖地盘设为路的世侯,原先官衔有的称行省,有的称都元帅,有的称兵马都总管,现在统一开始称作总管(正式称号不带"兵马"字样),当然世侯们都还习惯保留原来的行省、都元帅、兵马都总管称号;世侯地盘中心城市设为路治总管府,和金朝类似,总管兼任路治府的府尹。世侯辖区内府、州、县的各种民政事务就由担任总管兼府尹的路长官统筹、协调、汇总。三十六路中实力较小或辖区地理位置不是特别重要的世侯和军事将领,尽管自称所占地盘为路,燕京行省一般并不会因此就将它们设为总管府路,但若干相邻的府、州,则会为统治的方便而将它们合并为一个总管府路,燕京行尚书省为它安排总管、同知总管府事等路级官员。

　　元代所设的第三种路,其名称和官员设置都仿照金朝,但并不是金朝总管府路的恢复,而是根据有若干世侯控驭大片辖区的事实以及为治理蒙古人不大熟悉的汉地农耕社会的方便而设置。在蒙古人眼中,路虽然地位在府、州、县之上,但仍是临民机构,这一点与金朝的总管府路实不相同。金代的路是介于中央和地方临民机构府、州、县之间的一种带有政令上传下达,同时也带有点地方决策权限的管理机构,虽然也会插手一些临民的事务,但终究不属于临民层次。② 元代的总管府路,在蒙古人眼中则和府、州、县一样,属于地方上实行自我处理本地事务的机构,蒙古人对它们和对府、州、县一样,由汉人做机构行政长官,但另会安排

---

① 《元史》卷58《地理志一》,第1345页。
② 关于金代总管府路的性质,参见张帆《回归与创新——金元》,收录于吴宗国主编《中国古代官僚政治制度研究》,第289—385页,北京大学出版社,2004年。

代表征服者蒙古人利益的达鲁花赤从旁监临;从后来总管府路的职责可以明显看出,在蒙古政府制度设计中,它始终被定位为临民性质。① 元人编《吏学指南》称路、府、州官为牧民官,"司养百姓为牧民","盖牧者,能守养之义";县官为字民官,"爱养百姓曰字民官","盖字者,抚也";他们都属于"临民"的"亲民官","盖亲者,爱也,取爱养兆民之义也"。② 后来代表元代中央政府在地方上行使权力、处于临民层次之上的机构是行省(中书省直辖区则为中书省本身)和宣慰司(世祖即位初曾短暂设置过宣抚司,见下文),它们当中不会设置监临官员达鲁花赤,行省和宣慰司是征服者蒙古人自己的建置机构。元朝设置路的目的,只是为了方便管辖一定区域内的民政事务,设置路之后,临民层次本身就分成了两到四级(两级的如路—县;四级的如路—府—州—县;多数是三级,如路—府—县、路—州—县等),这是因为蒙古人不熟悉汉地事务而产生的复杂的临民体系。既然路、府、州、县都是临民机构,在一定区域内,在方便控制的情况下,就不必设路,而由府、州直接对临民层次之上的机构行省和宣慰司负责,县因为范围太小,直接对临民层次之上的机构负责会增加政府的管理难度,所以县一直隶属于其他临民机构。太宗以后,元代的地方行政体制就是如此,不仅层级多,而且各地层级设置不统一。其实在蒙古人看来,地方上就两种层次:代表中央的行省和宣慰司(前四汗时期代表中央汗廷的是燕京行尚书省)是一种层次,代表地方本土治理的路、府、州、县是另一种层次,只是后一种临民机构层次中,各地又根据实际情况细分成了两到四个层次。元朝中叶,王结上书宰相提议废罢路总管府建置,③认为这一层次多余,不过真要取消这一层次,得到统治者熟悉汉地社会的明朝。

---

① 关于元代总管府路的职责,参见李治安《元代政治制度研究》,第104—178页,人民出版社,2003年。

② (元)徐元瑞等撰:《吏学指南(外三种)》,杨讷点校本,第23页,浙江古籍出版社,1988年。

③ (元)王结:《文忠集》卷4《上中书宰相八事书》,收录于李修生主编《全元文》第31册,第333页,凤凰出版社,2004年。

太宗年间所设的总管府路,尽管有些路分范围和金朝的路大致相当或重合,但总的而言,元朝的总管府路不是金朝总管府路的简单恢复,而是为了管辖一定区域内民政事务的方便而设。有些路分设置是为了照顾某些投下领主的利益,将其五户丝户集中的若干州县合并而成,这种设路方式在后来的世祖朝更为普遍,甚至因此出现了许多路分有悬在其他地区内的飞地情况。除了少数几路(如太原路、平阳路、京兆府路)和金朝大致重合,元朝多数的路,范围要比金朝小。早期称为行省的几大世侯,前田直典称他们为"路的行省",[①]这个"路"应该理解成后来元代的路而不能理解成金代的路,这些称为行省的世侯辖区丙申年(1236)后确实相继设为总管府路。

除了辖区变小(据李治安、薛磊书统计,在原金朝十九或二十路的范围,元朝定制时大约有四十个路,另有将近十个不属路的府、州)、性质为临民机构,元朝的总管府路与金朝总管府路还有一个区别,就是元代路的长官严格说来只是管民官,而不像金朝那样军民兼治。前文提及,元太宗即位后,对外作战的草原部队主要是探马赤军和抽调出来的外征蒙古军。这些军队的将领和草原社会一样是千户、百户,另外也有万户。在草原社会,千户、百户那颜既为军事将领,也是地方行政官员,元太宗考虑过征服金朝后,外征蒙古军和探马赤军的千户、百户们也担任汉地的行政官员,享受草原千户、百户那样的"莎余儿合勒"(soyurqal,意为"恩赐",即世代治理民众的权力);不过在战争结束前,他们的首要职责还是军事指挥,万户在草原社会则只是纯粹的军事官员,当然他们自身也有千户牧民军队和施政的游牧地盘。灭金之前,太宗将万户、千户、百户这样的军事体制推行到汉军中,刘黑马、史天泽、张柔、严实、张荣这些大世侯均获得万户称号(李璮似乎未得万户称号),他们手下的主要军事将领不少获得千户称号,另外也有些汉军万户、千户只是纯粹的军事首

---

① (日)前田直典:《元朝行省的成立过程》,收录于氏著《元朝史研究》,东京大学出版会,1973年。

领,如首任汉军三万户之一的萧札剌和重喜父子。① 被授予万户、千户、百户的汉军将领,在蒙古人眼中自然只是军事将领,蒙古政府是不会考虑征服战争结束后,让他们和蒙古军、探马赤军的将领们一起分享原金朝地区的莎余儿合勒的,他们要享受这种权力得到新的征服地区去。蒙古汗廷在将草原社会的军队编组方式推行到汉军中时,实际上就在悄悄进行另一项重大变革:未被授予万户、千户、百户的金朝降人,严格意义上就只是管民官,如果实行忽必分封,他们的权力到时要受限制甚至取消;而军事将领包括兼任管民官的万户、千户则在下一轮的征服战争后对他们在新的占领地论功行赏。灭金后因为没有推行忽必分封,降人管民官(包括兼任管民官的实力强大的军事将领)的管民权限得以继续。蒙金战争和金朝灭亡后一段时间内,实力强大的世侯和地方将领,往往还既有万户、千户等蒙古式军事头衔,也有行省、都元帅、兵马都总管、节度使等汉式军民职头衔,给人以军民兼管的印象,但那是时势使然:其一,蒙古人还需要利用这些人的军事力量;其二,战争结束后没有实行忽必分封,世侯们得以留下来继续控驭一定地域。但蒙古政府其实一直在逐渐地将汉地降人的军职、民职分开:"管民官""管军官"这样的词开始频频出现;新任的州级官员不再被授予节度使、防御使、刺史这样的军事性质的官衔,而只称州尹、知州;路、府的长官只称总管、府尹、知府,虽然有时也还称兵马都总管(笔者怀疑不是正式称呼,而是自称),但如果不被另外授予万户、千户头衔,就只是一种民职官。军、民职的分开,一方面是受耶律楚材建议的影响,另一方面也是现实形势的必然。严实、张柔、史天泽这些大世侯,在自己地盘内军民兼治,但其属下机构实际上分成了两个部分:一个部分治军,称万户府、元帅府、行省行台,作战时,这部分机构往往随着世侯所领军队的移动而移动;另一部分治民,称总管

---

① 胡小鹏:《窝阔台汗己丑年汉军万户萧札剌考辨——兼论金元之际的汉地七万户》,收录于氏著《西北民族文献与历史研究》,甘肃人民出版社,2004年。

府,辖府、州、县。陈高华文很清晰地考证了严实手下的军、民两部分机构。[①] 史天泽自己为万户、真定路兵马都总管,但其下又有史楫"为真定路兵马都总管"。[②] 实际上史天泽主要负责对外作战,真定路民政由其侄史楫负责。张柔"将兵在外",部下贾辅"常居守",即负责顺天路的民政;后来贾辅"改行军千户","寻领顺天河南等路军民万户",[③]此所谓军民万户实际上是指担任驻河南军队的行军万户,张柔带到河南的军队多来自顺天。太宗朝汉地军民分治的再一个原因,在于金朝灭亡后,在金代原先多数地方,已经不再需要多少军队,有探马赤军和部分外征蒙古军的镇戍,各个路、府、州内就不用另外再安置多少汉军,需要汉军的只是下一轮新的对外征服战争,前线事务可由在外的军事将领负责。

汉地降人军、民职分离的过程不可能一蹴而就,所以在路—府—州—县这样的临民体系形成之后,很长一段时间,北部中国依然给人以世侯林立、世侯尽专兵民之权的现象,但军民分治的趋势是必然的。太宗到宪宗时期,依然有零星新的汉人被授予节度使、防御使、刺史等称号的记载,但这些记载是否准确难以判断。有可能是一些世侯依照之前的惯例继续给他们这些老称号,蒙古政府在体制调整过程中偶尔使用了旧制也不排除;也有可能是因为另授了千户、百户等头衔得以军民兼治而自行比附了以前的老称号;还有一种可能,他们只是纯粹的民职官,但一下子尚不适应新的官制或者不愿意被认为只是民职官而另行加上了军职官衔。太宗以后,不少官员头衔中有了"军民长官""军民总管"这样的称号,笔者认为它们并不是蒙古政府给的正式头衔,这些人的实际身份很可能只是管民官(除非他们被另授万户、千户等军事兼职),"军"是自己加上去的。另有些官员称"管民万户""军民万户",笔者认为也不是正式头衔,这些人或是管民官,"万户"是他们窃号自娱的东西;或是如贾辅

---

[①] 陈高华:《大蒙古国时期的东平严氏》,收录于氏著《元史研究新论》,上海社会科学出版社,2005年。
[②]《元史》卷147《史天倪传》,第3481页。
[③]《元史》卷165《贾文备传》,第3868页。

那样,是军事万户,"民"字误加上去。当然,这四种头衔有一种情况下是正式的,就是所管的民被军事化组织起来,比如后来的军屯屯民。著名将领郝和尚拔都,壬子年(1252)卒后,其子"长天益,佩金符,太原路军民万户都总管;次仲威,袭五路万户"。① 太原一路不可能设两个万户,郝天益应该只是一个民职的路总管。有学者认为金地有"万户路""千户州"这样的惯例,②"元各路立万户府,各县立千户所"的说法见于叶子奇的《草木子》,③萧启庆已分析过并非元朝实情,④用它来说元代北方中国的情况,笔者认为没有充足证据:世祖之前,确有一些万户、千户军事将领兼任了地方的路、州长官,但这既不是制度规定,也不能认为是普遍现象。

附带说一下,丙申年(1236)前,有大量元帅府的官员兼任地方官,包括县令,丙申年后,这种现象大大减少,元帅这一称号重新回归原先的军职意义,被任命为元帅、总帅、大帅的,往往是万户之上的军事将领。行省这一兼理军政、民政的官号,丙申年后也极少授予征服地降人,例外的尚有几个,除了郝和尚拔都(见下文),多发生在对宋战场,如张子良、赵祥、杨大渊等,⑤节度使之类的军职官衔也是如此,看来在对宋战场上,有一段时间仍在沿袭之前的习惯。丙申年后倒是有一些军事将领,包括蒙古军、探马赤军的将领,会被称为行省(有的还带都元帅字样),这些军事将领的行省官号不知是汗廷正式授予还是时人的习惯称呼。被称为行省者,民政事迹多不如军政事迹显,可能丙申年后,新的行省官号主要是给军事官员的。丙申年之前已称行省的,多数会继续使用行省称号,直到世祖朝取消世侯特权;不过有少数的似被强制取消行省称号。在兴平

---

① 《元史》卷150《郝和尚拔都传》,第3554页。
② 温海清:《画境中州:金元之际华北行政建置考》,第131—186页。
③ (明)叶子奇:《草木子》卷3下《杂制篇》,断句本,第64页,中华书局,1959年。
④ 萧启庆:《元代的镇戍制度》,收录于氏著《内北国而外中国:蒙元史研究》,中华书局,2007年。
⑤ 张子良事见下文。赵祥,事见(元)姚燧《牧庵集》卷18《邓州长官赵公神道碑》(收录于李修生主编《全元文》第9册,第632—635页)。本为南宋邓州戍将,乙未年(1235)降蒙,阔出太子"许公(赵祥)权宜行省事",其范围实仅一州,世祖以后邓州隶属南阳府。杨大渊《元史》卷161有传(第3777—3779页)。本为南宋阆州守将,宪宗年间降蒙,拜为"都行省",范围也实仅一州。阆州世祖以后为保宁府,隶属四川行省广元路。

威慑监临王珣势力的畏兀儿人塔本,癸卯(1243)年卒后,其子阿里乞失帖木儿嗣职,官号为"兴平等处行省都元帅",这官号很可能源自其父称号,非汗廷实授,若是汗廷实授,就应该是一种军事将领的官号。不过阿里乞失帖木儿肯定有民政作为,"其为治一遵先政,兴学养士,轻刑薄徭,虽同僚不敢私役一民",①这些民政作为当是继续了其父职权。塔本孙阿台袭职时,改为平滦路达鲁花赤,这样该路的官员设置就和其他路没有什么区别,《元史·塔本传》说其时,"罢行省",可能是宪宗的汗廷不允许他们继续用行省字样而改称为路。

丙申年(1236)后,太宗到宪宗年间,原金地所设的总管府路,大约有二十个。李全父子的益都行省设为益都路,路总管为李璮,李全已于之前的 1231 年败死于扬州。张荣的济南行省成为济南路,路总管为张荣。严实的东平行省成为东平路,路总管为严实。梁仲(妻、子)、王珍的大名行省设为大名路,路总管为梁仲后人梁千、梁汴;王珍为"管民次官",即同知都总管,后兼任军事将领"征行万户"。② 石抹咸得不的燕京行省设为燕京路,路总管为石抹咸得不。张柔的保州都元帅地盘,大概因为张柔和某些蒙古贵族的矛盾,开始没有设路,后在太宗十三年(1241)成为顺天路,路总管为张柔。史天泽河北西路都元帅的地盘设为真定路,路总管为史天泽。塔本、王珣所管的平滦州成为兴平路(平滦路),路总管由王珣后人担任,塔本后人改任达鲁花赤。寅答虎所在的北京一带设为北京路,寅答虎之后实际负责当地行政的可能是史氏,首任路总管也可能非寅答虎。刘伯林所在的西京一带设为西京路,刘氏在太宗时期征伐在外,当地负责行政的也疑有他人。

宋子贞《中书令耶律公神道碑》中说,耶律秃花在太宗时为宣德路长官,③不知道所说宣德路长官是否就是路总管意义上的长官,不过宣德路在太宗朝建置应该没有疑议,只是耶律秃花本人后来主要活动于陕西地

---

① 《元史》卷 124《塔本传》,第 3044 页。
② 《元史》卷 152《王珍传》,第 3592 页。
③ (元)宋子贞:《中书令耶律公神道碑》,收录于李修生主编《全元文》第 1 册,第 175 页。

区。攸哈剌拔都太祖时为河东北路兵马都元帅镇太原,后战死,太祖末年,蒙古再次占领太原,攸哈剌拔都子忙兀台嗣镇,[1]估计太原一带设总管府路(太原路)时,就由忙兀台为总管。不过,攸氏主政太原路时间恐怕不长。太祖时期为九原府元帅的郝和尚拔都,在太宗时期因军功,地位不断上升,太宗末年进拜"宣德西京太原平阳延安五路万户",定宗朝万户府移镇太原,己酉年(1249)称河东行省(此行省称号可能是察合台后王所授,该家族的五户丝食邑户主要分布在太原路),太原路长官实变为郝和尚;[2]前文提到,郝和尚卒后,长子郝天益继为管民政的总管,次子郝仲威袭为军职万户。李守忠在太祖时期为河东南路兵马都元帅,镇平阳;与太原类似,平阳也在蒙金间反复争夺,太宗初年守平阳的可能是李守忠兄李守贤的儿子李谷。平阳一带设总管府路(平阳路)时,可能就由李谷为总管,李谷在太宗末年为"河东道行军万户,兼总管",河东道当指河东南路即平阳路;中统年间,李谷先后转任京兆路和洺磁路总管。[3] 田雄在太祖朝归附蒙古后,屡建功勋,因隰州之失被免职。太宗朝,再度被蒙古人信任,癸巳年(1233)受命镇抚"陕西总管京兆等路"事,其地盘后设为京兆总管府路,田雄任总管。田雄卒于定宗朝,长子大明袭为"知京兆等路都总管府事"。[4] 据李庭文,仆散某、仆散老山父子这一时期曾先后担任过同知京兆路总管。[5] 袁湘,本为金临泉县令,太宗二年(1230)降蒙,将兵"略地鄜延,悉下之,移镇延安","朝廷定赏纳土功,授延安路兵马总管"。[6] 延安一带设总管府路(范围与金朝鄜延路大致相当,世祖以后范围有所缩小是后来调整的结果)时,当由袁湘为总管。

1232 年设立的彰德总帅府,丙申年(1236)后改为彰德总管府路。胡

---

[1]《元史》卷 193《忠义一》,第 4381 页。

[2]《元史》卷 150《郝和尚拔都传》,第 3553—3554 页。

[3]《元史》卷 150《李守贤传》,第 3548 页。

[4]《元史》卷 151《田雄传》,第 3580 页。

[5] (元)李庭:《寓庵集》卷 6《大元宣差陕西京兆府总管大夫人尼庞窟氏墓志铭》,影印《藕香零拾》本,第 345 页,中华书局,1999 年。

[6] (元)姚燧:《牧庵集》卷 17《袁公神道碑》,收录于李修生主编《全元文》第 9 册,第 615 页。

祗遹《卫辉提领长官萧公神道碑》记载,太宗朝萧德亨为"奉国上将军,知彰德路总管府兼行军总帅府事",[①]应该就是路总管之职,其"兼行军总帅府事"称号,可能是自诩:立总管府路后,新任管军事事务的一般称万户、千户,元帅称号也有,但要比万户地位高,萧德亨未必能被授予。灭金后归附汗廷的巩昌总帅府继续保留这一称号,也相当于一个总管府路,首任总帅为汪世显。蔡美彪《元代白话碑集录》中收录有一份 1238 年的《凤翔长春观公据碑》,公文最后署有三名官员姓氏,分别为"治中凤翔副都总管冯、同知凤翔总管府事巨、凤翔府都总管高",蔡先生在注释中说,"巨氏名巨恩,高氏名高聚"。[②] 治中、总管本应都为路官员头衔,但据蔡先生注释,本公据钤有印章,识为"凤翔府印",看来在地方体制未完全定型时,非路治府(即散府)的长官(正式称号应该是府尹或知府)自称或被称为总管,仍然在所难免。《元史·世祖纪》中提到至元二年(1265)时有河间马总管,[③]目前未见有更早任河间总管者;《元史·地理志》中说河间设路在至元二年,[④]原金朝的河北东路地区大部分在太宗至宪宗时期可能也以府、州形式存在。世祖后定型,河间设路,凤翔设府。

太宗朝有两个总管府、路的设置跟投下户的分布有关:一是邢洺路,一是涿州路。太宗五户丝分封时,以"四杰"之一的博尔术子孛鲁带为首的右翼诸千户功臣,所得五户丝投下户集中分布在邢、洺、磁、威四州,这些地盘一度被严实占领,画境十道时划属真定道监临区,但未必属史天泽统辖。设立总管府路时,蒙古政权合并这四州立邢洺路,路总管不知。宪宗二年(1252),投下封户主要在邢州的领主八答子、启昔礼请求总领漠南军国重事的忽必烈代为治理邢州,忽必烈在其地设安抚司;其余三州则改设洺磁路。世祖即位后,邢州改设顺德路,洺磁路后改称广平路。涿州路的设置则与拖雷寡妻唆鲁禾帖尼的投下户有关。太宗四年

---

① (元)胡祗遹:《胡祗遹集》卷16《卫辉提领长官萧公神道碑》,第356页。
② 蔡美彪:《元代白话碑集录(修订版)》,第14—17页,中国社会科学出版社,2017年。
③《元史》卷6《世祖纪三》,第108页。
④《元史》卷58《地理志一》,第1363页。

(1232),窝阔台命将直脱儿(蒙古氏)所掳掠的关中、河南民户 4 万余拨属唆鲁禾帖尼为脂粉丝线颜色户;太宗八年(1236),在涿州设织染七局,翌年改涿州路,直脱儿被任命为达鲁花赤,路总管人选也未见记载。① 中统年间,涿州路改为涿州。

太宗年间,整个河南地区作为对宋作战前沿阵地,只设了一个总管府路,就是河南等路。监河桥万户刘福"任河南道总管","尽有金源故地",应该是路总管。刘福"贪鄙残酷,害虐遗民二十余年",卒于宪宗朝。② 虞集《怀孟路总管崔公神道碑》记载,崔侃金末归太祖,太宗年间,"佩金符,为南京路管民长官,郡县令长属吏皆得署置,金谷、营造、军旅、驿传、狱讼、征调,皆得专决"。③ 南京路也就是河南等路,崔侃有可能是刘福的属下,即同知总管府事。路的长官,一般是指达鲁花赤和总管,不过有时也会称包括同知在内的主要官员。宋将张子良于戊戌年(1238)"率泗州西城二十五县、军民十万八千余口,因元帅阿术(当为察罕)来归。太宗命为东路都总帅,授银青荣禄大夫,升京东路行尚书省兼都总帅,管领元附军民"。④ 丙申年(1236)后,元帅之类的官号为纯军事职衔。行省一般也不怎么授予降人,张子良获行省称号,当是沿袭之前严实、李全例,不过类似情况是比较少见的。到宪宗朝,张子良被授以"归德府总管",其所控驭地区,正式称为府,后来终元一朝,也一直未设总管府路。

太宗朝设立的各个总管府路,后来在世祖即位之前有过一些微调,如将深州改属真定路;邢洺路在宪宗时期别出洺磁路等。不过总的而言,调整幅度不是很大。另外,需要注意的是,太宗朝设立的各路,并没有涵盖原金朝的全部范围,仍有些地方没有路的建置,只有一些府或州。这些不属于路的府、州与各个总管府路一起对设在燕京的断事官行署负

---

① 《元史》卷 123《直脱儿传》,第 3035 页。
② 《元史》卷 146《杨惟中传》,第 3467—3468 页。
③ (元)虞集:《道园类稿》卷 43《怀孟路总管崔公神道碑》,收录于李修生主编《全元文》第 27 册,第 360 页,凤凰出版社,2004 年(按:引文标点,《全元文》有不当)。
④ 《元史》卷 152《张子良传》,第 3598 页。

责。东北地区,金朝除了北京路,还设有咸平路、东京路等路,蒙古太宗朝是否就已经设立了开元路、东京路,不易确定。

张金铣著作考订出太宗朝二十四路。[1] 与本文相比,张著确定河间、凤翔设路;另多滨棣路、京东路两路。滨棣路世祖朝以后才有,张著有误。张子良被授予行省官号时,是否真有京东总管府路之设,难以确定;宪宗时他官号改为归德府总管,确定是一个府而不是一个路。李治安著作行文写十八路,实列十九路。[2] 李著亦确认河间为路,但缺列顺天路和延安路。顺天路在太宗末年设立,史有明文,延安一带在太宗朝设路应该也没有多大疑义。张金铣将不少路分,如燕京路、兴平路、北京路、真定路、大名路、东平路、益都路、济南路、西京路的建置时间说成为太祖朝,这是不严谨的。太祖朝没有统一的总管府路,太宗时燕京路、兴平路这些路分建置的基础是太祖朝一些将领控驭的地盘,但并不能因此就说这些路设置于太祖朝。张金铣将太原路、平阳路两路的建置时间也定在了太祖朝,这更不妥当。蒙金战争期间,攸哈剌拔都和李守忠曾分别被任命为太原、平阳两地军事将领,但他们是否能够分别完全控驭金朝一路大有疑问,而且,河东地区很多州县包括太原、平阳两府本身在内,经常在蒙、金之间反复易手。太宗朝在河东地区设置太原、平阳两路,是在局势稳定下来之后,按照金朝两总管府路的地域范围重新设置的,其长官由当时镇守的将领,攸哈剌拔都子和李守忠之侄分别担任。类似的情况也发生于京兆府路、延安路、河间路等路的设置上。

《元史·百官志》说,"诸路总管府,至元初置"。[3] 根据前文的论述,总管府路制形成于太宗朝。李治安、薛磊从两个角度,解释《元史·百官志》的说法:一是世祖之前路总管往往军民兼治,世祖惩李璮之乱以后才分开;二是世祖以后为照顾投下领主利益,进行了多个路分的范围调

---

[1] 张金铣:《元代地方行政制度研究》,第70—78页。
[2] 李治安、薛磊:《中国行政区划通史·元代卷》,第322页,复旦大学出版社,2009年。
[3] 《元史》卷91《百官志七》,第2316页。

整。① 从这两个角度实际上都不能说路制形成于世祖朝。其一，太宗朝开始，已经在逐步推行军民分治、在逐步限制世侯的权力，只是这一过程需要一定的时间，到世祖朝，李璮叛乱被平定后，水到渠成地完成；世祖时期实行严格的兵民分治，不是一朝一夕的成就，而是之前 30 年逐步进行的结果。罢世侯世守、立迁转法总被认为是世祖朝的政改措施，实际上，前四汗时期世侯并不都像史料中所说父死子继、尽专兵民之权，这些说法有很大的夸张。部分世侯世守只是形势的使然，而不是前四汗时期的规定制度，较早降蒙的刘伯林家族就没有世守在西京，太原路的总管先是攸氏后是郝氏（据《元史·世祖纪三》，到世祖初年则是石抹氏），一些路分总管实际上已经在行迁转法。其二，总管府路设置之初就只是一个和府、州、县性质一样的临民机构，是为了方便管理一定区域内的民政事务而设的，所以，根据各地的民众实情，包括投下户的分布情况而对路及府、州、县的范围进行调整就是很自然的事。太宗到宪宗朝根据投下户分布而增设路、改置路这样的情况也有发生，如邢洺路、涿州路的设置，顺德路的范围变动等。总管府路（下辖府州县）的各项基本制度，包括临民性质、各级长官实为民职官、各级机构内均设达鲁花赤以及投下户多的地方达鲁花赤由投下领主任命，这些内容在太宗朝都已定型。要说世祖以后的变动，除了军民分治最终完成，还有三点。一是根据投下户的分布而进行行政区划调整的幅度增大，同一领主的投下户分布区域合并为一路的现象增多，路的数量也相应增多，同时还出现了很多悬在外地的"飞地"。二是将北方的总管府路制逐渐推行到吐蕃以外的全国地区（吐蕃地区后来也设了少量路），主要是在原南宋地区。南宋地域本来没有世侯，但征服下来后将若干州县并为一路以方便管理民政的做法与北方是一样的。南方地区也有投下户，只是分封模式和北方不大一样，另外，南方分封多数是在总管府路设置好以后进行的，所以同一领主的投下户往往就在一路之内。三是在路一级确定"以蒙古人充各路达鲁

---

① 李治安、薛磊：《中国行政区划通史·元代卷》，第 10—11 页。

花赤,汉人充总管,回回人充同知"这项"永为定制"的任官制度,①府、州、县达鲁花赤一般也由蒙古人或色目人担任,府尹、州尹、县令则多由汉人担任。这几项新的变化,并不能说明路制创造于世祖即位之后。《元史·百官志》有这样的表述,原因有二。一是《元史》诸志所据材料多为世祖以后所编,它们总是强调世祖的"立经陈纪,所以为一代之制",②二是明初史臣昧于前四汗的历史。

路、府、州、县均为临民机构,"州县守令,上皆置监",路上也同样设有达鲁花赤。每一地方行政单位内均设立了达鲁花赤,原先各道的大达鲁花赤就没有必要再设置,大达鲁花赤监临道体制也就完成使命,随后逐渐消失。五户丝制度中,规定各地方临民行政单位,如果某个投下的分封户较多,该行政单位的达鲁花赤可以由投下领主任命。北方民户有七成以上被分封给了投下领主,③不过,世祖之前,具体到每一行政单位,往往会出现这样的情况,就是该范围内有多个投下领主的民户分布,该行政单位的达鲁花赤不便由某个投下领主单独确定,往往实由汗廷任命。所以,前四汗时期,由投下领主任命的地方达鲁花赤,比例不见得特别高。大规模的分封发生于太宗朝,当时投下民户主要集中在山东、河北、山西境内,这些地方的州、县级达鲁花赤很多为投下领主任命,路、府级达鲁花赤不少恐由汗廷任命;而当时未实行分封的燕京、顺天等路以及河南、陕西地区,各级达鲁花赤基本上均由汗廷授予。世祖以后,对地方行政单位做调整,同一投下分封户尽量集中到一个行政单位内,这种情形下,地方达鲁花赤就会有不少是投下领主任命的了。以东平一带为例,太宗朝东平路有所谓"十投下"说法,太宗和宪宗朝,十投下领主两次向汗廷提出将该路一分为十建议,均遭到阻挠,这种情况下,东平路的路级达鲁花赤只能由汗廷任命;世祖之后,东平路分为三路七州,其中缩小

① 《元史》卷6《世祖纪三》,第106页。
② 《元史》卷17《世祖纪十四》,第377页。
③ 白寿彝总主编,陈得芝主编:《中国通史·元时期》上册,第988—990页,上海人民出版社,1997年。

了的东平路,主要是木华黎家族的分封户所在,该路达鲁花赤就一直由木华黎家族人员亲自担任。

太祖朝和太宗前期,在汉地的达鲁花赤,包括监临一州一县的达鲁花赤、监临数个州、县以及监临一道的大达鲁花赤或都达鲁花赤,他们很多本身是军事将领;路府州县临民体系形成后,各行政单位内的达鲁花赤则都变为管民官,这和总管府路形成之前的情况是有区别的。由于前四汗时期的史料文献比较少,我们能考证出来的担任过临民体系中的达鲁花赤的人员也不是很多。路府级达鲁花赤,除了前文提到的宪宗朝平滦路达鲁花赤阿台,还可以考出下面几位。契丹人石抹查剌,任过十道之一的北京道监临区大达鲁花赤,太宗后期改任总管府路北京路的达鲁花赤;1243 年,时为乃马真皇后摄政时期,查剌卒于辽东,"子库禄满,袭职",即袭为北京总管府路达鲁花赤。[1] 汉人赵瑨,1233 年后,"迁中山、真定二路达鲁花赤",可能是先担任了中山府的达鲁花赤,随后因真定一带达鲁花赤石抹查剌回东北,而改任包括中山府和真定府在内的两毗邻府的达鲁花赤(需要注意,此时整个真定道监临区的大达鲁花赤是探马赤军将领明安答儿)。真定总管府路设置后,因为民户多唆鲁禾帖尼投下户,其达鲁花赤由投下领主任命,首任者或许是唆鲁禾帖尼的私臣畏兀儿人布鲁海牙。继任者有后来成为宪宗朝汗廷大断事官的札剌亦儿部人忙哥撒儿,他也是拖雷家族的私臣,"事睿宗(拖雷),恭谨过其父",又从蒙哥西征斡罗思等地,蒙哥"益重之,使治藩邸之分民";[2]据史天泽的传记材料,忙哥撒儿治藩邸之分民,即为真定路达鲁花赤。[3] 忙哥撒儿之后任真定路达鲁花赤的可能是畏兀儿人小云石脱忽怜,他也是拖雷家族的私臣,[4]任职时间在宪宗朝。赵瑨有可能留任散府中山府的达鲁花

---

[1]《元史》卷 150《石抹也先传》,第 3543 页。

[2]《元史》卷 124《忙哥撒儿传》,第 3054—3055 页。

[3] (元)王恽:《王恽全集汇校》卷 48《开府仪同三司中书左丞相忠武史公家传》,第 2276 页。

[4] (元)黄溍:《金华先生文集》卷 24《辽阳等处行中书省左丞亦辇真公神道碑》,收录于李修生主编《全元文》第 30 册,第 165 页,凤凰出版社,2004 年。

赤。① 蒙古氏蒙古巴尔曾为十道之一的大名彰德道大达鲁花赤,彰德总管府路形成后,蒙古巴尔不知是否改任路达鲁花赤。宪宗初时,彰德路中卫、辉二州作为封地授予汉人世侯史天泽,彰德一度成为散府,隶属真定路;宪宗中后期,彰德成为宗王旭烈兀封地,重新成为总管府路。旭烈兀推荐高鸣为彰德路总管,王府官纳璘居准(氏族名史料中写作"扬珠台",此名被清四库馆臣妄改过,可能即元朝的"燕只吉台"氏)"授彰德路达噜噶齐(达鲁花赤),以本位汤沐邑也"。② 涿州设路后,拖雷寡妻任命蒙古人直脱儿为达鲁花赤,卒后由子哈阑术袭至世祖朝。③ 唐兀人昔里钤部,在定宗贵由即位后"进秩大名路达鲁花赤",④也属投下领主委任,五户丝分封时,大名总管府路为贵由家族的封地。女真人刘国杰,其"父德宁,为宗王斡臣(即斡赤斤)必阇赤,授管领益都军民公事";⑤许有壬文中则揭示刘德宁为"益都路军民达鲁花赤"。⑥ 五户丝分封时,益都一带为斡赤斤封地,刘德宁作为王府私臣,担任随后设立的益都总管府路达鲁花赤。刘德宁头衔称"军民达鲁花赤",可能是后人误称,也可能是因为益都路当时军民分治不够明显。

　　路级以下的达鲁花赤也可以考出几位。西域人曷思麦里,1232年任怀孟州达鲁花赤,1240年进为河南道大达鲁花赤,长子捏只必袭为怀孟州达鲁花赤。宪宗朝,曷思麦里去世,子"密里吉复为怀孟达鲁花赤",⑦这就是普通的一个州(时隶属河南等路)的达鲁花赤。蒙哥六年(1256),怀孟州成为忽必烈的汤沐邑,此后当地达鲁花赤应由忽必烈家族任命。乃蛮人铁连,"早岁宿卫(拔都)王府","拔都分地平阳,以铁连监隰州",

① 《元史》卷150《赵璸传》,第3554—3555页。
② 《元史》卷160《高鸣传》,第3758页;(元)胡祗遹:《胡祗遹集》卷15《大元故怀远大将军彰德路达噜噶齐(达鲁花赤)扬珠台公神道碑铭》,第347页。
③ 《元史》卷123《直脱儿传》,第3035页。
④ 《元史》卷122《昔里钤部传》,第3012页。
⑤ 《元史》卷162《刘国杰传》,第3807页。
⑥ (元)许有壬:《至正集》卷48《刘平章神道碑》,收录于李修生主编《全元文》第38册,第345页,凤凰出版社,2004年。
⑦ 《元史》卷120《曷思麦里传》,第2970页。

即为平阳路下辖隰州的达鲁花赤。① 唐兀人李惟忠（名将李恒之父），幼为宗王合撒儿（成吉思汗弟）留养，从嗣王移相哥征战，"淄川王分地，以惟忠为达鲁花赤"。② 淄川王为哈撒儿长子也苦，丙申年（1236）分封时五户丝户在"益都、济南二府户内"，③包括淄州、莱州、登州，中统年间并为淄州路，后称般阳府路（路治于淄州，登、莱二州与淄州不毗连，之间隔有益都路）。④ 李惟忠所任，可能也是州级达鲁花赤，其时淄川王分地尚未设路。《元史·完颜石柱传》传主之父完颜拿住（疑为女真人）"为同州管民达鲁花赤"，⑤则是太宗、定宗时期由汗廷任命的一位州级达鲁花赤，同州隶属京兆府路，其时民户未被分封。《元史·木华黎传附塔思传》记载，1235 年，塔思领兵攻郢，"命造木筏，遣汶上达鲁花赤刘拔都儿将死士五百，乘筏进击"，⑥这位当时担任县级（汶上县隶属东平路）达鲁花赤的刘拔都儿不知是否就是后来担任益都路达鲁花赤的刘德宁，刘德宁季子刘国杰世祖朝也被赐号拔都，人称刘二拔都。⑦ 宪宗初年，沙河县达鲁花赤吕诚和金朝进士马德谦以邢州达鲁花赤大为阃属九县民害，一起前往漠北向领主八答子、启昔礼投诉，引发领主请忽必烈派人治理邢州事，吕诚和为民害的邢州达鲁花赤都为投下领主八答子、启昔礼任命。⑧ 宪宗八年（1258），蒙哥军攻四川境内的俄顶堡，"宋知县王仲由俄顶堡出降。是夜破其城，王佐死焉。……以彭天祥为达鲁花赤治其事，王仲副之"。⑨俄顶堡地望不详，王仲、彭天祥事迹也不详，王佐倒是在《元史·汪世显传附汪德臣传》中有所提及，据该传材料，王佐抗蒙在长宁军，⑩彭天祥、

①《元史》卷 134《铁连传》，第 3247 页。

②《元史》卷 129《李恒传》，第 3155—3156 页。

③《元史》卷 2《太宗纪》，第 35 页。

④ 李治安、薛磊：《中国行政区划通史·元代卷》，第 53—54 页。

⑤《元史》卷 165《完颜石柱传》，第 3886 页。

⑥《元史》卷 119《木华黎传》，第 2939 页。

⑦《元史》卷 162《刘国杰传》，第 3808 页。

⑧（元）宋子贞：《改邢州为顺德府记》，收录于李修生主编《全元文》第 1 册，第 185—186 页。

⑨《元史》卷 3《宪宗纪》，第 52 页。

⑩《元史》卷 155《汪世显传附汪德臣传》，第 3652 页。

王仲所任可能就是长宁军一带的正副达鲁花赤。世祖后该地建高州,隶属叙州路。州、县副达鲁花赤的设置前四汗时期偶尔有之,张金铣从胡聘之编《山右石刻丛编》卷 24 中找出一例:壬寅年(1242)立石的宁乡《后土庙重修记》中列有助缘人名单,其中有"达鲁花赤孟昌时、副达鲁花赤齐伯爱"。[①] 宁乡县隶属太原路下属石州,两位正副达鲁花赤应该都由太原路投下领主察合台后王任命。

　　无论是汗廷委任,还是投下领主任命,路、府、州、县的达鲁花赤,他们的地位均在当地行政长官总管、府尹和"州县守令"之上。达鲁花赤凌驾州县守令的事多有,"达鲁花赤,州官府往往不能相下";当然也有相处较好的,世侯史天泽"一切莫与之(达鲁花赤)较,由是唯真定一路,事不乖戾,而民以宁"。[②] 和史天泽相处较好的这位达鲁花赤应该是布鲁海牙。忙哥撒儿任真定路达鲁花赤期间,"以国兵奥鲁数万口散处州郡间,伐桑蹂稼,生意悴然",史天泽不敢正面和他交锋,私"奏太后(唆鲁禾帖尼)",赖太后开明,将数万蒙古游牧民"悉徙居岭北,由是(真定)田里遂有生之乐"。[③]

　　一如汗廷断事官群体中,有出自诸王任命、代表诸王利益的断事官,在太宗朝形成的燕京断事官行署中,也有出自诸王任命、代表诸王利益的断事官。燕京断事官行署中的投下断事官,有不少人会由封地达鲁花赤兼任。布鲁海牙、小云石脱忽怜、昔里钤部受领主命,任真定路、大名路达鲁花赤期间,也同时为领主派驻燕京行尚书省内的断事官,他们分别代表各自领主分享和保障在汉地的权力和利益。张金铣认为,史料中时见记载的封地断事官,或指封地达鲁花赤,或实指派驻行尚书省内的断事官,或两者合一,这一判断是合理的。[④] 宪宗朝忽必烈代治邢州时,在该地具有较大权力(严格讲不符合太宗朝确立的投下制度),除了设有

① 张金铣:《元代地方行政制度研究》,第 39 页。
② (元)王磐:《中书右丞相史公神道碑》,收录于李修生主编《全元文》第 2 册,第 310 页,凤凰出版社,2005 年第 2 版。
③ (元)苏天爵辑撰:《元朝名臣事略》卷 7《丞相史忠武王》,第 117 页。
④ 张金铣:《元代地方行政制度研究》,第 42—43 页。

安抚司,他还任命蒙古人脱兀脱和前文提到的汉人赵瑨为当地"断事官,位安抚上"。[①] 脱兀脱出自成吉思汗"四杰"之一的博尔忽家族,他和赵瑨的邢州断事官之职可能实是邢州(安抚司)达鲁花赤,[②]同时也为燕京行尚书省内代表忽必烈利益的断事官。忽必烈在怀孟和京兆两处自己封地上进行"潜藩新政"时,似乎也有类似做法:河南经略司第一首领是蒙古勋贵忙哥,京兆宣抚司第一首领是蒙古人孛兰,实际主持经略司、宣抚司事务的是潜邸汉臣,如史天泽、杨惟中、姚枢等,忙哥、孛兰相当于两封地的达鲁花赤。

忽必烈即位后,路—府—州—县这样的临民体制推向吐蕃之外的全国各地(吐蕃地区后来也有少量设置),和这个过程同步的是行省制向全国的推广。云南地区、东北地区、原西夏境内以及原南宋境内都先后设立了代表朝廷的行省、宣慰司和地方的临民机构路、府、州、县,在蒙古本土地区后来也设立了岭北行省。路、府、州、县这样的临民体制主要分布于原来的金朝和南宋汉族人区域(原南宋境内设有一百余路,另有数十个隶属行省和宣慰司的府、州),在云南、湖广、四川行省境内部分少数族地区,设有宣抚司、安抚司、长官司等,隶属于行省或宣慰司,有些宣抚司、安抚司之下还设有路、州、县等。这些宣抚司、安抚司、长官司及附属的路、州、县也都是临民机构,只是与汉地的路、府、州、县稍微有别,它们属于土官机构;因为数量众多,有些土官机构内未必设有达鲁花赤。甘肃行省因为人口稀少,省内路、州很多不辖属县。元朝在祖宗根本之地的蒙古本土上所立岭北行省,境内只有和宁一路,既没有属州、属县,也不设达鲁花赤,省内民众主体都是自家的"达达百姓"。吐蕃地区设有三道宣慰使司,隶属于中央的宣政院。一是乌斯藏纳里速古鲁孙等三路宣慰使司都元帅府,其名中带"路",但下辖机构有万户府、都元帅府、招讨司等,未见路的设置。二是吐蕃等处宣慰司都元帅府,下有少量路、州、

---

① (元)姚燧:《牧庵集》卷27《提刑赵公夫人杨君新阡碣》,收录于李修生主编《全元文》第9册,第786页。

② 据《元史》卷159《赵良弼传》,脱兀脱有诸多阻挠邢州安抚司的"新政"行为。第3743页。

县设置,也有宣抚司、元帅府。三是吐蕃等路宣慰司都元帅府,其名中也带有"路"字,但下辖机构中也未见有路的设置,主要有元帅府、招讨司、安抚司、万户府等。元朝在将路—府—州—县临民体系推行过程中也考虑到了地区的特殊性,没有要求全国地方体系整齐一致。

## 四、世祖朝所设的其他路制

除了太宗朝设置的课税使路、大达鲁花赤监临道、总管府路,元代在世祖朝还设有过宣抚司路和宣慰司道、廉访司道三种其他路制。

先说宣抚司路。蒙金战争期间,有些金朝降人有宣抚使官号,不过这是窃号自称或者采用金朝旧称,在金朝,宣抚使是一种军事官称。宪宗朝,忽必烈实行"潜藩新政",相继在邢州设安抚司、在河南设经略司、在京兆设从宜府(后改称宣府司)。京兆宣抚司的设置,使得宣抚使由金朝的军职官衔变成了以民职为主,安抚司、安抚使情况类似。潜藩新政不久夭折。忽必烈即位后,在汗廷设中书省,在燕京设行中书省,这和宪宗时期汗廷设断事官、汉地设燕京行尚书省的体制一样,但与宪宗时期不同的,忽必烈在汉地另设有十路宣抚司。[①] 十路宣抚司的布局借鉴之前的十道大达鲁花赤监临道,但设官以民政为主,它们向上对燕京行中书省负责,向下直接管领各个临民的路、府、州、县。十路宣抚司使副官员除了少数色目人,都是汉人(包括女真人、契丹人),没有蒙古人,也没有达鲁花赤这样的监临官。十路宣抚司是忽必烈行汉法、模仿中央集权体制而设的介于朝廷(当时负责汉地事务的是燕京行中书省)和地方临民体系之间的一种管理机构,从性质上说,它倒是与金朝的总管府路有相似之处。中统二年(1261),燕京行中书省官员携宣抚司官员北上金莲川,行省和汗廷中书省合并为中书省,宣抚司有部分官员升任中书省宰相,这时的全国体制就是一个金字塔般的中央集权模式:朝廷设中书省宰相机构,地方上设十路宣抚司,宣抚司凌驾于各种临民机构之上。忽

①《元史》卷4《世祖纪一》,第65—66页。

必烈增设宣抚司这一看起来不必要的层次（当时有路20个左右，一个宣抚司只管辖统领一两个路），一方面恐出于汉人谋臣行中央集权的建议，另一方面也是形势的需要。忽必烈仓促继位，在燕京除了他设的燕京行中书省，还有宪宗朝设的燕京行尚书省，忽必烈需要争夺各路对他的忠诚和保证各临民机构将汉地财赋送往他设的燕京行中书省，而不是之前的燕京行尚书省，一路宣抚司也就只能盯住一两个路分。不过，中书省领十路宣抚司、十路宣抚司管辖各临民机构的体制未能维持多久，忽必烈就决定放弃，而采行宪宗时期的行省分治模式。设立才几个月的中书省重新一分为二，汗廷有中书省，燕京有行省，另外，其他地方也不断委派官员去"行省事"；立都燕京（大都）后，燕京行省和中书省再度合一为汗廷中书省，但地方行省则逐渐设置开来。也就是在中书省重新一分为二、各地逐渐派官员去"行省事"时，中统二年后期宣布取消宣抚司路。①这种路制只存在了不到两年，以后所设的宣抚司只是在部分少数族地区的临民机构。十路宣抚司的消失，意味着元世祖扬弃了汉式王朝金字塔般的中央集权的国家构建模式，而采行带有地方分权色彩的行省制度。也是因为这种宣抚司路制的取消，其后元朝文献说到"路"，就指临民机构的总管府路；之后设置的宣慰司、廉访司所在则被称为"道"，"道"和"路"开始具有了不同含义。元后期任过宰相的许有壬说"路则今制"，②路是指总管府路，许氏认为元代的总管府路与金朝的总管府路有区别，属元朝首创。在现存一些元朝官方所撰制的蒙古文碑铭中，"行省""道""府""州""县"均用汉语音译，而"路"（总管府路）则用蒙古语自身所有的词汇 chölge（意为"某某之地""某某方面"）表示（与地名连称时，如甘州路，仍用汉语音译），看来蒙古政府也意识到本朝的总管府路是一种特别的存在，在蒙古人眼中，总管府路可能被认为是汉地基本的自然行政单位。

① 《元史》卷4《世祖纪一》，第76页。
② （元）许有壬：《至正集》卷37《彰德路创建鲸背桥记》，收录于李修生主编《全元文》第38册，第204页。

　　下面说宣慰司道。前四汗时期,未见官称宣慰者。世祖继位后,在汗廷设断事官机构(后改称中书省),该机构在燕京的行署(后改称燕京行中书省)官员称宣慰使,[①]宣慰得名来源不清楚。十路宣抚司取消后大约一年,中统三年(1262)元设十道宣慰司,[②]据李治安研究,中统三年十二月是十道宣慰司全部设置完毕的时间,之前有一个陆续设置的过程。[③]十道宣慰司具体是哪十道,我们不太清楚,可能开始跟十路宣抚司的布局一样。但宣慰司并不是宣抚司的继续或只是改个名称而已,宣慰司是行省制推行时的机构,它和行省往往迭相设置,[④]是行省的替代物。后来吐蕃以外的全国地方统一以行省(或中书省直辖)为一级行政单位,宣慰司就变成了行省的派出机构,设在行省内距离省治较远区域。作为行省派出机构,宣慰司没有在地方统一设置,有些省内没有宣慰司;设有宣慰司的行省和中书省直辖区,宣慰司也不覆盖整个省份,有不少路府州临民机构直属行省和中书省。宣政院辖下的吐蕃地区后来也设有三道宣慰司,"宣政院统辖吐蕃三道的职能就相当于行省",[⑤]当然它跟中书省的关系不够密切。宣慰司掌军政的称宣慰使司都元帅府,不掌军政的只称宣慰使司。包括吐蕃地区在内,元朝全国大约设有二十道宣慰使司,这是元朝行省制度派生出来的一种路制。

　　最后说下肃政廉访司道。肃政廉访司早期称提刑按察司,这是元朝模仿金朝提刑司、按察司制度而设的道。在御史台成立后的不久,至元

<hr />

[①]《元史》卷4《世祖纪一》,第63页。关于世祖继位初中书省、燕京行中书省的设置,参见姚大力《从"大断事官"制到中书省——论元初中枢机构的体制演变》,收录于氏著《蒙元制度与政治文化》,北京大学出版社,2011年;屈文军《元代翰林机构的成立——兼论元初中枢体制的变迁》,《中国史研究》2018年第1期。

[②]《元史》卷5《世祖纪二》,第89页。

[③] 李治安:《元代政治制度研究》,第92页。

[④] 史卫民:《元朝前期的宣抚司与宣慰司》,载元史研究会编《元史论丛》第5辑,中国社会科学出版社,1993年。

[⑤] 陈得芝:《张云〈元代吐蕃地方行政体制研究〉序》,收录于氏著《蒙元史与中华多元文化论集》,上海古籍出版社,2013年。

六年(1269)就设有四道提刑按察司,隶属于御史台。[1] 御史台在全国另设南台、西台两分支后,行御史台下也设有提刑按察司道。后来定制,全国共设有 22 道提刑按察司(肃政廉访司)道,其中内台(中央御史台)辖 8 道,南台辖 10 道,西台辖 4 道。[2] 蒙古本土地区和吐蕃地区则不设肃政廉访司道。除了岭北行省和吐蕃地区,元朝肃政廉访道覆盖全国,比较整齐划一,总体而言,它是对金朝提刑司路或按察司路的继承(当然,机构具体运作上还是有不少区别),一如之前课税使路对金朝转运司路制的沿袭。

总之,大蒙古国和元朝在太宗和世祖时期先后设有过六种不同的路制。其中,课税使路、宣抚司路、肃政廉访司道沿袭汉制而来;大达鲁花赤监临道、宣慰司道则是蒙古政治传统的产物;最有特色的总管府路,蒙古政府用蒙古语言中本有的词汇指称,但它既不是蒙古制度的产物,也不是汉法的产物,而是因应着当时社会现实状况而产生的新制度。不过,总管府路制并未能对后世有多大影响,明朝建立后就被取消。

---

[1] (元)佚名:《大元官制杂记》,第 1 页,上海仓圣明智大学排印《广仓学窘丛书甲类》第 2 集,1916 年。
[2] 《元史》卷 86《百官志二》,第 2180—2182 页。

# 第三章 世祖朝的官制定型

## 第一节 前四汗时期的官制演变和世祖朝的变革

　　笔者曾对元朝太祖、太宗时期的职官制度写过数篇文章,计有:《元太祖时期汗廷和蒙古本土地区的官员除授》《元太祖朝木华黎军政府对金地降人的官职官衔除授》《元太祖朝的达鲁花赤》《也论元代的探马赤军》《元太宗时期的军事职官制度》《元太宗时期大蒙古国对汉地治理中的"画境"制度》《大蒙古国和元朝路制的形成》等。[①] 本文的目的是对以上诸文中未怎么涉及的有关元朝前四汗时期官制中的其他重要内容做些补充考述,主要探讨以下三个方面话题:一是前四汗时期汗廷中必阇

---

[①] 以上诸文刊载情况如下:《元太祖时期汗廷和蒙古本土地区的官员除授》,载刘迎胜主编《元史及民族与边疆研究集刊》第 34 辑,上海古籍出版社,2017 年;《元太祖朝木华黎军政府对金地降人的官职官衔除授》,载刘正刚主编《历史文献与传统文化》第 21 辑,暨南大学出版社,2016 年;《元太祖朝的达鲁花赤》,载刘正刚主编《历史文献与传统文化》第 22 辑,暨南大学出版社,2017 年;《也论元代的探马赤军》,《文史》2020 年第 1 期;《元太宗时期的军事职官制度》,载刘正刚主编《历史文献与传统文化》第 24 辑,安徽师范大学出版社,2020 年;《元太宗时期大蒙古国对汉地治理中的"画境"制度》,《暨南学报(哲学社会科学版)》2021 年第 8 期;《大蒙古国和元朝路制的形成》,载刘迎胜主编《元史及民族与边疆研究集刊》第 43 辑,上海古籍出版社,2022 年。

赤和札鲁忽赤的职能与任职人员;二是燕京行尚书省的设置与元朝行省制的滥觞;三是前四汗时期的官制演变与世祖朝前期元代官制的定型。

## 一、前四汗时期汗廷中的必阇赤与札鲁忽赤

太祖时期,大蒙古国国家事务主要由汗廷怯薛和断事官(札鲁忽赤)以及扯儿必处理。扯儿必似以处理汗廷宫帐内事务为主。断事官负责汗国政刑,这"政"中也包括一些后勤补给之类的军事事务,当然临战指挥则由大汗、诸王及万户负责。怯薛人员有多种,其中很重要的一种是负责文书事务包括撰写旨令的必阇赤。《元史》中提到了好几位太祖时期的必阇赤,如克烈人昔剌斡忽勒、唐兀人僧吉陀、西域人曷思麦里、蒙古人薛彻兀儿等;契丹人耶律楚材、女真人粘合重山也都是太祖时期的必阇赤,他们两人负责汉文文书事务。诸必阇赤中可能有一至数位地位较高,为大必阇赤或必阇赤之长,昔剌斡忽勒即为太祖时的大必阇赤。太宗即位后,耶律楚材、粘合重山继续担任汉文文书必阇赤;克烈人镇海(负责畏兀儿文字书写的文书,即当时的蒙古文字文书)、西域人牙剌瓦赤也是太宗朝的必阇赤。诸人中地位最高的应该是镇海,他起初为太祖朝的扯儿必,后护送丘处机西行,成吉思汗问道于长春真人时镇海掌录奏对之言,其时可能已是必阇赤或必阇赤兼扯儿必。太宗朝耶律楚材虽然主管汉文文书,但正文之后、年月之前要由镇海亲写畏兀儿字云"付与某人",[①]以此为验,否则无效,实负监督耶律楚材之任。

在耶律楚材的建议下,蒙古政权于 1230 年在所占领的金地设立了十路课税所,负责征收汉地的赋税。一年后,课税所成绩令太宗大为高兴,"始立中书省,改侍从官名",[②]史料中从此不断出现中书省以及中书令、中书左丞相、中书右丞相等表示官署和官名的词汇。学界主流意见,

---

① (宋)彭大雅撰,(宋)徐霆疏:《黑鞑事略》,王国维笺证本,第 8b 叶,收录于《王国维遗书》第 13 册,上海古籍书店,1983 年。

② (明)宋濂等:《元史》卷 2《太宗纪》,点校本,第 31 页,中华书局,1976 年。

认为前四汗时期汗廷并不存在中书省这一机构,中书省只是对耶律楚材、粘合重山及镇海等几位负责汉地课税事务和汉文文书事务的必阇赤们的群体称呼。唐宋时期,中书省表示出令的宰相机构,耶律楚材等所担任的必阇赤,从事的任务在于文书方面,称这几人群体为"中书省"自然是对他们的奉承之词;不过冠用"中书"名号的始作俑者可能是耶律楚材本人,他于1229年刊行的《西游录》中自称"中书侍郎"。"改侍从官名"后,耶律楚材在史料中一般称中书令,有时称中书右丞相;粘合重山、镇海在史料中基本上一直分别称作中书左丞相和中书右丞相。也就是说,中书省尽管不存在,但耶律楚材和粘合重山、镇海三人的汉式官号当时差不多固定,无论这些官号最初的来源是窃号自娱,还是汉人的阿谀奉承或者权宜附会。这三人中,耶律楚材是汉地赋税的主政者,也是汉文文书的主管者,粘合重山为其助手,镇海负责监督。在汉人看来,耶律楚材地位最高,故称中书令,镇海其次,粘合第三,后两人分别称中书省右、左丞相;实际上在汗廷必阇赤群体中,镇海的地位要高于耶律楚材,极有可能,镇海就是太宗朝的大必阇赤。与耶律楚材负责汉地赋税一样,另一位必阇赤牙剌瓦赤负责西域地区的赋税。将蒙古本土地区和征服地区分片管理,太宗即位初就已经开始。

汉地诸路课税所经耶律楚材建议而设,课税使人选也多出于耶律楚材的推荐,建立之初太宗放手让耶律楚材去管这事,那么十路课税所自然对以耶律楚材为首的几位必阇赤负责;"改侍从官名"后,课税所继续对中书省负责,"一听中书省总之"。[1] 耶律楚材他们的本来职务只是管理文书、撰写大汗旨令,但因为负责了本职工作以外的课税事务,在汉人中有了巨大影响;负责课税外,耶律楚材还利用自己容易接近大汗的机会,乘机进言,做了不少有利于汉地恢复秩序的事情,除了确立五户丝制度,另有设置编修所和经籍所、任命衍圣公、推动戊戌首试等。这些就是

---

[1] (元)苏天爵辑撰:《元朝名臣事略》卷13《廉访使杨文宪公》,姚景安点校本,第257页,中华书局,1996年。

史料中所说的国家事务"移于弄印者之手"。① 汉人称他们群体为中书省,称耶律楚材等人为"相",有奉承之意味,但也不能说完全没有根据。太祖时期,汉地还设有一个重要机构,就是木华黎的"都行省"。它理论上负责汉地的所有事务,不过,太宗即位后,它的权限就比较有限了,课税事务由耶律楚材等人负责,军事指挥则由大汗、诸王及方面大帅处理。极有可能,自木华黎孙塔思去世后,这个都行省就不再存在。

必阇赤本来只是怯薛人员中的一种,因为耶律楚材的擅于运作,而使其中几位在汉地有了很大影响。但在汗廷,处理国家重要事务的是被汉译为断事官的札鲁忽赤。札鲁忽赤也有多人担任,其中有些人是由诸王派驻过来代表诸王参与国家事务并保障诸王利益的。札鲁忽赤群体中,肯定有为首者(估计是一到两位),他们被称为大札鲁忽赤,失吉·忽秃忽即为太祖朝的大札鲁忽赤,太宗即位后继任。多位札鲁忽赤,在汗廷有没有一个固定的有专名的官署机构容纳他们? 很可能也是没有的,要说机构,只能用"断事官群体"这一词汇勉强称之。但担任札鲁忽赤(包括诸王派过来的位下札鲁忽赤)者,在汉文文献中也会被称为"相",大札鲁忽赤更被称为"丞相""国相"或"大丞相",从职掌而言,将札鲁忽赤群体比附为宰相机构是合适的。札鲁忽赤负责政刑,自然要有负责文书的助手,必阇赤就属于他们的部下。大汗身边也会有一些文书侍从和一些帮助大汗拿主意的随从人员,这些人也都是必阇赤。所以,理论上讲,汗廷中会有两类必阇赤:一类在大汗身边;另一类在札鲁忽赤手下。不过,太祖和太宗前期,因为政治结构简单,汗廷里这两类必阇赤往往由同一帮人担任;或者说,必阇赤们的职任区分并不明显,有时在大汗身边出谋划策写旨令,有时就协助札鲁忽赤处理事务。

太宗前期失吉·忽秃忽在汗廷担任大札鲁忽赤时,时为怯薛长的蒙古人额勒只吉台也担任大断事官,②此人在当时汉地社会中的知名度要

---

① (宋)彭大雅撰,(宋)徐霆疏:《黑鞑事略》,第9a叶。
② 余大钧译注:《蒙古秘史》第278节,第487页,河北人民出版社,2001年。

超过失吉·忽秃忽,很可能他在汗廷的地位也位于失吉·忽秃忽之上。1233年,南宋人彭大雅随邹伸之出使蒙古,回国后撰《黑鞑事略》,说大蒙古国"其相四人,曰按只歹(额勒只吉台);曰移剌楚材(耶律楚材),曰粘合重山,共理汉事;曰镇海,专理回回国事"。① "相"名单中没有失吉·忽秃忽,耶律楚材等三位必阇赤当时在汉人中的印象程度也要超过忽秃忽。1234年南宋人徐霆也出使蒙古,他回国后在对彭大雅的这段文字的疏文中说,"霆至草地时,按只歹已不为矣",估计回到了怯薛组织专任怯薛长。也是在1234年,失吉·忽秃忽率领一部分札鲁忽赤和必阇赤离开汗廷到燕京,成立断事官在汉地的分支机构,汉文文献中称为燕京行尚书省。此后到太宗朝结束,汗廷大札鲁忽赤之职,姚大力认为由(大)必阇赤镇海兼任,②其说可为参考。太宗去世后,摄政的乃马真皇后与镇海、耶律楚材、牙剌瓦赤均不和,这期间,汗廷的大札鲁忽赤可能由额勒只吉台复任;必阇赤之长是谁,则不易确定。1244年耶律楚材去世后,杨惟中被汉人称为中书令,当为汗廷一名负责汉文文书的必阇赤,但不是必阇赤群体之长;杨惟中在朝时间很短,定宗即位后他一直任职于汗廷之外。

定宗贵由亲政后不久,额勒只吉台受命西征,据这一时期在和林的教皇使节加宾尼记载,当时汗廷大断事官是基督徒合答,镇海则为必阇赤长,另有一位必阇赤畏兀儿人八剌;③据汉文史料,耶律楚材之子耶律铸也在定宗时为必阇赤。④ 合答其他事迹不详,镇海在定宗朝则是恢复了大必阇赤的职务。蒙哥即位之际发生惨烈的汗位争夺事件,合答、镇海、八剌均被视为叛王之党,前两人被处死,八剌被流放,耶律铸可能留

① (宋)彭大雅撰,(宋)徐霆疏:《黑鞑事略》,第2a叶。
② 姚大力:《从"大断事官"制到中书省——论元初中枢机构的体制演变》,收录于氏著《蒙元制度与政治文化》,北京大学出版社,2011年。
③ (意)加宾尼:《蒙古史》,收录于(英)道森编《出使蒙古记》,吕浦译,第65页,中国社会科学出版社,1983年。
④ 《元史》卷146《耶律楚材传附耶律铸传》,第3464—3465页。

任必阇赤。宪宗朝汗廷大断事官先为忙哥撒儿，后或许由哈丹继任，[①]但哈丹具体事迹不详，有学者说是名将速不台之侄，[②]似乎证据不足。克烈人孛鲁合(太祖朝必阇赤长昔刺斡忽勒之子)是宪宗朝有名的汗廷必阇赤，在汉文文献中有中书右丞相、左丞相、丞相等官称，他在朝中地位开始仅次于大札鲁忽赤忙哥撒儿，"天下庶务，惟决二人"；忙哥撒儿卒后，仍"领中书省，终宪庙世，权宠不移"。[③] 姚大力认为他和之前的镇海类似，以必阇赤兼大断事官；我们至少可以肯定，他是宪宗朝的必阇赤之长。蒙哥死后，因支持阿里不哥，孛鲁合 1264 年被忽必烈处死。据《元史·刘敏传》，刘敏之子刘世济在宪宗朝也"为必阇赤，入宿卫"。[④]

太宗时期，地方上也有"行中书省"，其设置甚至早于失吉·忽秃忽的燕京行尚书省。同恕文中记载，李庭秀，家平阳，辛卯年(1231)，"中书胡氏，由侍从行相府河东，素熟公能，即版授参议、左右司郎中，佩金符，……时官制未立，皆从宜一切。壬辰(1232)，以公见行阙，奏改行中书省左右司郎中，佩金符仍初"。[⑤] 所说胡氏，名胡天禄，在汉文文献中也被称为"丞相""行省胡公丞相"，有学者曾将他误认为是燕京行尚书省的失吉·忽秃忽，忽秃忽到燕京后在汉文文献中曾被称作"胡丞相"。胡天禄初为"侍从"，后"行相府于河东(平阳)"，其最初身份应该也是汗廷的一名必阇赤，和耶律楚材同僚。胡天禄负责的平阳行中书省内有左右司郎中等僚属。1235 年，太宗命皇子阔出、诸王口温不花、大将察罕等伐宋，粘合重山、杨惟中均"军前行中书省事"，[⑥]看来杨惟中此前也已是一名汗廷必阇赤。太宗后期，粘合重山和杨惟中相继回到汗廷，重山不

---

① 《元史》卷 3《宪宗纪》，第 47 页。

② (日)堤一昭：《忽必烈政权的建立与速不台家族》，《东洋史研究》第 48 卷第 1 号，1988 年。

③ (元)姚燧：《牧庵集》卷 13《皇元高昌忠惠王神道碑铭》，收录于李修生主编《全元文》第 9 册，第 549 页，江苏古籍出版社，1999 年。

④ 《元史》卷 153《刘敏传》，第 3610 页。

⑤ (元)同恕：《榘庵集》卷 5《中书左右司郎中李公新阡表》，收录于李修生主编《全元文》第 19 册，第 441—442 页，江苏古籍出版社，2001 年。

⑥ 《元史》卷 146《粘合重山传》，第 3466 页；卷 146《杨惟中传》，第 3467 页。

久卒,杨惟中在耶律楚材去世后被称为中书令,实际身份只是汗廷必阇赤;军前行中书省则由粘合重山的儿子粘合南合负责,粘合南合应该也被授予必阇赤称号。这个军前行中书省下也有左右司郎中、详议、参谋等僚属。平阳行中书省(胡天禄后来还行省过其他地方)、粘合父子军前行中书省的职能与课税所职能关联不大,主要在于文化事业和"承担军中的文书工作、参与指挥作战、绥辑降附",[①]也就是说,与必阇赤的本职工作有关。但这些行中书省对谁负责不易判断。耶律楚材是汉文文书的负责人,他崇尚中央集权,这些行中书省有可能在一定程度上要对他负责。

太宗晚年,耶律楚材失势;定宗初年开始,汉地课税事务改由燕京行尚书省负责。[②] 有关此后平阳等行中书省的情况史料记载很少,可能也改向燕京行尚书省负责并逐渐消失。汗廷必阇赤们的任务重新回归到主掌文书的本职中,其政治影响能力也就迅速衰减。史料中说,杨惟中在耶律楚材之后为中书令,"以一相负任天下",[③]他的中书令头衔和耶律楚材一样非汗廷实授,他在汗廷的地位也只是一名普通的必阇赤(和耶律楚材一样,连必阇赤之长都不是),从为中书令到离开汗廷只有短短的一两年时间,其"负任天下"的具体事迹我们也实在不清楚,这句总结之词应是其碑传材料中的夸大说法。宪宗朝大必阇赤孛鲁合,在朝中倒是影响很大,可能是因为得到了蒙哥汗的特别信任或者如姚大力所说兼任了汗廷的大断事官。总之,前四汗时期,除了太宗朝因为耶律楚材的善于运作,一些必阇赤们在汉地有了很大的影响,其他多数时期,多数必阇赤的政治作用是大大不如札鲁忽赤的。不少学人在研究世祖朝中书省的形成时,将其与前四汗时期的必阇赤制度联系起来,他们或者说必阇赤群体自然演变成了中书省,或者说必阇赤们从断事官系统中"游离"了

---

① 张帆:《元代宰相制度研究》,第18—19页,北京大学出版社,1997年。
② 李涵:《蒙古前期的断事官、必阇赤、中书省和燕京行省》,收录于南京大学历史系元史研究室编《元史论集》,人民出版社,1984年。
③ 《元史》卷146《杨惟中传》,第3467页。

出来而另外形成了中书省,这些说法都不能成立。笔者一贯认为,世祖朝的中书省继承的是前四汗时期的断事官群体,而不是必阇赤群体。[①]

表1　前四汗时期汗廷札鲁忽赤、必阇赤人员名单

| | 大札鲁忽赤 | 大必阇赤 | 其他必阇赤 |
|---|---|---|---|
| 太祖朝 | 失吉·忽秃忽 | 昔剌斡忽勒 | 僧吉陀、曷思麦里、薛彻兀儿、耶律楚材、粘合重山、镇海 |
| 太宗朝 | 额勒只吉台(1234年后回到怯薛)、失吉·忽秃忽(1234年后到燕京)镇海(兼?) | 镇海 | 耶律楚材、粘合重山、牙剌瓦赤、胡天禄、杨惟中、粘合南合 |
| 乃马真后时期 | 额勒只吉台 | 不详 | 杨惟中 |
| 定宗朝 | 合答 | 镇海 | 八剌、耶律铸 |
| 宪宗朝 | 忙哥撒儿、哈丹、孛鲁合(兼?) | 孛鲁合 | 耶律铸、刘世济 |

## 二、燕京行尚书省的设置与元朝行省制的滥觞

1234年金朝灭亡后,大断事官失吉·忽秃忽带领一帮人,有的是札鲁忽赤,有的是必阇赤来到燕京,他们先是调整世侯辖地、统计户籍,然后推行五户丝制和路总管府制;除了课税和军事指挥,汉地的各种事务都由他们承担。课税仍由耶律楚材负责,军事指挥由阔端、阔出等诸王和察罕、塔察儿等方面大帅负责;但灭金后新设的大达鲁花赤监临道(史料中称"画境之制")则对失吉·忽秃忽他们负责,[②]耶律楚材去世后诸路课税所也归燕京行尚书省统管。失吉·忽秃忽这些人在燕京的机构,汉

---

① 屈文军:《论元代中书省的本质》,收录于氏著《元史研究:方法与专题》,中国社会科学出版社,2017年;《元代翰林机构的成立——兼论元初中枢体制的变迁》,载《中国史研究》2018年第1期。
② 屈文军:《元太宗时期大蒙古国对汉地治理中的"画境"制度》。

人称为"燕京行尚书省",其名和石抹咸得不自称的机构名称一样,但性质迥异。失吉·忽秃忽他们在燕京的机构,是汗廷断事官群体的行署,这些人的原先身份主要是汗廷的札鲁忽赤和必阇赤。汉人称这一在燕京的机构为行尚书省,那就意味着在汗廷还有尚书省,也就是留守汗廷的断事官群体。但奇怪的是,目前所知的汉文文献,竟没有发现提及汗廷断事官群体时称之为尚书省的,倒是有把燕京行尚书省称为尚书省的。原因何在? 第一,汗廷断事官群体本来就没有一个有固定名号的官署;第二,汉人对漠北的情况不大了解,可能也无从了解,在汉地,这个燕京行署差不多就是总管一切的,所以也不妨称之为尚书省。失吉·忽秃忽他们来到燕京后,史料中多有关于燕京行尚书省官员的记载,忽秃忽也被称为"胡丞相",而有关留守汗廷的札鲁忽赤们的记载就比较少了。作为行署,燕京行尚书省处理政事直接对大汗负责,汗廷断事官们不干预汉地事务。按照中原王朝包括金朝的做法,朝廷宰相带宰相官衔到地方处理事务,属于非常时期的权宜做法,这一时期,朝廷宰相机构不干预行署内的事情;非常时期结束,行署取消,地方会重新对朝廷宰相机构负责。大蒙古国及其后的元朝在这方面和中原王朝不一样的地方就在于,朝廷宰相机构在地方的行署分支后来固定化,成为地方行省,行省和朝廷的中枢机构(前四汗时期是断事官群体,世祖以后是中书省)分别划片负责全国境内的地方事务。其中,朝廷中枢机构负责朝廷所在的直辖区域(宪宗时确定是漠北,世祖以后则是位于汉地的"腹里"地区),其他地方主要由行省负责,朝廷中枢机构一般不怎么干预。这实际上与蒙古人分封的传统意识有关。

失吉·忽秃忽任燕京行尚书省大札鲁忽赤到太宗朝结束,其间有副手乃蛮人月里麻思、契丹人耶律买奴以及族属不详的塔鲁忽歹、讹鲁不等,他们的身份也是断事官。[①] 接替失吉·忽秃忽职务担任行省大札鲁忽赤的是之前负责西域课税的必阇赤牙剌瓦赤,但他上任不久就因与同

---

① 张帆:《元代宰相制度研究》,第 9—10 页。

僚汉人刘敏不和而被罢任,此后到宪宗即位前,燕京行省一直由刘敏主政。以扑买汉地课税著名的回回人奥都剌合蛮深受乃马真皇后信任,一度担任过行省断事官,贵由即位后被杀。回回人赛典赤·瞻思丁在此期间也担任过行省断事官。宪宗朝,"以牙剌瓦赤、不只儿、斡鲁不、睹答儿等充燕京等处行尚书省事,赛典赤、匿昝马丁佐之",[①]牙剌瓦赤、不只儿先后为行省大断事官;斡鲁不可能就是前文的讹鲁不,他和睹答儿是普通断事官,但事迹不详。赛典赤、匿昝马丁则是行省内必阇赤,后者事迹不详。宪宗即位时,刘敏"仍命与牙鲁瓦赤同政",看来也留任燕京断事官,不过地位当低于牙剌瓦赤,为普通断事官,后让职于子刘世亨。[②] 畏兀儿人孟速思也在宪宗朝任过燕京行省的断事官;[③]蒙哥死后,留守漠北的阿里不哥任命脱里赤为燕京行省断事官,"按图籍,号令诸道,行皇帝事",[④]可能是被阿里不哥任命为行省大断事官,以与忽必烈对抗。同汗廷断事官群体一样,燕京行尚书省内也有诸王派驻的断事官,他们有的兼汉地封地达鲁花赤,如西夏人昔里钤部、畏兀儿人布鲁海牙等。除了断事官、必阇赤,燕京行尚书省内还有些僚属有汉式官号,如郎中、员外郎、都事、经历、省掾等。[⑤]

史料中说,燕京行尚书省内尚有行六部官员。金朝在行省内设有行六部;元太祖时期也有一些行六部官员,如史天倪、王檝,似乎以负责军事后勤及汉地财赋为主。太祖朝蒙古政权没有行尚书省设置,史天倪、王檝为何有行六部官称,难以解释,可能是"随所自欲而盗其名"。[⑥] 太宗朝开始的燕京行尚书省,省内"行尚书六部事"则实为必阇赤。[⑦] 宪宗朝,

---

① 《元史》卷3《宪宗纪》,第45页。

② 《元史》卷153《刘敏传》,第3610页。

③ (元)程钜夫:《雪楼集》卷6《武都智敏王述德之碑》,台湾《元代珍本文集汇刊》本,"国立中央图书馆",1970年。

④ (元)郝经:《郝文忠公陵川文集》卷32《班师议》,收录于李修生主编《全元文》第4册,第85页,凤凰出版社,2005年。

⑤ 张帆:《元代宰相制度研究》,第13—14页。

⑥ (宋)彭大雅撰,(宋)徐霆疏:《黑鞑事略》,第14b叶。

⑦ 姚大力:《从"大断事官"制到中书省——论元初中枢机构的体制演变》。

和赛典赤·瞻思丁一起"行六部事"的有塔剌浑，[①]此人在中统年间改任汗廷必阇赤；汪古人月合乃"赞卜只儿断事官事"，[②]世祖朝的王恽说他为"前行部尚书"；[③]汉人赵璧宪宗初年也曾"总六部于燕"，[④]不久离开行省到忽必烈幕下。这些行六部官员实际身份都是行省内的必阇赤，可能因为一些对汉文化熟悉者不愿意用必阇赤称号而自称为行六部官。燕京行省内众多必阇赤中，是否有必阇赤之长或大必阇赤，不敢肯定。

表 2　前四汗时期燕京行尚书省内断事官和必阇赤人员名单

|  | 大断事官 | 一般断事官 | 必阇赤 |
|---|---|---|---|
| 太宗朝 | 失吉·忽都忽 | 月里麻思、耶律买奴、塔鲁忽歹、讹鲁不 |  |
| 乃马真后时期 | 牙剌瓦赤、刘敏 | 奥都剌合蛮 |  |
| 定宗朝 | 刘敏 | 赛典赤·瞻思丁 |  |
| 宪宗朝 | 牙剌瓦赤、不只儿、脱里赤 | 斡鲁不（讹鲁不？）、睹答儿、刘敏（后由子刘世亨继任）、孟速思、昔里钤部（投下断事官）、布鲁海牙（投下断事官） | 赛典赤·瞻思丁、匿昝马丁、塔剌浑、月合乃、赵璧 |

随着大蒙古国地盘的扩大，国家事务日益增多，太宗时期建立燕京行尚书省的方式逐渐变成了一个制度模式，就是由一部分汗廷札鲁忽赤和其助手必阇赤们组织成一个机构，外出专门负责一地的行政主要是民政事务，直接对大汗负责。太宗朝燕京行尚书省负责汉地，汗廷中札鲁

---

① 《元史》卷 125《赛典赤瞻思丁传》，第 3063 页。
② 《元史》卷 134《月合乃传》，第 3245 页。
③ （元）王恽：《王恽全集汇校》卷 81《中堂事记中》，杨亮、钟彦飞点校本，第 3374 页，中华书局，2013 年。
④ （元）张之瀚：《西岩集》卷 19《大元故荣禄大夫中书平章政事赵公神道碑铭》，收录于李修生主编《全元文》第 11 册，第 349 页，江苏古籍出版社，2000 年。

忽赤则带领一部分必阇赤组成另一机构,负责蒙古本土地区和汉地以外的其他被征服地区,这一机构一直没有汉名。到宪宗朝,汉地之外的其他被征服区域也相继设立了行尚书省,据《元史·宪宗纪》,宪宗元年(1251),除了"以牙剌瓦赤、不只儿、斡鲁不、睹答儿等充燕京等处行尚书省事,赛典赤、匿咎马丁佐之",还"以讷怀、塔剌海、麻速忽等充别失八里等处行尚书省事,暗都剌兀尊、阿合马、也的沙佐之;以阿儿浑充阿母河等处行尚书省事,法合鲁丁、匿只马丁佐之"。[①]"佐"阿姆河行省首长阿儿浑的法合鲁丁、匿只马丁两人,在《世界征服者史》中明确被称为必阇赤,[②]与之地位相当的燕京行省内的赛典赤·瞻思丁必然也是如此。征服区分别设立了行尚书省,汗廷断事官群体(包括属下必阇赤们)就只负责蒙古本土地区和汗廷本身。宪宗朝行尚书省的增设,是对太宗时期体制的继续和发展,不过,汉地以外两行尚书省的设置,实际上从太宗朝就已经开始,宪宗朝正式定型。[③]宪宗后期,蒙哥对忽必烈在汉地势力的壮大感到不安,派阿兰答儿、刘太平到忽必烈控制的陕西、河南地区钩考财赋,这两人汗廷的身份不详(恐为必阇赤),汉文史料中多将他们分别称为陕西行省左丞相和参知政事。左丞相、参知政事的头衔可能是汉人比附,但陕西行省的增设说不定就在大蒙古国政府的酝酿中。世祖即位后行省的增多,也是太宗时期体制的继续和发展。

随着行尚书省的相继分设和汗廷断事官群体的职掌确定,原先理论上有两类实际上未区分的汗廷必阇赤们,这时就真正分开了:一部分到断事官群体里去(可能会随断事官而到外地设分支机构),一部分留在大汗身边。前四汗时期,汗廷内必阇赤们这样的区分还不怎么明显,但趋势是必然的。世祖朝开始,汗廷断事官群体取汉式名称中书省,主要的札鲁忽赤和主要的助手必阇赤都改称丞相、平章政事等汉式宰相官名;

---

① 《元史》卷 3《宪宗纪》,第 45 页。

② (伊朗)志费尼著:《世界征服者史》下册,何高济译,第 613—622 页,内蒙古人民出版社,1981 年。

③ 刘迎胜:《〈元史〉卷三〈宪宗纪〉笺证之一》,载余太山、李锦绣主编《欧亚学刊》新 4 辑,商务印书馆,2016 年。

地方断事官行署则改称行中书省,主要的札鲁忽赤和主要的助手必阇赤也都改称汉式的宰相官名,只是会带上行省字样,以与朝廷中的宰相们区别;而在大汗身边的必阇赤,则改称为翰林机构的汉式官名,逐渐形成翰林国史院和蒙古翰林院。关于世祖即位后的这一变化,可参考笔者撰写的《元代翰林机构的成立——兼论元初中枢体制的变迁》一文。

### 三、前四汗时期的官制演变与世祖朝的革新

《蒙古(元朝)秘史》第 281 节,元太宗窝阔台总结自己的功过,其功劳主要说了四点:灭金朝、立站赤、掘水井以及立探马赤军。实际上,他的功劳不止这些。除了前人着重指出的定朝仪、建都城、定札撒、定牧民和农耕地区赋税制度,在职官制度上元太宗也有诸多影响深远的建设。比如,改变世袭制,推行择能而任的命官方式;将蒙古军的万户千户制推行到各种族军队中;在地方逐渐施行军民分治;建立有元代特色的路府州县临民体系以及设立地方行省等。元人胡祇遹说"太宗皇帝继体守文,一新官制",[1]这个论断是有根据的:太祖确立了蒙元王朝的一些官制原则,但太祖时期具体的职官体系则比较简单;太宗时的"一新",一方面,继续了太祖的原则;另一方面,又在太祖时职官体系的基础上做了相当多的改进,特别是针对被征服的农耕区,可说是完全的新制。太宗丙申年后定型的官制和其他方面的制度建设,多数在其后的元朝时期延续。蒙元王朝职官制度的形成,最重要的在太祖、太宗和世祖三个时期,我们后人评价太宗这位大汗时,不能只看到他的"武功",也要看到他制度建设上的"文治"。

1241 年,太宗去世,其后大蒙古国先后经历乃马真皇后、定宗皇帝和斡兀立海迷失皇后三人执政,这十年期间国家的制度建设可以说几乎没有。1251 年,宪宗蒙哥即位,他对外征服的兴趣远大于内政建设,在位九

---

[1] (元)胡祇遹:《胡祇遹集》卷 15《大元故怀远大将军怀孟路达噜噶齐(达鲁花赤)兼诸军鄂勒(奥鲁)蒙古公神道碑》,魏崇武、周思成校点本,第 348 页,吉林文史出版社,2008 年。

年期间,吐蕃和云南地区纳入大蒙古国版图;内政上除了在整个汗国范围内(包括汉地、西域、斡罗斯以及新归附的吐蕃地区)进行了括户,制度建设上有两件事影响较大。一是前面所说,在蒙古本土以外的征服地区设立了三个断事官行署,这是太宗时期体制的继续和发展,也是世祖以后中书省和地方行省关系模式的先声。二是分别委任母弟忽必烈和旭烈兀镇中原及西域,这实际上是世祖以后宗王出镇边徼襟喉之地制度的滥觞,在宪宗之前没有出现过。

忽必烈1251年被赋予处理"漠南汉地军国庶事"的大权,这年开始,他在自己所能管控的地盘内实行潜藩新政,主要内容有三点。① 一是1251年在代管的邢州设立安抚司,以脱兀脱、赵瑨为断事官(估计实为达鲁花赤),以李惟简为安抚使,以刘肃为安抚副使,以赵良弼为幕僚长,不久改以张耕为安抚使。二是1252年在汴梁设河南经略司,以忙哥(蒙古人,估计是担任负责监临的达鲁花赤,与邢州安抚司中的脱兀脱、赵瑨类似)、史天泽、杨惟中及赵璧为经略使,陈纪、杨果为参议。史天泽为经略使后,征行万户职由其侄史枢代理。河南地区不属投下领地,忽必烈是经过宪宗同意"分河外所属而试治之"的,忽必烈并且要求"不令牙鲁瓦赤有所钤制",得到应允。三是在自己新得的京兆封地内先后设从宜府和宣抚司。从宜府设于1253年,使为李德辉和孛得乃,副使是高逸民,孛得乃估计也是达鲁花赤。不久改设宣抚司,使有孛兰和杨惟中,实际负责的当是杨惟中,孛兰行监临之责;宣抚司内有参议杨奂、郎中商挺等儒吏。1254年,廉希宪替代杨惟中为宣抚使,商挺为宣抚副使,增设劝农使一职,由姚枢担任,赵良弼从邢州调来担任宣抚司郎中。邢州安抚司下是否有隶属机构不清楚;河南经略司下有卫州漕运司、邓州屯田万户府(负责人是史天泽侄史权)等隶属机构;京兆宣抚司下有交钞提举司,

---

① 关于忽必烈潜藩新政的具体内容,参见周清澍《忽必烈潜藩新政的成效及其历史意义》,收录于氏著《元蒙史札》,内蒙古大学出版社,2001年。

主持印钞以佐军用,名儒许衡则被聘为京兆教授。邢州、河南、陕西,"皆不治之甚者,为置安抚、经略、宣抚三司","不及三年,号称大治",①不过,忽必烈的潜藩新政,让他在中原颇得人心,这引起了宪宗的警惕。1257年,宪宗派阿兰答儿、刘太平到陕西、河南钩考钱谷,三司均被撤。从限制宗王在封地的权力角度而言,蒙哥派人撤销忽必烈的三司其实是有合理性的。

中统元年(1260)三月,世祖忽必烈即位之初,沿袭宪宗朝体制,在自己的汗廷内设札鲁忽赤群体,同时也在燕京设置断事官行署;行署一些官员,汉文史料中称"燕京宣慰使",不知"宣慰"一词因何而来,但他们实际身份则是必阇赤。不久,四月,改汗廷札鲁忽赤群体为中书省;七月,改燕京断事官行署为燕京行中书省。在这之间的五月,忽必烈在汉地设置了十路宣抚司:"以赛典赤、李德辉为燕京路宣抚使,徐世隆副之;宋子贞为益都济南等路宣抚使,王磐副之;河南路经略使史天泽为河南宣抚使;杨果为北京等路宣抚使,赵炳副之;张德辉为平阳太原路宣抚使,谢瑄副之;孛鲁海牙、刘肃并为真定路宣抚使;姚枢为东平路宣抚使,张肃副之;中书左丞张文谦为大名彰德等路宣抚使,游显副之;粘合南合为西京路宣抚使,崔巨济副之;廉希宪为京兆等路宣抚使。"②宣抚司机构的名称,源于其先潜藩新政中京兆宣抚司的先例;十路的布局,可能继承了之前大达鲁花赤监临道的布设,但十路宣抚司并不是大达鲁花赤监临道或京兆宣抚司的继续。十路宣抚司内不设达鲁花赤,它们是汉地各种临民机构路、府、州、县之上的一种管理机构,表示的是一种介于代表汗廷的燕京断事官行署(燕京行中书省)和地方临民机构路府州县之间的管理层次。"燕京断事官行署(燕京行中书省)—十路宣抚司—临民机构路府州县"形成了比较汉式的中央集权体制(在朝廷层次上尚有两个机构)。十路宣抚司的设计无疑出于忽必烈身边汉人谋臣之手;十路宣抚使副人

---

① (元)姚燧:《牧庵集》卷15《中书左丞姚文献公神道碑》,收录于李修生主编《全元文》第9册,第581页。

② 《元史》卷4《世祖纪一》,第65—66页。

员中除了赛典赤为回回人,孛鲁海牙、廉希宪父子为畏兀儿人,其余全为汉人(包括女真人),没有一位蒙古人,赛典赤三位非汉人也有很深的汉文化造诣。忽必烈接受这种设计并在机构中普遍安排汉人,可见当时忽必烈对汉人的信任。十路宣抚司是继太宗朝课税使路、大达鲁花赤监临道(这一路制到宪宗朝消失)和总管府路之后的元朝第四种路制。

中统二年(1261)春,燕京行中书省主要官员率领部分十路宣抚司官员到世祖汗廷;当年夏季,燕京行中书省和汗廷中书省合并,成立新的中书省,至此,国家行政布局形成"中书省—十路宣抚司—临民机构路府州县"这样完全汉式的金字塔般的中央集权模式。但是这种模式没有延续多久,忽必烈决定扬弃。同年秋,中书省再度分成汗廷中书省和燕京行中书省两省,以后随着汗廷南移,燕京行中书省重新合并进中书省,但帝国版图内其他地方则相继增设行中书省。同年冬,十路宣抚司也取消,模仿汉式中央集权的地方体制后来就再也没有出现。中统三年十二月,忽必烈立十道宣慰司,宣慰司机构名称的来源不清楚(前文提到,中统元年忽必烈派到燕京成立断事官行署的官员中有的称宣慰使,但他们的最初身份实是汗廷必阇赤),十道宣慰司的具体布局也没有明确的史料说明,可能跟十路宣抚司相近。但十道宣慰司和十路宣抚司是性质迥异的不同机构。宣慰司初设时和行省相当,与行省迭相设置;后来行省制定型后成为中书省直辖地区和部分行省内的中书省、行省派出机构,和中书省、行省一起成为地方临民体系以上的机构。自十路宣抚司取消后,元代中央和地方的体制模式重新回归到太宗朝制定的"汗廷断事官群体(中书省)、地方断事官分支机构(行中书省)—临民机构路府州县"这样一种涵有一定分封色彩的非中央集权模式。与前四汗时期略有不同,世祖以后的地方分权模式中增设有部分宣慰司道,这也是元朝的第五种路制。世祖以后的吐蕃地区隶属中央宣政院,在汗廷,宣政院与中书省是并列机构,中书省一般不干预宣政院自身事务;地方上,吐蕃地区设有三道宣慰司。吐蕃地区的地方行政模式类似于一个行省。

中统四年(1263),元廷设枢密院;至元五年(1268),设御史台。军事、监察事务相继从行政系统中分离出来，和中书省一样，枢密院、御史台在地方上也设有分支机构，不过，枢密院的地方分支机构不常设。御史台和其地方分支行台之下，另设有模仿金朝按察司制度的提刑按察司（后改名肃政廉访司）道。肃政廉访司道是元朝的第六种路制。在元代世祖以后的文献中，提到"路"常指总管府路，而宣慰司和肃政廉访司这两种路则常称"道"。除了枢密院、御史台，世祖朝开始，其他还有一些事项也逐渐从行政系统中分离出来，相继设有宣政院、大宗正府、太常礼仪院、中政院等机构，不过它们对国家事务的影响要逊于枢密院与御史台。在汗廷札鲁忽赤群体与地方分支向中书省、行中书省转化的过程中，大汗（皇帝）身边的不少必阇赤拥有了汉式的翰林院官员头衔，逐渐形成了翰林国史院与蒙古翰林院，两翰林机构对国家政务的影响其程度自然不如怯薛和省、院、台，但要超过其他众多的府、院、寺、监、司机构。必阇赤之外，世祖朝开始，怯薛其他职事也有过取汉名的举措，并形成过一些带有汉式名称的机构，如宣徽院等，不过它们最终未能独立出来，仍属于怯薛系统。以上两段所述就是世祖和以后元朝职官制度的大概面貌。

有关元朝职官制度的材料，主要是《元史·百官志》《元史·选举志》和《元典章·吏部》，这些材料中的绝大多数内容都是世祖朝和世祖以后的，有关前四汗时期的史实仅有寥寥数语，大意说几无官制或者不足称道。前人的研究也多着重于世祖继位以后的情况，涉及前四汗时期时，就采用基本史料中的说法，或说统治者"不晓官称为何义"、其时政权简单到几乎没有官制可言；或者说这几十年官员随个人爱好，乱用中原王朝名号，官衔名称五花八门，而政府授予和变动官称也紊乱没有章法。前人因此多强调世祖的变革，认为元代官制实由世祖创建，世祖创建的制度又会多强调其中"采行汉法"的方面。通过本文和笔者其他相关诸文，我们可以说，世祖以后的官制中最重要的框架、最基本的内容、最核心的原则，前四汗时期实际上都已经形成并在宪宗朝定型，世祖继位后完全继承了它们。前四汗时期的官制自然不如世祖以后齐整有系统，但也并非杂乱无章。世祖在官制方面的革新主要有四点：一是把军政和监

察事项从行政系统中分立了出来;二是在将宰相机构和其分支分片管辖
地方的模式向全国推行的时候,在吐蕃这一独特文化区域内实行"帝师
法旨与诏敕并行于西土"的宣政院直辖制度;三是增设了众多对政务影
响不大的事务性机构;四是制定了细致的官吏管理规定。这些革新当然
重要,但因此说元朝的官制到世祖继位后才创建、之前的制度建设无足
轻重就很不妥当。世祖改造和革新后的制度,我们不能简单地用"采行
汉法"四字进行概括,同样,对于前四汗时期的官制,我们也不能简单地
用"蒙古旧制"形容。自成吉思汗建国后,大蒙古国为了统治被征服地区
的需要,一直在将被征服地区的政治传统适当引进到帝国的政治制度
中,并根据形势的需要而有调整和创新。

纵观前四汗时期的官制演变和世祖朝元朝官制的稳定——《元史·
世祖纪》说忽必烈"立纲成纪,成一代之制",我们可以说:世祖朝奠定的
有元一代官制是在继承延续前四汗时期基本制度的基础上所进行的适
当补充和更新,世祖的"采行汉法"也是前四汗时期政治实践的继续和自
然演变而非另起炉灶;割裂世祖朝和前四汗时期的联系,将它们视为性
质迥异的两个阶段,比如学界习惯的称前四汗时期为大蒙古国、称世祖
继位后为元朝,认为前四汗时期实行蒙古制、世祖以后行汉制等,都是对
元朝历史的误解。

## 第二节　翰林机构的成立及元初中枢体制的变迁

### 一、问题源起

元代各种中央官署,就政治职能而言,最重要的自然是怯薛和被当
今学者习惯称作三大机构的中书省、枢密院、御史台。四者之外,接下来
应当是翰林机构(包括翰林国史院和蒙古翰林院),它们对国家政治事务
的影响,其实要超过、至少不亚于可以越过中书省自行上奏本部门事务
的宣政院与徽政院。有关这一机构,前人研究成果主要有:山本隆义《元

代翰林学士院研究》、①张帆《元代翰林国史院与汉族儒士》②与《元朝诏敕制度研究》、③蔡春娟《关于元代翰林学士承旨的几个问题》④以及杨果《中国翰林制度研究》(元代情况集中于第六章)⑤等。这些论著的重点或精彩之处,有的在于辨别翰林官员族属,有的在于考察机构职掌,有的在于探讨机构官长翰林承旨的政治作为,而对机构的成立过程多不作说明或片言只语带过。笔者在考察这一被以往学者忽视了的问题时,发现该机构从无到有、再到定制的每一步演变,都与忽必烈决定多大程度上吸收汉式制度有关,而且往往与另一重要机构中书省的制度变迁相伴随。笔者将这一发现撰成此文,期望得到学界同仁的批评指正。涉及中书省的创建这方面内容时,本文会多次提及业师姚大力的一篇论文《从"大断事官"制到中书省——论元初中枢机构的体制演变》,⑥以下正文中简称"姚文"。

## 二、中统元年翰林官称的出现与中书省、燕京行中书省的成立

元朝为什么要设立翰林机构?张帆解释"渊源是前代的翰林学士院",⑦杨果说是"效仿汉王朝的政治体制"。⑧两人意思一样,均认为这是忽必烈行汉法的产物。从表面上看,这是有道理的:前四汗时期,蒙古汗廷没有这一机构,对汉文化颇多理解与同情的忽必烈即汗位后,蒙古人的朝廷中才出现了翰林官员与翰林官署。但是这种简单回答不太好

①(日)山本隆义:《元代翰林学士院研究》,《东方学》(日本)第11辑,1955年10月。
②张帆:《元代翰林国史院与汉族儒士》,《北京大学学报》1988年第5期。
③张帆:《元朝诏敕制度研究》,载袁行霈主编《国学研究》第10卷,北京大学出版社,2002年。
④蔡春娟:《关于元代翰林学士承旨的几个问题》,载李治安主编《元史论丛》第11辑,天津古籍出版社,2009年。
⑤杨果:《中国翰林制度研究》,武汉大学出版社,1996年。
⑥姚大力:《从"大断事官"制到中书省——论元初中枢机构的体制演变》,收录于氏著《蒙元制度与政治文化》,北京大学出版社,2011年。
⑦张帆:《元代翰林国史院与汉族儒士》。张帆在《元朝诏敕制度研究》中说,翰林国史院源于前代翰林学士院,蒙古翰林院是元朝独有机构,但它是从翰林国史院中分立出来的。
⑧杨果:《中国翰林制度研究》,第229页。

解释两方面的疑问。第一个疑问：忽必烈模仿的是哪个中原王朝的汉制？元代翰林机构的设置，始于"中统初，以王鹗为翰林学士承旨"，当时"未立官署"。[①] 有官员没官署，这看起来有点像唐代前中期翰林学士刚刚出现阶段，但是到了唐代后期，翰林院已经成了一个固定的官署，虽然它的官员还没有品秩；宋金时期，翰林院这一官署则相当制度化，尽管两王朝该机构的政治职能有较大差异。忽必烈行汉法，仿前朝制度设置翰林院，为什么不一开始就设一个较为制度化的机构而只是设置了一个没有官署的翰林官员，即翰林学士承旨王鹗？下文会提到，不晚于王鹗任职，忽必烈实际上还任命过另外三位翰林官员，一是侍读学士郝经，二是翰林待制何源，三是侍讲学士窦默，他们任职时也都没有翰林官署。从他们的官职名称上，可以看出忽必烈有意在模仿金朝制度，[②] 以后的史实也证明，他所定的元朝制度，确有很多是参照金朝的。如果认为忽必烈即位初始，仿金朝设置翰林官员，不免又产生了另一个疑问：一个大国政权的政治事务很多，他为什么在其他方面，如监察、军事、礼制等事项上都没有多大甚至根本没有什么动作，而偏偏于文翰方面特别关注，一开始就在这当中采行汉制？就文翰事务本身而言，它实际上只是"一种吏事"[③]而已，对国家政治影响不可能有多大。

如果我们细致分析忽必烈即位伊始的一系列政治举措，不难对他为何设置翰林官员这一问题做出与纯粹模仿汉制有些不大一样的回答。忽必烈中统元年(1260)三月二十四日在开平王府即位，[④]之前为他所知并深为他器重的前金状元王鹗大概在这之后数日被征召至汗廷。四月

---

① (明)宋濂等：《元史》卷 87《百官志三》，点校本，第 2189 页，中华书局，1976 年。
② 唐宋时期，翰林侍读、侍讲学士实非翰林院之职；翰林待制之名，出现于金朝，宋代称翰林待诏。参见杨果《中国翰林制度研究》，第 50—53 页。
③ 吴宗国主编：《中国古代官僚政治制度研究》，第 139 页，北京大学出版社，2004 年。
④ 日期据《元史》卷 4《世祖纪一》推算；(元)王恽《秋涧先生大全集》卷 80《中堂事记上》作三月十七日，不知孰是。王氏《中堂事记》分上、中、下三卷(收录于《秋涧集》卷 80 至卷 82，本文《秋涧集》用《四部丛刊》初编本，上海商务印书馆，1929 年)，据他早年日记编排而成，可信度很高，但仍有一些不准确之处，不能盲信。

初一，忽必烈"立中书省"；初四，他发布由王鹗捉刀的《即位诏》。诏中说，他要在政治制度上"祖述变通"。祖述，是指继承前四汗时期的遗产，变通是指采纳一些汉式制度。五月十九日，忽必烈发布另一通仍由王鹗捉刀的《中统建元诏》，在这封诏书中，忽必烈说他的政府"内立都省……外设总司"。① 总司所指，不外后来不久设在外地的各道宣抚司，或此时已经设在外地的一些宣慰使；都省所指，学人普遍感到迷惑。笔者意见，就是四月初所立的中书省。据"姚文"，忽必烈即位之际，所立的仍是一个断事官范式机构，这个行政机构中，断事官有木土各儿、线真，必阇赤有忽鲁不花、耶律铸等。与前四汗时期一样，该机构也有燕京行署，就是《元史·世祖纪一》中所说的，世祖即位当天，"以祃祃、赵璧、董文忠为燕京路宣慰使"。② 这一行署是一个大断事官缺位的断事官式机构，祃祃、赵璧他们"恐怕……直接对王文统等人负责"，③王文统实际上担当了这一行署的大断事官一职。忽必烈为什么没有任命他为行署断事官，原因在于祃祃他们去燕京时，王文统尚在被征召赴开平的路上。待王文统后来南下时头衔已经变成了中书省平章政事。另外，忽必烈可能还有所打算，要将负责行政事务的机构作些变动，如"姚文"所说，"在仓促之间权宜沿用漠北中枢制度的同时，亦已产生了某种更张旧制的意图"。《元史·世祖纪一》说，忽必烈立中书省时，"以王文统为平章政事，张文谦为左丞"，④张文谦五月外出宣抚大名、彰德等路。唐长孺判断，忽必烈七月移中书省至燕京，改称燕京行中书省，到次年五月以前，元廷就不存在名为中书省的机构。⑤ 笔者以为，唐先生这一判断证据不足。王文统以中书省平章身份赴燕京很可能是立省之后不久的事，性质一如昔日失吉·

---

① 这几处引文，均出自《元史》卷4《世祖纪一》，分别见于第63、第64、第65页。
②《元史》卷4《世祖纪一》，第63页。
③ 白寿彝总主编，陈得芝主编：《中国通史》第8卷《元时期》上册（修订本），第916页，上海人民出版社，2004年。
④《元史》卷4《世祖纪一》，第63页。
⑤ 唐长孺：《蒙元前期汉文人进用之途径及其中枢组织》，收录于氏著《山居存稿》，中华书局，2011年。

忽秃忽以汗廷大断事官的身份往燕京处理政事。王、张二人离开开平后,汗廷依然存在中书省,《中堂事记》中提到了数位这一机构的官员,如参知政事张易、右丞廉希宪、左丞张文谦等。①汗廷中书省的成立,其实是将原先的汗廷断事官机构改了个汉式名称,增加了王文统、张文谦等几个新人,并赋予他们汉式官号。原先人员中,木土各儿、线真是否继续留任,史料不详;忽鲁不花、耶律铸应当是留在省中的,但他们似乎没有被正式授予汉式官号,《中堂事记》称前者为"内庭官""内省官",称后者为"耶律中书"。

将汗廷断事官机构改汉名为中书省,这是忽必烈向汉人示好的第一步,他需要汉人的支持以击败主要政敌阿里不哥,也标志着忽必烈吸纳汉法迈出了第一步。忽必烈的示好不只是正式为汗廷中枢机构改汉名而已,还体现在汉名的选择上。前四汗时期,汗廷断事官机构的地方行署被汉人习惯称作行尚书省,按道理,汗廷断事官机构当被称作尚书省,但令人费解的是,当时没有人这么称呼。忽必烈为汗廷中枢正式改名时没有选择"尚书省",而用在汉人世界中获得颇多赞誉的"中书省"——它其实是汉人对耶律楚材等必阇赤群体的不恰当称呼——这就明确地昭告世人他的治国方针要和之前蒙古本位的几位大汗有别。不过,立国之初,忽必烈的汗廷断事官—中书省这一机构政治作为并不显著,木土各儿"惟专从卫宫阃诸事",②对国家政治事务起关键作用的是设在汉地燕京的断事官行署。正因为如此,忽必烈的这一步改革容易被人忽视,唐长孺等人就认为汗廷中不存在中书省,"姚文"也认为不能将它视作"中书省的真正建立"。

同样被后人忽视了的,是忽必烈在必阇赤制度上的初始变革。前四

---

① 据《元史》卷4《世祖纪一》,廉希宪于中统元年八月任中书省右丞,随即"行省秦蜀"(第67页)。据《中堂事记》,中统二年春夏两季,廉希宪、张文谦均在开平,二人当如(元)苏天爵辑撰《元朝名臣事略》卷7《左丞张忠宣公(文谦)》中所说,其时已经"入朝,还居政府"。姚景安点校本,第143—144页,中华书局,1996年。关于张易,下文会有说明。
② (元)姚燧:《姚枢神道碑》,收录于(元)苏天爵编《国朝文类》卷60,《四部丛刊》初编本,上海商务印书馆,1929年。

汗时期,怯薛之外,政府最重要的官员是断事官(蒙古语名札鲁忽赤)和必阇赤两种。前者负责各种行政事务,包括赋役、司法、监察、礼制以及日常军政等;后者中的多数在汗廷断事官机构和它的各个地方行署中,是断事官的助手,同时负责机构内的文书事务。但断事官和必阇赤间的界限并不特别明确,前者也经常起草文书。大汗身边也有一些来自不同族群的必阇赤,他们的主要任务是将大汗旨意撰写成文,因为常陪伴在大汗身边,有时也会向大汗提些建议供大汗决策参考。大汗身边的必阇赤和汗廷断事官机构中的必阇赤之间也没有严格的区分,一人同时担任两种必阇赤很正常,不过,总的来说,前者的政治作用要甚于后者一些。忽必烈即位后,他的身边少不了负责撰写他旨意并随时备顾问的文人侍从,王鹗其实就担当了这种大必阇赤的身份,他没有被任命为大必阇赤,一如王文统没有被任命为燕京大断事官。忽必烈改汗廷断事官机构为中书省之后,也为身边的几位文人侍从赋予了汉式的翰林官号。中统元年四月初十,"以翰林侍读学士郝经为国信使,翰林待制何源、礼部郎中刘人杰副之,使于宋"。① 郝经出使后很快被南宋拘押,此后十来年与蒙古汗廷失去联系,其文集《陵川集》中有多篇文章署衔翰林侍读学士,说明他出使之时已经被授予了这一官号。何源头衔估计也是如此。另一位可能被授予翰林官号的是名臣窦默。《元史·世祖纪一》,中统二年(1261)六月,"命窦默仍翰林侍讲学士";②二年八月,窦默辞太子太傅,③"仍翰林侍讲学士"。④ 第一个"仍"字表明他在中统二年六月之前曾被授予过翰林官号,那么是什么时候授予的呢? 笔者认为中统元年七月以前的可能性最大。下文会论述,中统元年七月以后,元代翰林制度逐步完善,但《中堂事记》提到的元年七月至二年八月间的翰林官员中,却没有窦默的名字。笔者理解,七月忽必烈进一步演变翰林制度时,没有让他

---

① 《元史》卷4《世祖纪一》,第65页。
② 《元史》卷4《世祖纪一》,第70页。
③ 原文作"太子太保",误,见点校本校勘记,第78页;《中堂事记中》记作"太子少傅"。
④ 《元史》卷4《世祖纪一》,第73页。

继续担任翰林官员,忽必烈大概不想让这位保健医生受相对固定的外廷
职掌约束。中统二年六月,窦默因荐许衡取代王文统,惹恼忽必烈,遂打
发他"仍翰林侍讲学士"。同年八月,窦默升任太子太傅,旋辞,再次任翰
林官员。窦默这两次"仍翰林侍讲学士",《中堂事记》均未记载,可能源
于王恽意识到翰林官员并不是这位人物的真正身份。

除了任命几位翰林官员,前面提到的王鹗撰写的两通"汉族传统的
文言诏书"其实也有着"不容低估"的意义,①它们都标示着忽必烈在必阇
赤制度上的第一步变革。不过,与断事官制度上的第一步变革一样,这
一初始改革的步伐相当微小,以致明修《元史》时都没有将它视作翰林机
构设置的滥觞。中统元年七月,燕京行中书省成立。关于这一机构的成
立,"姚文"解释为燕京断事官行署中祃祃、赵璧等必阇赤"游离"了出来;
但怎样游离,游离后原机构还在不在,"姚文"没有说明。《元史·世祖纪
一》对此的记载是,"以燕京路宣慰使祃祃行中书省事,燕京路宣慰使赵
璧平章政事,张启元参知政事";②《元史》这里漏载了王文统任平章政事
的事实。燕京行中书省的成立,其实就是将王文统、祃祃、赵璧等人主政
的比汗廷断事官——中书省机构重要得多的燕京断事官行署改了个汉名
而已,一如之前汗廷断事官机构改汉名中书省一样,王文统则改任这一
行省的平章政事。③ 燕京行中书省中的主要官员,《中堂事记》记作四员:
丞相祃祃、平章政事王文统和赵璧以及参知政事张易。不少学者认为,
张启元与张易为同一人。④ 如是,则此人在中、行两省均任过职。与改燕

---

① 张帆:《元朝诏敕制度研究》。

② 《元史》卷 4《世祖纪一》,第 67 页。

③ 忽必烈即位后元代"总政务"(语见《元史》卷 85《百官志一》,第 2119 页)的中枢机构中书省和
其他地方分支行中书省的由来与性质,学界有过不少讨论,笔者认为,从政治功能的角度分析,
它们就是前四汗时期"会决庶务"(语见《元史》卷 87《百官志三》,第 2187 页)的汗廷断事官机
构和其地方行署的各自延续。当然,揭示这些官署间的内在联系并不意味着否定蒙元王朝
前后两阶段政治体制方面的重要差异,笔者还是赞同学界主流的这一基本判断:断事官制属
于蒙古旧制,中书省制则以汉制为主。有关元代行中书省和早期断事行署间的关联,参见
李治安《行省制度研究》,第 3—7 页,南开大学出版社,2000 年。

④ 参见毛海明《元仲一即张易考——兼论元初名臣张易的幕府生涯》,《文史》2015 年第 1 辑。

京断事官行署为行中书省同步,忽必烈正式赋予身边实际担任大必阇赤的王鹗以翰林学士承旨的汉式名号,《元史·世祖纪一》记作两件事发生在同一天。郝经、何源的翰林头衔应当继续,而窦默的官号可能反而取消了。中统元年七月的变革,是忽必烈采纳汉法的第二步,至此,蒙古传统中的两类重要官职都被逐渐改成了汉式名称。

忽必烈即位初对汉人的两步示好不至于引起蒙古人的指责,他完全可以向他们解释,他只是改变了名称而已。两个断事官机构分别被改称为中书省和行中书省;新名称机构中的诸位有汉式官名的宰相还差不多相当于原来的札鲁忽赤和必阇赤,这些宰相间没有严格的职掌之分,也一如以前的札鲁忽赤和必阇赤间没有严格区分;现在的翰林官员则相当于原来大汗身边的必阇赤。元朝前期有翰林官员而无翰林官署,这一现象不是忽必烈效仿翰林学士在中国历史上初次出现时的唐代政治制度,而是直接延续了蒙古旧制中必阇赤这类官员的存在状态:前四汗时期,断事官机构可以说是比较完备的,而必阇赤则没有一个真正的机构隶属,所谓的中书省乃是给予"诸必阇赤群体的一个汉语泛称,而不是对一个固定机构的官名"。[①] 断事官和必阇赤两类官职,入元后仅是名称改动而职掌未发生本质变化的情形后来一直延续了下去,这是我们研究元代政治体制时格外需要注意的地方。要说大的变化,还是在中书省和行中书省的下面设置了一些汉式的隶属机构和隶属幕僚,如左右司、架阁库、郎中、令史等。另外值得注意的是,忽必烈并没有用宰相官、翰林官完全取代原来的札鲁忽赤和必阇赤,新的政治体系中还有人继续被任命为断事官和必阇赤,中统元年七月所立燕京行中书省中就设有八名断事官,[②]《元史·世祖纪一》中统元年八月条提到一位必阇赤塔剌浑。后来政治体制进一步演变时,忽必烈依然使用这一手法,尽管入元后各种机构中的断事官与必阇赤同前四汗时期的断事官与必阇赤在职能上有或大或

---

① 姚大力:《从"大断事官"制到中书省——论元初中枢机构的体制演变》。
② (元)王恽:《秋涧先生大全集》卷80《中堂事记上》。

小的区别,但是,这两种传统官职的名称可以说一直没有丢,这是忽必烈谨慎风格的体现。① 忽必烈被一些蒙古人指责,是在至元六年(1269)经许衡等人定官制、元廷大幅吸收采纳汉制后才出现的现象,而即便如此,他即位后十年左右基本定型的有元一代制度,依然是北族制度成分与中原制度"并存",②不过这已是后话了。

## 三、中统二年翰林国史院的设立反复和中书省的拆分

鉴于燕京行中书省的重要性,中统二年二月,忽必烈召该机构主要官员北上,同行的还有十道宣抚使。"姚文"说,当年五月中旬,忽必烈"在燕京行中书省规模的基础上进一步扩大机构,充实和调整人选,树立起以中书省和左、右两部为主要机构的全新的行政中枢"。这一新的除了左右司又带有左部(后分为吏、户、礼三部)、右部(后分为兵、刑、工三部)等下级行政机构的汗廷中书省,其实是将中统元年四月和七月先后设立的汗廷中书省和燕京行中书省合并了起来,新中书省的宰相有一些原先就是这两个省的宰相,而且来自汗廷中书省的宰相人数还要多于来自燕京行中书省者。来自原汗廷中书省的有忽鲁不花和耶律铸两位左丞相、平章政事廉希宪(原任右丞)和左丞张文谦四人,来自燕京行中书省的有平章政事王文统和现改任右丞(原为参政)的张启元(或张易)两人。③ 新任宰相有不花和史天泽两位右丞相、塔察儿平章政事和商挺与杨果两位参知政事,一共五人。七八月间,先后新增一位平章政事赛典

---

① 元初忽必烈赋予身边的必阇赤们以翰林官号时,首先针对的是主汉文文书的汉人必阇赤,掌非汉文文书的其他族群必阇赤纳入翰林系统还是以后的事,这同样说明了忽必烈在政治体制改革上的谨慎作风。但如果因此认为忽必烈凭空为汉族文人侍从创设了一个翰林系统,笔者以为是不妥当的。

② 姚大力:《从"大断事官"制到中书省——论元初中枢机构的体制演变》。

③ 白寿彝总主编,陈得芝主编《中国通史》第 8 卷《元时期》认为,原燕京行中书省的赵璧续任新中书省平章政事,见该书下册第 181—182 页。但(元)王恽的《中堂事记》和(元)张之翰的《赵璧神道碑铭》(《西岩集》卷 19,影印文渊阁《四库全书》本,上海古籍出版社,1987 年)均未明说赵璧续任此职,《元史·宰相年表》该年"平章政事"条下也没有赵璧其人。

赤和一位右丞粘合南合、一位左丞阔阔。① 八位新任宰相中,除了不花、塔察儿、阔阔,其余五人均确凿无疑地任过在外的宣抚使,前一年就任相的廉希宪、张文谦也有过任宣抚使的经历;各道宣抚使多数要对王文统等人主政的燕京行中书省负责,从这个意义上可以说,中统二年五月的中书省是"在燕京行中书省规模的基础上"树立起来的。

树立更加具有中原制度形式的中书省,这是忽必烈在断事官—中书省体制上向汉人示好的第三步。据王恽《中堂事记中》,五月廿日,"命承旨王鹗定撰诸相制词",次日晚,王鹗撰写完毕,"其文通作一卷,实封细衔书名,上用院印"。既然有了"院印",就表示翰林实体机构已经成立,它的名称应该是"翰林院"或"翰林学士院",这两种名称史料中均能见到。那么这个翰林院(或翰林学士院)成立的时间是什么时候呢? 王恽著名笔记《玉堂嘉话》的序里有明确记载:"中统建元之明年辛酉夏五月,诏立翰林院于上都。"②也就是说,和新中书省成立差不多同步。忽必烈在将断事官体制进一步转型的同时,在必阇赤制度方面也迈出了向汉人示好的第三步,为原先没有机构的必阇赤继承者翰林官员们正式设立了汉式名称的实体官署。翰林院(或翰林学士院)设立后,翰林官员跟着略有增多。五月底,李昶被授为翰林侍读学士;③六月,名臣张德辉"特授翰林学士、参议行中书省事"。④ 王鹗建议修史应该就在这一时期,获得世祖同意,元廷在开平建立了国史院。翰林院(或翰林学士院)和国史院就是《玉堂嘉话》序里所说的"两院",不过,国史院一开始就不独立,由王鹗"兼领其事"。⑤ 因为修史,需要更多的人手,王鹗推荐了包括时任中书省左司都事王恽在内的数位儒士。《玉堂嘉话》卷1云:"大元中统二年秋七月,恽自中省详定官用两府,荐授翰林修撰。"⑥"两府"下有不知何人小

---

① 宰相名单依据(元)王恽《中堂事记》及《元史》卷4《世祖纪一》。

② (元)王恽:《玉堂嘉话》,杨晓春点校本,第39页,中华书局,2006年。

③ (元)王恽:《秋涧先生大全集》卷81《中堂事记中》

④ (元)王恽:《秋涧先生大全集》卷82《中堂事记下》。

⑤ (元)王恽:《玉堂嘉话》,第39页。

⑥ (元)王恽:《玉堂嘉话》,第41页。

字注"谓内外两省",对照《中堂事记》,"两府"实际上是指中书省和翰林院(或翰林学士院)。人员增多,兼做的修史事务事实上成了机构的日常主业,于是,忽必烈在七月正式将翰林院(或翰林学士院)更名为"翰林国史院"或"翰林兼国史院"(这两种名称史料中也均有所发现,据今日可见该机构藏书印印文,院名为"翰林国史院"),这就是《世祖纪一》所说的中统二年七月"初立翰林国史院"。① 翰林官员附带编史,唐宋两朝未有先例,但与元朝一样为北族王朝的金朝则有过这种现象;②不过在忽必烈意识中,这还是继承大蒙古国的传统:前四汗时期,翰林官员的前身必阇赤们就有修史任务,著名的《元朝秘史》便是他们编修出来的。

翰林国史院在中统二年七月已经成立,但史料中又有至元元年(1264)立该机构的说法,③明人编《元史》卷160《王鹗传》也因此将王鹗建议修史时间系于至元元年。蔡春娟《关于元代翰林学士承旨的几个问题》对此解释,中统二年初立后,"人员大多兼充别职",于是有了至元元年的再立之事。《中堂事记下》录有翰林国史院初立时的官员名单(有些人被授予官职但尚未到任,如直学士王磐、待制徒单公履等),除了翰林学士张德辉兼"参议行中书省事"、侍读学士郝经已经出使宋朝、侍读学士李昶"兼同议东平路军民事",④其余翰林人员我们并没有找到明确的"兼充别职"的证据。对照中书省的演变轨迹,笔者提出一个大胆猜测:

———————————

① 《元史》卷4《世祖纪一》,第71页。

② 参见杨果《中国翰林制度研究》,第216—217页。

③ 《元史》卷4《世祖纪一》中说,中统二年七月,"初立翰林国史院"(第71页),又于卷5《世祖纪二》中说,"(至元元年)九月壬申朔,立翰林国史院"(第100页);《元史》卷87《百官志三》载"翰林兼国史院……至元元年始置"(第2189页);元中后期文人黄溍《监修国史题名记》《翰林国史院题名记》(均见《金华先生文集》卷8,《四部丛刊》初编本,上海商务印书馆,1929年)两文也云翰林国史院始置于至元元年;《元史》卷160《王鹗传》则记载至元元年立学士院,翰林兼国史院设立时间未载。元末为存亡而忍辱的危素在《翰林国史院经历司题名记》(见《危太仆集》卷3,《元人文集珍本丛刊》本,台湾新文丰出版公司,1985年)里说:"世祖皇帝始御宸极,建翰林之官。至元元年,爰置学士院,四年,更置翰林兼国史院。"至元元年立翰林机构的说法在元代估计比较流行。危素说,元朝先有翰林官,再有学士院,再有翰林兼国史院,与本文推断一致,唯其所系年份不完全准确。

④ 《中堂事记下》此处记李昶官衔为翰林侍讲学士,疑误,《中堂事记中》记作侍读学士。

中统二年之后,翰林国史院一度被撤销,至元元年重新恢复。

据《中堂事记中》,中统二年五月底,由原汗廷中书省和原燕京行中书省合并而成的新中书省成立仅十天左右,忽必烈就下旨"定拟中行两省去留人员"。就是说,忽必烈要求重新将中书省官员分作两部分,一部分"留中"随驾,另一部分遣到燕京再立行中书省。据《中堂事记下》,八月下旬,行省官"南归"(王文统于此前六月下旬先行),九月初至燕。可惜的是,《中堂事记》记事到此为止。现有史料中,也难以找到新的燕京行省和新的汗廷中书省随后一段时间内详细的活动轨迹,不过,"中、行两省在忽必烈于中统四年以燕京为大都之前似已合并"。① 忽必烈为什么要如此出尔反尔? 中枢机构在开平,距离汉地较远,不方便处理汉地事务肯定是一个原因。但是,我们又注意到,自忽必烈下令分省到行省官员启程南下,这中间差不多有三个月时间,对行政效率颇高的北族政权来说,这是有些奇怪的。三个月内,两省官员仍然在开平一起处理政事,而自原燕京行省官员北上到新行省官员南下,实际上共有半年时间;中枢政要们能在距离汉地较远的开平比较顺利地处理国家政事达半年之久,说明距离未必会产生多么严重问题。从忽必烈下令分省到付诸实施,经过了相对来说略显漫长的三个月时间,是不是也曲折地反映了在这期间忽必烈和他的主要臣僚们对这一项政策变动有过犹豫,说不定还有过暗中较量? 笔者认为,忽必烈向汉人示好走完第三步以后,接着就想退一步,让行政机构回复蒙古旧制传统:汗廷设中枢行政机构,外地设立它的行署。断事官机构的设置,始于成吉思汗时期,它一开始并没有行署。行署最早出现于窝阔台时期,当时蒙古人已经占领了大量的农耕区,这些农耕区没有像成吉思汗时期的草原地区那样实行兀鲁思分封,距离汗廷也确实有点儿远,于是在农耕区设置了汗廷断事官的分支机构。汗廷断事官机构和它在地方上的一至数个行署各自管辖一定范围

---

① 姚大力:《从"大断事官"制到中书省——论元初中枢机构的体制演变》。日本学者前田直典认为合并时间在中统三年,参见其《元朝行省的成立过程》,收录于氏著《元朝史研究》,东京大学出版会,1977年。

的帝国地盘,实际上也暗含了些许的分封色彩。窝阔台时期开始的这种制度一直延续了下来,蒙哥时期进一步完善,从而成为蒙古传统中的一项重要内容。汉地世界是不习惯这样的地方分权模式的,汉人们比较崇尚中央集权,尽管在以前的王朝中,也曾有过地方有事时短暂设置中央官署派出机构的做法,如东魏、北齐、唐初等曾在地方上设置过行台或行台省,但这些做法都被认为是非常之举,事毕就要取消。后来的南宋遗民马端临的话可为代表:"行台省之名,苟非创造之初,土宇未一,以此任帷幄腹心之臣,则必衰微之后,法制已隳,以此处分裂割据之辈。至若承平之时,则不宜有此名也。"①金朝末年,曾派一些宰相带宰相职衔出镇地方处理事务,当时习惯称他们的机构为某处行尚书省,这和以前的行台一样,属于临时措施,金朝皇帝是希望这些宰相们能够"讫役而还"②的;这些机构与大蒙古国设立的同样被习惯称为行尚书省的断事官行署其实是两种不同性质的东西——尽管后者的汉语称号恰好来自汉人将它们与前者的比附——前田直典就准确地将它们区别了开来。③ 忽必烈行政中枢变革的第三步,将汗廷断事官和地方断事官行署的各自后继者汗廷中书省和燕京行中书省合并为一个"总领一国政务"("姚文"用语)的中书省,这是一个真正质的变化,其意义要远超过之前改汉名和设置汉式属下机构;不少学人将它视作元中书省的正式成立也是有道理的。但是,他刚刚迈出这个质变的第三步,就立刻想收脚回来,要求回归昔日传统。其后的三个月当中,他本人可能有过犹豫,他的汉族官员们对他也许有过抵触情绪,④最后他还是坚持了自己的意见,在地方设置常态的中书省分支机构。中书省和燕京行中书省后来因为国家政治中心南移至大都而再度合并为中书省,但在其他地方陆续设置行省的方式则延续了

---

① (宋)马端临:《文献通考》卷52《行台省》,上海师大古籍所、华东师大古籍所点校本,第1508—1509页,中华书局,2011年。

② (元)脱脱:《金史》卷95《马琪传》,点校本,第2118页,中华书局,1975年。

③ (日)前田直典:《元朝行省的成立过程》。

④ 《中堂事记下》记载,中统二年七月,安排留中的史天泽说:"虽分两省,其实一也。"笔者认为,这是他在安慰那些不愿分省的官员。

下来,最终形成元朝十个稳定的行中书省。在这一行政中枢体制变迁进一步又退一步的过程中,断事官这一官职是否保留?《中堂事记中》没有明说中统二年五月新成立的中书省中是否有断事官官员,刘晓认为燕京行中书省主要官员转化为中书省官员时,"断事官应当也不例外"。① 即使新中书省发生质变取消了断事官一职,也是相当短暂的,中统三年(1262)五月时,就由左丞相忽鲁不花"兼中书省都断事官"。②《元史·百官志一》中书省断事官条说,"国初,尝以相臣任之","其名甚重",③这是可信的。以上事实说明,忽必烈在将行政体制看起来"汉化"的过程中,又坚持让它与原貌相差不太远。

如果前述的分析有道理的话,在必阇赤体系的后继者方面,忽必烈也来个退一步不是没有可能。大量政要官员离开开平(有的去燕京,有的行省别的地方)后,汗廷显得清闲了许多,忽必烈觉得没必要为身边的文人侍从们专设一个机构,像以前的必阇赤那样,只有官员而没有官署不是不行,翰林国史院很可能因此就给撤销了。任翰林修撰仅二十来天的王恽于撤院前夕又回到了省部并随省官员返回燕京。元廷的修史业务其后三年内几乎陷于停顿。《元史·世祖纪二》有数条记载值得注意:中统三年八月,"敕王鹗集廷臣商榷史事,鹗等乞以先朝事迹录付史馆";四年(1263)四月,"王鹗请延访太祖事迹付史馆";至元元年二月,"敕选儒士编修国史,译写经书,起馆舍,给俸以赡之"。④ 真正的修史是在大都史馆起造以后进行的。翰林国史院取消期间,忽必烈似乎也没有任命新的翰林官员。程钜夫《雪楼集》卷9《安藏神道碑》中记载,中统初,忽必烈遣畏兀儿人安藏出使阿里不哥,不久召回;安藏"道敷绎详,暇以谏,上大悦",授其翰林学士职,后又因"奉诏译《尚书》《资治通鉴》《难经》

① 刘晓:《元朝断事官考》,《中国社会科学院研究生院学报》1998年第4期。
②《元史》卷5《世祖纪二》,第85页。
③《元史》卷85《百官志一》,第2124页。
④ 这三处引文,分别见《元史》卷5《世祖纪二》,第86、第92、第96页。

《本草》成",而"进承旨"。① 程钜夫未交代安藏任职时间,《中国历史大辞典·辽夏金元史》安藏扎牙答思条系于中统年间,②疑误。安藏任学士时,有嘉议大夫散官衔,大量元朝官员生平材料能证明,散官衔是至元元年才开始正式出现的;安藏进承旨时,"领集贤院、会同馆道教事",③会同馆是至元九年(1272)才设的,④集贤院设置时间更晚。

## 四、至元年间蒙古翰林院与大宗正府的设立

中统元年和二年是忽必烈为自己的王朝建立制度的第一个阶段,第二阶段的变革主要发生于中统四年阿里不哥败降之后,至元改元可说是这一阶段开始的信号。在此之前,制度上大的变动由李璮叛乱引发。中统三年叛乱平定后,忽必烈在地方上实行兵民分治,消除世侯势力,汉地传统社会秩序大致恢复;中枢机构中,中统四年,军政事务从行政系统中分离出来,忽必烈仿效北宋制度专设枢密院,这一变化源于李璮乱后忽必烈对中书省中汉人官员的不信任,⑤但变化本身则是采纳汉制。击败头号政敌阿里不哥后,忽必烈有些踌躇满志,尽管李璮叛乱使他对汉人有些不大放心,但在许衡、徐世隆等汉人谋臣的鼓动下,他还是决定在更广泛的领域内吸收汉制。至元元年九月,翰林国史院恢复。修史任务的繁重复杂委实需要一个实体机构,这是翰林官署得以恢复的主要原因,不过,忽必烈在文翰事务方面的这第五步制度变迁,是在当时大张旗鼓地采纳汉法的环境中进行的。同样地,行政事务方面也有诸多明显采行汉法的变革。元年,"诏新立条格",⑥引进汉制中品秩制度、俸禄制度等;至元三年(1266),建立太庙制度;至元五年(1268),监察事务从行政系统

---

① (元)程钜夫:《雪楼集》卷9《安藏神道碑》,《元代珍本文集汇刊》本,台湾"中央图书馆",1970年。

② 蔡美彪主编:《中国历史大辞典·辽夏金元史》,第174—175页,上海辞书出版社,1986年。

③ (元)程钜夫:《雪楼集》卷9《安藏神道碑》。

④《元史》卷7《世祖纪四》,第143页。

⑤ 参见李涵、杨果《元枢密院制度述略》,载中国蒙古史学会编《蒙古史研究》第3辑,内蒙古人民出版社,1989年。

⑥《元史》卷5《世祖纪二》,第98页。

中分离,忽必烈仿汉制立御史台,这是继立枢密院之后采纳汉法的又一重要举措;六年,许衡等人定官制,诸多事务性汉式官僚机构陆续成立,朝仪服色制度也在这一年确立;八年(1271),定汉式名称的大元国号。不过,第二阶段的立制,其吸收汉制的程度我们依然不宜夸大。除了监察事务,这一阶段所采纳的汉式成分,如众多的事务性官僚机构,太庙等仪礼制度,它们对国家政治的影响其实都比较有限,枢密院的独立性至元中期以后也大大降低。蒙古旧制的传统,如汗廷中枢行政机构和地方行署分立、怯薛预政、军事官员颇多世袭、投下分封制等对国家政治的影响不容小觑。忽必烈采纳的汉制当中又植入了许多蒙古旧制因素,如多头长官(翰林国史院里头也是如此)等。总之,这一阶段的立制,虽然吸收了不少原来传统中没有的东西,但很难说有根本性的、质的、革命性的变化。这一阶段立制大约结束于大元国号的确立,[①]此后终元一朝,基本没有太大的变化,即使是仁宗朝开始的科举,也没有突破世祖确立的汉制和蒙古制大体平衡的格局,《元史》因此说"世祖……立经陈纪,所以为一代之制者,规模宏远矣"。[②]

忽必烈第一阶段的立制,瞻前顾后,迈三步退一步;第二阶段立制,行汉法的范围广了许多,但程度依旧不深,到至元八九年也就大体止步。忽必烈一方面在向汉人示好,采行一些适合汉人汉地社会的政治体制;另一方面又留恋旧制,不愿有实质性的变化。他对汉文化的理解毕竟有限,他也并不认为汉式制度一定优于蒙古传统。他不仅是汉人的皇帝,他更是蒙古人的大汗,他的帝位合法性不仅需要汉人的支持,也需要本族人的认可,他不能轻易地放弃自己民族的政治遗产。另外,忽必烈在

---

[①] 忽必烈至元八年建大元国号后,汉文文书中不再使用大蒙古国国号,但在蒙古文书中一直继续使用,元廷以此显示自己国家制度的两重性,类似的情况还体现在都城制度、纪年方式、圣旨诏令文体等国家符号体系中。关于大元国号的涵义,元翰林学士徒单公履撰《建国号诏》(收录于(元)苏天爵编《国朝文类》卷 9)中说取"《易经》'乾元'之义";今韩国学者金浩东认为实乃"大蒙古国"的汉语意译,这一看法值得注意,参见其文《蒙古帝国与"大元"》,(韩)崔允精译,载姚大力、刘迎胜主编《清华元史》第 2 辑,商务印书馆,2013 年。

[②]《元史》卷 17《世祖纪十四》,第 377 页。

采行汉法上逡巡徘徊,变通的同时又坚持"稽列圣之洪规,讲前代之定制"①的个中原因,周良霄还提出过两点。② 一个是亡金教训,忽必烈曾问过潜邸旧臣张德辉:"金以儒亡,有诸?"③他对金朝的前车之鉴有很深体会,张德辉的答复是难以消除他的顾虑的。另一个是海都的指责。海都大约在至元六七年派使臣来元廷指责忽必烈这位叔辈数典忘祖,用了太多的汉人典章制度。海都的责难某种程度上是蒙古贵族的呼声,"这个呼声一直是牵制忽必烈改行汉法的巨大政治压力"。④ 笔者这里再补充一个因素。按照蒙古传统,忽必烈的开平即位是非法的,战胜阿里不哥后,他希冀能在至元四年(1267)举行一场证明自己汗位合法的忽里台大会,他准备在这次大会上重新履行即位典礼;这场能证明自己汗位正统的忽里台却始终未能举行,这成了忽必烈永远的一块心病,⑤海都的指责更是刺激了他。

忽必烈第二阶段的制度创设完成后,在翰林机构方面,至元十二年(1275),出现了一个比较大的变化,成立蒙古翰林院,这是忽必烈在文翰制度上的第六步变革,也是翰林机构定型前的最后一步变革。《元史·世祖纪五》对此的记载是:至元十二年三月,"从王磐、窦默等请,分置翰林院,专掌蒙古文字,以翰林学士承旨撒的迷底里主之。其翰林兼国史院,仍旧纂修国史、典制诰、备顾问,以翰林学士承旨兼修起居注和礼霍孙主之"。⑥ 蔡春娟分析道:"要求分置蒙古翰林院的是汉人,而不是蒙古人。由此我们可以想象,翰林国史院中有一部分蒙古人与汉人儒士的观点不一致,阻碍了王磐、窦默等汉人儒士推行汉法,所以儒士们恭敬地将

---

① 《中统建元诏》,载《元史》卷4《世祖纪一》,第65—66页。
② 周良霄、顾菊英:《元史》,第272—274页、第306—308页,上海人民出版社,2003年。
③ 《元史》卷163《张德辉传》,第3823页。
④ 海都遣使责难忽必烈一事的考证,见周良霄、顾菊英《元史》第307页的注释。
⑤ 忽必烈邀请西道诸王参加至元四年忽里台而未能如愿的过程,拉施特主编《史集》中有记载,参见该书第二卷,余大钧、周建奇译,第310—311页,商务印书馆,1985年。
⑥ 《元史》卷8《世祖纪五》,第165页。

这些蒙古人请了出去,而此时期正是蒙古统治者推行汉法的高峰期。"[1]说元廷推行汉法高峰期在至元十二年前后,这一点与学界多数人认可的至元中期起忽必烈趋向保守的论断有些不一样,蔡春娟没有对此加以说明。她认为王磐他们因政见分歧而希望某些蒙古人离开他们的机构,这种分析是合理的;不过,能不能为这些政见不一致的蒙古人另立一个机构,则是要由忽必烈决定的。忽必烈很爽快地答应了这一要求,说明他乐意在文翰系统方面进行这一步变迁。

从前文的论述中,我们看到,忽必烈每对断事官制和其继续中书省机构进行一点变革,他往往也会对必阇赤制和它的继续翰林机构做些变革。这一次从翰林国史院中分离出蒙古翰林院,在中书省中有没有类似的变化呢?回答是肯定的,就是至元九年所立的札鲁忽赤机构。前四汗时期,断事官负责政刑,在人口稀少、经济方式比较单一的蒙古社会,"刑"事务的重要性并不亚于"政"。入元后,包括蒙古人政刑事务在内的各种国家行政事务,大多由断事官机构的继续中书省来处理;针对复杂的汉地事务,中书省掌管的"政"方面的事务大大增多,中书省也越来越显得汉式化;加上至元初,忽必烈又开始进行大范围的吸收汉法尝试。在这样的背景下,中书省中的断事官就由"其名甚重""尝以相臣任之"变成了"其人则皆御位下及中宫、东宫、诸王各投下怯薛丹等人为之"。[2] 中书省与前四汗时期的断事官机构的差别又拉大了,警觉的忽必烈立刻在至元二年(1265)置十员札鲁忽赤。刘晓《元代大宗正府考述》一文精准地指出这十位札鲁忽赤与中书省断事官不是一回事。[3] 至元前几年,忽必烈推行汉法的高峰期内,这几位札鲁忽赤恐怕未必有多少具体职掌,他们的存在仅具有象征意义,表示蒙古的传统没丢。高峰期过后,至元九年,忽必烈下诏:"札鲁忽赤乃太祖开创之始所置,位百司右,其赐银

---

[1] 蔡春娟:《关于元代翰林学士承旨的几个问题》。
[2]《元史》卷85《百官志一》,第2124页。
[3] 刘晓:《元代大宗正府考述》,《内蒙古大学学报》1996年第2期。

印。立左右司。"①由札鲁忽赤"止理蒙古公事",而且主要是理蒙古司法事务的制度由此正式确立了下来;至元十七年(1280),忽必烈为这一机构定名为大宗正府。② 蒙古人"刑"的事务从中书省中分离了出来,翰林国史院一分为二,与此有异曲同工之处:汉文的诏书由翰林国史院代写,蒙古文的圣旨则由蒙古翰林院撰写,蒙文圣旨硬译成汉文、汉文诏书翻译成蒙古文也由蒙古翰林院执行。王磐、窦默因同僚中有政见不一致的蒙古人而建议另立机构,当是鉴于有另立札鲁忽赤机构的先例,感觉忽必烈从请有把握而提议的,忽必烈也就顺水推舟地完成了这步变革。王磐他们大概没有想到,札鲁忽赤管的事务毕竟没法跟中书省相比,也就没法动摇中书省的中枢地位;而性质上更为接近前四汗时期大汗身边必阇赤群体的蒙古翰林院,在地位上超过翰林国史院则是太容易的事。

总结前文,元代翰林机构的成立过程,大致可以分为两个阶段六个步骤,每一步都伴随或跟随着行政机构中书省的类似变化。中统元年三月,忽必烈即位,按照蒙古制传统设置汗廷断事官和它的分支机构燕京行署,同时在自己身边安排一些必阇赤,有些文人侍从尽管没有必阇赤名号,实际上从事着必阇赤事务。四月份起,他开始"祖述变通"。第一步,元年四月,改汗廷断事官机构为中书省,同时授予几位文人侍从以翰林官员名号,并面向整个汉地发布传统的文言诏书;第二步,元年七月,改职掌比汗廷断事官机构重要的燕京断事官行署为燕京行中书省,同时任命身边实际担任大必阇赤的王鹗为翰林学士承旨;第三步,二年五月,合并汗廷中书省和燕京行中书省为中书省,这是一步质的变化,同时为翰林官员设置翰林院实体机构(七月改称翰林国史院),这对于原先必阇赤体系而言,也是一个重大变化;第四步,二年五月,重新拆分中书省;八

①《元史》卷7《世祖纪四》,第140页。
② 据刘晓研究,大宗正府职掌后来远不止蒙古司法,汉地甚至江南地区的刑狱事务,它也有所染指,"一跃而成为与刑部相抗衡的又一全国最高司法审判机关"。另外,刘晓还指出,《元史·百官志三》"大宗正府"条所列该机构郎中、员外郎等官员即隶属忽必烈诏令中所说的左右司。参见刘晓《元代大宗正府考述》。

月实施,随即可能撤销了翰林国史院。以上是第一阶段。第二阶段大致
从至元元年前后开始。第五步,至元元年九月,恢复翰林国史院,行政方
面的其他改革也次第进行,至元前七八年是忽必烈行汉法的高峰期;第
六步,处理蒙古司法事务的札鲁忽赤机构从中书省中分离出来,至元十
二年三月,另立蒙古翰林院主掌蒙古文字诏旨。分析这一演变过程,笔
者认为,与其将元代的翰林机构看作是元世祖仿照汉制而设的官署,不
如说是对前四汗时期必阇赤系统一步步演变的结果。周良霄说:"元代
诏令的草拟,出自宫廷怯薛人员中的必阇赤、怯里马赤,即书记、译史之
属。这些人在外廷的兼官则为翰林国史院和蒙古翰林院的翰林学士,其
中蒙古翰林院尤为重要。"①这一说法有不严谨之处,皇帝身边的必阇赤、
怯里马赤未必均有翰林官员兼称,翰林官员也未必均任职书记、译史之
属,但周先生将两机构看作是昔日必阇赤系统的延续,这一判断则是独
具慧眼的。

## 五、元代翰林机构的政治职能

关于元代翰林机构的政治职能,张帆、蔡春娟、杨果等学者均做过不
少考订,笔者这里补充两点他们没怎么注意到的地方以结束本文。元翰
林国史院官员主要从事三项工作,"纂修国史,典制诰,备顾问",②蒙古翰
林院应当也是如此。③ 修史是翰林机构的专职,不过对政治的影响微乎
其微。典制诰是翰林官员的主要职务,但不是他们的专职,皇帝指示翰
林机构以外的人员撰写诏令的事例屡见不鲜,这也是蒙古旧制的传统。
就这一主要职务而言,唐宋时期翰林学士和中书舍人掌制诰时可以封还
词头的制度元朝没有引进,"翰林视草,唯天子命之",翰林官员也就成了

① 周良霄、顾菊英:《元史》,第 379 页。
②《元史》卷 8《世祖纪五》,第 165 页;《元史》卷 158《窦默传》,第 3732 页。
③《元史》卷 35《文宗纪四》,至顺二年(1331)四月,"奎章阁为纂修《经世大典》,请从翰林国史院
取《脱卜赤颜》一书以纪太祖以来事迹,诏以命翰林学士承旨押不花、塔失海牙。押不花言:
'《脱卜赤颜》事关祕禁,非可令外人传写,臣等不敢奉诏。'从之。"(第 783 页)这里的翰林国
史院应是蒙古翰林院而不是翰林国史院,它有不断续修《脱卜赤颜》(即历史)的业务。

纯粹的"书佐之流"。① 元代翰林官员发挥政治作用主要还是在备顾问上,这项业务尽管更加不是他们的专项,但他们至少在两个方面有一定优势:一是因撰写诏令而相对而言有较多接近君主的机会,尽管多数时候是由他人(主要是怯薛)传达皇帝旨意而奉命撰写;二是百官集议时一般都有翰林官员参加,虽然他们的发言被采纳的情况不见得很多。另外,元中后期的经筵讲解也多有翰林官员参加。除了监察御史一职上有较多汉人,元代怯薛及省、院、台等重要机构多数时候普遍排斥汉人,对汉人、南人来说,翰林机构,尤其是翰林国史院,就成了他们发挥政治作用的一个主要场所;特别是对南人而言,翰林国史院和后来设置的集贤院几乎就是仅有的有点发言权的两个中央主要官署,不过集贤院政治影响总体上说要逊于翰林国史院。元代翰林机构的这一积极意义,我们不应当忽视。这是第一点。第二点,总的而言,元代翰林机构实权轻微,没法同唐宋翰林学士院相比,原因何在? 唐宋设置翰林官员本来都有牵制宰相的目的,作为天子私人的翰林官员之所以风光,有些人被称为内相,前提是宰相要有一定的约束君主的权力,君主才觉得需要利用自己信任的翰林官员去抵制这种约束。元代中书省和翰林机构源自两个平行的系统,在前四汗时期,这两个系统本身没有牵制与被牵制关系,当时的断事官也没有约束大汗的制度保障。忽必烈立制时,在蒙古政治传统的基础上采行汉法,但在文翰事务方面,他没有引进词臣封还词头制度;在行政方面,他也没有引进唐宋宰相制衡君主的政事堂制度等。所以,元朝不仅是翰林机构职掌式微,就是中书省也不能和以前王朝的宰相机构相提并论。元代翰林机构职掌轻微的根源还是在于皇权的扩张,这一点张帆在《元朝诏敕制度研究》一文的结尾有所提及,但他没有提到宰相职权与其他朝代的区别,笔者这里给他的结论略做点补充说明。

---

① (元)苏天爵辑撰:《元朝名臣事略》卷 13《内翰李文正公(治)》,第 263 页。

## 第三节　忽必烈时期元朝职官制度的定型

### 一、世祖朝官制的形成

《元史·百官志》序言云：

> 元太祖起自朔土，统有其众，部落野处，非有城郭之制，国俗淳厚，非有庶事之繁，惟以万户统军旅，以断事官治政刑，任用者不过一二亲贵重臣耳。及取中原，太宗始立十路宣课司，选儒臣用之。金人来归者，因其故官，若行省，若元帅，则以行省、元帅授之。草创之初，固未暇为经久之规矣。
>
> 世祖即位，登用老成，大新制作，立朝仪，造都邑，遂命刘秉忠、许衡酌古今之宜，定内外之官。其总政务者曰中书省，秉兵柄者曰枢密院，司黜陟者曰御史台。体统既立，其次在内者，则有寺，有监，有卫，有府；在外者，则有行省，有行台，有宣慰司，有廉访司。其牧民者，则曰路，曰府，曰州，曰县。官有常职，位有常员，其长则蒙古人为之，而汉人、南人贰焉。于是一代之制始备，百年之间，子孙有所凭藉矣。
>
> 大德以后，承平日久，弥文之习盛，而质简之意微，侥幸之门多，而方正之路塞。官冗于上，吏肆于下，言事者屡疏论列，而朝廷讫莫正之，势固然也。[1]

这篇序言，明确表达了两点意思：其一，世祖之前，前四汗时期的官制不值一提；其二，元朝的官制创设于世祖朝，刘秉忠、许衡于其中居功甚伟，世祖朝之后则变化不大。世祖在位前期，刘秉忠、张文谦、姚枢等汉人名臣被重用，他们各自的传记材料中有诸多关于他们辅助世祖立法定制的说法，不过明确提及制定官制的，只见于许衡和徐世隆的传记资

---

[1] （明）宋濂等：《元史》卷85《百官志一》，点校本，第2119—2120页，中华书局，1976年。

料。《元史·许衡传》云:"(至元)六年(1269),命与太常卿徐世隆定朝仪,仪成,帝临观,甚悦。又诏与太保刘秉忠、左丞张文谦定官制,衡历考古今分并统属之序,去其权摄增置冗长侧置者,凡省部、院台、郡县与夫后妃、储藩、百司所联属统制,定为图。七年,奏上之。"①《元史·徐世隆传》曰:"承诏议立三省,遂定内外官制上之。"②徐传未提及立官制年份,但将此事系于立朝仪之前。据《元史·高鸣传》,"议立三省"事发生于至元七年;③《元史·世祖纪四》记载,至元七年二月,世祖观刘秉忠、徐世隆等所起朝仪。④ 由此可知,许衡、徐世隆等人立官制当在至元六、七年间,其时世祖在位已有十年时间,中书省、枢密院、御史台、翰林国史院等在政治上起重要作用的机构在此之前已陆续设置,地方上行省和宣慰司也正在广泛推行;至元六、七年之后,省、院、台等依然是元代政治体制中的主要机构,所以,我们肯定不能认为元朝官制是至元六、七年经许衡等人定官制之后才有的。许衡、徐世隆他们所上的"(官)图""内外官制",具体内容我们不得而知,估计是根据当时的官制实情而适当加以损益,当时的官制实情则是世祖即位后陆续制定和调整而成,其中应有刘秉忠等汉人谋臣的功劳;许衡、徐世隆至元六、七年间所设计的官制,世祖此后是否照着执行,史料中没有交代,所以,我们也不能得出元朝官制乃刘秉忠、许衡等汉人谋臣所制的结论。

许衡、徐世隆所设计官制,具体内容无从考证,不过整个世祖朝实际官制的大体情况,我们则比较清楚,《元史·百官志》《元史·选举志》《元史·世祖纪》以及《元典章·吏部》中有大量记载,而且,根据这些史料文献,我们还看到,世祖之后官制的变动确实大多属于细枝末节式的调整或无关根本的机构增减,《元史·百官志》序言所说"一代之制始备"于世祖朝,之后,"百年之间,子孙有所凭藉"这一说法没错。

---

① 《元史》卷 158《许衡传》,第 3726 页。
② 《元史》卷 160《徐世隆传》,第 3770 页。
③ 《元史》卷 160《高鸣传》,第 3758 页。
④ 《元史》卷 7《世祖纪四》,第 128 页。

　　后世学人受前述《百官志》等史料以及其他诸多关于世祖"以夏变夷""附会汉法""信用儒术"这些说法的影响,普遍认为元朝的官制创设于世祖朝,对于前四汗时期的官制,或认为可以忽略不计,或认为与世祖之后的官制有本质区别。前者可称之为"忽略不计论",后者可称之为"本质区别论"。"忽略不计论"中,又有两种观点:一种认为前四汗时期官制紊乱,官职除授随心所欲,官衔名称五花八名;一种认为前四汗时期官制过于简单,只有万户、千户、百户、札鲁忽赤、必阇赤、达鲁花赤等几种官称。笔者曾撰写过数篇文章,对"忽略不计论"的两种观点进行过批评,认为前四汗时期官制既不紊乱,也不简单,这里不再重复。"本质区别论"将前四汗时期大蒙古国各种制度统称为"蒙古旧制",其中最主要的自然是官制。对于世祖即位后包括官制在内的各种政治制度的认识,"本质区别论"又有三种不同看法:其一,极少数论者认为基本汉化,既然基本汉化,那么前四汗时期的"蒙古旧制"对后来也就没有什么影响,也可以忽略不计了;其二,多数论者认为,以"汉法""汉制"为主,但保留了少部分的"蒙古旧制";其三,有少数学者认为,世祖以后的政治制度中,"汉制"和"蒙古旧制"这两种制度成分,各自所占比重和所生影响,孰轻孰重不易判断。"本质区别论"者把世祖朝设立的中书省、枢密院、御史台、翰林国史院等众多有汉式名称的机构看成是忽必烈采行"汉法"后的产物、认为是比较纯粹的汉式官署;本文下面的考述会说明,这样的看法其实值得商榷。

　　仔细对比两阶段的官制,我们会发现,世祖即位后的有元一代官制,其最基本的原则和最基本的框架实际上前四汗时期已经奠定。最基本的原则,就是关于官员的来源问题。成吉思汗建国前,黄金家族人员有负责部落联盟政治事务的,但大蒙古国建国后这些诸王除了战时领兵作战,一般不再出任其他各种机构官职;宪宗朝开始有诸王出镇制度,除了增加这一出镇边徼重地之任,诸王依然不担当其他官僚职务。不仅诸王,就是黄金家族的驸马一般也很少出任官职。成吉思汗时期帝国重要官员来自怯薛,其他官员的来源则可以有多种途径,但他们的地位显然不如出自怯薛者;大汗与怯薛成员之间有强烈的主奴关系,也就是说帝国的重要官职要由对大汗有强烈奴婢意识(《秘史》称"梯己奴婢")的人出任。这一最基本的官制原则在前四汗时期是严格执行的。前四汗时期官制最基本的框架,有以下五个特点。其一,怯薛在国家政治事务中处于核心地位。怯薛不仅为其他官署提供重要官员,它本身也负责诸多事务,除了护卫大汗、处理皇室内部各种事务,更重要的政治功能是参与国家决策。帝国决策一般由大汗和身边的怯薛商议后决定,并由怯薛人员撰写出旨令或由怯薛将大汗旨意传达给旨令撰写者,再交由相关职能部门去执行,对于怯薛人员以外的其他各机构官员,如果不是当值怯薛就可能不与闻决策。其二,怯薛之外,汗廷最重要的机构是断事官(札鲁忽赤)群体,他们"治政刑",实际上帝国各种公共事务,包括军事后勤补给、官员监察以及礼仪、文化、赋役等,多数要由他们处理;除了札鲁忽赤,汗廷还有一类名为必阇赤的官员,他们或为札鲁忽赤助手,或在大汗身边帮助撰写旨令和备顾问建议。以上两个特点均在成吉思汗时期奠定。其三,太祖时军队实行万户—千户—百户制这样的十进位官制,太宗即位后,将该制度向蒙古军以外的探马赤军和汉军中推行。其四,汗廷之外,蒙古草原地区成吉思汗时期起实习军民合一的千户百户制度;太宗时期起,在其他被征服地区,相继设置断事官行署,即汉文中所称的行尚书省,行省设置后,汗廷断事官群体直接主管的仅是汗廷所在蒙古本土地区事务,其他地区事务则由各个行省分头掌管,汗廷断事官群体起协调作用,但不是行尚书省上级。其五,太宗时期起在汉地推行行尚书省辖下的路—府—州—县制度,即地方上设立路、府、州、县等临民机构,它们对负责汉地事务的燕京行尚书省负责,路、府、州、县各临民机构内均设负责监临的达鲁花赤,位在"州县守令"之上。

世祖即位后的职官制度,可以分为两个方面范畴:一个是官署的设置和官员的配备;一个是官吏的管理。就后一范畴而言,世祖朝的官吏管理,如考课、奖惩、迁转、等级、休假、致仕等方面的制度规定,其细致繁复程度远非前四汗时期所能相比,其中大量内容对前四汗时期的蒙古当政者来说可能都闻所未闻，它们多是借鉴以前的汉地王朝，包括金朝制度而制定的。这些制度的出台，无疑是刘秉忠、姚枢、张文谦以及汉化的色目大臣廉希宪、赛典赤等人辅助世祖采行"汉法"过程中的重要内容，其条文也应该包含在许衡、徐世隆所拟的官制"图"文中。但是，官吏管理的核心，什么人可以做官，特别是高级官员的来源问题，世祖并未采纳汉式王朝传统。在他的官吏管理体制中，诸王、驸马和前四汗时期一样，除了领兵作战和由诸王出镇边徼要地，极少担任官府职位，国家重要官署中的高级官员仍来自怯薛，其他官员来源则有荫序、承袭、荐举途径以及吏员出身等。对于唐、宋时期补充官员的科举制度，世祖一直不热心，这自然跟当时他的汉人辅佐大臣们中有不少人对这一制度不抱太多好感有关，但更根本的原因还是世祖本身不愿意采纳这种官员任用制度。在官吏管理这个范畴上，世祖坚持着前四汗时期的最基本原则。后来仁宗时期开始推行科举制度，但科举出身者在官员人数中所占比重很小，而且他们也很难获得高级官位。高级官员出自对大汗和皇帝有强烈主奴意识的怯薛组织，这一任官最基本原则从成吉思汗奠定时期起一直延续到王朝结束，从没有过些许动摇；因这一最基本原则，其他官吏管理方面尽管有大量汉式制度因素，似乎也不好说在这一范畴上，世祖以后的官制就与前四汗时期有本质区别。

官署设置和官员配备方面，世祖后的官制其复杂性也是前四汗时期无法望其项背的，《元史·百官志》《元典章·吏部》罗列了大量元代的官署和官职名称，它们多数形成于世祖朝，而且其中的大多数又还是汉式名称。不过，前四汗时期尽管只有屈指可数的几类官署，也只有屈指可数的几种官职名称，但它们所构成的官制这一范畴上的基本框架，世祖朝的建设并未突破它，只是在这基础上和在这框架内做了大幅调整与增补。世祖朝所设官署，大致可以分为三类：中央政务机构、中央一般事务机构和地方行政机构。本文以下部分，对这些机构的职掌和官员配置做些说明，主要目的有二。一是清晰展示世祖朝官署的设置情形，即显示世祖朝开始的有元一代官署的大致定型情况，《元史·百官志》《元典

章·吏部》对它们的罗列颇为凌乱；今人研究成果多习惯按院、府、寺、监
这样的顺序排列，对它们的职能情况彰显不够。二是分析它们和前四汗
时期官制的内在关联，以揭示元朝官制前后两阶段的继承性。

## 二、世祖朝所设中央政务机构

**怯薛**。怯薛未被《元史·百官志》和《元典章·吏部》列为元朝正式
的官署机构，怯薛人员连品秩都没有（按汉式王朝的制度，他们属"白
身"），他们也没有正式的俸禄，但该组织在国家政治中的作用绝不亚于
宰相机构中书省；怯薛组织自太祖朝成立后，一直就是元王朝大汗（皇
帝）之下不折不扣的官僚最核心机构。其他各种重要机构的主要官员，
尤其是省、院、台以及行省的长官，一般都出自怯薛。除了出任外廷官
职，怯薛人员还有怯薛内的自身职掌（其人如在汗廷，外廷官职和怯薛职
掌往往会同时担当；若在汗廷之外，比如担任行省长官，则依然保留怯薛
职掌身份，外任官职结束后可回到怯薛），笔者在《元代怯薛新论》中说，
元代重要官员的怯薛职掌实比外廷官衔更为重要，至少不比它次要；怯
薛人员最重要的政治职能则是参与决策，怯薛预政是元代常态的政治制
度。① 怯薛自身职掌很多，有必阇赤、博儿赤（烹饪以奉上饮食者）、火儿
赤（主弓矢者）、云都赤（侍上带刀者）、兀剌赤（典车马者）等，怯薛人员大
体上可分为"预怯薛之职而居禁近者"和"宿卫之士"两大部分。② 对政治
影响比较大的是前一部分人，人数在数百人至千余人，这些人在国家政
治事务中作用大小，与他们的怯薛职掌有没有密切对应关系，是一个很
难确定的问题，史料中记载过一些必阇赤、博儿赤对政事有影响的个例。
当然，由于元代皇权极大，怯薛组织实不具备约束君主的权力，国家的决
策过程也不都要有怯薛参与，有时就是君主独自决策，怯薛负责命令
传达。

---

① 屈文军：《元代怯薛新论》，收录于氏著《元史研究：方法与专题》，中国社会科学出版社，2017年。
②《元史》卷99《兵志二·宿卫》，第2523—2525页。

**中书省**。中书省向被"本质区别论"者认为是忽必烈"行汉法"、用"汉制"的代表性例证,不过,就政治职能而言,它实际上是前四汗时期断事官群体的继续。断事官群体的职掌是"会决庶务",①中书省的职掌则是"总政务",②意思一样,都是君主之下处理帝国公共事务的总机构,这样的机构实是每一个政权都需要的。当然,断事官群体体制简单,里面主要就是两种官员:一种是札鲁忽赤,一种是必阇赤,他们各自的分工并不明确。忽必烈中统元年(1260)三月在开平即位,同时建立自己的断事官群体,该群体有一个分支机构在燕京。四月,汗廷断事官群体改汉名中书省,其中的札鲁忽赤、必阇赤两类官员分别改称为汉式的左右丞相、平章政事、左右丞、参知政事等宰相官称,不过,仍有少数人员继续称札鲁忽赤、必阇赤,这体现了忽必烈谨慎的做事风格。七月,忽必烈将燕京的断事官群体分支机构改称燕京行中书省,其中的官员也多用汉式名号,并随即在中书省和行中书省下设置一些隶属机构和隶属幕僚,它们也都用汉式名称,如左右司、架阁库、郎中、令史等。中统二年五月,中、行二省官员在开平合并为中书省,除了左右司,另设左部(后分为吏、户、礼三部)、右部(后分为兵、刑、工三部)等下级行政机构。八月,中书省再分为中书省和燕京行中书省两省。中统四年,元朝以燕京为大都,大约在此前不久,中书省和燕京行中书省再次合并为中书省,设置于大都,可能就在这次的合并中,中书省内另增设参议府作为僚属机构。③

中书省主要官员有右丞相(一员,正一品)、④左丞相(一员,正一品)、

---

① 《元史》卷 87《百官志三》,第 2187 页。
② 《元史》卷 85《百官志一》,第 2119 页。
③ 中书省的成立过程,参见屈文军《元代翰林机构的成立——兼论元初中枢体制的变迁》,《中国史研究》2018 年第 1 期。
④ 元代官署,官员品秩和员额时有变化,《元史·百官志》中常见"定置"字样,其实也只是某一时期对某个或某些官署的规定,"定置"后员额依然有增减,品秩也会有升降。本文中各官名后括注的员额和品秩抄录自《元史·百官志》,多数即所谓"定置"后的员额和品秩,也就是史料原文所据《经世大典》编撰时的官员员额和品秩,与世祖时期情况不完全一致,这里仅用来大致显示该官署设官情况及该机构和其中官员在元朝的地位高低。"定置"在下文中多写成"定制"。

平章政事(四员,从一品)、右丞(一员,正二品)、左丞(一员,正二品)、参
知政事(二员,从二品),其中右、左丞相和平章政事当时习惯称宰相,右、
左丞和参知政事习惯称执政,合称宰执,今人一般统称宰相。中书省内
有三种参佐机构。一是参议府,设参议中书省事(四员,正四品)。二是
断事官厅,设断事官(四十一员,正三品)。之前断事官群体改名中书省
时,有部分人员仍称札鲁忽赤(断事官),至元元年(1264)以后,省内断事
官变成"其人则皆御位下及中宫、东宫、诸王各投下怯薛丹等人为之",①
相当于前四汗时期诸王在汗廷内的断事官代表,不过他们后来也被赋予
一定的司法复审疑狱权,这点与前四汗时期有所区别。三是左右司,每
司均设郎中(二员,正五品)、员外郎(二员,正六品)、都事(二员,正七
品)。左右司分房科治事,左司所掌为吏、户、礼三部之事,右司所掌为
兵、刑、工三部之事。除了三参佐机构,中书省内还有一些僚属机构和办
事官员,如客省使(四员,正五品)、照磨(一员,正八品)、承发司管勾(一
员,正八品)、架阁库管勾(二员,正八品)等。

中书省是将前四汗时期的断事官群体按照汉式王朝宰相机构的模
式进行改造而成,应该说这一改造比较彻底。原先群体中只有职掌分工
不大明确、地位高低也不够清楚的两类官员札鲁忽赤和必阇赤,新的机
构中各种宰相间具体职掌分工依然不是很明确,但大体上有了区分,他
们在中书省内的地位高低则很明朗(当然他们在国家事务中的影响还要
看他们在怯薛中的地位)。原先群体中的两种官称札鲁忽赤和必阇赤,
中书省中依然还有,不过,前者变成诸王驻省代表,后者则成为一种吏。
元代诸多机构中有为首长官员额比副手或下属官员额更多的"长官多
头"现象,这种现象何以产生,目前还没有一个让人信服的解释,笔者认
为可能跟蒙古人的分封意识有关。中书省中这种现象偶尔也有(如只有
右丞相无左丞相、右丞相不止一员等),但不常见。不过,跟唐宋时期的
宰相机构相比,元代中书省有两点不同需要注意。一是元代中书省实际

---

① 《元史》卷 85《百官志一》,第 2124 页。

上只是一种政令执行机构，它缺乏稳定的辅佐君主决策的权力，缺乏固定的对皇帝旨令执奏的权力，也没有约束君主权力的政事堂制度，笔者一直认为，明代"宰相制度的彻底取消，元代实际上已做了大半工作"。[①]二是元代中书省未能处于官僚体系的核心地位。在汉人臣僚的不断努力下，元代中书省的品级一直保持唯一的最高（元也设三公，其品秩有时高于中书右、左丞相，但三公只是荣誉称号），但它始终不能取代怯薛的地位，虽然怯薛没有品秩。这也是元代不断有官员提出要以中书为本的原因。因为有怯薛组织，诸多国家决策宰相官员实不参与，他们只负责执行君主和怯薛人员商议后的旨令。另外，中书省本负责王朝各种公共事务，后来因有不少事务相继从中分离出去并另设专门机构处理，中书省的日常政务变成以官员铨选和钱谷事项为主，但就是这些本职事务，也常受到怯薛的插手干预，甚至有时中书省自身反而不知情。当然这属于不合"体例"（规定）情形，但在元代的制度环境下根本无法制止，所以元代屡屡有不得隔越中书省奏事的规定，也屡屡成为空文。

中书省在外地的分支机构后来形成行省，中书省和行省分片管辖吐蕃以外的全国地区，中书省直辖地区称为"腹里"，"为路二十九，州八"。[②]在中央，中书省直接管领六部。另外，世祖朝曾两度设立尚书省，置官同中书省一样，设尚书省时，行政权多归尚书省，中书省几成摆设。有尚书省时，六部隶属尚书省，地方行省也改称行尚书省。后来武宗时期也曾设过尚书省，同世祖时期一样，尽夺中书省职权。

**六部。** 六部是世祖按照汉式王朝制度设计的由宰相机构中书省直接管领的下属专门性行政机构，不过它们并非一下子全部设立出来。中统二年（1261）初设部时仅设两部，吏、户、礼合称左三部，兵、刑、工合称右三部。至元二年（1265）分为四部：户部、工部、吏礼部和兵刑部。至元七年，分为六部；八年复合为四部；十三年再度分为六部，后不再改变。

---

① 屈文军：《元代中书省的本质》，收录于氏著《元史研究：方法与专题》。
②《元史》卷58《地理志一》，第1347页。

元代六部的曲折设立过程，也能旁证中书省及下属六部并不是直接模仿"汉制"凭空而出，而是对前四汗时期断事官体系逐步演变的结果。元代各部均设尚书（三员，正三品）、侍郎（二员，正四品）、郎中（二员，从五品）、员外郎（户部三员，其他五部均二员，从六品）。元代中书省决策权限非常有限，可以说实是一个大号的事务机构，中书省下属的六部，决策权限更加有限；只是由于六部所掌事务时为全国性，且与宰相机构关系密切，所以六部的政务职能会比其他各种专门的事务机构要多一些，本文将它们列为政务机构。六部中，吏部没有下辖机构，不过其所掌官员铨选事务实乃中书省所掌两种主要事务之一；其他各部下辖机构多少不一，这些下辖机构都是纯粹的事务性机构，它们中有的设在两都之外，其官员按元朝制度，属于"外任"官。

户部。户部下辖机构众多，可以分为几类：第一类是库，包括都提举万亿宝源库、都提举万亿广源库、都提举万亿绮源库、都提举万亿赋源库等；第二类与钞有关，包括诸路宝钞都提举司、宝钞总库、印造宝钞库、烧钞东西二库等；第三类跟大都课程及全国盐引、茶引有关，包括行用六库（六库以大都六个城门为名）、大都宣课（世祖时名税课）提举司、大都酒课提举司、抄纸坊、印造盐茶等引局等；第四类与漕运有关，包括京畿都漕运使司、都漕运使司等；第五类与课冶、盐利有关，包括檀景等处金铁冶都提举司、大都河间等路都转运盐使司、山东东路转运盐使司、河东陕西等处转运盐使司等。

礼部下辖机构有：左三部照磨所，掌吏、户、礼三部钱谷计账之事；侍仪司，掌凡朝会、即位、册后、建储、奉上尊号及外国朝觐之礼；拱卫直都指挥使司，掌控鹤户及仪卫之事，该司初属宣徽院，世祖后期改隶礼部，文宗朝拨隶侍正府；仪凤司，掌乐工、供奉、祭享之事；教坊司，掌承应乐人事务；会同馆，掌接伴引见诸番蛮夷峒官之来朝贡者；铸印局等。

兵部职权非常有限。蒙古驿站由通政院管辖，兵部只能负责汉地驿站；军屯隶属于枢密院，民屯分隶于大司农司和宣徽院；马匹牧养归太仆寺，鹰坊事务多归宣徽院。兵部"实际掌管的只是山川城池图册、屯田户籍册以及直属于兵部的几个打捕鹰房民匠等户都总管府"。① 据《元史·百官志》,兵部下辖机构有:大都陆运提举司,掌两都陆运粮斛之事;管领随路打捕鹰房民匠总管府;管领本投下大都等路打捕鹰房诸色人匠都总管府(此机构始设于成宗朝);随路诸色民匠打捕鹰房等户都总管府;管领本位下打捕鹰房民匠等户都总管府(此机构始设于泰定年间)。前述四个打捕鹰房民匠等户都总管府本分别为旭烈兀、合赞(伊利汗)、唆鲁禾帖尼(世祖母)和阿里不哥后王等四家投下领主所有,后由兵部代管。

刑部下辖机构有司狱司和司籍所。

工部下辖机构甚多。主要有几类。第一类以总管府命名,包括诸色人匠总管府(下领梵像提举司、出蜡局提举司等)、诸司局人匠总管府(下领大都毡局、大都染局等)、诸路杂造总管府(下领帘网局等)、茶迭儿(蒙古语,意为庐帐)局总管府、大都人匠总管府(下领绣局、涿州罗局等)、随路诸色民匠都总管府(仁宗时设,下领织染人匠提举司、杂造人匠提举司等)等。第二类以提举司命名,包括提举右八作司、提举左八作司、旋匠提举司、撒答剌欺提举司、晋宁路织染提举司等。第三类是分布各地的二十余处工局、窑场、所,如别失八里局、平则门窑场、大都皮货所、中山刘元帅局、深州织染局等。另外,掌六部文卷簿籍架阁之事的左右部架阁库也挂靠于工部。

**枢密院**。全国最高军政机构,设立于中统四年(1263)。因李璮叛乱事件,世祖对中书省中的汉人官员不放心,于是仿效金宋制度,将军政事务从行政中分离出来,另设枢密院。不过,在前四汗时期,断事官群体也不负责军政事务中指挥作战方面的事项,除非断事官自身也参与领兵,所以世祖在中书省之外另设枢密院也不能完全说是模仿金宋制度。不过,自成吉思汗时期起,终元一朝,军政事务的独立性都不太明显;在元之前的中原王朝,只是在宋代,宰相不易干预军政,其他时期军政也都不完全独立于行政之外。忽必烈尽管将中书省和枢密院并列为二府,比喻

① 陈高华、史卫民:《中国政治制度通史·元代》,第85页,人民出版社,1996年。

为左右二手,实际上二府官员常一起议事,议事范围包括军政和其他各种行政事务。当然,枢密院自行上奏军务、自行举荐官属、中书省中汉人宰相一般不能过问军务,这些规定自枢密院成立后倒是一直延续到王朝结束。《元史·百官志》记载枢密院定制后设如下官员:知枢密院事(六员,从一品)、同知枢密院事(四员,正二品)、枢密副使(简称副枢,二员,从二品)、佥书枢密院事(简称佥院,二员,正三品)、同佥书枢密院事(简称同佥,二员,正四品)、院判(二员,正五品)、参议(二员,正五品)、经历(二员,从五品)、都事(四员,正七品)、承发兼照磨(二员,正八品)、架阁库管勾(一员,正九品)、同管勾(一员,从九品)。枢密院也有两个僚属机构:一为客省使厅,设大使(二员,从五品)、副使(二员,从六品);二为断事官厅。枢密院仿金宋制度而设,但世祖也在其中设置了蒙古名称的官员札鲁忽赤(断事官),掌处决军府之狱讼,断事官厅后定制设断事官(八员,正三品)、经历(一员,从七品)。

与中书省在地方设置分支行中书省一样,世祖朝在地方上,也曾设有数个行枢密院。成宗即位后,伯颜建议“罢行枢密,兵柄一归行省”,①被成宗采纳,此后,行中书省长官管本行省内枢密院系统外的镇戍军队成为定制。不过,在需要时仍会临时设立行枢密院,统管来自各行省的军队,事毕取消,但文宗时设立的岭北行枢密院后一直延置。顺帝时为镇压红巾军,又设有多个行院、分院。

枢密院系统的军队主要有两种:一是世祖在汉人谋臣姚枢等建议下设立的侍卫亲军;②二是几个都万户府所统率的各万户蒙古军、探马赤军,都万户府所率蒙古军、探马赤军形成于前四汗时期。侍卫亲军按军人出身族群,有汉人卫、蒙古卫和色目卫,其中蒙古卫军人也选自外征的蒙古军和探马赤军;色目卫军人的建卫方式与前四汗时期蒙古千户编组以及探马赤军的组建方式类似,而与汉人卫军人挑选自汉军和新附军的

---

① (元)元明善:《丞相淮安忠武王碑》,收录于(元)苏天爵编《元文类》卷24,张金铣校点本,第456页,安徽大学出版社,2020年。
② 萧启庆:《元代的宿卫制度》,收录于氏著《内北国而外中国》,中华书局,2007年。

建卫方式有所不同。① 侍卫亲军大多屯营于大都周围(少量在上都),各卫都指挥使司的衙署一般也设在枢密院官衙内,属内任官署;都万户府则属于外任官署。

　　汉人侍卫亲军都指挥使司,包括:(1)右卫亲军都指挥使司;(2)左卫亲军都指挥使司;(3)中卫亲军都指挥使司;(4)前卫亲军都指挥使司;(5)后卫亲军都指挥使司。这五卫是汉人侍卫亲军的主体。各卫均设都指挥使(三员,正三品)、副都指挥使(二员,从三品)、佥事(二员,正四品)、经历(二员,从七品)、知事(二员,从八品)、照磨(一员,从八品)。元代所有侍卫亲军,各卫均设1所镇抚所,设镇抚(二员,正五品)。汉人卫军五卫每卫均下领10所行军千户所、1所弩军千户所和2所屯田千户所(后卫设1所)。行军千户所设达鲁花赤、副达鲁花赤、千户、副千户、弹压、百户;弩军千户所和屯田千户所设达鲁花赤、千户、弹压、百户。另外各卫也都设蒙古字教授(一员)、儒学教授(一员)。五卫之外,后增设:(6)武卫亲军都指挥使司;(7)忠翊卫亲军都指挥使司;(8)虎贲卫亲军都指挥使司。三卫设官与五卫相似(武卫在都指挥使之上设有达鲁花赤一员,正三品),下领也有行军千户所、屯田千户所等。世祖之后,直属枢密院的汉人侍卫亲军还增有海口侍卫。②

　　色目卫军亲军都指挥使司,包括:(1)右阿速卫亲军都指挥使司;(2)左阿速卫亲军都指挥使司;(3)唐兀卫亲军都指挥使司;(4)贵赤卫亲军都指挥使司;(5)钦察卫亲军都指挥使司(英宗时分为左右两卫,文宗时拨隶新成立的枢密院下辖机构大都督府)。各色目卫亲军都指挥使司设官与汉人卫相似,达鲁花赤或置或不置。世祖时设立的哈剌鲁万户府(疑正三品或从三品),也是色目侍卫亲军的一种,文宗时也拨属大都督府,该万户府设达鲁花赤、万户等官。色目各卫亦分别下领若干千户,各卫一般也设有儒学教授(一员),有的还设有蒙古教授(一员)。世祖之

① 史卫民:《中国军事通史·元代军事史》,第225页,军事科学出版社,1998年;屈文军:《也论元代的探马赤军》,《文史》2020年第1辑。
② 史卫民:《中国军事通史·元代军事史》,第217页。

后,增设有西域亲军(也称阿儿浑卫)都指挥使司、隆镇卫亲军都指挥使司、康里卫亲军都指挥使司、宣忠斡罗思扈卫亲军都指挥使司等色目卫军都指挥使司,也都隶属枢密院,但武宗时建立的康里卫在仁宗时被解散。

蒙古侍卫亲军都指挥使司,包括:(1)左翊蒙古侍卫亲军都指挥使司;(2)右翊蒙古侍卫亲军都指挥使司(以上两司设官与汉军五卫相似,两司均设蒙古字教授和儒学教授,各自下领若干千户所);(3)东路蒙古军万户府(世祖时为一支探马赤军,文宗时隶属大都督府,改名东路蒙古侍卫亲军都指挥使司)。蒙古侍卫亲军在世祖之后,英宗朝增设一支宗仁卫,也设有都指挥使司,隶属枢密院。

除了枢密院掌管,元代侍卫亲军还有属于东宫、后宫者。世祖时为皇太子真金先后立东宫侍卫亲军都指挥使司(军人多为汉军和新附军)和东宫蒙古侍卫亲军都指挥使司(军人来源于前四汗时期的五投下探马赤军),成宗朝这两支卫军隶属皇太后(真金妻)的隆福宫,东宫侍卫亲军都指挥使司和东宫蒙古侍卫亲军都指挥使司分别改称隆福宫左都威卫使司和右都威卫使司;顺帝时它们改属皇太子爱猷识里答腊。武宗时为太子(仁宗)设立卫率府,军人为汉军,仁宗时划属太子(英宗),建左卫率府;仁宗同时将世祖时所建的左右翼屯田万户府等机构所有军人合并建立右卫率府,亦属东宫侍卫亲军。英宗即位后,左右卫率府改属枢密院,成为枢密院下辖两支侍卫亲军。两率府与其他诸卫相似,设率使(二或三员,相当于都指挥使,正三品)、副使(二员,相当于副都指挥使,从三品)、金事、经历、知事、照磨等官,下领若干千户所;也各设有镇抚(二员)和儒学教授(一员),左卫率府还设有蒙古字教授和阴阳教授(各一员)。

隶属枢密院的都万户府,有四个:(1)河南淮北蒙古军都万户府,设都万户(一员,正三品)、副都万户(一员,从三品)、经历(一员,从七品)、知事(一员,从八品)、提控案牍(一员,从八品)。属官镇抚(二员)。下领八撒儿(人名,下同)万户府、札忽儿台万户府、脱烈都万户府、和尚万户府等四个万户府,万户府设万户、经历、知事、提控案牍(各一员),有的在万户下另设副万户(一员)。万户府均设镇抚(一员),统领数个千户所,每个千户所设千户(一员)、百户(若干员)、弹压(若干员),有的在千户之上设达鲁花赤(一员),在千户之下设副千户(一员)。(2) 山东河北蒙古军都万户府,文宗时改名山东河北蒙古军大都督府,设大都督(三员,从二品)、同知(一员,从三品)、副使(一员,从四品)、经历(一员,从六品)、都事(二员,从七品)、承发兼照磨(一员,正八品)。大都督府设镇抚(二员)。下领左手万户府、右手万户府、拔都万户府、哈答万户府、蒙古回回水军万户府、圮都哥万户府等六个万户府。万户府设官与前一都万户府下类似(有的在万户之上设达鲁花赤一员),各万户府亦均设镇抚(一至二员)并统领数个千户所。(3) 四川蒙古军都万户府。(4) 陕西蒙古军都万户府。这两个都万户府情况不详,估计跟前面两都万户府相似,设都万户(正三品)、副都万户、经历、知事等官,下领若干万户府、千户所等。

万户府按统军人数分上、中、下三等。上万户府统军7000以上,达鲁花赤为正三品;中万户府统军5000以上,达鲁花赤从三品;下万户府统军3000以上,达鲁花赤也从三品,但副万户、镇抚品秩均比中万户府中的低。千户所也分上、中、下三等。上千户所统军700以上,达鲁花赤从四品;中千户所统军500人以上,达鲁花赤正五品;下千户所统军300人以上,达鲁花赤从五品。千户所下还有百户所,分上、下两等。上百户统军70人以上,从六品;下百户统军50人以上,从七品。行省所掌管的军队,也设万户府、千户所、百户所,官员设置和品秩同枢密院系统一致。

除了侍卫亲军都指挥使司、都万户府,还有几个官署亦隶属枢密院:(1) 回回炮手军匠上万户府;(2) 延安屯田打捕总管府(《元史·百官志》将从七品的大宁海阳等处屯田打捕所也列为枢密院直属机构,疑有误);(3) 北庭都元帅府、曲先塔林都元帅府、东路蒙古军都元帅府,这三个设于特殊要地的都元帅府,有的设于世祖朝之后,其隶属关系多有变动,颇疑一度也曾隶属枢密院,都元帅府一般设都元帅、副都元帅。

**御史台。** 设立于至元五年(1268),是忽必烈接受一些儒臣(有西夏人高智耀、汉人张雄飞等)建议后的产物。前四汗时期,断事官群体也有纠察官员职能,世祖即位后正式将该职能从行政中分离出来,仿中原王朝模式,建立御史台。世祖对御史台的监察职能看得很重,在将中书省、枢密院比喻为左右手的同时,将御史台比喻为两手有病时的医者,并将它与二府并立,构成怯薛之外处理国家政务的三大机构。在官署品秩上,由于汉人官僚的强烈主张,中书省终被确定为唯一最高(正一品),枢密院和御史台不能与之比肩,后来都定为从一品。御史台成立后的次年,至元六年,元朝在地方上"立四道按察司",①这是在模仿金朝制度。与中书省、枢密院在地方设立行署一样,世祖朝也于灭南宋后,在江南、河西、云南三处设行御史台,并逐渐建立各道提刑按察司,后来定制,除了中央御史台(也称内台),地方上设两个行台(江南诸道行御史台和陕西诸道行御史台,分别简称南台和西台),全国共设 22 道肃政廉访司(提刑按察司)。同唐、宋、金时代相比,元代御史台品秩提高,监察职能强化,地方监察力度深入;御史台(及行台)与中书省(及行省)的并立局面一直比较明显,"对枢密院,宰相可以通过插手院务、兼领院官加以节制,而对御史台,宰相很难直接插手台内事务,更不能兼领台官"。② 元代遇到大事,在君主做最后决策前,有时会举行各种形式的会议,级别最高的是百官集议,参加的官员来自多种机构(主要是省、院、台、翰林院、集贤院、六部等),议事的范围包括行政、军政、礼仪等事项,在这些会议场合,中书省、枢密院和御史台三大机构的官员发言权要远大于其他机构的官员,不过,百官集议场合,一般不议监察事务。御史台参加的省台议、院台议也多关乎行政、军政事务而不大涉及监察事务本身,不像省院议有时会讨论军政事务,所以元代御史台的独立性要强于枢密院。元代监察事务变质,主要出于省官和台官间"可以有很密切的私人关系,如父子、兄弟、叔侄、死党等,当然有时也会是冤家对头,这就大大减弱甚至异化

---

① 《元史》卷 6《世祖纪三》,第 121 页。
② 张帆:《元代宰相制度研究》,第 181 页,北京大学出版社,1997 年。

了御史台的功能"。① 御史台定制后设御史大夫(二员,从一品)、御史中丞(二员,正二品)、侍御史(二员,从二品)、治书侍御史(二员,正三品),首领官设经历(一员,从五品)、都事(二员,正七品)、照磨(一员,正八品)、承发管勾兼狱丞(一员,正八品)、架阁库管勾兼承发(一员,正九品)。② 御史台下辖有殿中司和察院,殿中司设殿中侍御史(二员,正四品),察院设监察御史(三十二员,正七品)。南台、西台设官品秩同中央御史台(行台大夫设一员),无殿中司,有察院,南台察院设监察御史 28 员,西台察院设 20 员。三台之下,全国共设 22 道肃政廉访司(初名提刑按察司),每道设廉访使(二员,正三品)、副使(二员,正四品)、佥事(四员,部分道二员,正五品)、经历(一员,从七品)、知事(一员,正八品)、照磨兼管勾(一员,正九品)。22 道廉访司中,隶属内台 8 道;隶属南台 10 道;隶属西台 4 道。

**大宗正府。**从中书省中分立出来的一个机构,设于至元九年(1272),主要掌蒙古人司法事务,后来"成为与刑部相抗衡的又一全国最高司法审判机关"。③ 设札鲁忽赤(四十二员,从一品)、郎中(二员,从五品)、员外郎(二员,从六品)、都事(二员,从七品)、承发架阁库管勾(一员,从八品)。

**翰林国史院、蒙古翰林院。**不少学者认为元代的翰林机构是忽必烈即位后仿中原王朝"无中生有"创设的机构,笔者认为,与其说是模仿汉式制度而创,不如说是忽必烈对前四汗时期负责文翰事务的必阇赤体系(主要是大汗身边负责旨令撰写和备顾问的必阇赤,与断事官群体中的

---

① 屈文军:《辽西夏金元史十五讲》,第 121 页,上海古籍出版社,2008 年。

② 元代各机构中的工作人员,大致可分成三个等级:第一个等级是官(也称正官),他们是机构的负责人或负有决策责任的人,包括长官和佐贰官员;第三等级是吏员,多数无品秩(有些高级机构,吏员从首领官中调充,这些吏员则有品秩),名目有掾史、令史、书吏、司吏、译史、通事、宣使、奏差、知印等;官、吏之间的是第二等级首领官,有品秩,主要名目有经历、都事、主事、照磨、提控案牍、知事、典吏、管勾等。参见陈高华、史卫民《中国政治制度通史·元代》,第 352—353 页。

③ 刘晓:《元代大宗正府考述》,《内蒙古大学学报》1996 年第 2 期;另见屈文军《元代翰林机构的成立——兼论元初中枢体制的变迁》。

必阇赤有别)一步步变革的结果。中统元年(1260),忽必烈给身边的一些必阇赤赋予汉式翰林官员称号,中统二年成立翰林学士院,不久由翰林学士院兼国史院,称翰林国史院。翰林国史院成立不久,似乎被撤销一段时间,至元元年(1264)复立。至元十二年,从中分立出主掌蒙古文字诏旨的蒙古翰林院。元代中央各官署中,就政治职能而言,最重要的是怯薛和省、院、台三大机构,接下来当是两翰林机构,它们对国家政治事务的影响,其实要超过或至少不亚于可以越过中书省自行上奏本部门事务的宣政院和徽政院。[1] 元代翰林国史院,设翰林学士承旨(六员,从一品)、翰林学士(二员,正二品)、侍读学士(二员,从二品)、侍讲学士(二员,从二品)、直学士(二员,从三品)、翰林待制(五员,正五品)、翰林修撰(三员,从六品)、应奉翰林文字(五员,从七品)、国史院编修官(十员,正八品)、国史院检阅(四员,正八品)、国史院典籍(二员,正八品),另有经历(一员,从五品)、都事(一员,从七品)。蒙古翰林院设承旨(七员)、学士(二员)、侍读学士(二员)、侍讲学士(二员)、直学士(二员)、待制(四员)、修撰(二员)、应奉(五员),各官品秩同翰林兼国史院,但不设编修、检阅、典籍。蒙古翰林院也设经历和都事(各一员),品秩也同翰林国史院。翰林国史院领回回国子监,设官不详,估计和蒙古国子监类似。蒙古翰林院领蒙古国子监和蒙古国子学。蒙古国子监设祭酒(一员,从三品)、司业(二员,正五品)、监丞(一员,正六品);蒙古国子学设博士(二员,正七品)、助教(二员,正八品)、教授(二员,正八品)。蒙古国子监和蒙古国子学的设置仿照国子监和国子学,后两机构在元代隶属集贤院。

**集贤院。**从翰林国史院中分出的机构,至元二十二年(1285)置,"掌提调学校、征求隐逸、召集贤良,凡国子监、玄门道教、阴阳祭祀、占卜祭遁之事,悉隶焉"。[2] 本属文教机构,但任职官员可以和翰林官员一道参

---

① 屈文军:《元代翰林机构的成立——兼论元初中枢体制的变迁》。
②《元史》卷 87《百官志三》,第 2192 页。

加由宰相主持、参会人员主要是省院台官员的百官集议,其意见有时也能被采纳;①集贤院官员有时也被赋予撰写旨令之任甚至被君主点名征求治国意见,有些官员甚至还享受和翰林院某些官员一样的七十不致仕的优厚待遇。本文将其视为政务机构。设官大学士(五员,从一品)、集贤学士(二员,正二品)、侍读学士(二员,从二品)、侍讲学士(二员,从二品)、直学士(二员,从三品)以及集贤待制(一员,正五品)、集贤修撰(一员,从六品)等正、属官,另有经历(一员,从五品)、都事(二员,从七品)为首领官。除了长官名不同,集贤院其他设官与翰林国史院非常相似。下领机构有国子监、国子学(设官与前述蒙古国子监、学相似)、兴文署。元代集贤院还掌管全国道教事务。

**宣政院**。本为掌佛教的专门事务机构,后兼处理吐蕃之境军民事务,"遇吐蕃有事,则为分院往镇","如大征伐,则会枢府议",②也就是说,吐蕃地区的重要军事事务要由宣政院和枢密院共管。中统元年(1260),忽必烈封八思巴为国师,命掌释教,至元元年(1264)立总制院,"掌浮图氏之教,兼治吐蕃之事"。③ 七年,封八思巴为帝师;④二十五年改总制院为宣政院。后定制院使(一十员,从一品)、同知(二员,正二品)、副使(二员,从二品)、佥院(二员,正三品)、同佥(三员,正四品)、院判(三员,正五品)、参议(二员,正五品)、经历(二员,从五品)、都事(三员,从七品)、照磨(一员,正八品)、管勾(一员,正八品)。宣政院"用人则自为选",⑤无品秩的帝师实为宣政院最高首领,"帝师之命,与诏敕并行于西土",宣政院使中,"其为使位居第二者,必以僧为之,出帝师所辟举,而总其政于内外

---

① 屈文军:《元代的百官集议》,原载《中国史研究》2000 年第 2 期,修改稿收录于氏著《元史研究:方法与专题》。
②《元史》卷 87《百官志三》,第 2193 页。
③《元史》卷 205《桑哥传》,第 4570 页。
④ 有学者认为,帝师为八思巴圆寂后的赐号,参见陈得芝《八思巴字文献研究的学术贡献——庆祝蔡美彪教授八十华诞》,收录于氏著《蒙元史与中华多元文化论集》,上海古籍出版社,2013 年。
⑤《元史》卷 87《百官志三》,第 2193 页。

者,帅臣以下,亦必僧俗并用,而军民通摄"。①

宣政院下辖机构众多,主要有两类。一类是分布于两都的僚属机构,包括:(1)断事官厅(设札鲁忽赤、经历、知事);(2)客省使厅(设大使、副使);(3)大都规运提点所;(4)上都规运提点所(两提点所均设达鲁花赤、提点、大使、副使);(5)大都提举资善库(设达鲁花赤、提举、同提举、副提举)。另外还有大济仓、兴教寺等。

另一类是吐蕃地区所设的地方机构,包括三个宣慰司都元帅府和它们统辖的诸多宣抚司、安抚司、招讨司、元帅府、万户府、千户所等。宣抚司、安抚司、招讨司作为军民统辖机构,下面有的也设有万户府、千户所;在临近内地的蕃汉杂居区,亦置有路府州县,路隶属宣慰司,州县隶属路、宣抚司、安抚司等。三个宣慰司都元帅府分别是:(1)吐蕃等处宣慰司都元帅府(又称朵思麻宣慰司),设宣慰使(五员,从二品)、经历(二员)、都事(二员)、照磨(一员)、捕盗官(二员)、儒学教授(一员)、镇抚(二员)。下领脱思麻路军民万户府(也称脱思麻路)、西夏中兴河州等处军民总管府(也称河州路)、洮州元帅府、积石州元帅府、礼店文州蒙古汉军西番军民元帅府、吐蕃等处招讨使司、松潘宕叠威茂州等处军民安抚使司等。本道宣慰司都元帅府下属河州路、脱思麻路及诸州,《元史·地理志》亦载入陕西行省内,"为两属地区,盖藏、汉杂居之地,汉民事务由陕西行省处理"。② (2)吐蕃等路宣慰使司都元帅府(又称朵甘思宣慰司),设宣慰使(四员,品秩可能也是从二品)、同知(二员)、副使(一员)、经历(二员)、都事(二员)、捕盗官(三员)、镇抚(二员)。下领朵甘思田地里管军民都元帅府、碉门鱼通等处军民安抚使司、天全招讨使司等。(3)乌思藏纳里速古鲁孙等三路宣慰使司都元帅府(简称乌思藏宣慰司),设宣慰使(五员,估计从二品)、同知(二员)、副使(一员)、经历(一员)、镇抚(一员)、捕盗司官(一员)。下领俗称十三万户,包括沙鲁田地里管民万户、

---

① 《元史》卷 202《释老传》,第 4520 页。
② 白寿彝总主编,陈得芝主编:《中国通史·元时期》上册,第 259 页,上海人民出版社,1997 年。

搵里八田地里管民万户、乌思藏田地里管民万户等。十三万户初设应为实指，后有消长变化，万户下亦有千户所、百户所等。吐蕃地区三处宣慰司都元帅府下的军队，有的来自朝廷派去的探马赤军、蒙古军，有的则是当地土著军队。

宣政院在杭州曾数次设过行宣政院，也置院使、同知、副使、同佥、院判等官；宣政院下辖机构功德使司置废不常。吐蕃之外的全国其他地区，路府州县设僧录司、僧正司、都纲司等机构，分管各地的寺院和僧徒；文宗年间曾在全国设立16个广教总管府，掌管僧尼之政，各府设达鲁花赤、总管、同知府事、判官等官，顺帝即位后罢。

### 三、世祖朝所设中央一般事务机构

除了建立省、院、台、翰林机构及宣政院，世祖在位期间，还不时地根据需要，设立一些专门的事务性机构。这些事务，大多本可由宰相机构及其下属六部处理，但世祖更倾向于将它们分立。这些事务机构除了极少数（如宣徽院、徽政院）可以同枢密院、御史台、宣政院一样，有事"得自奏闻"、所辖各机构官员也能自行选用，其他一般需要经过中书省上奏该部门事务。但实际上，由于怯薛的存在，这一规定往往被破坏。另外这些专门事务本身，中书省也多不便插足干预，除了机构官员的任命一般要经由中书省。世祖时期，中书省以外的专门性事务机构已经很多，世祖之后仍陆续有所增置，日本学者丹羽友三郎统计出，元代除了中书省、枢密院、御史台和六部，"中央特别官厅"尚有"十五院、十寺、十二监、三司及五府"。[①]实际上不止这么多。当然，因为有些机构在不同时期会有置废变动和隶属关系以及名称的变化，我们不可能精确地统计出元朝中央究竟有多少个"特别官厅"，不过可以肯定的是，它们多数设立于世祖朝并延续了下来。元代不受宰相机构管辖和指导的朝廷独立事务机构，

---

① （日）丹羽友三郎：《关于元朝诸监的一些研究》，余大钧译，收录于（日）内田吟风等著、余大钧译《北方民族史与蒙古史译文集》，云南人民出版社，2003年。

其数量之多可以说相当惊人。这些机构的品秩,很多又特别高,这恐怕也是熟悉中原王朝政治文化的人比较难以理解的,很多我们认为不会对国计民生有多大影响的机构,品秩却直追省院台,要不是有汉族文人不断强调中书体尊,估计会把很多机构的品秩设成和它一样甚至超过它。由此看来,在蒙古统治者的意识中,省、院、台负责的全国性行政、军政、监察事务和其他机构专门负责的工程造作、服务皇室等事项比起来,不会高大特殊到哪里去,或者说,在蒙古统治者眼中,由于怯薛组织的存在,省、院、台和其他机构一样,都只是负责政令执行的事务机构。元代官制还有一个让人难以理解的,大量机构内长官的人数会超过次官、属官,很多机构内长官人数会有六七个、十来个甚至更多,而次官、属官甚至加上僚属官员在内,有时还没有长官人多。有学者解释,蒙古政府用高品秩官衔满足官员的虚荣心;这方面的考虑自然会有,但笔者认为,长官多员、独立机构普设、独立机构高品秩这些现象和在全国设行省、行台一样,应该都反映了蒙古人政治思想中根深蒂固的分封潜意识。当然,对这一现象,目前还未见有圆满服人的解释。以下根据《元史·百官志》,对世祖以后元朝多数时期设置的中央事务机构(它们多形成于世祖在位期间)大致分下类,分别概述它们的职掌和设官情况。

1. 跟全国政务有些关系的事务机构

**给事中。**似无专门官署。至元六年(1269),设起居注、左右补阙,"掌随朝省、台、院、诸司凡奏闻之事,悉记录之"。① 十五年,升起居注为给事中兼修起居注,左右补阙为左右侍仪奉御兼修起居注。后定制设给事中兼修起居注(二员,正四品)、右侍仪奉御同修起居注、左侍仪奉御同修起居注(各一员)。笔者甚疑,实以怯薛中必阇赤充之。

**典瑞院。**掌管宝玺、金银符牌。中统元年(1260),置符宝郎,至元十六年(1279),设符宝局,后改典瑞监。大德十一年(1307)升为院。设院使(四员,正二品)、同知(二员,正三品)、佥院(二员,从三品)、同佥(二

①《元史》卷88《百官志四》,第2225页。

员，正四品)、院判(二员，正五品)、经历(二员，从五品)、都事(二员，从七品)、照磨兼管勾承发架阁库(一员，正八品)。

**大司农司。**设立于至元七年(1270)，掌农桑、水利、学校、饥荒之事。十四年罢，以按察司兼领劝农事。十八年复立，改名农政院。二十年改称务农司，旋改司农寺。二十三年仍为大司农司。后定制设大司农(四员，从一品)、大司农卿(二员，正二品)、少卿(二员，从二品)、大司农丞(二员，从三品)、经历(一员，从五品)、都事(二员，从七品)、架阁库管勾(一员，正八品)、照磨(一员，正八品)。大司农司下辖机构有籍田署、供膳司、永平屯田总管府等。

**通政院。**掌驿站事务。至元七年(1270)立诸站都统领使司，十三年改称通政院，次年分置大都、上都两院。二十九年增置江南分院，大德七年(1303)罢。至大四年(1311)，通政院撤销，驿站事归兵部，不久两都复置，只管蒙古地区驿站。延祐七年(1320)，仍兼领汉地站赤。定制后大都院设院使(四员，从二品)、同知(二员，正三品)、副使(二员，从三品)、金院(一员，正四品)、同金(一员，从四品)、院判(一员，正五品)、经历(一员，从五品)、都事(一员，从七品)、照磨兼管勾承发架阁(一员，正八品)。上都院院使、同知、副使、金院、判官、经历、都事各一员，品秩同大都院。

**太常礼仪院。**"掌大礼乐、祭享宗庙社稷、封赠谥号等事"，[1]设立于中统元年(1260)，初名太常寺，一度并入翰林院。礼仪机构在中原王朝多是比较重要的政务官署，不过在元代，太常礼仪院的政务职能大为减弱，只在少数涉及汉式传统礼仪的问题上会参与省、院、台组织的政务讨论，其影响尚不如礼部，主要就是一个普通的事务机构。定制设院使(二员，正二品)、同知(二员，正三品)、金院(二员，从三品)、同金(二员，正四品)、院判(二员，正五品)、经历(一员，从五品)、都事(一员，从七品)、照磨兼管勾承发架阁(一员，正八品)，另有属官博士(二员，正七品)、奉礼郎(二员，从八品)、奉礼兼检讨(一员，从八品)、协律郎(二员，从八品)、太祝(十员，从八

---

[1]《元史》卷88《百官志四》，第2217页。

品)、礼直管勾(一员,从九品)。下辖机构有太庙署、郊祀署、社稷署、大乐署,其中太庙署、大乐署始设于世祖朝,郊祀署、社稷署始设于成宗朝。

**都水监。**掌治理河渠、堤防、水利和桥梁、闸堰等事。中统四年(1263),立漕运河渠司;至元二年(1265),改都水监。曾先后隶属大司农司、工部、中书省,多数时候为独立机构。设都水监(二员,从三品)、少监(一员,正五品)、监丞(二员,正六品)、经历(一员)、知事(一员)。下辖大都河道提举司。都水监在地方上曾设有过都水监分监或行都水监。

2. 掌宗教、文化、医疗事务的机构

元代佛教事务由宣政院掌管,道教事务由集贤院掌管。二教之外,还有两个宗教管理机构。元代的畏兀儿人也专设一机构管理。

**崇福司。**掌基督教事务,立于至元二十六年(1289),仁宗延祐二年(1315)改名崇福院,七年复为司。设司使(四员,从二品)、同知(二员,从三品)、副使(二员,从四品)、司丞(二员,从五品)、经历(一员,从六品)、都事(一员,从七品)、照磨(一员,正八品)。

**回回哈的司。**掌伊斯兰教事务。哈的是伊斯兰教法官的称号,元代伊斯兰教徒聚居地都设有哈的,朝廷设置回回哈的司作为管理伊斯兰教教徒的中央机构,设置时间不详,可能在世祖时期。仁宗即位后罢回回哈的司,命哈的只管掌教念经,穆斯林所有刑名、户婚、钱粮、词讼均由官府衙门断决,但此后回回人相互间的诉讼实际仍按旧制由哈的处理,只有无法解决的案件才向官府陈告。[1]

**都护府。**掌畏兀儿人词讼。至元十一年(1274)初置畏兀儿断事官,十七年改名领北庭都护府,二十年改称大理寺,二十二年复称大都护府。后定制设大都护(四员,从二品)、同知(二员,从三品)、副都护(二员,从四品)、经历(一员,从六品)、都事(一员,从七品)、照磨兼承发架阁库管勾(一员,正八品)。

**太史院。**设立于至元十五年(1278),掌天文历算之事。设院使(五

---

[1] 蔡美彪主编:《中国历史大辞典·辽夏金元史》"哈的"条(陈得芝撰),第 364 页,上海辞书出版社,1986 年。

员,正二品)、同知(二员,正三品)、佥院(二员,从三品)、同佥(二员,正四品)、院判(二员,正五品)、经历(一员,从五品)、都事(一员,从七品)、管勾(一员,从九品)。太史院"莅以三局。一曰推算,其官有五官正,有保章正,有副,有掌历,分集于朝室。二曰测验,其官有灵台郎,有监侯,有副。三曰漏刻,其官有挈壶正,有司辰郎,分集于夕室"。[①]

**司天监。**掌凡历象之事。仿金制,成立于中统元年(1260),初名司天台。至元十五年(1278),别置太史院,以象历事归太史院,司天台成为专门的掌教育天文历法人员的机构。仁宗延祐元年(1314)改称司天监,下辖天文、算历、三式、测验、漏刻等科,生员限额75人。曾在上都设有过行司天监。司天监定制设提点(一员,正四品)、司天监(三员,正四品)、少监(五员,正五品)、监丞(四员,正六品)、知事(一员)。属官有提学(二员,从九品)、教授(二员,从九品)、学正(二员,从九品)以及各科管勾(每科二员,从九品)。另有阴阳管勾(一员)、押宿官(二员)、司辰官(八员)。

**回回司天监。**掌领回回人观测天象、编制回回历,始置于至元八年(1271),称回回司天台。仁宗皇庆元年(1312)改为监,也曾设有过行监。回回司天监下辖天文、算历等五科,生员限额18人。监设提点(一员)、司天监(三员)、少监(二员)、监丞(二员)、知事(一员);属官有教授(一员)、各科管勾(每科一员),官员和属官品秩与司天监同。

**秘书监(附:奎章阁学士院)。**设于至元九年(1272),掌历代图籍并阴阳禁书。设卿(四员,正三品)、太监(二员,从三品)、少监(二员,从四品)、监丞(二员,从五品)、典簿(一员,从七品)。属官有著作郎(二员,从六品)、著作佐郎(二员,正七品)、秘书郎(二员,正七品)、校书郎(二员,正八品)、辨验书画直长(一员,正八品)。

世祖朝之后,增设的掌文史典籍机构主要有文宗朝设的奎章阁学士院(正二品)以及艺文监(从三品)。文宗时期奎章阁学士院集中了大批

---

[①] (元)杨桓:《太史院铭》,收录于(元)苏天爵编《元文类》卷17,张金铣点校本,第324页。

当时有名文人,他们可以利用接近皇帝的机会对政局和治道发表议论,有时也能被上层采纳,所以奎章阁学士院有一定的政务功能;文宗时期,奎章阁学士院纂修了当朝大部头政书《经世大典》。顺帝朝,奎章阁改名宣文阁。艺文监掌翻译和刻印儒学典籍,设立于文宗朝,初隶属奎章阁学士院,①参与了《经世大典》的编纂。后至元六年(1340)改称崇文监,翌年至正元年(1341)隶属于翰林国史院。②

**太医院**。设于中统元年(1260),一度称尚医监。本为服务皇室事务机构,"掌医事,制奉御药物",后扩大职能,"领各属医职",③各路医学提举司也由太医院管领,遂成为管理全国医疗事务的机构。设院使(一十二员,正二品)、同知(二员,正三品)、金院(二员,从三品)、同金(二员,正四品)、院判(二员,正五品)、经历(二员,从七品)、都事(二员,从七品)、照磨兼承发架阁库(一员,正八品)。下辖机构有:广惠司(下领大都、上都回回药物院)、御药院、御药局、大都和上都惠民局、医学提举司(下领各处医学)等。

3. 掌皇室宫廷事务的机构

前四汗时期,汗廷事务一般由怯薛人员处理,世祖朝为其中某些职能人员专门设立机构,机构名和官职名多采用汉式名称,主要官员一般仍多由怯薛人员充当。

**内八府宰相**。明初人编《元史·百官志》时,已经对"内八府宰相"这一官称究竟是什么搞不清楚,权且"附见于"蒙古翰林院之后。张帆对内八府宰相的职掌和任职人员做了些考订,认为"很可能是从必阇赤中分化出来的一批专掌诸王驸马'朝觐贡献'事务的怯薛执行官"。④笔者认为,内八府宰相有可能是前四汗时期扯儿必一职的转化,负责皇室宫廷事务,其名称相对于外廷中书省而言,中书省宰执人员(丞相、平章政事、

①《元史》卷33《文宗纪二》,第739页。
②《元史》卷40《顺帝纪三》,第861页。
③《元史》卷88《百官志四》,第2220页。
④ 张帆:《元代宰相制度研究》,第59—64页。

左右丞及参知政事)合称"八府"。《百官志》说,内八府宰相"品秩则视二品",①员额不详。

　　**宣徽院。**设立于世祖即位初期,官署名来自辽、金两朝,但辽金两朝均属礼仪方面的事务机构,元则"掌供御(《元史·百官志》作'玉')食。凡稻粱牲牢酒醴蔬果庶品之物,燕享宗戚宾客之事,及诸王宿卫、怯怜口粮食,蒙古万户、千户合纳差发,系官抽分,牧羊滋畜,岁支刍草粟菽,羊马价值,收受阑遗等事,与尚食、尚药、尚酝三局,皆隶焉"。② 与怯薛本职事务有很多重复,可能是世祖欲将部分怯薛事务加以整合而设的一个带有汉式名称的机构,③很多官员实为怯薛。正因为很多官员为怯薛,宣徽院在朝中地位甚高,"所辖内外司属,用人则自为选",有些官员"特见爱幸",为天子亲信,在政治事务中有不小影响。定制设院使(六员,从一品)、同知(二员,正二品)、副使(二员,从二品)、佥院(二员,正三品)、同佥(二员,正四品)、院判(二员,正五品)、经历(二员,从五品)、都事(三员,从七品)、照磨(一员,正八品)、承发架阁库(一员,正八品)。下辖机构甚多,主要有:(1)光禄寺(掌起运米、曲诸事,设卿、少卿、丞、主事);(2)大都尚饮局(设提点、大使、副使,仁宗时增设上都尚饮局);(3)大都、上都尚酝局(设提点、大使、副使、直长);(4)尚珍署(设达鲁花赤、令、丞);(5)尚舍寺(设太监、少监、监丞、知事);(6)阑遗监(设太监、少监、监丞、知事、提控案牍);(7)尚食局(设提点、大使、副使、直长);(8)大都、上都生料库(设提点、大使、副使);(9)大都、上都太仓(设提举、大使、副使);(10)沙糖局(设达鲁花赤、提点、大使、副使);(11)淮东淮西屯田打捕总管府(设达鲁花赤、总管、同知、府判、经历、知事、提控案牍,下领各处屯田打捕提举司、抽分场提领所、两淮新附手号军人打捕千户所等);(12)缙山(后改名龙庆)栽种提举司(设达鲁花赤、提举、同提举、副

①《元史》卷87《百官志三》,第2191—2192页。
②《元史》卷87《百官志三》,第2200页。
③ 参见达力扎布《元朝宣徽院的机构和职司》,载南京大学历史系元史研究室编《元史及北方民族史研究集刊》第11辑,1987年。

提举);(13) 丰闰署(设达鲁花赤、令、丞、直长);(14) 常湖等处茶园都提举司(设达鲁花赤、提举、同提举、副提举、提控案牍,下领各处提领所)等。

**章佩监(附:侍正府)。** "掌宦者速古儿赤所收御服宝带",[1]速古儿赤,意为内府尚供衣服者。机构设于至元二十二年(1285),至大元年(1308)升为院,至大四年复为监。设监卿(五员,正三品)、太监(四员,从三品)、少监(二员,从四品)、监丞(二员,正五品)、经历(一员)、知事(一员)、照磨(一员)。下辖御带库、异珍库。

后来文宗时期设立的侍正府,职能和章佩监相近。侍正府,掌"内廷近侍之事,领速古儿赤四百人、奉御二十四员,拱卫直都指挥使司为其属"。[2]侍正府设侍正(十四员,正二品)、同知(二员,正三品)、佥府(二员,从三品)、侍判(二员,正四品)、经历(一员,从六品)、都事(一员,从七品)、照磨(一员,从八品)。二十四员奉御包括尚冠、尚衣、尚鞶、尚沐、尚饰兼尚辇奉御和副奉御各二员以及四员奉御掌簿,品秩从从五品到从七品。侍正府规模大于章佩监,职能也相近,颇疑设府后章佩监并入其中。拱卫直都指挥使司,前文提及,世祖后期起本属礼部。

**中尚监。** "掌大斡耳朵位下怯怜口诸务,及领资成库毡作,供内府陈设帐房帘幕车舆雨衣之用",[3]"大斡耳朵位下怯怜口诸务"当指服务后宫诸事务。设于至元十五年(1278),初称尚用监;二十年罢,二十四年复置,称中尚监。至大元年(1308)升为院,四年复为监。设监卿(八员,正三品)、太监(二员,从三品)、少监(二员,从四品)、监丞(二员,正五品)、经历(一员)、知事(一员)、照磨(一员)。下辖资成库。

**太仆寺。** 掌牧养系官马匹、供给宫廷用马事务。中统四年(1263)设群牧所,后一度称尚牧监、太仆院、卫尉院等。至元二十四年(1287)称太仆寺,又别立尚乘寺以管鞍辔。二十五年太仆寺改隶中书省,大约在成

---

① 《元史》卷 90《百官志六》,第 2294 页。
② 《元史》卷 88《百官志四》,第 2224 页。
③ 《元史》卷 90《百官志六》,第 2294 页。

宗朝独立,称太仆院。至大四年(1311)定为太仆寺。设卿(二员,从二品)、少卿(二员,从四品)、丞(二员,从五品)、经历(一员)、知事(一员)、照磨(一员)、管勾(一员)。太仆寺所掌系官马匹分散在全国十四道牧地牧养孳息。

**尚乘寺(附:度支监)。**也是与马政有关机构,主掌鞍辔及骟马事项。至元二十四年(1287)设。大德年间升为院,至大四年(1311)复为寺。设卿(四员,正三品)、少卿(二员,从四品)、丞(二员,从五品)、经历(一员)、知事(一员)、照磨(一员)、管勾(一员)。下辖资乘库。

世祖朝之后,武宗时所立掌给马驼刍粟事务的机构度支监,也是与宫廷马政事务有关机构。前四汗时期负责该事务人员称字可孙,至元八年(1271)以重臣领之,十三年以宣徽院官员兼其任。武宗至大二年(1309)设度支院,四年改监,设卿(三员、正三品)、太监(二员,从三品)等官员。

**太府监。**掌库藏和钱帛出纳。设立于中统四年(1263),至元四年(1267)称宣徽太府监,大德九年(1305)升为太府院,至大四年(1311)复为监。设太卿(六员,正三品)、太监(六员,从三品)、少监(五员,从四品)、丞(五员,正五品)、经历(一员)、知事(一员)、照磨(一员)。下辖内藏、右藏、左藏三库。

**利用监。**掌出纳皮货衣物之事。设于至元十年(1273),二十年罢,二十六年复置。大德十一年(1307)升为院,至大四年(1311)复为监。设监卿(八员,正三品)、太监(五员,从三品)、少监(五员,从四品)、监丞(四员,正五品)、经历(一员)、知事(一员)、照磨(一员)、管勾(一员)。下辖机构有资用库、怯怜口皮局人匠提举司、貂鼠局提举司、熟皮局、软皮局、染局等。

**詹事院(附:储政院、徽政院、中政院、昭功万户都总使司)。**世祖至元十年(1273),立真金为太子,随即为他设立了东宫机构詹事院,设左右詹事、副詹事、詹事丞、院判等官,别置宫臣太子宾客、左右谕德、左右赞善、校书郎、中庶子、中允等属官。世祖为詹事院安排了不少钱粮工役附属机构,另给组建拨付了三个侍卫亲军都指挥使司。二十三年真金卒后,詹事院保留,归真金妻阔阔真名下。三十一年,成宗即位,阔阔真成皇太后,詹事院改名徽政院。此后,东宫机构时置时罢,掌皇太后事务的徽政院也时置时罢,两院下辖机构(世祖以后不断有所增加)的所属关系变动不常。由于史料不足,成宗朝和成宗朝之后两院变迁具体过程不易确考,估计只有一院时,下辖机构多归该院;两院并列时,下辖机构则分属两院,同时会再添设一些机构;两院都不设置时,下辖机构则归朝廷或有司。东宫机构詹事院在文宗朝改名储庆使司,天历二年(1329)改称储政院,设院使(六员,正二品)、同知(二员,正三品)、佥院(二员,从三品)、同佥(二员,正四品)、院判(二员,正五品)、司议(二员,从五品)、长史(二员,正六品)、照磨(二员,正八品)、管勾(二员,正八品)。世祖朝所设东宫侍卫亲军都指挥使司以外的詹事院附属机构,主要有:(1) 家令司(掌饮膳供帐仓库等事);(2) 府正司(掌鞍辔弓矢等物);(3) 延庆司(掌修建佛事);(4) 典医监;(5) 典宝监;(6) 掌仪署(掌户口房舍等事,后隶属至大年间成立的管领怯怜口诸色民匠都总管府,该总管府也隶属詹事院或徽政院);(7) 江西财赋提举司;(8) 鄂州等处民户水陆事产提举司;(9) 随路诸色人匠都总管府①(下领染局、杂造局、器物局、大都等路诸色人匠提举司等);(10) 管领大都等路打捕鹰房胭粉人户总管府;②(11) 管领诸路怯怜口民匠都总管府③(下领河间、益都、汴梁等处管民提领所以

---

① 据《元史》卷 89《百官志五》(第 2254 页)对该总管府的记载,“中统五年,命招集析居放良还俗僧道等户,习诸色匠艺,立管领怯怜口总管府,以司其造作”,成宗、仁宗朝曾先后改名缮珍司、徽仪使司,至治三年(1323)复为都总管府。

② 据《元史》卷 89《百官志五》(第 2257 页)记载,该总管府人户招集于至元十四年,至元二十九年立总管府,可能即隶属于詹事院,成宗朝后隶属东宫或太后位下。

③ 据《元史》卷 89《百官志五》(第 2258 页)记载,“至元七年,招集析居从良还俗僧道,编籍人户为怯怜口,立总管府以领之”。按该官署在《元史·百官志》中的排列位置,推测其后来应该隶属詹事院或徽政院。

及织染局、杂造局等);(12)汴梁等路管民总管府①(下领真阳、新蔡、息州等处提领所);(13)江淮等处财赋都总管府②(下领杭州织染局、建康等处财赋提举司、平江等处财赋提举司等)。另外,中统元年(1260)元廷招集怯怜口牧马群者1100余户,立管领本投下大都等路怯怜口民匠总管府,该总管府至元九年拨隶世祖子安西王位下;世祖朝之后,隶属关系在东宫机构(詹事院、储政院)、太后机构(徽政院)和安西王位下时有变动。

　　世祖朝为詹事院建了三个侍卫亲军都指挥使司。(1)侍卫亲军都指挥使司(正三品)。"至元十六年,以侍卫亲军一万户拨属东宫",③成员主要是汉军。成宗即位后改名左都威卫使司,设使(三员)、副使(二员)、佥事(二员)、经历(一员)、知事(一员)、照磨(一员),另有镇抚(二员),延祐二年(1315)置教授(二员),下领行军千户所、屯田千户所、弩军千户所各2所。(2)蒙古侍卫亲军都指挥使司(正三品)。中统三年,世祖以太祖朝建立的五投下探马赤军立总管府,至元二十一年拨属詹事院,次年改名蒙古侍卫亲军都指挥使司。成宗即位后改名右都威卫使司。设官同左都威卫。属官也设镇抚(二员),延祐二年置儒学教授(一员),四年增蒙古字教授(一员)。下领行军千户所5所、屯田千户所2所。(3)卫候直都指挥使司(正四品)。至元二十年,"以控鹤一百三十五人,隶府正司(詹事院下辖机构)。三十年,隶家令司(詹事院下辖机构)。三十一年,增控鹤六十五人,立卫候司以领之,兼掌东宫仪从金银器物"。④ 此指挥使司所有军人,后有所增加,多为投下怯怜口人员。据《元史·百官志》,

---

① 据《元史》卷89《百官志五》(第2260页)记载,"国初(前四汗时期或世祖初期),立息州总管府,领归附六千三百余户",世祖朝该总管府隶属不明;"元贞元年,又并寿颍归附民户二千四百余户,改汴梁等路管民总管府",隶徽政院,其后则或隶詹事院(储政院)或隶徽政院。

② 据《元史》卷89《百官志五》(第2261页)记载,"至元十六年,以宋谢太后、福王所献事产,及贾似道地土、刘坚等田,立总管府以治之",世祖朝隶属不详;"大德四年罢,命有司掌其赋",文宗时复立,隶属詹事院(储政院)。

③《元史》卷89《百官志五》,第2248页。

④《元史》卷89《百官志五》,第2250页。

文宗朝,指挥使司设达鲁花赤(二员)、都指挥使(二员)、副指挥使(二员)、知事(一员)、提控案牍(一员),下领 6 所百户所。按侍卫亲军建制惯例,似应另有镇抚。另外,前文提及,武宗、仁宗时期,曾为东宫另设立两支侍卫亲军指挥机构左卫率府和右卫率府,英宗即位后,这两支侍卫亲军改属枢密院。

世祖朝之后设的皇太后机构徽政院,除了前述詹事院下辖机构曾改属其名下,还曾增设过其他一些机构,主要有甄用监(掌某些专门库藏出纳之事)、延福司(掌供帐及扈从盖造等事)、章庆使司(具体职掌不详)等。

世祖时期除了中尚监,似乎没有为皇后设立专门的机构。成宗朝元贞二年(1296)设中御府,掌皇后中宫财赋、营造、供给及宿卫士和分地人户等事,大德四年(1300)升为中政院。除了一度短暂罢设,该机构后来一直存在,中尚监似乎未纳入其中。中政院设院使(七员,正二品)、同知(二员,正三品)、佥院(二员,从三品)、同佥(二员,正四品)、院判(二员,正五品)。幕职有司议(二员,从五品)、长史(二员,正六品)、照磨兼管勾承发架阁(一员,正八品)。下辖机构主要有:(1) 中瑞司(掌奉宝册);(2) 内正司("掌百工营缮之役,地产孳畜之储,以供膳服,备赐予",[1]下领尚工署、赞仪署、管领六盘山等处怯怜口民匠都提举司等);(3) 翊正司[2](下领 2 提举司和 1 提领所);(4) 典饮局;(5) 管领大都等路打捕民匠等户总管府[3](下领 11 提举司和 25 提领所);(6) 管领诸路打捕鹰房民匠等户总管府(设置于成宗朝,下领 4 提举司和 11 提领所);(7) 江浙等处财赋都总管府(设置于武宗朝,下领 3 处提举司);(8) 管领种田打捕鹰房

---

[1] 《元史》卷 88《百官志四》,第 2231 页。

[2] 据《元史》卷 88《百官志四》(第 2232—2233 页)记载,该司前身为至元三十一年设立的御位下管领随路民匠打捕鹰房纳绵等户总管府,"掌怯怜口民匠五千余户";延祐六年改司,隶属中政院。

[3] 据《元史》卷 88《百官志四》(第 2234 页)对该总管府记载:前四汗时期,大蒙古国攻下河南诸郡,收聚人户一万五千余人,置官管领;世祖至元八年,属有司,二十年改隶中尚监,二十六年设总管府;世祖朝之后属中政院。

民匠等户万户府①（下领管领大名等处种田诸色户总管府等 10 处司属）；
（9）海西辽东哈思罕等处鹰房诸色人匠怯怜口万户府②（下领 11 所千户
所）；（10）管领本位下怯怜口随路诸色民匠打捕鹰房都总管府；③等。

　　世祖朝之后，文宗朝设的昭功万户都总使司也是一个服务皇室的
机构。该机构掌文宗潜邸扈从之臣事务，设都总使（二员，正三品）、同
知（一员，从三品）、副使（二员，正四品）、经历（一员）、知事（一员）、照
磨（一员）。下辖机构有：宫相都总管府、管领诸路打捕鹰房纳绵等户
总管府、缮工司等。宫相都总管府、管领诸路打捕鹰房纳绵等户总管
府下领诸多工局、提领所，有部分最早设置于世祖朝，曾隶属詹事院。
顺帝时罢昭功万户都总使司，将其司属付新成立的资正院。资正院掌
皇后财赋。

　　**会福院（附：太禧宗禋院）**。元历代皇帝建有多所皇家寺院，这些寺
院中多有帝后的神御殿，世祖朝起也为这些寺院置官署机构，主要有世
祖朝的会福院以及文宗朝的太禧宗禋院。至元十一年（1274），世祖建大
护国仁王寺及昭应宫，遂置财用规运所。十六年改名会福总管府。至大
元年（1308）改为都总管府，三年升为会福院。天历元年（1328），元廷罢
会福院、殊祥院（其沿革待考），改置太禧院。二年，改名太禧宗禋院，主
管历代皇帝所建寺院的钱粮和营缮事务以及寺中帝后神御殿"朔望岁时
讳祭日辰禋享礼典"，④设院使（六员，从一品）、同知、副使、佥院、同佥、院
判等官。大概在太禧院改名之际，原会福院改称会福总管府，隶属太禧
宗禋院。天历二年后的会福总管府，设达鲁花赤（一员，正三品）、总管

---

① 据《元史》卷88《百官志四》（第 2236 页）记载，该万户府中统二年置，掌归德、亳州、永、宿二十
　余城各蒙古、汉军种田户差税，初隶诸王塔察儿位下，后改属中宫、中政院。
② 据《元史》卷88《百官志四》（第 2237 页）记载，该万户府大约置于仁宗朝，掌哈思罕、肇州等处
　诸色人匠四千户。
③ 据《元史》卷88《百官志四》（第 2238 页）记载，该总管府中统二年置，"掌怯怜口二万九千户，
　田万五千余顷，出赋以备供奉营缮之事"；成宗朝隶属詹事院，武宗朝属徽政院，文宗朝属中
　政院。
④《元史》卷 87《百官志三》，第 2207 页。

（一员，正三品）、①同知（一员）、治中（一员）、府判（一员）、经历（一员）、知事（一员）、提控案牍（一员）。下领仁王营缮司、江淮等处营田提举司、大都等路民佃提领所等。除了会福总管府，隶属于太禧宗禋院的还有隆禧总管府、崇祥总管府、寿福总管府、隆祥总管府（后改名隆祥使司），它们性质跟会福总管府一样，主管世祖之后所建各皇家寺院的营缮、财赋等事务。顺帝至元六年（1340），罢太禧宗禋院，所辖四总管府和隆祥使司都改为规运提点所，又添置万宁提点所一处，均改属宣政院，品秩降为正五品。

**随路诸色民匠打捕鹰房都总管府**（附：长信寺、长庆寺等）。元代历代大汗、皇帝均有数个斡耳朵，分属于各个皇后。斡耳朵拥有大量私产和附属投下人户，大汗、皇帝死后，斡耳朵由后妃或皇室继承。世祖朝起为成吉思汗四大斡耳朵先后设置一所都总管府和四所总管府，五个总管府官员可能以斡耳朵私属投下人员为主，他们也属于内任官，各总管府均属中央机构。随路诸色民匠打捕鹰房都总管府，设立于至元二十四年（1287），"总（太祖）四斡耳朵位下户计民匠造作之事"，设达鲁花赤（二员，正三品）、都总管（一员，正三品）、同知（一员）、副总管（二员）、经历（一员）、知事（一员）、提控案牍（一员）。本机构"官吏不入常调，凡斡耳朵之事，复置四总管以分掌之"。② 掌太祖大斡耳朵事务的为置于至元十七年的管领保定等路阿哈探马儿诸色人匠总管府；掌二皇后斡耳朵事务的为置于至元二十一年的管领打捕鹰房民匠达鲁花赤总管府；掌三皇后斡耳朵事务的为置于大德二年（1298）的管领随路诸色民匠打捕鹰房等户总管府；掌四皇后斡耳朵事务的为置于延祐五年（1318）的管领随路打捕鹰房民匠怯怜口总管府。四总管府下领提举司、长官司和各种造作匠局二十余处，私属民户、工匠遍布大都、上都、曹州、东平、泰安、保定、涿

---

① 《元典章》卷7《吏部一》将大护国仁王寺昭应宫规运财赋都总管府达鲁花赤、总管（即会福总管府达鲁花赤和总管）列为"外任"官，误。见陈高华等点校《元典章》，第196页，中华书局、天津古籍出版社，2011年。

② 《元史》卷89《百官志五》，第2267页。

州、河间、彰德等地。另外，世祖朝尚建有怯怜口诸色民匠达鲁花赤并管领上都纳绵提举司（正五品），"掌迭只斡耳朵位下怯怜口诸色民匠及岁赐钱粮等事"。① 迭只，蒙古语意为尊贵，迭只斡耳朵不知是否指月伦太后斡耳朵或成吉思汗四大斡耳朵之外的斡耳朵。该提举司下领上都人匠提领所、归德长官司、管领上都大都诸色人匠纳绵户提举司等。

世祖及其后历代皇帝死后，元廷也多设有专门机构管理他们斡耳朵的户口、钱粮、营缮等事。掌世祖、成宗、武宗、仁宗、英宗、明宗、宁宗斡耳朵事务的专门机构分别是长信寺、长庆寺、长秋寺、承徽寺、长宁寺、宁徽寺、延徽寺，它们均为正三品，均设卿、少卿、寺丞、经历、知事。有的下领有怯怜口诸色人匠提举司。

**王傅官、内史府。**元代诸王也都有辅佐人员，称王傅官，他们总领诸王部下军需、封地内诉讼及本位下其他诸事。王傅官来源主要是诸王自有附属人员。文宗时诸王一般设王傅官一至三员。王傅官也属中央官，其中最特殊的是晋王王傅官。世祖至元二十九年（1292）为晋王王傅官专设官署内史府，设内史（九员，正二品）、中尉（六员，正三品）、司马（四员，正四品）、咨议（二员，从五品）、记室（二员，从六品）、照磨兼管勾承发架阁库（从八品）。下辖机构有延庆司（掌王府祈禳之事）、断事官厅（理王府词讼之事）、典军司（成宗朝置，"掌控鹤百二十六人"②）。此外，世祖朝也曾为第四子那木罕设有过随路打捕鹰房诸色民匠总管府（正四品），设达鲁花赤、总管、同知、副总管等，下领大都、蓟州等处三个提举司以及一个杂造局。

4. 掌营造事务机构

元代负责营造事务的机构众多，除了前文提到的隶属于户部、工部、皇室（包括诸王）系统的，在中央还有将作院、武备寺、大都及上都留守司四个官署，它们也领有大量手工业生产制造及维修营缮的局院。由上述

---

①《元史》卷 89《百官志五》，第 2271—2272 页。
②《元史》卷 89《百官志五》，第 2267 页。

各种中央机构领属的官府手工业是元代手工业的主体,此外,在各行省(主要是江南地区)也有一些隶属于行省系统的官府手工业生产机构。

**将作院。**"掌成造金玉珠翠犀象宝贝冠佩器皿,织造刺绣段匹纱罗,异样百色造作",[1]设立于至元三十年(1293),不过其下辖机构及各种工艺造作局有的在前四汗时期就有。定制设院使(七员,正二品)、同知(二员,正三品)、同佥(二员,正四品)、院判(二员,正五品)、经历(一员,从五品)、都事(一员,从七品)、照磨管勾(一员,正八品)。下辖机构有:(1)诸路金玉人匠总管府(下领玉局提举司、金银器盒提举司、玛瑙提举司等,该总管府世祖朝还在杭州设有行总管府);(2)异样局总管府(下领异样纹绣提举司、绫锦织染提举司、纱罗提举司等);(3)大都等路民匠总管府(下领尚衣局、御衣局、高丽提举司等)。

**武备寺。**掌兵器制造及其收储、给发。至元五年(1268),立军器监。二十年立卫尉院,改军器监为武备监,隶卫尉院。二十一年改监为寺,与卫尉院并立。大德十一年(1307)升武备寺为院,至大四年(1311)复为寺。其后卫尉院情况不明,颇疑并入寺中。武备寺定制设卿(四员,正三品)、同判(六员,从三品)、少卿(四员,从四品)、丞(四员,从五品)、经历(一员)、知事(一员)、照磨兼提控案牍(一员)、承发架阁库管勾(一员)、辨验弓官(二员)、辨验筋角翎毛等官(二员)。下辖有各兵器库、各处军器人匠提举司或军器局,如寿武库、利器库、大同路军器人匠提举司、平阳路军器人匠提举司、上都甲匠提举司、欠州武器局等,各提举司多下领若干军器制造局。

**大都留守司。**至元十九年(1282)置大都留守司,兼本路都总管,此乃仿金朝制度。二十一年,别置大都路都总管府治民事,大都留守司遂"掌守卫宫阙都城,调度本路供亿诸务,兼理营缮内府诸邸、都宫原庙、尚方车服、殿庑供帐、内苑花木,及行幸汤沐宴游之所,门禁关钥启闭之

---

① 《元史》卷88《百官志四》,第2225页。

事"。① 大都留守司品秩高于大都路都总管府,不过因为不能过问民政,实际上仅成一个负责宫廷安全和宫廷制作营缮的事务机构。设留守(五员,正二品)、同知(二员,正三品)、副留守(二员,正四品)、判官(二员,正五品)、经历(一员,从六品)、都事(二员,从七品)、管勾承发架阁库(一员,正八品)、照磨兼覆料官(一员)、部役官兼壕寨(一员)。下辖机构众多,有修内司(下领木局、车局、铜局、绳局等)、祗应司(下领油漆局、画局、裱褙局等)、器物局(下领铁局、成鞍局、刀子局等)、十一大都城门尉(门尉和副尉由怯薛中八刺哈赤为之)、犀象牙局、大都窑场、器备库、上林署(掌宫苑栽植花卉、蔬果等)、仪鸾局(掌殿廷灯烛张设等事)、大都路管领诸色人匠提举司、广谊司("总和雇和买、营缮织造工役、供亿物色之务"②)等。

**上都留守司。** 中统四年(1263)设上都路总管府;至元三年(1266),给留守司印。至元十九年称上都留守司兼本路都总管府。设留守(六员,正二品)、同知(二员,正三品)、副留守(二员,正四品)、判官(二员,正五品)、经历(二员,从六品)、都事(四员,从七品)、照磨兼管勾(一员,正八品)。官员品秩与大都留守司基本相同。与大都情况不同处,在于上都留守司一直兼本路都总管府,故下辖机构中有属留守司性质,也有属都总管府性质。上都留守司下辖机构重要的有修内司、祗应司、器物局、仪鸾局、兵马司(设指挥使、副指挥使、知事、提控案牍)、警巡院(设达鲁花赤、警巡使、副使、判官)、万亿库(设达鲁花赤、提举、同提举、副提举、提控案牍)、税课提举司(成宗朝置,设提举、同提举、副提举、提控案牍)等,其中兵马司、警巡院、税课提举司属于上都路都总管府下属机构,万亿库估计亦是。上都路都总管府下领"县一、府一、州四。州领三县。府领三县、二州,州领六县",③城郊由开平县(正六品)治理。

《元史·百官志》中还有三处中央机构隶属关系不明。一是尚供总

①《元史》卷90《百官志六》,第2277页。
②《元史》卷90《百官志六》,第2284页。
③《元史》卷58《地理志一》,第1350页。

管府,掌守护东凉亭行宫及游猎供需之事,至元十三年(1276)设达鲁花赤掌此事务,延祐二年(1315)改总管府。设达鲁花赤(一员,正三品)、总管(一员,正三品)、同知(一员,从四品)、副总管(一员,从五品)、判官(一员,正六品)、经历(一员)、知事(一员)、提控案牍(一员)。下辖香河等处巡检司、景运仓及法物库。二是仁宗朝所设云需总管府,掌守护察罕脑儿行宫及行营供办之事。设官名称、员额、品秩均与尚供总管府相同,下辖机构不明。以上两总管府有学者认为隶属上都留守司。[1] 三是至大四年(1311)仁宗即位后所设经正监,"掌营盘纳钵及标拨投下草地,有词讼则治之"。[2] 该机构设太卿(一员,正三品)、太监(二员,从三品)、少监(二员,从四品)、监丞(二员,正五品)、经历(一员)、知事(一员)。"监卿、太监、少监并奴都赤为之,监丞流官为之",[3]"奴都"即"农土",指牧地、封地,奴都赤,《元朝秘史》中汉译"管营盘的",即经始牧地官员。太宗时期,曾任察乃、畏吾儿台二人为奴都赤,令他们往川旷之地掘井,察勘牧地迁百姓前往居住。仁宗为这一职能人员设一汉式名称机构,该机构很可能像都水监一样,是一个跟国家政务有些关系的独立事务官署。

## 四、世祖朝所设地方行政机构

太祖时期,蒙古本土草原地区实行千户分封的军民合一制度,该地这一制度一直延续;征服的西域、中亚地区普遍设置达鲁花赤,汉地则"北人能以州县下者,即以为守令"。[4] 太宗朝在燕京设立汗廷大断事官群体的行署机构燕京行尚书省作为汉地最高行政机构,地方上则形成路—府—州—县临民行政体系,各级临民机构中均设有代表蒙古政府的监临官员达鲁忽赤,其地位在实际负责行政事务的路总管、知府、知州及

① 陈高华、史卫民:《中国政治制度通史·元代》,第144页。
②《元史》卷90《百官志六》,第2295页。
③《元史》卷90《百官志六》,第2295页。
④ (元)姚燧:《牧庵集》卷25《磁州滏阳高氏坟道碑》,收录于李修生主编《全元文》第9册,第735页,江苏古籍出版社,1999年。

县令之上;地方临民机构逐渐与军事事务脱离。宪宗朝在汉地之外的西域地区,也设置了两个断事官行署机构,汗廷大断事官群体直接统辖范围限定于蒙古本土地区。世祖即位,同样设立汗廷大断事官群体,后来改名中书省;也同样在燕京设立行署,后来改名燕京行中书省。在汉人谋臣的辅佐下,世祖即位初在汉地另设立十道宣抚司,成为行中书省之下的直接管领各临民机构的中间层次官署。中统二年(1261)夏,中书省和燕京行中书省在开平合并为中书省,在草原和汉地即形成了金字塔式的中央集权行政体制:中央层次是中书省;地方上草原地区各千户直接对中书省负责,汉地各临民机构对十道宣抚司负责,宣抚司则对中书省负责(西域、中亚等其他地区事务世祖一时还不能顾及)。然而,世祖很快就扬弃了这种中央集权行政体制,决定继续实行前四汗时期那种带有分封色彩的行省制度,之前主要在原金朝汉地(山东、河北、燕京、山西、陕西、河南地区)实行的行省辖领路—府—州—县临民机构的体制逐渐向被征服的原金、西夏、大理、南宋等各个地区普遍推行,十道宣抚司则于中统二年年底取消。由于各地事务的复杂和不均,行省的设置过程相当曲折,中间多有反复。在推行行省的过程中,元廷于中统三年创制了一种新的地方机构宣慰司,其品秩比行省略低。宣慰司和行省交相设置,设宣慰司地域不设行省,如果发现宣慰司望轻则改设行省。世祖朝又是一个战争不断的时期,中央军事事务从中书省中分离出来成立枢密院后,元廷也在地方上相应推行行枢密院,作为战事指挥中心;为保障战事的顺利进行,行枢密院势必要拥有一定的调度或干预当地行政事务的权力。这些因素交织在一起,使得世祖朝地方行政体制的演变非常复杂。南宋灭亡后,大的格局基本奠定:各地分设行省;宣慰司改成为行省之下的派出机构,根据需要或设或不设。成宗即位后,在世祖朝重臣伯颜建议下,地方军政事务除了枢密院所统几个都万户府,其他改由行省掌管,平常时期地方不再设行枢密院,只在地方有事时临时增设。到武宗朝,经过差不多半个世纪的置废分合,境内十个行省的范围终于稳定下来。蒙古本土地区也设置了十个行省之一的岭北行省;《元史·百官志》《地理志》均称元有十一行省,其中第十一行省征东行省设于作为元朝附属国的高丽地区。元朝境内吐蕃地区由宣政院直辖,前四汗时期作为大蒙古国一部分的西域、中亚地区,世祖中期以后除了少部分地域,逐渐独立于元朝政权之外。这样,元朝全境共划分为十二个一级政区,即中书省直辖区(文献中常称"腹里")、十个行省区和宣政院直辖吐蕃之地。

**行省。**元代行省起源于前四汗时期在地方上设的断事官行署。忽必烈即位后,在汉地设的第一个行省为中统元年(1260)所设的燕京行中书省,后与中书省合并,但王朝其他地区则相继设立别的行省。世祖在位期间,陕西、四川(成宗年间曾短暂改立宣慰司,寻复)、辽阳、河南、云南、湖广、江西七行省相继定型;成宗年间,甘肃、江浙两行省定型;武宗即位后,立和林等处行中书省(仁宗朝改名岭北行省)。行省设丞相(一员,或置或不置,从一品)、平章(二员,从一品)、右丞(一员,正二品)、左丞(一员,正二品)、参知政事(二员,甘肃和岭北设一员,从二品;以上为行省宰执人员)、郎中(二员,从五品)、员外郎(二员,从六品)、都事(二员,从七品;以上为行省首领官),行省左右司合一。行省另有下列附属机构:(1)检校所,设检校(一员,从七品);(2)照磨所,设照磨(一员,正八品);(3)架阁库,设管勾(一员,正八品);(4)理问所(掌司法),设理问(二员,正四品)、副理问(二员,从五品)、知事(一员)、提控案牍(一员);(5)都镇抚司,设都镇抚(一员,从四品)、副都镇抚(一员)。此外,各行省还设儒学提举司,设提举(一员,从五品)、副提举(一员,从七品);有些行省设有蒙古提举学校官(从五品,设提举、同提举)、官医提举司(从六品,设提举、同提举、副提举)。

**宣慰使司。**元最早的宣慰使,是世祖中统元年(1260)即位初设在燕京的几位宣慰使,他们实际身份是燕京断事官行署中的札鲁忽赤或必阇赤。断事官行署改名燕京行中书省后,原宣慰使即改汉式的宰相官员名称。中统三年,元设十路宣慰司,此后,宣慰司即作为推行行省制度过程中暂不设行省地方的行省代替机构,其品秩低于行省。南宋灭亡后,宣慰司逐渐成为中书省、行省的派出机构，设于中书省和部分行省之内，"掌军民之务，分道以总郡县，行省有政令则布于下，郡县有请则为达于省"；"有边陲军旅之事，则兼都元帅府"。① 宣慰使司一般止理民政，兼理军政时，称宣慰使司都元帅府或宣慰使兼管军万户府。宣慰使司设宣慰使（宣慰使司都元帅府内称宣慰使都元帅；二或三员，从二品）、同知（宣慰使司都元帅府内亦称宣慰使副都元帅；一或二员，从三品）、副使（宣慰使司都元帅府内亦称金都元帅；一或二员，正四品）、经历（一或二员，从六品）、都事（有的称知事，一或二员，从七品）、照磨兼架阁库管勾（一员，正九品）。另外，吐蕃之地也有三道宣慰使司兼都元帅府，隶属宣政院。

　　**宣抚司、安抚司、招讨司、长官司。**十道宣抚司体制结束后，宣抚司主要设在边远少数民族地区，分属各行省或宣慰使司。宣抚司一般设达鲁花赤（一员，正三品）、宣抚使（一员）、同知（二员）、副使（二员）、金事（一员）、计议（一员）、经历（一员）、知事（一员）、提控案牍架阁（一员），部分宣抚司有损益不同。除了达鲁花赤，其他官职一般由当地头人充任。与宣抚司类似，在有些边远民族地区设安抚司、招讨司，它们也分属各行省或宣慰使司，也均为正三品机构。安抚司设达鲁花赤、安抚使、同知、副使、金事、经历、知事各一员；招讨司设达鲁花赤、招讨使、经历各一员，有的因无达鲁花赤而增设一员副使。部分安抚司、招讨司内，设官也有损益不同。设于民族地区的宣抚司、安抚司、招讨司，因为数量众多，加上朝廷势力渗透有限，很多机构实际上并不能整齐一致地设有前述官职。与下述路总管府官员为民职有别，宣抚司、安抚司、招讨司官员称为军民职。设于民族地区，比宣抚司、安抚司、招讨司级别为低的还有长官司。《元史·百官志》云："诸蛮夷长官。西南夷诸溪洞各置长官司，秩如下州。达鲁花赤、长官、副长官，参用其土人为之。"②下州达鲁花赤从五品，长官司达鲁花赤和长官品秩也为从五品。前文提到，吐蕃境内宣

---

① 《元史》卷91《百官志七》，第2308页。
② 《元史》卷91《百官志七》，第2318页。

慰司下有些藏人土著军队,他们所组成的元帅府,性质跟宣抚司、安抚司、招讨司、长官司类似。

**路总管府。**伴随着行省制度向全国的推行,前四汗时期路—府—州—县临民体系也在吐蕃地区以外的全国各地施行(吐蕃地区也设有少量的路和州县)。临民体系第一层次为路,全国大约有路一百八十(不同时期有增减)。各路设总管府,大都、上都作为都城,设都总管府。元代的总管府路并不是金朝总管府路的继承或恢复,实与之有很大区别。①元代的路分上、下两等:上路设达鲁花赤(一员,正三品)、总管(一员,正三品)、同知(一员,从四品)、治中(一员,正五品)、判官(一员,正六品)、推官(二员,从六品,专治刑狱事务);下路设达鲁花赤(一员,从三品)、总管(一员,从三品)、同知(一员,正五品)、判官(一员,正六品)、推官(一员,从六品),不设治中。另有经历、知事、照磨兼承发架阁等首领官。其属有:(1) 儒学教授(一员,正九品)、学正(一员)、学录(一员);(2) 蒙古教授(一员,正九品);(3) 阴阳教授(一员);(4) 医学教授(一员);(5) 司狱司,设司狱、丞(各一员);(6) 平准行用库,设提领、大使、副使(各一员);(7) 织染局、杂造局、府仓,各设大使(一员)、副使(一员);(8) 惠民药局,设提领(一员);(9) 税务,②设提领(初称提举,一员)、大使(初称同提举,一员)、副使(初称副提举,一员);(10) 录事司("路府所治,置一司,以掌城中户民之事",③若城市民过少,则不设录事司,由倚郭县兼治其民),设达鲁花赤(一员,正八品)、录事(一员)、判官(一员)等,官员设置时有变动。

大都路都总管府(属"内任"官署)机构比其他各路庞大,设达鲁花赤(二员,正三品)、都总管(一员,正三品)、副达鲁花赤(二员)、同知(二

---

① 屈文军、周云蕾:《大蒙古国和元朝路制的形成》,载刘迎胜主编《元史及民族与边疆研究集刊》第 43 辑,上海古籍出版社,2022 年。
② 《元史》卷 7《世祖纪四》(第 133 页)记载,至元八年,"罢诸路转运司入总管府";卷 10《世祖纪七》(第 211 页)记载,至元十六年,"各路设提举、同提举、副提举各一员,专领课程"。
③ 《元史》卷 91《百官志七》,第 2317 页。

员)、治中(二员)、判官(二员)、推官(二员)、经历(二员)、知事(二员)、提控案牍(四员)、照磨兼管勾(一员)。附属机构主要有:(1)兵马都指挥使司(正四品,"掌京城盗贼奸伪鞫捕之事",[1]设都指挥使、副指挥使、知事、提控案牍;兵马都指挥使司分两司,一置北城,一置南城;兵马都指挥使司隶属于大都路都总管府,但"刑部尚书一员提调司事,凡刑名则隶宗正,且为宗正之属"[2]);(2)司狱司(正八品,凡三,设司狱、狱丞);(3)警巡院(正六品,"分领京师城市民事",[3]设达鲁花赤、使、副使、判官;世祖朝设左右警巡二院,成宗朝添设南城警巡院);(4)大都路提举学校所(正六品,设提举、教授、学正、学录);(5)东关厢、南关厢、西北三处巡检司(从九品)。大都路都总管府下领"县六、州十。州领十六县",[4]大都城郊,由宛平、大兴二县分治,两县均正六品。《元史·百官志》中还录有一名为"管领诸路打捕鹰房总管府"机构,说它也隶属于大都路都总管府,[5]当是史料衍文,该名机构恐不存在。上都路以留守司兼都总管府,设官情况前文已述。

**散府**。临民体系第二层次为府,路治总管府以外的府称散府,全国有散府三十多个。设达鲁花赤(一员,正四品)、知府或府尹(一员,正四品)、同知(一员,从五品)、判官(一员)、推官(一员)、知事(一员)、提控案牍(一员)。散府有的隶属于路,有的隶属于行省或宣慰司;有的统州县,有的不统州县。

**州**。临民体系第三层次为州,全国大约有州350到400个。州分三等:上州,设达鲁花赤(一员,从四品)、州尹(一员,从四品)、同知(一员,正六品)、州判(一员,正七品)、知事(一员)、提控案牍(一员);中州,设达鲁花赤(一员,正五品)、知州(一员,正五品)、同知(一员,从六品)、判官

---

[1]《元史》卷90《百官志六》,第2301页。
[2]《元史》卷90《百官志六》,第2301页。
[3](元)孛兰肹等:《元一统志》卷1《中书省·大都路》,赵万里校辑本,第3页,中华书局,1966年。
[4]《元史》卷58《地理志一》,第1347页。
[5]《元史》卷90《百官志六》,第2302页。

(一员,从七品)、吏目(一员)、提控案牍(一员);下州,设达鲁花赤(一员,从五品)、知州(一员,从五品)、同知(一员,正七品)、判官(一员,正八品)、吏目(一至二员)。州隶属于路或府,也有的直隶于中书省、行省或宣慰司。州有的领县,有的不领。

县。临民体系第四层次为县,全国大约有县1100多个。县分三等:上县,设达鲁花赤(一员,从六品;两都城城郊宛平、大兴和开平三县正六品,县尹同)、县尹(一员,从六品)、县丞(一员,正八品)、主簿(一员)、县尉(一员)、典史(二员);中县,设达鲁花赤(一员,正七品),不设丞,其余同上县;下县,设达鲁花赤(从七品),其他置官如中县,民少事简之地,有时主簿兼县尉;下县典史设一员。前文提及,元在大都设有三处巡检司;除了都城,某些县以下险要之地有时也设有巡检司,设巡检(一员,从九品)。

军。边远之地偶有,"各统属县,其秩如下州,其设官置吏亦如之",[1]《元史·地理志》记载全国有军四处。

《元史·百官志》在地方机构中还录有"各处脱脱禾孙"。[2] 前四汗时期,大蒙古国即在重要驿站设脱脱禾孙盘问过往使臣真伪,检查是否符合乘驿规定。脱脱禾孙为蒙古语,意为查验者。至元七年(1270),元仍于重要都会和各驿路交通枢纽设脱脱禾孙,每处设正副脱脱禾孙各一员,正官从五品、副官正七品。各处脱脱禾孙隶属于通政院或中书兵部,不属于地方行政官署。元代在南方还有几个重要的经济事务机构,可能不属于户部而属于所处行省或宣慰司,包括:(1) 两淮都转运盐使司;(2) 两浙都转运盐使司;(3) 福建等处都转运盐使司;(4) 广东盐课提举司;(5) 四川茶盐转运司;(6) 广海盐课提举司(疑为成宗朝设);(7) 市舶提举司(至元二十三年始置于广州,后立数处于泉州、庆元等地);(8) 海道运粮万户府等。前文已提及,行省所辖镇戍军队,同枢密院系统一样,

---

① 《元史》卷91《百官志七》,第2318页。
② 《元史》卷91《百官志七》,第2318页。

设万户府(分上、中、下三等)、千户所(分上、中、下三等)和百户所(分上、下两等)。

五、结语

世祖即位后的有元一代官制,面貌与前四汗时期大有区别。举其著者:(1) 军政、监察事务从行政系统中分离出来,省、院、台形成怯薛之外国家最重要的三大政务机构;(2) 建立了包括省、院、台在内的大量职掌比较明确的官署,设置了大量职掌也算比较清晰的官职,官署、官职多数采用汉式名称;(3) 行省制度和路府州县临民行政体系向全国推广,在边区和少数民族地区则根据实际情况做适当调整,设立宣抚司、安抚司、招讨司等土官机构,吐蕃地区专由宣政院统辖;(4) 逐步制定了细致的官吏管理规定。世祖朝的建设和变革意义自然非同小可,但正如本文开头所说,它们并没有突破前四汗时期所确立的官制最基本的原则和最基本的框架,世祖朝只能说是元朝官制定型的时期而不能说是创制的时期。

回到本文开头提及的"本质区别论"者所纠缠的问题:世祖朝定型的官制中,"汉制"或"汉法"的成分和"蒙古旧制"的成分孰轻孰重? 在官署设置范畴,"本质区别论"论者的根据,主要是世祖朝所建官制中,绝大多数官署使用汉式名称,他们认为,这些官署中的多数(尤其是省、院、台、翰林国史院等与国家政务有关的机构)又纯为"汉制"或相当程度已经汉式化;在他们眼中,"蒙古旧制"影响主要指怯薛"干涉"政务、有斡耳朵机构、有投下分封制度等。"本质区别论"者,对"蒙古旧制"的影响程度有不同评估,所以他们之间也有一些观点上的分歧,但将前四汗时期制度视作"蒙古旧制"、认为世祖以后官僚体系大量汉式化则是一致的。笔者认为,这种认识不够严谨。首先,从本文前述的分析中,我们可以发现,世祖朝的官署,几乎没有例外,都多多少少地跟所谓"蒙古旧制"有些牵连,"蒙古旧制"在被"本质区别论"者所认为纯是"汉制"或相当程度已经汉式化的机构中的影响或留痕普遍要远超过他们的估计。以枢密院为例,除了怯薛干预军政、院中高官多由怯薛担任,军官采用万户—千户—

百户头衔、探马赤军和色目卫军组建方式与汉军组织迥异、军官很多事实世袭等,也是很明显的与"汉制"有别的"蒙古旧制"。御史台机构算是程度极高的汉式官署,前四汗时期政治中监察事务不占重要地位;不过御史大夫"非国姓不以授"①显与"汉制"原则相背,中央御史台中的殿中司,笔者也高度怀疑其官员实由怯薛人员充当。还有些汉式名称官署,如大宗正府、宣徽院、大理寺(都护府)等,其职掌和汉式王朝名称相近机构的职掌更有甚大区别。所以,对有汉式名称的官署,我们不能望文生义,想当然地以为就是"汉制"机构或已经汉式化,我们需要仔细分析它们的具体职掌、运行机制以及实际运作的情形。其次,"汉制"和"蒙古旧制"的内涵其实很难界定。前四汗时期断事官群体掌行政,世祖朝中书省掌行政,从政治职能角度看,并没有多大区别,为什么要认为是本质有别的两种制度呢?文翰事务上,为什么官员叫必阇赤就是"蒙古旧制",叫翰林承旨、翰林学士就是"汉制"呢?它们只是名称不同而已,元朝人自己都把翰林承旨称作"为头必阇赤",认为是同样的官职。跟世界历史上不同时代、不同地区的诸多种政治制度相比,尤其是跟近现代的中外政治制度相比,中国元朝蒙古人创设的制度和当时汉人习惯的制度之间,其共同性、一致性恐怕要比两者间的差异性更为突出。第三,要识别"汉制"和"蒙古旧制",我们似乎还只能看两制特别明显的不同方面。监察事务突出、地方行州县制度、官吏管理有复杂的程式规定,这些应是"汉制";与君主有强烈主奴关系的怯薛组织处核心地位、草原行军民一体制、临民机构中设监临官员达鲁花赤,这些则是"蒙古旧制"。中原王朝秦汉之后,地方上偶有分封现象,但不占主流,元代地方有一定分封色彩,这也能看作是"蒙古旧制"。从差异性甚大的方面大致认识了"蒙古旧制"和"汉制",再来看世祖朝的官制,还只能说有些地方"汉制"成分多些,有些地方"蒙古旧制"成分多些,总体上看,依然难说两种成分孰轻孰重。实际上,不仅是世祖朝官制,回头看前四汗时期官制,也一样不能简

---

① 《元史》卷140《太平传》,第3368页。

单地用"蒙古旧制"概括：设立负责公共行政的事务机构，这是每个政权都会做的事；汉式的官职名称太祖朝就进入蒙古政治制度，太宗朝官员不再行世袭可能也受到汉式制度的影响，而汉地地方临民行政机构的基础依然是传统的州县。从政治职能的角度，我们可以说，世祖几乎全盘继承了前四汗时期的官制体系，他的革新和"采行汉法"也应该看作前四汗时期官制的继续演变，而不能看作中断和重起炉灶。所以，笔者认为，持世祖朝官制和前四汗时期官制有本质区别的看法未必妥当。

世祖朝官制和前四汗时期官制的继承性，证明了前贤一个普遍的认识：官制乃逐渐演变而成，而并非突然生成。相对而言，每一王朝之初的创始者在官制建立上会多有建树，但它们也很少凭空而出，往往多在前代官制上加以损益而成新王朝起始官制，以后多少还会继续变化并一直影响到后一王朝。元代情况也类似，在官制建设上，太祖、太宗之功并不亚于世祖，而太祖、太宗的官制建设也都是在既有继承，又有改进的过程中进行的，他们继承的对象有草原地区的政治传统，也有汉地和其他征服地区的传统。世祖朝官制和前四汗时期官制的继承性，还促使我们思考，以往我们似乎过于强调了元朝前四汗时期和世祖即位以后时期这两个阶段的差异性而对两个阶段间的延续性关注不够充分。

# 简短的结语


　　不论是否认可前四汗时期也属于元朝的一个阶段，可以肯定的是，前四汗时期奠定成型的职官制度的基本原则、基本框架、基本内容，如重要官员来自怯薛、君主与官员间弥漫强烈的主奴意识和国家家产思想、怯薛组织在决策体系中处于核心地位、宰相机构以执行为主而决策职能淡化、地方上推行有一定分封色彩的行省制度、汉地临民体系上建立路—府—州—县体制并以达鲁花赤监临各地、草原地区实行千户世袭制度、军事体系中实行万户千户制度、诸王镇守边徼地区等，世祖朝以后都得以继续，并成为有元一代王朝职官制度的基本面貌。世祖朝在官制的建设上，表面看来似乎有大量崭新的东西，如设置了诸多专门的事务机构（其中监察机构的作为甚为突出，但它依然只能视为行政体系的补充）、制定了繁复的官吏管理规定，但它们都只能看作是原先框架内的补充。对原先制度大的尝试突破，仅体现在世祖在位初期于中央—地方关系上一度尝试建立汉式王朝的金字塔式的中央集权体系，以宰相机构中书省统辖各道宣抚司，各道宣抚司下领若干路、府、州、县等临民机构。但这一尝试很快就被世祖扬弃，而重新回归行省体制。世祖朝在吐蕃和其他一些民族地区设置与汉地不一样的行政管理体系，也是太祖"各随其俗"治理原则的具体化。世祖朝是元朝职官制度的定型期而不是创设期,类似现象在其他一些王朝也有所体现,如明代有些制度肇始于之前短暂的吴政权时期、清代有些制度形成于入关前的后金时期等;只是元朝前四汗时期的官制对该王朝的影响尤为显著,前四汗时期和世祖继位后时期两个阶段间政治制度上一脉相承的一面,研究者应当予以足够的重视。